浙江省普通高校"十三五"新形态教材

高等职业教育校企"双元"合作开发教材

管理学基础与实务
（第二版）

GUANLIXUE JICHU YU SHIWU

主　编　曾宪达　陈俊金
副主编　金　俊　王　春

本书另配：教学课件
　　　　　在线课程
　　　　　微课视频
　　　　　试题库

新形态
教材

中国教育出版传媒集团

高等教育出版社·北京

内容提要

本书是浙江省普通高校"十三五"新形态教材,是智慧职教大数据与财务管理专业资源库专业基础课程"管理学基础"、浙江省高等学校在线开放课程共享平台"管理学基础"的配套教材。

本书内容包括管理与管理者、管理理论的发展、管理环境、决策及其方法、目标与计划、组织结构设计、领导理论与授权、沟通过程与方式、激励理论与方法、控制及其方法、管理创新、管理综合实训共十二章。

本书依照"原理先行、实务跟进、案例同步、实训到位"的原则编写,体现了知识学习和技能训练兼顾的要求,案例和实训材料丰富。除理论知识外,包含11项章后"实训"和4项"综合实训",所有实训均按知识点进行设计。全书理论知识条理清晰,实训内容明确,操作步骤详尽,充分体现"教、学、做"一体的特点,易于教师教学,也便于学生通过实训提高各方面的管理技能。为了利教便学,部分学习资源以二维码形式提供在相关内容旁,可扫码获取;此外,本书另配有教学课件、在线课程、微课视频、试题库等教学资源,供教师使用。

本书可作为高等职业本科院校、高等职业专科院校财经商贸大类专业管理学基础课程的教学用书,也可作为中小企业基层和中层管理者的培训教材或参考用书。

图书在版编目(CIP)数据

管理学基础与实务/曾宪达,陈俊金主编. -- 2 版.

北京:高等教育出版社,2025.8(2025.9重印). -- ISBN 978-7-04
-064927-7

Ⅰ.C93

中国国家版本馆 CIP 数据核字第 2025YY6570 号

| 策划编辑 | 宋 浩 毕颖娟 | **责任编辑** | 宋 浩 | **封面设计** | 张文豪 | **责任印制** | 高忠富 |

出版发行	高等教育出版社	网　址	http://www.hep.edu.cn
社　址	北京市西城区德外大街 4 号		http://www.hep.com.cn
邮政编码	100120	网上订购	http://www.hepmall.com.cn
印　刷	浙江天地海印刷有限公司		http://www.hepmall.com
开　本	787mm×1092mm　1/16		http://www.hepmall.cn
印　张	18.5	版　次	2022 年 2 月第 1 版
字　数	498 千字		2025 年 8 月第 2 版
购书热线	010-58581118	印　次	2025 年 9 月第 2 次印刷
咨询电话	400-810-0598	定　价	42.00 元

第二版前言

在当今快速发展的时代,社会对具有实践能力和创新精神的高素质技能型人才的需求愈发迫切。作为高职教育体系中财经商贸大类专业的基础课程,"管理学基础与实务"肩负着培养学生管理素养和基层管理能力的重任,本书正是基于这一教育背景和目标精心编写而成的。本书致力于为学生提供贴合实际、易于掌握且具有前瞻性的管理学知识与技能指引。

高职教育以培养适应生产、建设、管理、服务第一线需要的高等技术应用型专门人才为根本任务,具有鲜明的职业性、实践性和开放性。与本科教育侧重于培养中高级管理者不同,高职管理学教育聚焦于基层管理岗位的综合管理技能培养。为此,本书在内容编排和体例设计上,突出以下特色:

1. 融入课程思政,塑造职业素养

在培养专业技能的同时,本书注重学生的思想政治教育和职业素养培养。深入挖掘管理学知识体系中的思政元素,将其有机融入各个章节的教学内容中。通过"案例分析""拓展阅读"等特色栏目,激发学生对职业道德、团队精神、创新意识等思想道德问题的思考,将思政教育从知识传授转化为价值引领,真正实现管理学教学与思政教育的同频共振,注重潜移默化地培养学生的自我管理意识和职业操守,帮助学生树立正确的世界观、人生观、价值观,全面提升学生的管理素养,助力学生成长为德才兼备的高素质管理人才。

2. 以实践为导向,强化技能培养

全书以企业基层管理者的实际工作任务和流程为依据,将管理学的基本理论知识巧妙融入各个实践环节。每章以理论知识点为基础,设有"案例分析"和针对性的"实训",学生通过案例分析和讨论、实训项目的操作,深刻理解管理理论在实际中的应用,锻炼计划与决策能力、组织与沟通能力、领导与创新能力以及控制与信息处理能力,切实提升学生解决实际问题的综合管理技能。

3. 知识体系实用,兼顾后续发展

在知识选取上,本书充分考虑高职学生的知识基础和认知特点,遵循"实用、适用、够用"的原则。摒弃了过于繁杂和高深的理论推导,保留管理学知识体系中不可缺少的核心内容,同时引入管理领域的新观念、新方法和新工具,使学生既能掌握基层管理岗位必备的基础知识,又能了解行业发展的前沿动态,为今后的职业发展和知识迁移奠定良好的基础。

4. 创新教材体例,促进自主学习

为了满足高职学生多样化的学习需求,除了传统的正文讲解,还设置了丰富的"拓展阅读""案例分析""小测试",每章后的"实训"进一步引导学生将知识转化为实训技能,提升实践操作能力；每章后的"小结"和"习题"用于巩固学生所学的理论知识，检验学习效果。此外，本书还配套建设了丰富的数字化资源，如动画、微课等，以二维码的形式提供在相关内容旁，方便学生随时随地进行学习，实现线上线下混合式教学，激发学生自主学习的积极性。

本书可作为高等职业本科院校、高等职业专科院校财经商贸大类专业"管理学基础"课程的教学用书，也可作为企业基层管理人员的培训教材和自学参考资料。在使用本书的过程中，教师可根据教学实际情况，灵活选择教学内容和教学方法，充分利用书中的案例、实训项目和数字化资源，引导学生积极参与课堂讨论和实践操作，提高教学效果。学生则应注重理论联系实际，积极思考，主动参与各项实践活动，不断提升自身的管理能力和综合素质。

本书的编写凝聚了众多编者的心血和智慧，各章的编写分工如下：义乌工商职业技术学院曾宪达编写第一章、第二章、第四章、第七章；义乌工商职业技术学院楼智慧编写第三章；义乌工商职业技术学院王春、许昌职业技术学院刘颖民编写第五章；义乌工商职业技术学院许馨苓编写第六章；义乌工商职业技术学院金俊、嘉兴职业技术学院李爱香编写第八章；义乌工商职业技术学院楼芸、许昌职业技术学院宋沛军编写第九章；义乌工商职业技术学院潘建林编写第十章、第十二章；浙江金融职业技术学院陈亮编写第十一章；扬州工业职业技术学院陈俊金进行案例修订；微课视频拍摄除参编人员外还有义乌工商职业技术学院王秀妹、吴雷；全书由曾宪达统稿。

本书编写过程中参考了大量国内外管理学的优秀教材、学术文献以及企业管理的实际案例，在此向各位原作者表示衷心的感谢。在此也真诚地感谢校企合作开发教材的企业——浙江三鼎织造有限公司的大力支持！

希望本书能够成为广大高职学生开启管理知识大门的钥匙，助力他们在未来的职业道路上茁壮成长，为社会经济发展贡献自己的力量。

由于编者水平有限，书中难免存在不足之处，恳请广大读者批评指正，以便我们在今后的修订中不断完善。

编　者
2025 年 7 月

目　录

二维码资源列表

页码	类型	名　　称	页码	类型	名　　称
1	视频	管理的含义	81	视频	确定型决策的方法（上）
2	视频	管理的职能	83	视频	确定型决策的方法（下）
3	视频	学习管理学的重要性	83	视频	风险型决策的方法
4	视频	学习管理学的目标	85	视频	不确定型决策的方法
5	视频	管理者的具体任务	95	视频	目标的含义与重要性
8	视频	管理者的角色	97	视频	目标制定的原则
10	视频	管理者的技能	99	视频	目标的分解
12	视频	管理者的素质及培养（上）	101	视频	目标管理的含义与特点
13	视频	管理者的素质及培养（下）	104	视频	计划的含义和要素
22	视频	泰勒的科学管理理论	106	视频	计划的类型和方法
24	视频	法约尔的一般管理理论	114	视频	时间管理的方法
26	视频	韦伯的行政组织理论	125	视频	管理层次和管理幅度
27	视频	梅奥的霍桑试验	126	视频	组织结构的设计
29	视频	沙因的人性假说	128	视频	直线制组织结构
30	视频	现代管理流派	128	视频	职能制组织结构
33	视频	管理理论的新发展	129	视频	直线—职能制组织结构
36	视频	中国传统管理思想	130	视频	事业部制组织结构
46	视频	管理外部环境	130	视频	矩阵制组织结构
51	视频	管理内部环境	131	视频	网络型组织结构
55	视频	PEST 分析法	132	视频	多维立体组织结构
56	视频	SWOT 分析法	140	视频	岗位设计的方法与原则
60	视频	五力模型分析法	143	视频	人员招聘的途径与程序
66	视频	决策的含义和特点	149	视频	领导的含义和权力
68	视频	决策的类型	153	视频	领导与管理的区别
71	视频	决策的影响因素	155	视频	领导特质理论
74	视频	个人决策与集体决策	156	视频	勒温的领导风格类型理论
77	视频	头脑风暴法	157	视频	领导行为四分图理论
79	视频	德尔菲法	158	视频	管理方格理论

页码	类型	名　　称	页码	类型	名　　称
159	视频	情境领导理论	204	视频	马斯洛的需要层次理论
161	视频	路径-目标理论	206	视频	奥尔德弗的 ERG 需要理论
163	视频	菲德勒领导权变理论	207	视频	麦克利兰的成就需要理论
166	视频	授权的概念及意义	208	视频	赫茨伯格的双因素理论
168	视频	如何进行有效授权	209	视频	亚当斯的公平理论
169	视频	授权的趋势	210	视频	弗鲁姆的期望理论
176	视频	沟通的含义及作用	211	视频	强化理论(上)
186	视频	沟通方式	211	视频	强化理论(下)
189	视频	沟通障碍产生	213	视频	激励的方法
190	视频	沟通障碍分析	216	视频	激励方法的应用
191	视频	有效沟通	217	视频	团队情感激励
191	视频	沟通障碍消除(上)	225	视频	控制的含义及过程
193	视频	沟通障碍消除(下)	230	视频	控制的类型
199	视频	激励的含义与过程	231	视频	控制的方法

第一章　管理与管理者

　　📖 **知识目标**：理解管理的含义、职能与作用；理解管理者所承担的角色；掌握不同层次管理者的具体任务和技能；了解管理者的素质要求。

　　📖 **能力目标**：提高运用管理思维分析问题、归纳整理、寻找规律的学习能力；培养活动策划组织能力、语言表达能力、协调合作能力和实践能力。

　　📖 **素养目标**：形成对管理岗位工作的正确认识，爱岗敬业，具有管理思维和素养，培养团队合作意识。

第一节　管理的含义、职能与作用

一、管理的含义

　　"管理"通常被解释为主持或负责某项工作，但自从人类对管理有了认识，几乎每一个从人类的共同劳动中思考管理问题的人，都会对管理现象作出一番描述和概括，直到如今，许多专家和学者仍然各抒己见，没有统一的表述。如：

管理的
含义

　　美国管理学家弗雷德里克·泰勒的定义是：管理是确切地知道你要别人干什么，并使他用最好的方法去干。

　　法国管理学家亨利·法约尔对管理的定义是：管理是所有人类组织（家庭、企业或政府）都有的一种活动，这种活动由五项要素组成：计划、组织、指挥、协调和控制。

　　美国管理学家哈罗德·孔茨对管理的定义是：管理是设计和保持一种良好环境，使人在群体里能高效率地完成既定目标。

　　美国经济学家赫伯特·西蒙对管理的定义是：管理就是制定决策。

　　美国管理学家彼得·德鲁克对管理的定义是：管理是一种工作，它有自己的技巧、工具和方法；管理是一种器官，是赋予组织以生命的、能动的、动态的器官；管理是一门科学，一种系统化的并到处适用的知识；同时管理也是一种文化。归根到底，管理是一种实践，其本质不在于"知"而在于"行"，其验证不在于逻辑而在于成果，其唯一权威就是成就。

　　美国管理学家小詹姆斯·唐纳利对管理的定义是：管理就是由一个或更多的人来协调他人活动，以便获得个人单独活动所不能获得的效果而进行的各种活动。

　　其实，管理本身是一个复杂、高度抽象的学问，必须让人们易于理解，易于应用。所以我国管理科学家朱则荣将管理简要定义为：对一个活动过程进行组织，让行动变得更有效、成本变得更

1

低,并让结果更加令人满意。因此,在这样一个活动过程中,组织中的管理者要运用一定的职能和手段来协调他人的劳动,使别人同自己一起高效率地实现组织既定目标,在兼顾社会责任的基础上让组织生存和发展。

二、管理的职能

管理的
职能

管理的职能是管理系统所具有的职责和功能。最早把管理的职能上升为普适性理论的是法国管理学家亨利·法约尔。他在 1916 年所写的《工业管理与一般管理》一书中,提出管理是实施计划、组织、指挥、协调和控制五大职能,并作了系统性阐释。1937 年,美国管理学家卢瑟·古利克在上述五项职能的基础上,提出了包括计划、组织、人事、指挥、协调、报告、预算在内的管理七项职能理论。20 世纪 70 年代以后,随着行为科学和现代管理理论的发展,学界形成共识,将管理的基本职能归纳为计划、组织、领导和控制。管理的职能,如表 1-1 所示。

表 1-1　　　　　　　　　　　　　　管理的职能

管理的职能	定　义	内　容	着　眼　点
计划	表现为确定目标和明确达到目标的必要步骤的过程	包括估量机会、建立目标、制定实现目标的战略方案、形成协调各种资源和活动的具体行动方案等	有限资源的合理配置
组织	为了有效地达成计划所确定的目标而进行分工协作、合理配置各种资源的过程	包括任务的分解、权责的明确、资源的配置以及协作关系的明确等	合理的分工协作关系的确立
领导	利用职权和威信施加影响,指导和激励各类人员努力去达成目标的过程	包括指导、协调、激励等	方向的把握与积极性的调动
控制	在动态环境中为了保证既定目标的实现而进行的检查和纠偏活动或过程	包括确立控制标准、衡量实际业绩、进行差异分析、采取纠偏措施等	纠正偏差

(一) 计划

计划是指确定组织未来发展目标以及实现目标的过程。任何管理活动首先都是从计划工作开始的。为了使管理有效益,必须首先确立清晰的目标。只有确立了清晰的目标,才能判断什么事情应该做,什么事情不能做。而为了提高效率,以比较少的投入获得比较大的产出,必须对资源的投放、工作的开展事先进行研究、安排,为此就需要进行计划的制定,明确实现目标的途径。因此,计划工作表现为确立目标和明确达到目标的必要步骤,包括估量机会、建立目标、制定实现目标的战略方案、形成协调各种资源和活动的具体行动方案等。计划工作是管理的首要职能,其他工作都只有在工作明确了目标和计划后才能有目的地进行。

(二) 组织

在制定出切实可行的计划后,为了将目标变成现实,就要组织必要的人力和其他资源去执行既定的计划,即进行组织工作。组织工作是为了有效地达成计划所确定的目标而进行分工协作、合理配置各种资源的过程,它是计划工作的自然延伸,一般包括任务的分解、权责的明确、资源的配置以及协作关系的明确等内容。组织工作不当必然会影响工作的成效。

(三) 领导

任何活动的行为主体是人,因此在指导和协调实施过程中人与人之间的关系、激励和调动人的积极性是管理的基本工作之一。在一个组织中,领导工作就是管理者利用职权和威信施加影响,指导和激励各类人员努力去达成目标的过程。作为个人,领导工作的重点在于调动相关人员的积极性,协调相关人员之间的关系。然而,个人的力量是有限的,领导工作需要注重在实现目标的过程中充分调动一切可以调动的因素,激励他人共同努力实现组织目标。

(四)控制

控制是指在动态的环境中为保证既定目标的实现而进行的检查和纠正偏差的活动或过程。控制是保证目标能按计划实现所必不可少的管理环节。由于环境的不确定性、组织活动的复杂性和管理失误的不可避免,为了保证有效地实现目标,就必须对环境、组织成员和组织活动等加以控制。控制工作具体包括确立控制标准、衡量实际业绩、进行差异分析、采取纠偏措施等内容。控制是管理的一项基本职能,也是非常容易出现问题的一项工作。现实管理活动中,人们往往制定了良好的计划,也进行了很好的组织,但由于没有把握好控制工作,其结果还是不能达到预期的目的,这就是无效的控制所产生的计划无效和组织无效。

三、管理的作用

随着社会的高速发展,管理在社会中的作用也越来越明显,无论对于个人、家庭,还是企业、组织,乃至国家、世界,我们生活的每个角落都存在着管理。

(一)管理是保证组织有效运行所必不可少的条件

学习管理学的重要性

在现实社会中,人们都是生活在各种不同组织之中的,如工厂、学校、医院、军队、公司,等等。人们依赖组织,组织是人类存在和活动的基本形式,组织是人类征服自然的力量源泉,是人类获得一切成就的主要因素。然而,仅仅有了组织还不够,因为人类社会中存在组织就必然有人群的活动,有人群的活动就有管理,有了管理,组织才能进行正常有效的活动。简而言之,管理是保证组织有效运行所必不可少的条件。管理是一切组织正常发挥作用的前提,任何一个有组织的集体活动,不论其性质如何,都只有在管理者对它加以有效管理的条件下,才能按照所要求的目标方向进行,集体活动发挥作用的效果大多取决于组织的管理水平。所有的管理活动都是在组织中进行的,有组织,就有管理。

(二)管理在组织中协调各部分的活动,并使组织与环境相适应

组织是由组织的要素组成的,组织的要素互相作用产生组织的整体功能。然而,仅仅有了组织要素还是不够的,这是因为各自独立的组织要素不会自行完成组织的目标,只有通过管理,使之有机地结合在一起,组织才能正常地运行与活动。组织要素的作用依赖于管理,管理在组织中协调各部分的活动,并使组织与环境相适应。一个单独的提琴手是自己指挥自己,一个乐队就需要一个乐队指挥。没有指挥,就没有乐队。在乐队里,一个不准确的音调会破坏整个乐队的和谐,影响整个演奏的效果。同样,在一个组织中,没有管理,就无法彼此协调地进行工作,就无法达到既定的目的,甚至连这个组织的存在都是不可能的。

(三)只有通过管理才能有效地实现组织的目标

组织是有目标的,组织只有通过管理,才能有效地实现组织的目标。在现实生活中,常常可以看到这种情况,有的亏损企业仅仅由于换了一个精明强干、善于管理的厂长,很快扭亏为盈;有些企业尽管拥有较为先进的设备和技术,因为管理不善而无法发挥其应有的作用;有些企业尽管物质和技术条件较差,却能够凭借科学的管理充分发挥其潜力,在激烈的社会竞争中取得优势。在组织活动中,需要考虑多种要素,如人员、物资、资金、环境等,每一项要素能否发挥其潜能,发挥到什么程度,这就是管理的具体工作。有效的管理,就是要寻求组织各要素、各环节、各项管理措施、各项政策以及各种手段的最佳组合。通过这种合理组合,就会产生一种新的效能,可以充分发挥这些要素的最大潜能,使之人尽其才,物尽其用,从而有助于实现组织的目标。因此,组织可以通过有效管理,使系统的整体功能大于组织要素各自功能的简单相加,起到放大组织系统整体功能的作用。在相同的物质和技术条件下,由于管理水平的不同而产生的效益、效率的差别,这就是管理所产生的作用。

 拓展阅读

英、美、日的管理水平比较

从宏观角度来看,一个国家的管理水平在相当程度上决定着这个国家的经济发展速度与水平。就拿英国来说,如果没有成功的管理作基础,它是不可能完成 18 世纪的工业革命的,但是到了 20 世纪 40 年代,英国的工业却落后于美国,其原因在哪儿呢? 英国向美国派出了一个考察团,考察结果报告书的作者是这样感叹的:工业革命发生在英国,世界上第一个工厂出现在英国,世界上第一本论述管理的书籍是英国人写出来的,然而事过 70 年,英国人竟要跑到美国那里向美国人学习管理,并大声疾呼管理对社会生产力的发展起着重要的作用。这表明当时美国的管理水平已经超过了英国。而到了 20 世纪 70 年代,美国经济却受到日本的威胁,美国广播公司 1979 年在日本拍了一部题为《日本人能做到的,难道美国人做不到吗?》的电视纪录片一时轰动了日美两国,其主要内容就是介绍日本的管理经验。尽管当时从技术革命或技术进步的角度看,美国超过了日本,然而管理水平却落后于日本。日本人把管理和科学技术视为经济发展的两个轮子,并且认为经济的发展"三分靠技术,七分靠管理",他们把管理看得比技术更为重要。

从微观角度来看,对于企业而言,没有管理就没有现代生产力,管理水平的高低会产生不同的生产力,生产力的不同体现在生产效率的高低上,而生产效率也就决定了企业产品的社会必要劳动时间的长短,也就决定了产品的成本,进而也就决定了企业的利润。例如:美国佐治亚州亚特兰大市某机械电子厂,在日本东京设立了一个半导体配电盘装配车间,该车间同美国的车间在人数、装配线、技术条件等恰好完全相同,并按同一标准进行装配,唯一不同的是各自用各自的管理方式,美国的车间让美国人用美国的管理方式进行管理,日本的车间让日本人用日本的管理方式进行管理,其结果是单位时间产量日本车间比美国车间要高 15%,这意味着日本的管理方式优于美国的管理方式,这也是为什么日本能在战争的废墟中迅速站起来的原因之一,日本在管理方面的确有其独到之处。

进入 21 世纪,随着科技创新与产业创新深度融合,在工业、农业等多领域不断优化生产要素配置,提升技术水平和管理能力,我国生产效率正持续稳步提升。吉林省统计局发布的研究报告显示,在其他条件不变的情况下,我国工业固定资产每增加 1%,工业总产值增加 1.09%;工业劳动力每增加 1%,工业总产值增加 0.63%;训练有素的管理人员则受企业规模、行业类型、管理水平基础、技术装备程度等多种因素影响,如在技术密集型的高科技企业中,高效的管理人员能够更好地协调研发、生产与市场环节,能使生产量增加值高于平均水平。

学习管理学的目标

第二节　管理者的层次、具体任务、角色与技能

一、管理者与操作者

组织中的所有成员可分为两类:管理者和操作者。

1

管理者是指那些在组织中指挥他人开展工作的人。他们处于操作者之上的组织层次中,其主要职责是指挥下属工作,并对组织绩效负责。管理者一定有下级,一般不直接从事具体工作,而是指挥他人去做,管理者仅进行计划安排、组织落实、指导、激励、检查和控制他人的活动。

操作者是指那些在组织中直接从事某项工作或具体业务的人。他们没有监督其他人工作的责任,最主要的任务就是做好组织所分派的具体的操作性事务。如电视机生产线上的工人、商店里的营业员等。

二、管理者的层次及其具体任务

要使组织运作既有效率又有效益,一般需要三种层级的管理者:高层管理者、中层管理者和基层管理者。一般而言,基层管理者向中层管理者报告,中层管理者向高层管理者报告。不同层次管理者的具体任务是不同的。

管理者的
具体任务

(一)高层管理者及其具体任务

高层管理者是那些对组织的所有部门负责,负有跨部门职责的管理人员,属于企业经营决策层,一般须负责决定企业的战略目标,并对企业的资源拥有分配权,尤其是对人力资源的调配,同时也须对整个企业的业绩负责。如学校的校长、医院的院长、机关的行政首脑、公司或企业的董事长、总裁、总经理等。

其具体任务是:

(1)建立雄伟目标,达成群体共识;

(2)制定战略计划,调整组织分工;

(3)汇集各项资源,进行合理配置;

(4)提出核心理念,塑造企业文化。

(二)中层管理者及其具体任务

中层管理者是那些监督基层管理者的工作,找出运用组织的人力和其他资源以实现组织目标的最佳方法与途径的管理人员,属于企业战术阶层。他们是各专业部门的负责人,主要任务是实现高层管理者所拟定的战略,并对基层管理者进行领导、指导和监督,同时还担负着上情下达和下情上报的信息传达工作。如学校里的系主任、医院里的科主任、行政机关里的处长、公司或企业里的部门经理、地区经理、工厂厂长等。

为提高组织效率,中层管理者需要想办法找出能够帮助基层管理者和非管理层员工更好地实现利用资源、降低成本的方法;要分析判断组织的目标是否正确恰当,并向高层管理者提出如何加以改进的建议。中层管理者的主要工作就是发展和改进工作中的技术,例如生产技术、营销技术,以更加有效率地利用组织资源。其具体任务是:

(1)建立工作团队,明确人员分工;

(2)规范工作程序,建立管理标准;

(3)加强计划管理,实施日常考核;

(4)激发下属动力,培育下属能力。

(三)基层管理者及其具体任务

基层管理者是那些对从事生产或服务等特定活动的非管理层员工进行日常监督管理的人员。基层管理者通常也被称为"作业管理者"或者"第一线管理者",是监督组织运作的最基层的管理者。他们的职责是对从事产品生产或服务的非管理员工或操作者进行日常监督管理,直接指挥和监督现场作业人员,保证上级下达的各项计划和指令的执行,完成上级下达的各项具体任务。基层管理者也要参与具体业务活动,直接与作业人员打交道,协调和解决工作中遇到的各种具体问题,他们分布在组织的各个部门,是整个管理系统的基础。如学校里的教研室主任、医院里的医疗组长、机关里的科长、企业里的车间主任、班组长、领班等。

基层管理者的具体任务是:

(1) 建立工作关系,明确下属任务;

(2) 制定作业方法,岗位工作标准;

(3) 进行工作指导,加强巡视培训;

(4) 实施工作改善,不断创新发展。

(四) 操作者及其具体任务

操作者是指在组织中直接从事具体业务,且对他人的工作不承担监督职责的人。其具体任务是:

(1) 接受上级指示,明确任务与要求;

(2) 完成自身任务,履行岗位职责;

(3) 实现自我超越,不断晋升发展。

 案例分析

升任公司总裁后的思考

郭宁最近被所在的生产机电产品的公司聘为总裁。在准备接任此职位的前一天晚上,他浮想联翩,回忆起他在该公司工作 20 多年的情况。

他在大学时学的是工业管理,大学毕业后就到该公司工作,最初担任液压装配单位的助理监督。他当时真不知道如何工作,因为他对液压装配所知甚少,在管理工作上也没有实际经验,他感到几乎每天都手忙脚乱。可是他非常认真好学,一方面仔细参阅该单位的工作手册,并努力学习有关的技术知识;另一方面监督长也对他主动指点,使他渐渐摆脱了困境,胜任了工作。经过半年多时间的努力,他已有能力独担液压装配的监督长工作。可是,当时公司没有提升他为监督长,而是直接提升他为装配部经理,负责包括液压装配在内的四个装配单位的领导工作。

在当助理监督时,他主要关心的是每日的作业管理,技术性很强。而当他担任装配部经理时,发现自己不能只关心当天的装配工作状况。他还得做出此后数周乃至数月的规划,还要完成许多报告和参加许多会议,他没有多少时间去从事他过去喜欢的技术工作。当上装配部经理不久,他就发现原有的装配工作手册已基本过时,因为公司已安装了许多新的设备,引入了一些新的技术,这令他花了整整一年时间去修订工作手册,使之切合实际。在修订手册过程中,他发现要让装配工作与整个公司的生产作业协调起来是需要有很多讲究的。他还主动到几个工厂去访问,学到了许多新的工作方法,他也把这些吸收到修订的工作手册中去。由于该公司的生产工艺频繁发生变化,工作手册也不得不经常修订,郭宁对此都完成得很出色。他工作了几年后,不但自己学会了这些工作,而且还学会如何把这些工作交给助手去做,教他们如何做好,这样,他可以腾出更多时间用于规划工作和帮助他的下属工作得更好,以及花更多的时间去参加会议、批阅报告和完成自己向上级的工作汇报。

当他担任装配部经理 6 年之后,正好该公司负责规划工作的副总裁辞职应聘其他公司,郭宁便主动申请担任此职务。在同另外 5 名竞争者较量之后,郭宁被正式提升为规划工作副总裁。

他自信拥有担任新职位的能力,但由于高级职务工作的复杂性,仍使他在刚接任时碰到了不少麻烦。例如,他感到很难预测 1 年之后的产品需求情况。可是一个新工厂的开工,乃至一个新产品的投入生产,一般都需要在数年前作出准备。而且,在新的岗位上他还要不断处理市场营销、财务、人事、生产等部门之间的协调事务,这些他过去都不熟悉。他发现越是职位上升,越难以仅仅按标准的工作程序进行工作。但是,他还是渐渐适应了,做出了成绩,以后又被调任为负责生产工作的副总裁,而这一职位通常是由该公司资历最深、辈分最高的副总裁担任的。到了现在,郭宁又被提升为总裁。他知道,一个人当上公司最高主管职位之时,他应该自信自己有处理任何情况的能力,但他也明白自己尚未达到这样的水平。因此,他不禁想到自己明天就要上任了,今后数月的情况会是怎么样? 他不免为此感到担忧!

思考:郭宁在公司担任助理监督、装配部经理、规划工作副总裁时的具体任务分别有哪些? 郭宁在升任不同管理层次工作的过程中所具备的管理技能有哪些?

美国麻省理工大学斯隆管理学院提出一种叫作"安东尼结构"(Anthony structure)的经营管理层次结构,该结构把经营管理分成三个层次,即战略规划层、战术计划层和运行管理层。这相当于上述所说的高层管理者、中层管理者和基层管理者的划分法,如表 1-2 所示。

表 1-2　　　　　　　　　　管理者的层次

项　　目	高层管理者	中层管理者	基层管理者
	战略规划层	战术计划层	运行管理层
主要关心的问题	是否做,什么时候做	怎样做	怎样做好
时间幅度	3 至 5 年	半年至 2 年	周或月
视野	宽广	中等	狭窄
信息来源	外部为主,内部为辅	内部为主,外部为辅	内部
信息特征	高度综合	中等汇总	详尽
不肯定的冒险程度	高	中	低

传统的基层管理者接受上层的指导和控制,但是在今天,在优秀的公司里,他们的执行作用在变弱,而对其创新和创造性的需求在增加,以实现组织的成长和新业务的开展。

作为管理者,无论他在组织的哪一层次上承担管理职责,其工作的性质和内容应该基本上是一样的,都包括计划、组织、领导和控制几个方面。不同层次管理者工作上的差别,不是职能本身不同,而在于各项管理职能履行的程度和重点不同。如高层管理者花在计划、组织和控制职能上的时间要比基层管理者的多些,而基层管理者花在领导职能上的时间要比高层管理者多些,如表 1-3 所示。

表 1-3　　　　　　　　　不同层次的管理者时间分布

层　　次	时　　间　　分　　布			
	计划	组织	领导	控制
高层管理者	28%	36%	22%	14%
中层管理者	18%	33%	36%	13%
基层管理者	15%	24%	51%	10%

1

即便是就同一管理职能来说,不同层次管理者所从事的具体管理工作的内涵也并不完全相同。例如,就计划而言,高层管理者关心的是组织整体的、长期的战略规划,中层管理者偏重的是中期的、内部的管理性计划,基层管理者则更侧重于短期的业务和作业计划。

三、管理者的角色

美国管理学家亨利·明茨伯格在 20 世纪 60 年代末期对 5 位总经理的工作进行了一项仔细的研究,对长期以来形成的对管理者工作所持的看法提出了挑战,他得出结论:管理者扮演 10 种不同却高度相关的角色,这十种角色可被归入三大类:人际关系方面的角色、信息传递方面的角色和决策制定方面的角色。管理者的角色,如表 1-4 所示。

管理者的
角色

表 1-4	管理者的角色	
角 色	描 述	特征活动
人际关系方面 · 挂名首脑	象征性的首脑,必须履行许多法律性的或社会性的例行义务	迎接来访者,签署法律文件
人际关系方面 · 领导者	负责激励和动员下属,负责人员配备、培训和交往的职责	实际上从事所有的有下级参与的活动
人际关系方面 · 联络者	维护自行发展起来的外部接触和联系网络,向人们提供信息	发感谢信,从事外部委员会工作,从事其他有外部人员参加的活动
信息传递方面 · 监控者	寻求和获取各种特定的信息(其中许多是即时的),以便透彻地了解组织与环境	阅读期刊和报告,保持私人接触,作为组织内部和外部信息的神经中枢
信息传递方面 · 传播者	将从外部人员和下级那里获得的信息传递给组织的其他成员	举行信息交流会,用打电话的方式传达信息
信息传递方面 · 发言人	向外界发布有关组织的计划、政策、行动结果等信息;作为组织所在产业方面的专家	举行董事会,向媒体发布信息
决策制定方面 · 企业家	寻求组织和环境中的机会,制定"改进方案"以发起变革,监督这些方案的策划	制定战略,检查会议决策执行情况,开发新项目
决策制定方面 · 混乱驾驭者	当组织面临重大的、意外的混乱时,负责采取补救行动	制定战略,检查陷入混乱和危机的事件
决策制定方面 · 资源分配者	负责分配组织的各种资源,事实上是批准所有重要的组织决策	调度、询问、授权,从事涉及预算的各种活动和安排下级的工作
决策制定方面 · 谈判者	在主要的谈判中作为组织的代表	进行合同谈判

(一) 人际关系方面

1. 挂名首脑

作为组织的首脑,每位管理者必须履行某些礼节性的职务或有责任主持一些仪式,比如接待重要的访客、参加某些职员的婚礼、与重要客户共进午餐,等等。挂名首脑的很多职责有时可能是日常事务,不涉及重要的沟通或重大的决策制定,然而,它们对组织能否顺利运转非常重要,不能被管理者忽视。

2. 领导者

由于管理者全面负责一个组织,他就对该组织成员的工作负责,这些行为就构成了管理者的

"领导"的角色。这些行为有一些直接涉及领导权问题。在大多数组织中,管理者通常负责本部门员工的聘用和培训。另外,也有一些行为是间接地行使领导者角色。每位管理者都必须激励、鼓舞或引导员工,使员工个人的需要和组织目标在一定程度上互相协调、达到和谐。

3. 联络者

联络者是指管理者在同他所领导的组织以外与人或其他组织接触的角色。通过对管理工作的研究发现,管理者花在同事和单位之外的其他人身上的时间与花在自己下属身上的时间一样多。管理者结交联系这些人在很大程度上是为了发现信息。联络者角色是专门用于建立管理者自己的外部信息系统的,它是非正式的、私人的、口头的,然而是有效的。

(二) 信息传递方面

在很大程度上,沟通就是管理者的工作。监控者、传播者、发言人这 3 种角色从信息传递方面描述了管理工作。

1. 监控者

管理者为了得到信息,必须不断审视和观察自己所处的环境,询问联系人和下属,通过各种内部事务、外部事情和分析报告等主动收集信息,接受主动上报的信息,这些信息的获取来自他已建立的人际关系网络。担任监控角色的管理者所收集的信息很多都是口头形式的,包括闲谈、道听途说或猜测等,也有一些是董事会的意见或者是社会机构的质问等。通过交往,管理者拥有为组织收集软性信息的天然优势。

2. 传播者

管理者必须与组织成员共享和传播收集到的大部分信息。他们从外界个人联系中获取的信息对组织内部来说可能是有用的。管理者把部分权威信息直接传递给无法获知此信息的下属,而且,如果下属之间不方便沟通,管理者有时会把信息分别传达给每一位下属。

3. 发言人

作为发言人角色,管理者会把一些信息发送给组织之外的人,比如总裁发表演讲或者厂长建议供应商改良产品性能。另外,作为发言人的部分职责,每位管理者必须向能够控制组织的有影响力的人提供信息,使他们满意。如首席执行官可能要花大量时间与有影响力的人周旋,要向董事会和股东汇报公司财务状况,要让消费者相信该组织能够履行组织的社会责任,等等。

(三) 决策制定方面

信息是决策制定的基本前提。管理工作研究表明:管理者在组织的决策制定系统中起着主要作用。作为一种权力,只有管理者有权力向组织交托一个重要的新行动方案,也只有管理者能够使组织专注于重要的行动计划;作为组织的神经中枢,只有管理者具备充分的、最新的、有助于组织制定战略决策的信息。

1. 企业家

"企业家"即是企业的家长,企业家角色指的是管理者在其职权范围之内充当本组织变革的发起者和设计者。作为"企业家"的管理者,是企业的经营者或组织者,必须努力组织资源去适应周围环境的变化,要善于寻找和发现新的机会。

2. 混乱驾驭者

"混乱驾驭者"又称为"危机处理者"。管理者是变革的主动发起人,但在"混乱驾驭者"这一角色上,往往处于压力之下,被动地应对变化。在这里,管理者不再能够控制迫在眉睫的罢工、某个主要客户的破产或某个供应商的违约等突发情况。实际上,每位管理者都必须花大量时间应对高压局面或有效地处理令人紧张的意外混乱。没有任何组织能够永远一帆风顺地、非常标准化地运行,也不可能完全事先预知所有意外事故。意外事故的出现,并非总是因为不合格的管理者忽略了某种事情而发生;优秀的管理者也常常会因为没有考虑好事情的各个环节而陷于困境。

3. 资源分配者

管理者要负责把组织内的资源分配给具体的人。接触管理者的途径,事实上就是接触组织神经中枢和决策者的途径。管理者还要负责设计组织的结构,即决定各种工作的分工和协调工作的正式关系。作为资源分配者,组织的一个重要的决策在被执行之前,首先要获得管理者的批准,通过保留这种权力,管理者能确保决策是互相关联的。

4. 谈判者

通过对在各个层次进行的管理工作研究显示,管理者有相当多的一部分时间用于谈判,比如足球俱乐部老板与超级球星的合同纠纷问题谈判、公司总裁率领代表团就新的问题进行谈判、厂长与工人代表谈判等。正如美国管理学家伦纳德·塞尔斯所言,谈判对于富有经验的管理者来说是一种"生活方式"。谈判是管理者不可推卸的工作职责,而且是工作的主要部分,因为只有管理者有权把组织资源用于"真正重要的时刻",并且只有他拥有重要谈判所要求的中枢信息。

上面3个方面所描述的10种角色不能轻易分开,形成了一个完整形态,是一个整体。没有哪种角色能在不触动其他角色的情况下脱离这个框架。比如,如果一位需要联络交往的管理者缺乏外部信息,那么他既不能传播下属需要的信息,也不能做出充分反映外部条件的决定。

四、管理者的技能

管理者的技能是指能够使用某一专业领域内有关的工作程序、技术和知识完成管理任务的能力。美国著名的管理学学者罗伯特·卡茨提出管理者必须具备三种基本技能:技术技能、人际技能和概念技能。

(一) 技术技能

管理者的
技能

技术技能(technical skills)是指从事自身管理范围内的工作所需的基本技术和具体方法。如老师必须熟练掌握本专业的教学内容与教学方法;企业的部门主任要熟悉各种设备的性能、使用方法、操作程序,各种材料的用途、加工工序,各种成品或半成品的指标要求等。技术技能对基层管理者来说尤为重要,因为他们的大部分时间都是指导、训练、帮助下属人员或回答下属人员的有关问题,因而必须熟悉下属人员所做的各种工作;具备技术技能,才能更好地指导下属工作,更好地培养下属,成为受下级成员尊重的有效管理者。人们通常所说的"懂行""一技之长""隔行如隔山""不熟不做"都是指技术技能。对于管理者而言,技术技能的构成有诊断技术、决策技术、计划技术、组织设计技术、评价技术、书写技术等;技术技能是管理者履行决策、计划、组织、控制等管理职能的基础。

(二) 人际技能

人际技能(human skills)是指把握与处理人际关系的有关技能,即理解、动员、激励他人,并与他人共事的能力,主要包括领导能力、影响能力和协调能力。"世事洞明皆学问,人情练达即文章"。要成为一个好的管理者,离不开良好的人际关系,包括与上级、下属、同行、他人的关系等,即在管理活动中调节人际关系的艺术,其中主要是协调与上级的关系、协调与下级关系和协调与同级的关系,还包括其他方面的公共关系。

协调与上级的关系,首先必须正确认识自己的角色地位,努力做到到位而不越位,奋争而不添乱,即不该决断的时候不擅自决断,不该表态的时候不胡乱表态,不该干的工作不执意去干,不该答复的问题不随便答复,不该突出的场合不"抢风头"等。其次,要适当调整期望,学会有限度地节制欲望。要加强与上级的信息沟通和反馈,尽可能了解事情的真相,以免出现判断失误。

协调与下级的关系,要公正、民主、平等、信任地处理与下级的关系。下级是管理者行使权力的主要对象,要讲究对下级的平衡艺术、引力艺术和弹性控制艺术。在公正、平等的基础上建立与下级的和谐关系,实现心理的可接受性和利益的相容性,达到行为的一致性;努力缩小自己与下属的距离,形成自身的"引力场",在目标、情感、心理、态度、利益等方面具有一致性;通过有一定弹性空间或范围的标准控制、检查组织成员的行为,既要使下属感到有相应的自由,又能使之遵守必要的约束。

协调与同级的关系是影响个人发展的重要方面,也是整个团队积极向上、健康发展的重要因素。首先要增进与同级之间的感情,感情是人际关系的"协调器";其次是正确把握同级之间的既竞争又合作的关系,工作中需要心胸开阔、放眼未来、把握分寸、控制情绪,充分认识竞争与合作的共存。

对于管理者而言,人际技能的构成有表达能力、协调能力、激励能力、领导能力、公关能力等;人际技能是管理者获取信息、履行领导职能、组织落实和创造良好的组织环境所必需的。

(三) 概念技能

概念技能(conceptual skills)是指管理者统观全局、面对复杂多变的环境,具有分析、判断、抽象和概括,认清主要矛盾,抓住问题实质,形成正确概念并做出正确决策的能力,也就是洞察组织与环境要素间相互影响和作用关系的能力,包括理解事物的相互关联性,从而找出关键性影响因素的能力;确定和协调各方面关系的能力;权衡不同方案优劣和内在风险的能力等。

管理者的概念技能,是将自己的观点提炼出来并且通过加工处理将关系抽象化、概念化的能力。具备概念技能的管理者会把自己的组织看成一个统一的整体,熟悉各个部门之间的关系,能够正确运用自己的各种技能来处理组织中出现的问题,能正确行使管理职能,将自己的组织问题细分化、各个击破,从而实现企业的目标。拥有较强概念技能的管理者能够及时发现组织中存在的问题,能够正确分析组织出现的问题,并且拟定正确的解决方案加以实施。管理者的概念技能对于高层管理者更为重要,中层的管理者次之。

随着社会化大生产不断发展,创新是概念技能的集中体现。管理者能否创造新的适应环境的管理模式、方式、体制、机制,是衡量其概念技能高低的重要标志。管理者要有创新理念,真正认识到创新对组织生存与发展的决定性意义,善于通过科学的创新思维来完成创新构思,并在管理实践中坚持创新,在工作过程中敢于创新,把创新理念和创新精神变成现实。

对于管理者而言,概念技能的构成有系统性能力、识别能力、分析能力、综合能力、决断能力、创新能力、抽象思维能力等。概念技能是管理者履行决策和指挥责任所必需的。

罗伯特·卡茨认为,以上三种技能在不同管理层次中的要求不同,技术技能由低层向高层重要性逐渐递减;概念技能由低层向高层重要性逐步增加;人际关系技能对不同的管理层的重要程度区别不是十分明显,因为,无论哪一个层次的管理者都需要有良好的人际关系。

第三节　管理者的素质及培养

一、管理者的素质

一个组织管理的好坏,很大程度上取决于管理者的管理水平,然而管理者的水平又是由管理者的素质决定的。因此,管理者的素质直接影响到组织的管理水平,影响到一个群体的利益。管

1

理者的素质是指管理者的内在基本属性,主要表现为品德、知识、能力与身心条件等方面。

管理者的
素质及培
养(上)

(一)品德

品德是推动个人行为的主观力量,体现了一个人的世界观、人生观、价值观、道德观和法制观,持续有力地指导着他对现实的态度和他的行为方式。作为一名管理者,从其所应履行的职责出发,应具有强烈的管理意愿和良好的精神素质。

1. 强烈的管理意愿和责任感

如果一个人缺乏为他人工作承担责任、缺乏激励他人取得更大成绩的愿望,那么即使他已经走上了管理者岗位或者具有从事管理工作的能力,他也不可能成为一名合格的管理者。管理意愿是决定一个人能否学会并运用管理基本技能的主要因素。只有树立一定的理想,有强烈的事业心和责任感,一个人才会有干劲,才会勇挑重担,渴望在管理岗位上有所作为,有所贡献。所以管理者首先要有强烈的管理意愿。

 **小测试**

假如你是一个在大型组织中从事管理工作的管理者,针对下列每一个问题,以最能反映你的动机强烈程度的数字(1、2、3、4、5、6、7,以 1 为最弱,以 7 为最强)评分,然后加总你的分数。

1. 我希望与我的上级建立积极的关系。
2. 我希望与我同级的人在游戏中或体育中比赛。
3. 我希望与我同级的人在工作有关的活动中相竞争。
4. 我希望以主动和果断的方式行事。
5. 我希望吩咐别人做什么和用法令对别人施加影响。
6. 我希望在群体中以独特的和引人注目的方式出人头地。
7. 我希望完成与工作有关的例行职责。

你的得分将落在 7～49 分的区间内。如果得分落在 7～21 分,反映你具有较低的管理动机;22～34 分,反映你具有中等程度的管理动机;35～49 分,反映你具有较高的管理动机。

2. 良好的精神素质

由于管理工作的特殊性,作为一名管理者,除了要有强烈的管理意愿外,还要有良好的精神素质,即要具有创新精神、冒险精神、实干精神、合作精神和奉献精神。面对复杂多变的管理环境,管理人员要有创新精神,勇于开发新产品、开拓新市场、引进新技术、起用新人、采用新的管理方式,以适应时代发展的要求;要有冒险精神,没有一定的承受风险的心理素质,也不适合从事管理工作;在组织发展过程中,往往会遭受挫折和失败,这要求管理者具有百折不挠的拼搏精神和吃苦耐劳的实干精神;管理者的工作依赖他人的努力程度,管理者要有合作精神,善于团结群众、依靠群众;同时管理者要有服务社会、造福人民的奉献精神,对事业执着追求,愿意为此牺牲个人利益。

3. 自信、诚实、谦虚、心胸开阔

管理者要相信自己,不断增强信心,坚信自己有能力把组织搞好。能够正确对待在管理过程中出现的一些暂时的困难和挫折,做到百折不挠,敢于应对各种困难和挑战。管理者对管理对象必须以诚相待,实事求是,坦诚交换意见与分歧。由于管理者所面对的管理对象的性格千差万别,受教育的程度有高有低,管理者必须以谦虚为本,虚心向管理对象学习,加强思想沟通。管理者为人要谦虚,应做到虚怀若谷,拥有宽广的胸怀,能容人、容事,不斤斤计较个人得失。尤其是在经营管理企业时,更要把握好诚信原则,要与人为善。

(二) 知识

知识是提高管理水平和管理艺术的基础和源泉。管理工作不仅要求管理者掌握专业知识,同时由于管理是一门综合性的科学,涉及的知识面很广,一般来说,管理者应掌握以下几方面的知识。

1. 政治法律方面的知识

管理者要掌握党的路线、方针、政策,国家的有关法令、条例和规定,以便正确把握组织的发展方向。

2. 经济学和管理学方面的知识

管理者要懂得按经济规律办事,了解当今管理理论的发展情况,掌握基本的管理理论与方法。

3. 人文社科方面的知识

管理的主要对象是人,而人既是生理的、心理的人,又是社会的、历史的人。学习一些人文社科方面的知识,如心理学、社会学等,有助于管理者了解管理对象,从而有效地协调人与人之间的关系和调动员工的积极性。

4. 科学技术方面的知识

无论管理什么行业,都要有一定的本专业的科技基础知识,如计算机和互联网及其应用、本行业科研及技术发展情况等,否则就难以根据该行业的技术特性进行有效的管理。

(三) 能力

能力是人类认识世界和改造世界的方法,是获得知识后运用、驾驭知识的力量,即人的创造力。管理者的能力是指管理者把各种管理理论与业务知识应用于实践、进行具体管理、解决实际问题的本领。能力与知识是相互联系、互相依赖的,基本理论和专业知识的不断积累与丰富,有助于潜能的开发与实际才能的提高;而实际能力的增长与发展,又能促进管理者对基本理论知识的学习消化和具体运用。

管理者的
素质及培
养(下)

从人才类型来看,管理者特别是高级管理者,应是"通才型"的人才。这也意味着管理者要具有多方面的能力,归纳起来主要有两大类:创新能力与综合能力。

1. 创新能力

创新是现代管理者素质的核心,包括管理者的创新意识、创新精神、创新思维和创新技能。管理者的创新能力有多种形式和具体表现,主要有以下几个方面:

(1) 洞察力和观察力。在生活和工作中,人们有各种心理活动,这些心理活动直接影响着他们的行为方式和行为结果。而这些心理活动又常常是隐蔽的,甚至是被伪装起来的。如果管理者的观察力不强,对暴露事物本质的现象反应不敏锐,就难以发现问题。管理者如果善于把握信息、发现苗头,并采取有针对性的措施,就能收到意想不到的结果。

(2) 应变力和决断力。在激烈的市场竞争中把握稍纵即逝的机会,并及时决策,有时对组织可起到驱祸避害或起死回生的作用。这要求管理者必须具备处变不惊、临危不惧、随机应变的能力。管理者的应变能力能使之在顺利时居安思危,不断捕捉新的信息,在困境时稳住阵脚,转危为安。果断决策是成功的重要因素,时间是现代管理的一大资源。任何决策的作出都要求在一定的时间内完成,否则将会失去决策的意义。特别是在当今信息和知识经济时代,管理者必须不失时机、把握住机遇作出决策。拖延本身不仅常常坐失良机,而且还会带来新的风险。所以患得患失、瞻前顾后、举棋不定、当断不断等,作为管理者都应当避免。

1

（3）情感、意志、性格的调节能力。决策是意志活动的重要心理成分，也是意志活动的一个阶段。在任何时候管理者都不能感情用事，以感性决策代替理性决策。意志在决策中具有重要意义，管理者要培养自己意志的独立性、果断性、坚定性和自制力，以适应现代决策的需求。有毅力、意志坚强的人，无论在任何复杂困难的情况下都能保持自己目标的坚定性和行动的果敢性，既不轻举妄动又不优柔寡断。性格是个性心理特征，是一个人的心理面貌本质属性的独特结合。从性格上看，人有外向型和内向型之分，这两种性格的人都有其优缺点，但关键在于在决策中管理者应明确自己的性格特征，尽量发挥自己的长处，避免自己的短处，同时在长期的自我修养中努力控制与限制其消极面，更好地适应决策的要求。

2. 综合能力

管理是人类的高级智力活动，从其活动看，是多要素的统一；从其过程看，是多环节的统一；从其决策看，是追求科学化的过程。因此，现代管理是一个多要素相互作用、多环节相互连接的复杂的系统工程。所以管理需要逻辑思维，更需要非逻辑思维；需要演绎、归纳，更需要直觉、想象、灵感；需要抽象思维，更需要形象思维、顿悟思维。管理活动之所以是人类高级智力活动，不仅在于所运用的思维类型、思维方式的复杂性，还在于它调动了人的全部主观因素——知识、情感、意识，包括了人的全部经验、知识、理论、智慧，以及立场、世界观、价值观念和一切心理特征、个性品格。从这个意义上看，综合能力是管理者的又一个最基本的能力要求，可以具体划分为：

（1）把握全局的能力。全局代表了大多数成员的利益，决定了事物的发展性质和方向，代表长远和未来，是团结和协调各个局部的力量。因此，管理者要把握全局，必须要有战略眼光，要面向世界、面向未来。

（2）获取、分析信息的能力。信息是现代社会的重要资源和财富。管理活动实际上是获取、分析、开发、利用信息的过程，凭借信息，可以作出全局的决策。但只承认信息是决策的科学依据对现代管理者来说是远远不够的，信息的可靠性才是保证管理者进行科学决策的重要条件。所以要对信息进行分析、判断，才能使之成为正确决策的依据。这要求管理者运用科学的方法对信息进行去伪存真、去粗取精、由表及里、由此及彼地分析和比较，找到信息中有决定意义的关键性信息，做出正确的判断、科学的决策。

（3）综合知识的能力。21世纪的管理科学是各学科高度交叉、高度融合的科学。在当今知识和信息激增且瞬息万变的时代，新知识的出现、新技术的产生、新产品的开发令人目不暇接，这要求管理者要善于博采众长。管理者不仅要从书本上学习和提高，还要靠平时在实践中勤于向他人学习，善于倾听众人的意见，将大家的智慧集中起来，变成自己的知识和能力，管理才能朝着科学化的方向发展。

（4）团队合作的能力。管理者既要制定决策，又要善于组织、有效地实施决策，不仅要对决策执行的结果进行评价监督，还要善于协调和控制。这要求管理者要"全能"，但并不是所有的管理者都能做到"全能"，因此，要有善于履行这些不同职能的管理者以互补的形式来实现组织或团队的目标，这需要管理者要有良好的团队合作能力，大家坦诚相待，齐心协力向同一个目标努力工作，发挥组织系统整体的力量，相互沟通，协调发展。

（四）身心条件

现代管理工作繁重、节奏极快，不仅需要管理者具有丰富的经验，还要有强健的体魄。一般来讲，年龄小的人身体好、精力充沛，但经验欠缺；年龄大的人经验丰富，但精力欠缺。现代企业管理者最适合的年龄是30～50岁，这个年龄段是身体条件、经验条件俱佳的阶段，正所谓"如日当空"。现代生物学和心理学的研究也表明，30岁以后有效领导特质为优，25～55岁为一般的领导工作年龄，45岁左右为最佳年龄峰值，50岁以后者，体力衰减，但经验丰富，其中少数体力很足又锐意改革者,最为难得。当然,这一切也不是绝对的,正如前世界经济论坛主席施瓦布当年所说:"企业家起决定作用的是他有没有本领去学习,任何人失去了学习的本领,就不再年轻,而应该退休,不管他到底是多大岁数。"由此,不难发现,成功管理者的身心条件中更为重要的是拥有不断学习的积极心态,一个拥有不断学习的积极心态的人,会在其生活和工作中与时俱进,拥有健康的体魄、充沛的精力和持之以恒的学习能力。

二、管理者素质的培养

管理者素质的培养是多方面的综合过程,没有绝对标准的方程式和正确方法的清单,就像在实际工作中,没有指定哪一个岗位能够成为未来成功的管理者一样,但是可以从他人的经验和榜样中找到借鉴,以获得启发,从而去探索和实践。

(一)管理品德的修养

对于管理者而言,要提高管理品德认识,培养管理道德情感,锻炼管理道德意志,坚定管理道德信念。首先,对管理品德价值的认识是培育管理者管理品德的前提,要认识管理品德的实质、内涵,并充分认识到管理品德对个人、企业乃至社会的重要性。只有提高对管理品德的认识,才能在思想上重视、在行动上实施、在发展中提升。其次,培养管理者对所从事管理工作的荣誉感、责任感,对服务对象的亲切感,热爱本职工作,敬业乐业,正确处理自己和职业的关系以及评价在管理行为过程中形成的荣辱好恶等情绪和态度;培养管理者在履行管理义务的过程中所表现出来的自觉地克服一切困难和障碍,作出抉择的力量和精神。管理者对所从事的管理工作应具备的道德观念、道德准则和道德理想,要有发自内心的真诚信仰,一旦牢固地确定了管理道德信念,就能自觉地坚定不移地履行自己的义务,并能据此来鉴别自己或他人的行为。培养和确立终生不渝的管理道德信念,是每个管理者管理品德修养的中心环节。

(二)管理知识的学习

许多优秀职业管理者的经历证明,要获得较好的管理成效,接受正规的管理教育是极为必要的。在现实生活中,即使是高学历的许多专职的高级管理者仍在不定期地回到学校学习,或利用业余时间进修有关管理的课程,许多大型企事业单位还设有专门培训管理人员的培训中心,对管理者进行继续教育,投入了大量的资金。除了各种各样的正规教育外,社会中的许多管理咨询机构也会组织一些管理知识讲座、管理热点问题的专题讨论、管理专项技能培训或经验交流,请一些具有丰富经验的管理者传授管理技巧。随着互联网的发展,许多前沿的管理知识、企业的管理实践也可以进行线上学习。越来越多的管理者意识到,要成为优秀的管理者,应努力从"专才"向"通才"发展,而与管理工作岗位相关知识的不断学习是管理职业生涯发展的不二法门。

(三)管理能力的提升

实践是管理者提高管理能力最有效的方法。对于在校学生而言,通过系统的理论学习和管理案例分析与研究,可以拥有一定的管理基本知识,形成一定的管理思维和管理素养,但很难学到具体的管理技能,因为仅"纸上谈兵"是无法真正获得管理能力的。因而因地制宜地参与管理实践,如参与班级管理、学生会管理、社团管理等都有助于个人管理能力的提升。对于已经踏入工作岗位的人而言,要想成为一名合格的管理者,必须通过实践锻炼。一个人即使把管理的理论、原则、方法背得滚瓜烂熟,也不一定能成为一名合格的管理者,因为只有在实践中才会碰到各种管理问题、压力和严峻的考验。在实践过程中,需要运用洞察力和观察力发现问题,需要通过获取分析信息的能力、运用知识的能力去把握全局,凭借情感、意志、性格的调节能力应对各种压力,发挥自身的应变力与决断力做出正确的分析和决策,并在团队中体会竞争与合作的内涵。

1

（四）管理者身心条件的锻炼

毛泽东同志曾经说过："身体是革命的本钱。"一个人要想做成一件事,必须具有多方面的素质,但所有这些都必须依托一个前提条件——要有健康的体魄。加拿大管理学家亨利·明茨伯格的著作《管理工作的本质》一书中全面阐述了管理工作的特点,"工作量大,步调紧张;活动短暂,多样而琐碎"。管理者只有有了健康、结实的身体才能应付艰辛的管理工作;只有拥有积极、乐观的心态,身心舒适,才能用最高的效率和饱满的状态迎接每一天。因此,无论多忙,都不能停止体育锻炼。这句话适用于每一个人,尤其适用于从事管理工作的人。试想一个精神状态不佳、连自己的身体都管理不好的人,他能管理好一个部门、一个组织或一个企业吗?

综上所述,努力学习和勇于实践是管理者素质培养的两个基本方法。

 拓展阅读

华为创始人——任正非

任正非,是华为技术有限公司主要创始人、总裁,1944年10月25日出生于贵州省镇宁县一个靠近黄果树瀑布的贫困山区的小村庄,祖籍浙江省浦江县黄宅镇。任正非的父亲任木生是乡村中学教师,家中还有兄妹6人,小学就读于贵州边远山区的少数民族县城,高中就读于贵州省黔南布依族苗族自治州都匀一中。知识分子的家庭背景是影响任正非一生的第一个决定性因素。任正非的父母因为对知识的重视和追求,即使在三年困难时期,仍然坚持让孩子读书。

1963年,任正非就读于重庆建筑工程学院(现已并入重庆大学),还差一年毕业的时候,"文化大革命"开始了。父亲被关进了牛棚,因挂念挨批斗的父亲,任正非一路"扒火车"回家看望父亲,父亲嘱咐他要不断学习。任正非回到重庆后把电子计算机、数字技术、自动控制等专业学科自学完,还把樊映川的《高等数学习题集》从头到尾做了两遍,接着学习了逻辑学、哲学。他自学了三门外语,当时已到可以阅读大学课本的程度。

大学毕业后任正非当兵了,当的是基建工程兵。参与辽阳化纤总厂(法国引进项目)建设。任正非从这个工程开始一直到建完生产,历任技术员、工程师、副所长(技术副团级),无军衔。任正非也因工程建设中的贡献出席了1978年的全国科学大会和1982年党的第十二次全国代表大会。

1983年,随着国家整建制撤销基建工程兵,任正非复员转业至深圳南海石油后勤服务基地。1987年,因工作不顺利,任正非转而集资21 000元人民币创立华为公司,1988年任华为公司总裁。创立初期,华为靠代理销售香港某公司的程控交换机获得了第一桶金。1991年9月,任正非孤注一掷投入C&C08机的研发,租下了深圳宝安县蚝业村工业大厦三楼作为研制程控交换机的场所,五十多名年轻员工跟随任正非来到这栋破旧的厂房中,开始了他们充满艰险和未知的创业之路。他们把整层楼分隔为单板、电源、总测、准备四个工段,外加库房和厨房。人们在机器的高温下挥汗如雨、夜以继日地作业,设计制作电路板、话务台、电路板,编写软件,调试、修改、再调试。在这样的情况下,任正非几乎每天都到现场检查生产及开发进度,开会研究面临的困难,分工协调解决各种各样的问题。遇到吃饭时间,任正非和公司领导就在大排档同大家聚餐,由其中职位最高的人自掏腰包请大家吃饭。1993年年末,C&C08交换机终于研发成功,其价格比国外同类产品低三分之二,为华为占领了市场。后来,华为公司总部搬到了深圳龙岗坂田华为工业园,华为熬过了创业的艰苦岁月。

1996年3月,为了和南斯拉夫洽谈合资项目,任正非率领一个十多人的团队入住贝尔格莱

1

德的香格里拉。他们订了一间总统套房,每天房费约 2 000 美元。不过,房间并非任正非独享,而是大家一起打地铺休息。

2001 年之后,任正非任命洪天峰为公司的首席运营官(Chief Operating Officer,COO),具体负责公司的日常业务,以便自己能够抽身出来,更多地去思考华为的未来。2003 年,华为开始尝试集体决策机制,由执行管理团队(EMT)来负责公司的运营管理决策。

2003 年 1 月 23 日,思科正式起诉华为及华为美国分公司,理由是后者对公司的产品进行了仿制,侵犯其知识产权。面对思科的打压,任正非一边在美国聘请律师应诉,一边着手结盟思科在美国的死对头 3COM 公司。2003 年 3 月,华为和当时已进入衰退期的 3COM 公司宣布成立合资公司"华为三康",3COM 公司的首席执行官(Chief Executive Officer,CEO)专程作证华为没有侵犯思科的知识产权。最终,双方达成和解。2007 年初,任正非致信 IBM 公司 CEO 彭明盛,希望 IBM 公司派出财务人员,帮助华为实现财务管理模式的转型。

2011 年 12 月,任正非在华为内部论坛发布了《一江春水向东流》的文章,透露了华为的人人股份制。任正非透露,设计这个制度受了父母不自私、节俭、忍耐与慈爱的影响。任正非还创立了华为的 CEO 轮值制度,每人轮值半年。此举避免了公司成败系于一人,亦避免了一朝天子一朝臣。

2013 年 1 月 14 日,华为公司在深圳坂田基地召开了"董事会自律宣言宣誓"大会,总裁任正非与华为其他十余位高管一起,面向华为全球的几百位中高级管理者做出了自律宣言。

实 训

一、实训目的

1. 通过到企业参观、与企业管理者对话,提高观察能力、与人沟通的能力;并通过对话记录稿的整理,学会倾听,提高信息的收集和整理能力。

2. 通过班级活动组织策划,充分理解管理活动的过程及四大职能,也充分地体会管理的含义,提高活动策划能力。

3. 通过企业访谈,了解企业实际管理过程中各层次管理者的具体任务、角色及技能的差异,了解企业对各层次管理者的素质要求,从而确定提升自身管理素质的目标。

二、实训内容、组织方式及步骤

实训内容Ⅰ:与企业管理者对话——对管理的初步认识

实训形式:管理沙龙。

实训步骤:

第一步,实训前准备。围绕"管理",准备需要与企业管理者交流的问题并提交给指导老师,由指导老师对要交流的问题进行筛选。

第二步,由指导老师联系企业,并与企业管理者进行沟通,组织同学到企业参观,了解真实的企业、企业的组成部分、企业中的管理岗位。

第三步,按指导老师筛选的问题与企业管理者对话,并记录交流过程中问题的答案。

第四步,返回课堂完成与企业管理者对话记录的整理及参观报告。

实训要求:围绕"管理",准备与企业家对话的问题,并在进行对话的过程中寻找问题的答案,以巩固对管理的含义、职能及其作用的理解。参观企业时遵守企业相关规定,听从实训老师的指挥,服从企业管理者的安排。

1

实训内容Ⅱ：管理职能模拟实践

实训形式：模拟实践。

实训步骤：

第一步，实训前准备。每位同学写下自己想在班级中组织的一个活动。

第二步，根据自己的活动想法进行班级活动的组织设想。

第三步，根据自己的设想，完成班级活动组织策划书。

第四步，将活动组织策划反馈给全班同学，了解班级同学对活动的支持情况，如支持情况欠佳则对活动组织策划进行修改。

实训要求：每位同学以班级活动组织者的身份，完成一份班级活动组织策划书。组织策划书的内容应包括活动的目的、活动的内容、活动经费预算、活动实施过程的组织工作、领导工作的安排，以及活动过程可能出现问题的预测及控制措施。要求语言流畅，文字简练，条理清晰。

实训内容Ⅲ：管理者的角色、具体任务、技能与素质要求

实训形式：企业访谈。

实训步骤：

第一步，实训前准备。由小组自行联系企业，制定访谈计划书并上交给实训指导老师。

第二步，小组内进行具体访谈对象的分工，分别负责对企业高层管理者、中层管理者、基层管理者、一线操作人员进行访谈。

第三步，以小组为单位围绕以下几个问题进入企业进行实地访谈。

1. 您在企业（公司）所处的职位。

2. 您在企业（公司）工作的具体任务。

3. 您觉得在工作过程中自己要扮演什么样的角色？

4. 您觉得胜任现在的工作需要哪些技能？

第四步，与该企业人力资源管理负责人围绕以下几个问题进行实际访谈。

1. 贵企业（公司）在招聘一线员工时的招聘条件及要求是什么？最看重哪种素质？

2. 贵企业（公司）招聘基层管理人员的条件和要求是什么？最看重哪种素质？

3. 贵企业（公司）招聘或晋升中层管理者时的条件和要求是什么？最看重哪种素质？

4. 贵企业（公司）晋升或引进高层管理者时的条件和要求是什么？最看重哪种素质？

第五步，对小组的企业访谈结果进行总结，各小组选出一名代表发言。

实训要求：以小组为单位，选择当地一家企业进行实地访谈，进入企业访谈时，要求遵守企业相关规定。完成访谈后，按规范做好访谈记录及实训报告，要求语言流畅，文字简练，条理清晰。

三、实训时间及成绩评定

（一）实训时间

实训内容Ⅰ：准备好交流问题、利用课余时间联系企业，实地企业参观时间为40分钟，与企业家对话时间控制在40分钟以内。

实训内容Ⅱ：学生活动组织策划书的撰写时间为40分钟，每位同学的策划信息反馈时间控制在2分钟内。

实训内容Ⅲ：利用课余时间联系访谈企业，实际访谈时间控制在30分钟内，各小组代表发言时间控制在5分钟内。

（二）实训成绩评定

1. 实训成绩按优秀、良好、中等、及格、不及格 5 个等级评定。

2. 实训成绩评定要点。

（1）是否能够正确理解管理的含义、职能和作用，管理者的角色、具体任务和技能，管理者的素质要求。

（2）是否能积极主动与企业管理者进行交流，能否简练、清楚地整理对话记录。

（3）是否学会了在组织活动过程中简单地实施管理的各项职能。

（4）是否能够和团队成员一起进行实训活动的计划和实施，并进行讨论和内容的总结与概括。

小　结

1. 每一个人对管理的认识都是不同的，许多管理学家对管理进行了定义，管理的表现形式也是多种多样的，但其核心内容是一样的，即管理是人们制定目标并采取一定的手段实现目标的过程。

2. 管理是一个由计划、组织、领导、控制等职能组成的系统过程，是人们综合运用各种资源有效实现目标的过程。

3. 管理是普遍存在的，是保证组织有效运行所必不可少的条件。管理在组织中协调各部分的活动，并使组织与环境相适应，组织只有通过管理才能有效实现组织的目标。

4. 管理者是在组织中从事管理工作并对组织绩效负责的人，其主要任务是指挥他人开展工作。而操作者则是指那些在组织中直接从事某项工作或具体业务的人，他们不具有监督其他人工作的责任，其主要任务就是做好组织所分派的具体的操作性事务。

5. 管理者按其在组织中的层次地位不同，可分为高层管理者、中层管理者和基层管理者。明确各自的具体任务是管理者履行好自己职责的基本前提。

6. 管理者在组织中扮演着十种不同却高度相关的角色，这十种角色被归入三大类：人际关系方面的角色，包括挂名首脑、领导者、联络者；信息传递方面的角色，包括监控者、传播者、发言人；决策制定方面的角色，包括企业家、混乱驾驭者、资源分配者、谈判者。

7. 管理者需要三种基本的技能，即技术技能、人际技能和概念技能。

8. 管理者要履行其职责必须具有一定的品德、知识、能力和身心条件等素质，这些素质培养都需要通过学习和实践而获得。

习　题

一、单项选择题

1. 管理的四大职能中，属于管理首要职能的是（　　）职能。

A. 计划　　　　　　B. 组织　　　　　　C. 领导　　　　　　D. 控制

2. 生产车间的工段长、班组长属于（　　）。

A. 高层管理者　　　B. 中层管理者　　　C. 基层管理者　　　D. 操作者

3. 管理者在同他所领导的组织以外与人或其他组织接触承担着（　　）的角色。

A. 挂名首脑　　　　B. 领导者　　　　　C. 联络者　　　　　D. 发言人

4. 相对于高层管理者而言，基层管理者比较突出的技能要求应该是（　　）。

1

A. 技术技能　　　　　　B. 人际技能　　　　　　C. 概念技能　　　　　　D. 协作技能

二、多项选择题

1. 管理的四大职能是指（　　　　）职能。

A. 计划　　　　　　　　B. 组织　　　　　　　　C. 协调　　　　　　　　D. 指挥

E. 领导　　　　　　　　F. 控制

2. 美国管理学家明茨伯格认为管理者扮演着多种角色,属于决策制定方面的角色有（　　　　）

A. 混乱驾驭者　　　　　B. 资源分配者　　　　　C. 传播者　　　　　　　D. 联络者

E. 企业家　　　　　　　F. 谈判者

3. 属于高层管理者具体任务的有（　　　　）。

A. 建立雄伟目标,达成群体共识　　　　　　B. 制作作业方法,岗位工作标准

C. 制定战略计划,调整组织分工　　　　　　D. 规范工作程序,建立管理标准

E. 汇集各项资源,进行合理配置　　　　　　F. 提出核心理念,塑造企业文化

4. 美国著名的管理学学者罗伯特·卡茨提出管理者必须具备（　　　　）。

A. 技术技能　　　　　　B. 协调技能　　　　　　C. 人际技能　　　　　　D. 领导技能

E. 概念技能　　　　　　F. 控制技能

三、判断题

1. 管理是人们通过综合运用人力资源和其他资源,以有效地实现目标的过程。　　　　（　　）

2. 管理具有科学性,因而是精确的。　　　　（　　）

3. 管理的目的是盈利,但必须在兼顾社会责任的基础上追求盈利。　　　　（　　）

4. 管理人员不应该做作业工作,应把全部的精力都放在管理工作上。　　　　（　　）

5. 组织中的管理者对其下属的工作好坏都负有不可推卸的责任。　　　　（　　）

四、思考题

1. 你是如何看待管理的？举例说明管理在现实生活中的作用。

2. 当管理者在组织中的层次发生变化时,其管理的具体任务和技能会发生哪些变化？

3. 一个合格的管理者应具备什么样的素质？管理者应如何培养与提高自己的管理素质？

第二章　管理理论的发展

📖 **知识目标**：了解早期管理思想；掌握古典管理理论、行为科学理论的代表人物及其主要观点和内容；了解现代管理理论各学派的基本观点；理解中国古代儒家、道家、法家的管理思想。

📖 **能力目标**：形成历史认知的能力，提高归纳概括、知识迁移运用的能力；通过阅读案例，提高阅读、分析问题、解决问题的能力。

📖 **素养目标**：形成正确的管理历史素养和"史由证来，论从史出"的证据意识，形成和发展历史价值观，具有正确的时空观念和历史观念。通过对中国古代管理思想的学习，充分理解中华文明的历史价值和现实意义，形成传承和弘扬中华优秀文化的信念；形成对祖国和中华民族的认同感；同时形成正确的理解意识，尊重、理解、包容世界各国的管理文化，形成面向世界的开放心态和胸怀。

第一节　近代管理理论

一、早期管理思想

西方文化以古希腊罗马文明为核心源头，同时吸收了古埃及、两河流域（古巴比伦）等文明的有益元素。古希腊、古罗马、古埃及、古巴比伦等文明分别在不同时期建立了奴隶制国家（如古埃及始于约公元前 3100 年，古希腊城邦形成于公元前 8—前 6 世纪）。它们在哲学、科学（数学、物理学、天文学）、建筑、艺术等领域作出了辉煌贡献：埃及金字塔、罗马水道等古代建筑工程堪与中国长城并列为世界奇观；在国家治理、生产组织、军事制度、法律体系等方面也留下了诸多实践范例（如罗马法、雅典民主制度）。

公元 4 世纪末，随着罗马帝国奴隶制的衰落及基督教被确立为国教，古希腊罗马的古典文化逐渐与基督教文化融合。基督教圣经中的伦理观念（如契约精神、公平正义）和管理思想（如教会层级制度），对中世纪西方封建社会的政治统治、经济组织和社会管理产生了深远影响。这种融合并非简单的"取代"，而是古典文明的理性传统与基督教的宗教伦理相互交织，共同塑造了西方文化的早期形态。

18 世纪 60 年代至 19 世纪中叶，从英国开始的工业革命推动了工厂制度的建立，专业化协作的发展和生产基本组织的变革带来了一系列新的管理问题，如工人的组织和相互间的配合问题，在机器生产条件下人机协调问题，劳动力的招募训练与激励问题，生产纪律的维持问题，等等。但是由于没有现成的管理经验可以借鉴,当时的管理者主要凭借个人经验和主观判断开展实践。这个时期,管理工作具有的特点有:第一,管理的重点是解决分工和协作问题;第二,管理的方法是凭个人的经验;第三,管理的主体即企业管理者由资本家直接担任。

随着资本主义工厂制度的进一步发展,从事资本主义经商和管理实践的重要性日益凸显,愈来愈多的人开始热衷于研究社会实践中的经济与管理问题。其中,对后期的管理思想产生深远影响的代表人物有罗伯特·欧文、亚当·斯密和查理·巴贝奇。

英国的空想社会主义者、实业家罗伯特·欧文经过一系列试验,首先提出在工厂生产中要重视人的因素,要缩短工人的工作时间,提高工资,改善工人住宅。他的改革试验证实,重视人的作用和尊重人的地位也可以使工厂获得更多的利润。所以,也有人认为欧文是人事管理的创始人。

最早对经济管理思想进行系统理论构建的学者首推英国经济学家亚当·斯密,他的代表作是 1776 年出版的《国民财富的性质和原因的研究》(简称《国富论》)。这本经济学专著提出的劳动分工理论对管理理论有着重大影响。他认为劳动分工是提高劳动生产率的重要因素,并通过制针厂的经典案例论证了分工可使生产效率提升数百倍的优越性。此外,他通过对经济现象的观察提出,认为人们在经济活动中追求个人利益,而社会利益的实现源于个人利益的相互制约与协调。

在亚当·斯密之后,英国管理学家、"计算机之父"查尔斯·巴贝奇进一步发展了其理论,提出劳动分工精细化、以科学方法有效地使用设备和原料等观点。巴贝奇曾用几年时间到英、法等国的工厂了解和研究管理问题,其主要贡献体现在工作方法的科学化和报酬制度创新的研究上,主张通过科学研究来优化生产效率,提出"利润分配制"以谋求劳资之间的调和。

早期管理思想虽然没有形成专门的管理理论和学派,但对于促进生产及后来科学管理理论的产生和发展都有积极的影响。

二、古典管理理论

早期管理思想实际上是管理理论的萌芽,管理理论比较系统的建立是在 19 世纪末 20 世纪初。这一时期的管理理论主要体现在三大流派:一是以泰勒为代表的科学管理理论,以现场管理为重点,以提高劳动生产率为中心;二是以法约尔为代表的一般管理理论,以企业的整个活动为研究重点,以组织管理为中心;三是以韦伯为代表的行政组织理论,以组织的理性化与制度化为重点。

(一)泰勒的科学管理理论

泰勒的科学管理理论

美国弗雷德里克·温斯洛·泰勒是最先突破传统经验管理格局的先锋人物,被称为"科学管理之父"。泰勒出生于美国费城一个富裕的律师家庭,从小醉心于科学研究和试验。他 18 岁进入钢铁厂当工人,任过技工、工头、车间主任、总工程师等职位,长期的亲身对生产现场活动的观察,使泰勒认识到:落后的管理是造成生产率低下、工人"磨洋工"和劳资冲突不断的主要原因。他对工人的低效率感到震惊,确信工人的生产效率只达到了应有水平的 1/3。于是,他开始在车间里用科学方法来纠正这种状况,耗时 20 年积极地寻找从事每一项工作的"最佳方法"。

泰勒最著名的科学管理实验是搬运生铁块试验。当时,工人要把每块约 41.7 千克重的生铁块装到铁路货车上,他们每天的平均搬运量是 12.5 吨。泰勒认为,通过科学的分析装运生铁工作以确定最佳的操作方法,搬运量应该能够提高到每天 47~48 吨。试验开始了,泰勒首先要寻找一位体格强壮的受试者,他找到的是一个大个头、强壮的名叫施米特的工人。施米特和其他装卸工一样,每天挣 1.15 美元,这在当时只够维持生存。泰勒用金钱来激励施米特,让他每天挣到

1.85美元,但要求施米特按规定的方法装生铁。泰勒试着转换各种工作因素,以便观察它们对施米特的日生产率的影响。例如,在一些天里施米特可能弯下膝盖搬生铁块,而在另一些天里,他可能伸直膝盖而弯腰去搬生铁;在随后的日子里,泰勒还试验了行走的速度、持握的位置和其他变量。经过长时间的科学试验,各种程序、方法和工具的组合,泰勒成功地达到了他认为最佳的生产率水平。通过按工作要求选择合适的工人并使用正确的工具,通过让工人严格遵循他的作业指示,以及通过大幅度提高日工资这种经济刺激手段来激励工人,泰勒达到了让工人每天装运48吨的目标。

除此之外,泰勒还进行了铁锹实验和金属切削实验。泰勒研究发现每个工人使用铁锹生产率最高的平均负荷是21磅(约9.5千克),于是准备了适合铲运各种不同物料的不同铁锹,而每种工具的负重都是21磅,并设计了工具使用标识卡片以指导工人使用这些铁锹,这项变革为工厂每年节约8万美元。泰勒在米德韦尔公司时,为了解决工人的怠工问题和探究车床的效率问题,进行了金属切削实验。这项试验非常复杂和困难,原来预定6个月的实验实际却用了26个月,投入了巨额资金,耗费了80多万吨钢材,发明了高速钢并申请了专利。

泰勒科学管理理论的主要观点有:

1. 工作定额

泰勒提出用科学的观测分析方法研究工人的劳动过程,从中归纳标准的操作方法,并在此基础上制定出工人的"合理日工作量"。

2. 差别计件工资制

泰勒认为,工人磨洋工的一个重要原因是报酬制度不合理,因此设计了一种新的报酬制度,即按照工人是否完成其定额而采取不同的工资率。完成或超额完成定额按高工资率付酬,未完成定额按低工资率付酬,从而激励工人的劳动积极性。

3. 职能工长制

泰勒认为传统组织中,一个工长需具备多种能力,而多数人难以满足,所以应将管理工作细分,让每个工长只负责一项特定职能。泰勒设计了8个职能工长,4个负责计划,4个负责执行,工人接受多头指挥的职能化的管理模式。

4. 计划职能与执行职能相分离

泰勒主张设立专门的管理部门,其职责是研究、计划、调查、训练、控制和指导操作者的工作。同时,管理人员也要进行专业分工,每个管理者只承担一两种管理职能。

5. 例外原则

所谓例外原则,就是指高级管理人员为了减轻处理纷乱繁琐事务的负担,把处理各项文书、报告等一般日常事务的权力下放给下级管理人员,高级管理人员只保留对例外事项的决策权和监督权。

 拓展阅读

科学管理理论与格兰仕公司

广东格兰仕集团有限公司(简称格兰仕公司)是一家综合性白色家电和智能家居解决方案提供商,是中国家电业具有广泛国际影响力的龙头企业之一。1992年进入家电行业,格兰仕微波炉从零开始,迅猛从中国第一发展到世界第一。截至2006年,已连续12年蝉联中国微波炉市场销量及占有率第一的双项桂冠,连续9年蝉联微波炉出口销量和创汇双冠,成为全球最大专业化微波炉制造商,后逐步转变为综合性白色家电集团。格兰仕旗下的产品主要包括微波炉、电蒸炉、蒸烤箱、微蒸烤一体机、烤箱、空调、冰箱、洗衣机、洗碗机、电饭煲、破壁机、热水器、燃气灶、油烟机等精品电器,产品和服务供应到全球近 200 个国家和地区。格兰仕公司积极借鉴并应用了科学管理理论。

标准化作业:格兰仕引入了泰勒的科学管理原理,对生产流程进行标准化改造,确保每个生产环节都有明确的操作规范和标准时间,从而提高了生产效率和产品质量。

工人培训与选拔:公司重视工人的培训和选拔,通过科学的方法评估工人的能力和潜力,并为其提供必要的培训和支持,确保工人能够高效地完成工作任务。

管理层与工人合作:格兰仕管理层与工人保持密切合作,共同制定生产计划和工作标准,确保生产活动的顺利进行。这种管理方式增强了工人的归属感和责任感,提高了整体生产效率。

成本领先战略:公司采用成本领先战略,通过大规模采购、优化生产流程、减少物流成本等方式,不断降低产品成本,从而在市场上获得价格优势。

成效:通过实施科学管理理论,格兰仕成功实现了生产规模的快速扩张和成本的显著降低。公司凭借低成本优势,在微波炉市场上取得了领先地位,并逐步拓展到其他家电产品领域。

法约尔的
一般管理
理论

(二)法约尔的一般管理理论

当泰勒在美国研究和倡导生产作业现场的科学管理原理和方法时,在大西洋彼岸的法国另一套关于整个组织的科学管理理论悄然形成,被后人称为"一般管理理论"或者"组织管理理论"。与泰勒等人主要侧重研究基层的作业管理不同,"一般管理理论"首次站在高层管理者的角度研究整个组织的管理问题,该理论的创始人是亨利·法约尔(时任法国高芒特里福尔尚布德总经理),于 1916 年出版了《工业管理与一般管理》一书,他以自己在工业领域的管理经验为基础,提出了适用于各类组织的管理五大职能和有效管理的十四条原则,法约尔也因此被后人尊称为"经营管理之父"。

法约尔将工业企业中的各种活动划分成六类:技术活动、商业活动、财务活动、安全活动、会计活动和管理活动,其中管理活动是企业运营中的一项主要活动。法约尔认为,管理活动本身又包括计划、组织、指挥、协调、控制五大职能。管理不仅是工业企业有效运营所不可缺少的,而且也存在于一切有组织的人类活动之中,是一种具有普遍性的活动。法约尔认为,管理的成功不完全取决于个人的管理能力,更重要的是管理者要能灵活地贯彻管理的一系列原则,即管理的十四条原则。

1. 劳动分工

法约尔认为,实行劳动的专业化分工可提高雇员的工作效率,从而增加产出。劳动分工属于自然规律。劳动分工不只适用于技术工作,而且也适用于管理工作。应该通过分工来提高管理工作的效率。但是,他又认为:"劳动分工有一定的限度,经验与尺度感告诉我们不应超越这些限度。"

2. 权力与责任

权力与责任是指管理者必须拥有命令下级的权力,但这种权力又必须与责任相匹配,不能责大于权或者权大于责。有权力的地方,就有责任。责任是权力的孪生物,是权力的当然结果和必要补充。法约尔认为,要贯彻权力与责任相符的原则,就应该有有效的奖励和惩罚制度,即"应该鼓励有益的行动而制止与其相反的行动"。

3. 纪律

法约尔认为纪律包括两个方面,即企业与下属人员之间的协定和人们对这个协定的态度及其对协定遵守的情况。他认为纪律是一个企业兴旺发达的关键,没有纪律,任何一个企业都不能兴旺繁荣。雇员必须服从和尊重组织的规定,领导者以身作则,使管理者和员工都对组织规章有明确的理解并实行公平的奖惩,这些对保证纪律的有效性非常重要。

4. 统一指挥

统一指挥是指在组织运转的过程中,每一个人都应该只接受一个上级的指挥,并向这个上级汇报自己的工作。如果两个领导人同时对同一个人或同一件事行使他们的权力,就会出现混乱。在任何情况下,都不会有适应双重指挥的社会组织。

5. 统一领导

统一领导是指在设置组织机构的时候,一个下级只能有一个直接上级。法约尔认为:"对于力求达到同一目的的全部活动,只能有一个领导人和一项计划。人类社会和动物界一样,一个身体有两个脑袋,就是个怪物,就难以生存。"因此,每一项具有共同目标的活动,都应当在一位管理者和一个计划的指导下进行。

6. 个人利益服从整体利益

任何雇员个人或雇员群体的利益不能够超越组织整体的利益。法约尔认为,这个原则是人们都十分明白清楚的原则,但是,往往"无知、贪婪、自私、懒惰以及人类的一切冲动总是使人为了个人利益而忘掉整体利益"。为了能坚持这个原则,法约尔认为成功的办法是:"领导人的坚定性和好的榜样;尽可能签订公平的协定;认真的监督。"

7. 人员报酬

法约尔认为,人员报酬首先"取决于不受雇主的意愿和所属人员的才能影响的一些情况,如生活费用的高低、可雇人员的多少、业务的一般状况、企业的经济地位等,然后再看人员的才能,最后看采用的报酬方式"。人员的报酬首先要考虑的是维持职工的最低生活消费和企业的基本经营状况,这是确定人员报酬的一个基本出发点。在此基础上,再考虑根据职工的劳动贡献来决定采用适当的报酬方式。对于各种报酬方式,他认为不管采用什么报酬方式,都应该能做到公平,能奖励有益的努力和激发热情,不应导致超过合理限度的过多的报酬等。

8. 集中

法约尔指的是组织权力的集中与分散问题。他认为集中或分散的问题是一个简单的尺度问题,问题在于找到适合于该企业的尺度。在小型企业,可以由上级领导者直接把命令传到下层人员,所以权力就相对比较集中;而在大型企业里,在高层领导者与基层人员之间,还有许多中间环节,因此,权力就比较分散。法约尔认为,影响一个企业是集中还是分散的因素有两个:一个是领导者的权力;另一个是领导者对发挥下级人员积极性的态度。

9. 等级制度

等级制度是指从最高权力机构直到低层管理人员的领导系列。贯彻等级制度原则就是要在组织中建立一个关系明确的等级链系统,使信息的传递按等级链进行。这个等级链说明了两个方面的问题:一是它表明了组织中各个环节之间的权力关系,通过这个等级链,组织中的成员就可以明确谁可以对谁下指令,谁应该对谁负责。二是这个等级链表明了组织中信息传递的路线,即在一个正式组织中,信息是按照组织的等级系列来传递的。贯彻等级制度原则,有利于组织加强统一指挥原则,保证组织内信息联系的畅通。但是,一个组织如果严格地按照等级系列进行信息的沟通,则可能由于信息沟通的路线太长而使信息联系的时间长,同时容易造成信息在传递的过程中失真。因此,应该尊重等级制度与保持行动迅速结合起来。为了解决这个矛盾,法约尔设计了一种"联系板"的方法,以便使组织中不同等级线路中相同层次的人员能在有关上级同意的情况下直接联系。

10. 秩序

秩序包括物品的秩序原则和人的社会秩序原则。对于物品的秩序原则,法约尔认为,每一件

2

物品都有一个最适合它存放的地方,坚持物品的秩序原则就是要使每一件物品都在它应该放的地方。对于人的社会秩序原则,他认为,每个人都有他的长处和短处,贯彻社会秩序原则就是要确定最适合每个人的能力发挥的工作岗位,然后使每个人都在最能使自己的能力得到发挥的岗位上工作。因此,无论是物品还是人员,都应该在恰当的时候处在恰当的位置上。

11. 公平

管理者应当友善和公正地对待下属。法约尔把公平与公道区分开来。他认为"公道"是实现已订立的协定,而"公平"是由善意与公道产生的。在管理中要贯彻"公平"原则,即在贯彻"公道"原则的基础上,还要根据实际情况对职工的劳动表现进行"善意"的评价。当然,在贯彻"公平"原则时,还要求管理者不能"忽视任何原则,不忘掉总体利益"。

12. 人员稳定

法约尔认为,每个人适应自己的工作都需要一定的时间,这就是"人员的稳定原则"。即要使一个人的能力得到充分的发挥,要让他在一个工作岗位上相对稳定地工作一段时间,使他能有一段时间来熟悉自己的工作,了解自己的工作环境,并取得别人对自己的信任。但是人员的稳定是相对的,人员的流动却是绝对的。对于企业来说,要掌握人员的稳定和流动的尺度,以利于企业中成员能力得到充分的发挥。"像其他所有的原则一样,稳定的原则也是一个尺度问题"。

13. 首创精神

法约尔认为:"想出一个计划并保证其成功是一个聪明人最大的快乐之一,这也是人类活动最有力的刺激物之一。这种发明与执行的可能性就是人们所说的首创精神。建议与执行的自主性也都属于首创精神。"对于领导者来说,"需要极有分寸地,并要有某种勇气来激发和支持大家的首创精神"。因此,应鼓励员工发表意见和主动地开展工作。

14. 团结精神

人们往往由于管理能力的不足,或者由于自私自利,或者由于追求个人利益等而忘记了组织的团结。法约尔认为管理者需要确保并提高劳动者在工作场所的士气,培养个人和集体积极的工作态度。因此,强调团结精神将会促进组织内部的和谐与统一。

法约尔提出的一般管理的要素和原则,奠定了在 20 世纪 50 年代兴盛起来的管理过程研究的基本理论基础。

(三) 韦伯的行政组织理论

韦伯的行政组织理论

马克斯·韦伯,德国著名社会学家、哲学家、政治学家、经济学家,与泰勒和法约尔同属于19 世纪末至 20 世纪初的古典管理理论时期,共同为西方古典管理理论的确立做出了杰出贡献。韦伯是公认的古典社会学理论和公共行政学最重要的创始人之一。他在管理思想方面的贡献是在《社会组织与经济组织理论》中提出了理想行政组织体系理论,由此被后世尊称为"组织理论之父"。韦伯管理思想的主要内容如下。

1. 明确分工

任何机构组织都应有确定的目标,组织目标的实现必须实行劳动分工。组织为了达到目标,把全部活动进行划分,然后落实到组织中的每一个成员。组织中每一个职位都有明文规定的权利和义务,组织中的人员都有固定和正式的职责并依法行使职权。组织根据一套完整的法规制度,组织与规范成员的行为,以期有效地追求与达到组织的目标。

2. 等级制结构

组织的结构是一层层控制的体系,在组织内,各种职务和职位按等级制度的体系来进行划分,每一级的人员都必须接受其上级的控制和监督,下级服从上级,各级成员间都存在命令与服从的关系。

3. 规范录用

承担每一个职位的人都是经过挑选的，也就是说必须经过考试和培训，接受一定的教育、获得一定的资格，由需要的职位来确定需要什么样的人来承担。人员的任用完全根据职务的要求，通过正式的考评和教育、训练来实现。每个职位上的人员必须称职，同时，不能随意免职。

4. 管理职业化

除一些特殊的职位必须通过选举以外，所有的管理人员都是委任的，而不是选举的。管理人员有固定的薪金和明文规定的晋升制度，有严格的考核制度。管理人员的升迁是完全由他的上级来决定的，下级不得表示任何意见，以防止破坏上下级的指挥系统，通过这种制度来培养组织成员的团队精神，要求他们忠于组织。管理人员管理企业或其他组织，是一种职业管理人员，而不是这些组织的所有者。

5. 公私有别

管理人员在组织中的职务活动应当与私人事务区别开来，公私事务之间应有明确的界限。管理人员没有组织财产的所有权，并且不能滥用职权。在人员关系上，上下级之间是一种指挥和服务的关系，这种关系不是由个人决定，而是由职位所赋予的权力所决定的，个人之间的关系不能影响到工作关系。

6. 遵守规则和纪律

管理人员必须严格地遵守组织中的法规和纪律，这些规则不受个人感情的影响，而适用于一切情况。组织对每个成员的职权和协作范围都有明文规定，使其能正确地行使职权，从而减少内部的冲突和矛盾。

韦伯认为，理想的行政组织体系最符合理性原则，效率最高，能适用于各种管理工作和各种大型组织，如教会、国家机构、军队和各种团体。

以上三种管理理论，虽然研究的侧重各有不同，但它们有两个共同的特点：一是都把组织中的人当作"机器"来看待，忽视"人"的因素及人的需要和行为，所以有人称这些管理思想下的组织实际上是"无人的组织"；二是没有看到组织与外部的联系，关注的只是组织内部的问题，因此是处于一种"封闭系统"的管理理论。

三、行为科学理论

行为科学理论作为现代管理理论的分支，开始于 20 世纪 20 年代末至 30 年代初的霍桑实验，而真正发展却在 20 世纪 50 年代。行为科学的研究分为两个时期，前期为人际关系学说（或人群关系学说）时期，从 20 世纪 20 年代梅奥的霍桑试验开始，到 1949 年在美国芝加哥讨论会上第一次提出"行为科学"的概念为止；后期是行为科学时期，在 1953 年美国福特基金会召开的各大学科科学家参加的会议上，正式定名为"行为科学"，标志其从管理学的边缘理论发展为一门独立学科。

（一）梅奥的霍桑实验

乔治·埃尔顿·梅奥，出身于澳大利亚，后入籍美国，1926 年被哈佛大学聘为教授，是人际关系理论（行为科学早期理论）的代表人物，从事心理学和组织行为研究。他在其代表作《工业文明中人的问题》中总结了他亲身参与和指导的霍桑实验及其相关研究成果，详细地论述了人际关系理论的主要思想。梅奥是继泰勒和法约尔之后，对近代管理思想和理论的发展作出重大贡献的学者之一。

霍桑实验（1924—1932 年）在美国芝加哥郊外的西方电器公司的霍桑工厂中进行。霍桑工

梅奥的霍桑试验

2

厂具有完善的娱乐设施、医疗制度和养老金制度,但工人仍然有很强的不满情绪,生产效率很低。为了探究原因,美国国家研究委员会组织了一个包括多方面专家的研究小组进驻霍桑工厂,开始进行实验。实验分为四个阶段,进行了四个典型的实验:照明实验、福利实验(继电器装配工人小组试验)、访谈实验(大规模访问交谈)和群体实验(对接线板接线工作室的研究)。

在照明实验中,专家选择了两个工作小组,一个试验组,一个控制组。试验组照明度不断变化,控制组照明度始终不变。结果发现,照明度的改变不是生产效率变化的决定性因素。于是,他们继续进行继电器装配工人小组的实验。实验过程中,研究小组分期改善工人小组的工作条件。比如,增加工间休息、公司负责供应午餐和茶点、缩短工作时间、实行每周五天工作制、实行团体计件工资等,他们还允许装配小组的女工在工作时间自由交谈,观察时对她们的态度也非常和蔼。经过研究,研究小组发现促使工人提高生产效率的原因可能是督导和指导方式以及工人工作态度的改善。为了研究工人的工作态度及可能影响工人工作态度的其他因素,研究小组决定进行大规模访问交谈。他们共花了两年时间对两万名工人进行访问交谈。结果发现,影响生产效率最重要的因素是工作中发展起来的人际关系,而不是待遇及工作环境。研究小组还了解到,每个工人工作效率的高低,不仅取决于他们的自身情况,而且还与他所在小组中的其他同事有关,任何一个人的生产效率都要受到他的同事的影响。在实验的第四阶段,研究小组花了6个月的时间观察接线板接线工作室的工人的生产效率和行为,结果又有许多发现,包括大部分成员都故意自行限制产量,工人对待他们不同层次的上级持不同态度,成员中存在一些小派系等。

霍桑实验历时8年,获得了大量的一手资料,为人际关系理论的形成以及后来行为科学的发展打下了基础,梅奥则是其中的关键人物。

(二)人际关系学说的主要观点

通过霍桑实验,梅奥等人提出了人际关系学说,其主要论点如下。

1. 员工是"社会人"

泰勒科学管理理论等古典管理理论把人看作"经济人",认为工人只是为了追求高工资和良好的物质条件而工作。梅奥则认为企业中的人首先是"社会人",工人不仅渴望得到金钱,还有社会和心理方面的需求,如追求友情、归属感、受人尊重等。实验表明,社会需求的满足对劳动生产率的提升作用远超物质刺激——后者仅为次要因素,前者才是激发积极性的核心动力。

2. 正式组织中存在着"非正式组织"

梅奥认为企业中不仅存在"正式组织"(指人们按照一定的规则,为完成某一共同的目标,正式组织起来的人群集合体,是具有一定结构、同一目标和特定功能的行为系统),而且还存在着人们在共同劳动中形成的非正式组织(以情感、兴趣、爱好和需要为基础,以满足个体的不同需要为纽带,没有正式文件规定的、自发形成的一种开放式的组织),他们有着自己的规范、感情和倾向,并且左右着组织内每个成员的行为。

3. 生产效率主要取决于员工的工作态度和人们的相互关系

工人的"士气"是调动人积极性的关键因素,要通过提高员工的士气,达到提高生产率的目的。因此,要转变管理方式,应该重视"人的因素",采用以"人"为中心的管理方式,改变古典管理理论以"物"为中心的管理方式。

(三)人性假设理论

人性假设是行为科学管理理论的出发点,作为管理思想、管理观念的认识基础,直接决定着管理者的领导方式。西方人性假设理论从时间跨度上可分为:"工具人"假设(产生于古代奴隶社会的管理实践中),"经济人"假设(18 世纪英国的经济学家亚当·斯密在《国富论》中提出),"社会人"假设(20 世纪 30 年代美国哈佛大学梅奥的霍桑实验的结论),"自我实现人"假设(20 世纪 40 年代美国心理学家马斯洛提出的观点),"复杂人"假设(20 世纪 60 年代美国行为科学家沙因提出的观点),"Z 理论"(文化人视角,20 世纪 80 年代美国加州大学的日裔美籍学者威廉·大内的理念);除此之外,还有"理性人"假设、"情感人"假设、"决策人"假设等其他理论观点,这些人性假设理论,共同构成了西方管理学对人性认知的多元视角。

各种人性假设理论中最为典型的描述要属美国行为科学家埃德加·沙因的人性假说,他在 1965 年出版的《组织心理学》一书中对人性进行了归类,并提出了四种人性假说。

1. 理性"经济人"假说

其主要观点:

(1) 人是由经济诱因来引发工作的动机,其目的在于获得最大的经济利益。

(2) 经济诱因在组织的控制下,因此,人被动地在组织的操纵、激励和控制下从事工作。

(3) 人以一种合乎理性的、精打细算的方式行事。

(4) 人的感情是非理性的,会干预人对经济利益的合理追求,组织必须设法控制人的感情。

2. "社会人"假说

其主要观点:

沙因的人性假说

(1) 人类工作的主要动机是社会的需要,经过与同事之间的关系可以获得基本的认同感。

(2) 工业革命和工作合理化的结果,使工作变得单调而无意义,因此必须从工作的社会关系中寻求工作的意义。

(3) 非正式组织的社会影响比正式组织的经济诱因对人的影响更大。

(4) 人们最期望领导能承认并能满足他们的社会需要。

3. "自我实现人"假说

其主要观点:

(1) 人的需要有低级和高级的区别,其目的是为达到自我实现的需要而寻求工作上的意义。

(2) 人们力求在工作上有所成就,实现自治和独立,发展自己的能力和技术,以便富有弹性,能适应环境。

(3) 人们能够自我刺激和自我控制,外来的激励和控制会对人产生一种威胁,造成不良的后果。

(4) 个人自我实现同组织目标并不冲突,而是一致的。在适当的条件下,个人应调整自己的目标使之与组织目标相配合。

4. "复杂人"假说

其主要观点:

(1) 每个人都有不同的需要和不同的能力,工作的动机不但是复杂的而且变动性很大。人的许多动机安排在各种重要的需求层次之上,这种动机阶层的构造不但因人而异,而且同一个人在不同的时间和不同的地点也是不一样的。

(2) 一个人在组织中可以学到新的需求和动机,因此一个人在组织中表现的动机模式是他原来的动机模式与组织经验交互的结果。

(3) 人在不同的组织和不同的部门中可能有不同的动机模式,在正式组织中与别人不能合群,可能在非正式组织中能满足其社会需要和自我实现的需要。

(4) 一个人是否感到心满意足,肯为组织出力,决定他本身的动机构造和他同组织之间的相互关系,工作的性质、本人的工作能力和技术水平、动机的强弱以及与同事相处的状况都可能产生影响。

（5）人可以因自己的动机、能力及工作性质对不同的管理方式做出不同的反应。

第二节　现代管理理论

一、现代管理理论概述

现代管理理论产生与发展时期为 20 世纪 40 年代末到 70 年代，这是管理思想最活跃、管理理论发展最快的时期，也是管理理论步入成熟的时期。这一时期出现了大量科学而实用的管理理论，用以指导各类社会组织的管理实践。

现代管理理论的产生始于第二次世界大战之后。随着生产力的发展，企业生产过程的自动化、连续化以及生产社会化程度空前提高，企业规模急剧扩大，出现一些大的跨国公司，市场竞争激烈，市场环境变化多端，管理日趋复杂，这些都对企业管理提出了更高的要求。科学技术以前所未有的速度迅猛发展，既对管理提出新的要求，又为管理提供了全新的技术支持，科技成果被广泛应用于管理之中。随着社会的进步，人在生产经营中的作用越来越重要，发挥人的积极性与创造性已成为现代管理的核心问题。正是在这样的背景下，一大批全新的管理思想与理论被应用于管理实践中，并得到迅速发展。

20 世纪 50 年代，管理理论出现了分散化的趋势，形成了诸多的学派，孔茨称其为"管理理论丛林"。学者们先提出系统管理理论，力求建立统一的管理理论，20 世纪 70 年代提出更加灵活地适应环境变化的权变管理理论。20 世纪 70 年代以后，随着社会、经济、文化的迅速发展，面对信息化、全球化、经济一体化等新的形势，管理出现了深刻的变化与全新的发展趋势。

现代管理
流派

二、现代管理理论的主要流派

西方国家比较有影响力的现代管理理论流派众多。美国管理学家哈罗德·孔茨在 1961 年 12 月发表了《管理理论的丛林》一文，1980 年又发表了《再论管理理论的丛林》一文，认为此时的管理学主要学派已经有 11 个：经验学派、人际关系学派、群体行为学派、社会协作系统学派、社会技术系统学派、决策理论学派、管理科学学派、系统管理学派、权变理论学派、管理角色学派、管理过程学派。随着社会的发展，新的管理学派还在不断出现，以下仅简单介绍一些比较典型的学派。

（一）管理过程学派

管理过程学派又称为经营管理学派、管理职能学派，渊源于法约尔的一般管理理论。该学派的代表人物有法约尔、美国管理学家詹姆斯·穆尼、拉尔夫·戴维斯、哈罗德·孔茨等。

法约尔认为，管理理论是指有关管理的、得到普遍承认的理论，是经过普遍经验检验并得到的一套有关原则、标准、方法、程序等内容的完整体系，并将管理活动分为计划、组织、指挥、协调和控制等五大职能。孔茨继承了法约尔的理论，并把该理论更加系统化、条理化，建立起了管理过程学派。管理过程学派把管理看作是一个过程，其研究对象就是管理的过程和职能，认为管理是通过计划、组织、指挥和控制等因素来协调有关资源以达到组织既定目标的过程。该学派在西方很有影响力，其原因有两点：一是这个学派为管理理论和实践的发展提供了一个广阔的空间；二是该学派认为各个企业和组织所面临的内部条件及管理环境都是不同的，但管理的职能却是相同的。

（二）行为科学学派

行为科学学派是在梅奥的人际关系理论的基础上发展起来的,研究的内容分为两个方面:一是对组织中人与人之间关系的研究,即人际关系学派的观点;二是对群体中人的行为的研究,即组织行为学派的观点。该学派的代表人物有梅奥、美国管理学家弗里茨·朱利斯·罗特利斯伯格、美国心理学家亚伯拉罕·马斯洛、弗雷德里克·赫茨伯格、库尔特·勒温、美国行为科学家道格拉斯·麦格雷戈等。

行为科学学派认为,管理是经由他人达到组织的目标,管理中最重要的因素是对人的管理,所以要研究人、尊重人、关心人、满足人的需要,以调动人的积极性,并创造一种能使下级充分发挥力量的工作环境。因此,该学派从早期的行为科学单纯强调重视情感的因素、建立良好的人与人之间的关系转向探索人类行为的规律性;强调在管理中要科学择人、用人、培养人,进行人力资源的开发;强调个人目标和组织目标的一致性;主张在企业中恢复人的尊严,实行民主参与管理,改变上下级之间的关系。

（三）社会系统学派

社会系统学派是从社会学的观点来研究各种组织和组织理论的。该学派的代表人物是美国管理学家切斯特·巴纳德,其代表作是《经理人员的职能》。巴纳德使用社会的、系统的观点来分析管理问题,把企业及组织视为一个人们可以有意识加以协调和影响的社会协作系统,他被誉为"社会系统学派创始人"。

巴纳德认为,组织是一种人的行为和活动相互作用的社会协作系统,只有依靠管理人员的协调,才能维持一个"努力合作"的系统。他认为管理人员有三个主要职能:一是制定并维持一套信息传递系统;二是促使组织中每个人都能作出重要的贡献,包括职工的选聘和合理的激励方式等;三是阐明并确定本组织的目标。

巴纳德对组织存在和发展的基本条件也进行了精辟的阐述,认为一个组织要存在和发展必须具有明确的目标;组织成员要有协作的意愿;组织要有良好的沟通。这些思想构成了社会系统学派的理论基础。

（四）决策理论学派

决策理论学派是在社会系统学派的基础上发展起来的,学者们把第二次世界大战以后发展起来的行为科学理论、系统理论、运筹学、计算机科学等综合运用于管理决策问题,形成了关于决策和决策方法的完整理论体系。该学派的代表人物有美国经济学家赫伯特·西蒙、詹姆斯·马奇。

西蒙将社会系统理论同心理学、行为科学、系统理论、计算机技术、运筹学结合起来考察人们在决策中的思维过程,并分析了程序化决策和非程序化决策及其使用的传统技术和现代技术,提出了"目标—手段分析法"等决策的辅助工具,被人们认为对经理人员的决策确有帮助,并为今后对人工智能等问题的深入研究提供了基础。由于西蒙在决策理论研究方面的突出贡献,被授予1978年度的诺贝尔经济学奖。

决策理论学派认为管理的本质就是决策,因此,管理理论主要应研究决策的问题。决策问题贯穿于管理的整个过程。决策是一个复杂的过程。决策应该被分为四个阶段,即提出决策的理由,找出所有可能的行动方案,选出满意方案,对该方案进行评价。这四个阶段中都含有丰富的内容,各个阶段可能相互交错。

（五）管理科学学派

管理科学学派是第二次世界大战时兴起的,运用科学的计量方法来研究和解决管理问题,使

2

管理问题的研究由定性分析发展为定量分析的管理学派。该学派正式成立于 1939 年由英国曼彻斯特大学教授帕特里克·布莱克特领导的运筹学小组,代表人物有英国运筹学家兰彻斯特、希尔、美国管理学家埃尔伍德·斯潘赛·伯法等。

管理科学学派又称数理学派或运筹学派,也称数量管理科学学派。该学派将数学引入管理领域,用电子计算机作为工具,把科学的原理、方法和工具应用于管理的各种活动,使管理问题的研究由定性分析发展为定量分析,制定用于管理决策的数学统计模型,并进行求解,以减低管理的不确定性,使投入的资源发挥最大的作用,得到最大的经济效果。因此,管理的计划、组织、控制和决策等几个方面都可以用数学符号和公式进行合乎逻辑的计算和分析,求出最优的解决方案。在管理中正确地运用定量分析方法,将定量分析与定性分析相结合才是最有效的。该学派提出的方法和观点大大增加了决策的客观性和科学性,在某些领域避免了定性决策的含糊性和随意性,意义十分重大。

(六) 系统管理学派

系统管理学派是用系统科学的思想和方法来研究组织管理活动及管理职能,创立于 20 世纪 60 年代。该学派主要的代表人物有:美国管理学家弗里蒙特·卡斯特和詹姆斯·罗森茨韦克等,代表作有卡斯特与罗森茨韦克合著的《组织与管理:系统方法与权变方法》等。

系统管理学派侧重以系统观点考察组织结构及管理基本职能,认为组织是由许多子系统组成,企业是由人、物质、机器和其他资源在一定的目标下组成的一体化系统,这个系统中的任何子系统的变化都会影响其他子系统的变化。为了更好地把握组织的运行过程,要研究这些子系统和它们之间的相互关系以及它们构成一个完整系统的方法途径。孔茨认为,系统的观点和系统理论的应用的确提高了管理人员对企业管理实践的全面认识和分析洞察力。

(七) 权变理论学派

权变理论学派是 20 世纪 70 年代在系统管理理论基础上发展而来的管理学派,代表人物有:美国管理学家弗雷德·卢桑斯、弗雷德·菲德勒、罗伯特·豪斯、英国女学者琼·伍德沃德等,代表作有卢桑斯 1973 年发表的《权变管理理论:走出丛林的道路》、1976 年出版的《管理导论:一种权变学说》。

权变理论学派从系统观点来考察问题,其理论核心是通过组织的各子系统内部和各子系统之间的相互联系,以及组织和它所处的环境之间的联系,来确定各种变数的关系类型和结构类型。该学派认为没有什么一成不变、普遍适用的"最好的"管理理论和方法,因为环境是复杂而多变的,管理方式或方法应该随着情况的不同而改变。权变管理就是依托环境因素和管理思想及管理技术因素之间的变数关系来研究的一种最有效的管理方式,强调在管理中要根据组织所处的内外部条件随机应变,针对不同的具体条件寻求不同的最合适的管理模式、方案或方法。

权变理论学派目前的影响很大,许多管理学派及实际管理人员不仅接受了权变理论学派的思想,而且在管理理论与管理实践中积极地采用权变的管理思想及方法,如领导的权变理论、组织理论中的弹性组织原则等。

(八) 企业文化学派

企业文化学派形成于 20 世纪 80 年代,主要代表人物有日裔美籍管理学家威廉·大内、麻省理工学院教授埃德加·沙因、美国哈佛大学教授特伦斯·迪尔和美国麦肯锡咨询公司顾问艾伦·肯尼迪,代表作有威廉·大内的《Z 理论——美国企业界怎样迎接日本的挑战》、特伦斯·迪尔和艾伦·肯尼迪合著的《企业文化——现代企业精神支柱》、美国哈佛大学工商管理研究院和斯坦福大学商学研究院教授理查德·帕斯卡尔和安东尼·阿索斯合著的《日本的管理艺术》、美国管理学大师汤姆·彼得斯的《追求卓越——美国管理最佳公司的经验》等。

企业文化学派强调企业文化建设,认为管理并不是同文化无关的,管理应以文化为基础,植根于文化之中。提出构成企业文化的五要素:企业环境、价值观、英雄人物、典礼及仪式、文化网。认为管理不仅涉及企业形象、企业环境条件,还涉及职工的价值观等深层领域,是一个由表及里、表里如一、表里互动的过程。

2

三、管理理论的新发展

进入 20 世纪 80 年代以后,随着社会、经济、文化的迅速发展,特别是信息技术的发展与知识经济的出现,世界形势发生了极为深刻的变化。面对信息化、全球化、经济一体化等新的形势,企业之间竞争加剧,联系增强,管理出现了深刻的变化与全新的格局。正是在这样的形势下,管理出现了一些全新的发展趋势。

管理理论
的新发展

(一)战略管理理论

20 世纪 60 年代初美国著名管理学家钱德勒的《战略与结构:美国工业企业历史的篇章》一书出版,首开企业战略问题研究之先河。钱德勒在这本著作中,分析了环境、战略和组织之间的相互关系,提出了"结构追随战略"的论点。他认为,企业经营战略应当适应环境,满足市场需求,而组织结构又必须适应企业战略,随着战略的变化而变化。因此,他被公认为是"战略—理论"的第一位企业战略专家。

20 世纪 80 年代初,以哈佛大学商学院的迈克尔·波特为代表的竞争战略理论取得了战略管理理论的主流地位。波特认为,企业战略的核心是获取竞争优势,而影响竞争优势的因素有两个:一是企业所处产业的盈利能力,即产业的吸引力;二是企业在产业中的相对竞争地位。因此,竞争战略的选择应基于两点考虑:一是选择有吸引力的、高潜在利润的产业,不同产业所具有的吸引力以及带来的持续盈利机会是不同的,企业选择一个朝阳产业,要比选择夕阳产业更有利于提高自己的获利能力;二是在已选择的产业中确定自己的优势竞争地位,在一个产业中,不管它的吸引力以及提供的盈利机会如何,处于竞争优势地位的企业要比劣势企业具有更大的盈利可能性,而要正确选择有吸引力的产业以及给自己的竞争优势定位,必须对将要进入的一个或几个产业结构状况和竞争环境进行分析。1980 年,他的著作《竞争战略》把战略管理的理论推向了顶峰。该书被美国《幸福》杂志标列的全美 500 家最大企业的经理、咨询顾问及证券分析家奉为必读的"圣经"。该书提出许多关于战略管理的重要理论、分析方法与决策技术,成为战略管理理论的经典之作。

20 世纪 90 年代,信息技术迅猛发展,导致竞争环境日趋复杂,企业不得不把眼光从外部市场环境转向内部环境,注重对自身独特的资源和知识(技术)的积累,以形成企业独特的竞争力(核心竞争力)。1990 年,美国学者普拉哈拉德和哈默又在《哈佛商业评论》发表了《企业核心能力》。从此,关于核心能力的研究热潮开始兴起,并且形成了战略理论中的"核心能力学派"。该理论强调的是企业内部条件对于保持竞争优势以及获取超额利润起决定性作用,要求企业从自身资源和能力出发,在自己拥有一定优势的产业及其相关产业进行经营活动,从而避免受产业吸引力诱导而盲目进入不相关产业进行多元化经营。

进入 90 年代中期,随着产业环境的日益动态化,技术创新的加快,竞争的全球化和顾客需求的日益多样化,企业逐渐认识到,想要发展,必须培养以发展为导向的协作性经济群体。在此背景下,通过创新和创造来超越竞争开始成为企业战略管理研究的一个新焦点。随后美国学者詹姆斯·穆尔 1996 年出版了《竞争的衰亡》,标志着战略理论的指导思想发生了重大突破。他以生物学中的生态系统这一独特的视角来描述市场中的企业活动,提出了"商业生态系统"这一全新的概念,打破了传统的以行业划分为前提的战略理论的限制,力求"共同进化",认为制定战略应着眼于创造新的微观经济和财富,即以发展新的循环代替狭隘的以行业为基础的战略设计。

尽管战略管理理论不断丰富和发展,但在实际管理中,人们还是在问:战略制定到底有没有用? 战略管理面临着哪些挑战? 20 世纪初的 100 家美国大公司中,今天只有 16 家尚为人知,这一事实证明了商业竞争的激烈和战略管理的挑战。既然战略管理是从长远谋划公司的发展,那么如何使公司可持续发展是战略管理面对的永恒课题,管理者需要寻找新的卓有实效的战略方法。

(二)企业再造理论

20 世纪 80 年代初至 90 年代初,西方发达国家经济经过短暂的复苏后又重新跌入衰退状态,许多规模庞大的公司组织结构臃肿,工作效率低下,难以适应市场环境的变化,出现了"大企业病"的现象。当时美国麻省理工学院教授迈克尔·哈默和 CSC Index 顾问公司执行长官詹姆斯·钱皮为了改变这种状况,在广泛深入企业调研的基础上提出了业务流程再造理论。1993 年,二人将多年的研究成果公之于世,联名出版了专著《再造企业——管理革命的宣言书》。

哈默和钱皮给"企业再造"的定义,是指"为了飞越性地改善成本、质量、服务、速度等重大的现代企业的运营基准,对工作流程进行根本性重新思考并彻底改革",也就是说,"从头改变,重新设计"。为了能够适应新的世界竞争环境,企业必须摒弃已成惯例的运营模式和工作方法,以工作流程为中心,重新设计企业的经营、管理及运营方式。企业再造包括企业战略再造、企业文化再造、市场营销再造、企业组织再造、企业生产流程再造和质量控制系统再造等。

企业再造理论认为,企业再造活动绝不是对原有组织进行简单修补的一次改良运动,而是重大的突变式改革。企业再造是对植根于企业内部的、影响企业各种经营活动开展的,向固有的基本信念提出挑战;企业再造必须对组织中人的观念、组织的运作机制和组织的运作流程进行彻底的更新,要在经营业绩上取得显著改进。企业再造理论的"企业再造"就是"流程再造",其实施方法是以先进的计算机信息系统和其他生产制造技术为手段,以顾客中长期需求为目标,在人本管理、顾客至上、效率和效益为中心的思想指导下,通过最大限度地减少对产品增值无实质作用的环节和过程,建立起科学的组织结构和业务流程,使产品质量和规模发生质的变化,从而保证企业能以最小的成本、高质量的产品和优质的服务在不断加剧的市场竞争中战胜对手,获得发展的机遇。

世界最新的管理理论普遍认为,企业再造适用于三类企业:第一类是问题丛生,已经面临危机的企业;第二类是业绩不错,但潜伏着危机的企业;第三类是正处于发展高峰,再造是为了构建新的竞争优势,大幅度超越竞争对手,抢占下一轮竞争的制高点。

(三)"学习型组织"理论

美国麻省理工学院佛瑞斯特教授在 1965 年发表了一篇题为《企业的新设计》的论文,运用系统动力学原理,非常具体地构想出未来企业组织的理想形态——层次扁平化、组织信息化、结构开放化,逐渐由从属关系转向为工作伙伴关系,不断学习,不断重新调整结构关系。这是关于学习型组织最初的构想。彼得·圣吉作为佛瑞斯特的学生,一直致力于研究系统动力学与组织学习、创造理论、认识科学等融合,发展出一种全新的组织概念,即学习型组织,成为学习型组织理论的奠基人。

彼得·圣吉用了近十年的时间对数千家企业进行研究和案例分析,于 1990 年出版代表作《第五项修炼——学习型组织的艺术与实践》。他指出现代企业所欠缺的就是系统思考的能力,它是一种整体动态的搭配能力,因为缺乏它而使得许多组织无法有效学习。之所以会如此,正是因为现代组织分工、负责的方式将组织切割,而使人们的行动与其时空上相距较远。当不需要为自己的行动结果负责时,人们就不会去修正其行为,也就无法有效地学习。书中提供了一套使传统企业转变成学习型企业的方法,使企业通过学习提升整体运作"群体智力"和持续创新的能力,成为不断创造未来的组织,从而避免了企业"夭折"和"短寿"。该书一出版即在西方产生极大反响,随后他与人合著的《第五项修炼·实践篇》《变革之舞》的问世,标志着学习型组织理论框架的基本形成。

彼得·圣吉认为未来最成功的企业将会是"学习型组织","因为未来唯一持久的优势,是有能力比你的竞争对手学习得更快"。他认为:"未来真正出色的企业,将是能够设法使各阶层人员全心投入,并有能力不断学习的组织。"学习型组织正是人们从工作中获得生命意义、实现共同愿望和获取竞争优势的组织蓝图,是更适合人性的组织模式。这种组织由一些学习团队组成,有崇高而正确的核心价值观、信心和使命,具有强韧的生命力与实现共同目标的动力,不断创新,持续蜕变,从而保持长久的竞争优势。

 拓展阅读

联想——中国第一个学习型组织

联想集团创建于 1984 年,由中国科学院计算技术研究所(以下简称中科院)投资 20 万元人民币、11 名科技人员创办,到今天已经发展成为一家在信息产业内多元化发展的大型企业集团。联想在 2005 年 5 月完成对国际商业机器公司(IBM)个人电脑事业部的收购,标志着新联想的诞生。联想集团是技术密集型为主的高技术产业集团,它集中了中科院数百名科技专家和青年知识分子,在联想员工中工程师占比较高。学习型组织建设成了联想发展的动力和企业文化的精髓。

一、联想学习型组织的学习方式

(1) 从合作中学习。联想与多家国际大公司建立或保持良好的合作关系,如惠普、英特尔、微软、东芝等,并把向这些合作伙伴学习作为实现自己战略目标的重要步骤。学习他人之长,培养本土人才,提高企业综合竞争力一直是联想的学习脉络。套用柳传志的一句话:"不长本事的事不做。"

(2) 向竞争对手、同行或不同行的优秀企业学习。联想对硅谷公司有深入的分析,认真探索IBM、康柏等竞争对手的长处与短处。甚至向不同行的优秀企业如海尔的服务方式学习。

(3) 向用户学习。联想 1997 年首次开出对方付费电话热线咨询服务。联想的免费热线不仅用于回答用户的问题,而且通过主动电话回访,从用户那儿了解市场需求、获取市场信息。

(4) 从联想自身的过去学习。柳传志说:"要想着打,而不是蒙着打。"联想是一个非常善于从自己过去的经验中学习的公司,不仅总结过去的成功与失败,而且寻本究源,总结出很多规律性的管理经验,如"鸵鸟理论""贸工技三级跳""管理三要素",以及"一个目标、三步走、五条战略路线、六大事业"等。

二、联想学习型组织的运行机制

(1) 开会。联想会多,如誓师会、总结会、研讨会、协调会、工作会等。通过会议达到沟通、交流与磨合。联想的会不流于形式,而讲究实效。

(2) 教育与培训。联想有较完善的教育培训体系,从新员工的"入模子"培训到高级管理人员研讨或管理培训、从专业技能培训到理论务虚研讨、无论老总还是工人都有充分的培训机会。

2

除培训外,联想还注意引导员工走向自觉学习。

（3）领导班子议事制度。如每周一次总经理晨会,每月一次总经理例会,每季一次总经理沙龙,每种会有不同层次的议题,形成"把问题放在桌面上谈""自己看不透的事听别人的,自己想透了,别人没明白时得设法让别人明白""问题谈开谈透再行动"等朴素而有效的议事方法。

（4）委员会和工作小组。由不同部门领导和专家学者组成的投资委员会和技术委员会,在客观上促进了学习型组织的发展和完善。

第三节　中国古代管理思想

一、中国古代管理思想的社会文化背景

中国传统
管理思想

中国作为四大文明古国之一,在管理思想的发展史上也占有重要地位。《道德经》《论语》《管子》《墨子》《韩非子》《孙子兵法》《贞观政要》《资治通鉴》《三国演义》等古代典籍都包含了极其丰富的管理思想。事实上,现代西方管理理论的诸多观念都可在中国古代管理思想中找到类似的论述。许多企业包括西方企业都在主动应用中国古代管理思想指导企业的管理,日本、新加坡、韩国等亚洲周边国家和我国台湾地区的企业发展也深受中国古代管理思想的影响。

在两千多年漫长的历史长河中,中国历代统治者能对如此辽阔的疆土和众多的人口进行着有效的控制和管理离不开中国古代管理思想的指导,同时也留下了有关管理国家、巩固政权、统帅军队、组织战争、治理经济、发展生产、安定社会等方面极为丰富的经验和理论,其中包含着许多至今仍闪耀着光辉的管理思想。

中国历史上的许多伟大工程,例如长城、都江堰、京杭大运河令人叹为观止。要完成这些浩大的工程,在科学技术尚不发达的当时,其计划、组织、领导、控制等管理活动的复杂程度是现代人难以想象的。在漫长的历史长河中,中国经历的战争数量之多,规模之大,也是世界各国所少有的。早在春秋战国时期,就经常发生几十万军队的大战役。战争给人带来了死亡和灾难,但战争也推动了军事思想的发展,产生了诸如《孙子兵法》《孙膑兵法》《吴子》《六韬》等不朽的军事著作。

任何管理思想都植根于一定的社会文化土壤,而一定的社会文化又都割不断与历史传统的联系,并且总是在继承中发展,在发展中继承。只有这样,才能形成适合本国国情、拥有本国特色的管理思想,同时具备着强大的生命力。所以,在研究现代管理思想的时候,不能不研究中国古代的管理思想。

二、中国古代管理思想的主要表现

（一）中国古代儒家的管理思想

中国古代儒家的代表人物是孔子,中国古代儒家管理思想的核心是"内圣外王""仁者爱人"。

1. 以民为本——群体本位的管理着眼点

管理的着眼点在何处？西方古典管理理论认为是制度,是技术,如泰勒的科学管理就是"物本"管理的延续与典型。孔子却认为是"民",是"人",是组织中的"群体"。孔子的管理思想是围绕"人"为中心展开的,民本是其核心,贯穿了《论语》的始终。

2. 克己复礼——以秩序求稳定的管理目标

孔子心目中的管理最高境界是"仁"。所谓仁,"克己复礼为仁",即符合"君君、臣臣、父父、子

子"的伦理规范,符合社会尊卑贵贱秩序。治理国家就是要使国家符合这个伦理规范,以严格的等级制度,稳定统治秩序,维护统治者的地位。

3．中庸之道——通权达变的管理艺术

中庸是孔子学说中的一个重要观点。从孔子的思想行为来看,中庸是追求卓越的法则。孔子在《论语·雍也》中说:"中庸之为德也,其至矣乎! 民鲜久矣。"孔子的中庸思想反映出他对世界认识的"三分法",即矛盾发展有三种可能性:过、中、不及。中,就是不走极端;庸,就是不唱高调。不缺位,不越位,不过头,不掉队,凡事恰到好处,就是中庸之道,即实现了通权达变,是做人做事的最高境界。

4．德治——言传身教的管理路线

(1)为政以德。怎样才能使被管理者达到组织的目标期望,一直是悬而未决的重大命题。答案多种多样,但归根结底不外乎德治、法制两条基本的管理路线。孔子推崇德治为主、礼法兼济,孔子在《论语·为政》中说:"为政以德,譬如北辰,居其所而众星共之。"德治的主要手段是伦理道德规范,即人们共同生活及行为的准则和规范,用以指导个人的行为以及人我关系。

(2)正己。"政者,正也。子帅以正,孰敢不正?""其身正,不令而行;其身不正,虽令不从。"这些都是孔子对德治的进一步论述。正己的途径是修己,修己是正己的前提。孔子认为修己有三个层次,一是做个有道德的人,二是使周围的人都能受到教化,三是使百姓都能安居乐业。修己是以组织的稳定发展作为最终目标;正己则要严于律己、宽以待人、清廉自守、群而不党。

(3)仁爱。"仁爱"是孔子处理管理者与被管理者关系的主要原则。"仁"是《论语》中出现次数最多的概念,由于侧重点不同,"仁"有多种解释。从孔子思想体系来看,"仁"的基本含义是"爱人","仁"的最高境界是"立己立人,达己达人",这也是行仁的本质问题。行仁要贯彻两个原则:忠和恕。忠是指处理人与人之间的关系时,持尽心尽力帮助对方的态度;恕则是"己所不欲,勿施于人",自己不喜欢的事,也不要强加给别人。

(4)信。"信"是孔子管理思想的一个重要概念。春秋时期,诸侯兼并,人心唯乱,背信弃义、食言而肥的事时有发生,社会出现了"信用危机",所以孔子提倡以"信"来缓解矛盾。信也成了中国理想人格的一个重要方面。从孔子理念中,可以认识到,没有信,社会或组织契约就难以维系;社会或组织就难以稳定;管理者必须真正具备诚信的品德,随时随地注意践诺,把诚信作为座右铭时刻不忘,只有自身做到诚信,才能使民众诚信。"信"的观念发展到今天,已经是经营管理的一个核心概念。

5．举贤育才——孔子的人才管理思想

(1)举贤。举贤的第一步是要识才,知人知面难知心,识人最难。在这个问题上,孔子提出了德才兼备的人才标准,认为"君子"是"志于道,据于德,依于仁,游于艺"。

(2)育才。孔子认为"育才"的核心聚焦于建立学习习惯,认识到学习的重要性。没有不断的学习,仁、智、信、直、刚等各种美德就会"变形走样"。

6．正名——孔子的组织管理思想

正名,语出《论语·子路》。子路问孔子,若去治理卫国,该先做何事? 孔子答:"必也正名乎!"名即名分,是人的身份、地位、权力、义务的标志,体现社会尊卑贵贱及不同的价值观念与行为方式。孔子将"正名"视为管理社会的首要大事,核心在于通过"名实相符"构建秩序,使"君君,臣臣,父父,子子"各安其位。其目的虽体现等级规范,但本质是追求角色与职责的一致性。"名"在中国人生活中影响深远,如"名不正,言不顺"的处世原则,以及"曹操挟天子以令诸侯"中对名分合法性的争夺,均体现"正名"思想的现实映射。

(1)正名与组织权力结构。"名"反映了组织中存在着一定的权力结构,"正名"首先要使权力结构与组织结构相吻合。组织内的权力资源是按一定规则分配的,没有单纯的集权,也没有单纯的分权。"名"即管理的层次与分工,任何人类组织都有等级。

(2) 正名与责、权、利统一。正名就是要使名实相符。而企业中的人员管理方面,名实相符就是岗位人员的知识、能力、水平和行为,必须与岗位要求相一致,这既体现在选拔、任用人才时的选择上,又包含了岗位人员要加强学习,自觉地提高自己的水平,使自身与岗位要求一致。

(二) 中国古代道家的管理思想

中国古代道家的代表人物是老子,其核心管理思想是"无为而治",即组织对个人少干预或不干预,强调人的行动及其指导思想必须顺应自然,符合自然规律,不能凭主观意志行事;而管理者要善于管理大事,要将具体工作交于组织成员自主完成,政策要稳定,不可朝令夕改。

1. 道法自然——不懈追求的管理原则

《道德经》开篇提出:"道可道,非常'道';名可名,非常'名'。"何谓"道"?《道德经》中的"道"大体有三种含义:人类生活的准则;客观存在的宇宙本源;事物发生、发展、运行的规律,包括人类社会发展的规律。而在管理领域,"道"就是需要遵循的客观规律。老子提倡"道法自然",而管理也是一个自然过程,要按照事物的自然法则进行管理。

2. 重积德——以人为本的管理理念

老子和孔子一样,认为管理归根结底是管理"人"的问题,必须以人为本。老子说:"故道大,天大,地大,人亦大。域中有四大,而人居其一焉。"老子在人性假设问题上同孔子一样不依主观判断去抽象地认识人性,他认为人的本性是"见素抱朴"的,外表单纯而内在朴实,人的不良习气是后天形成的。其人性观也决定了他反对以法制路线来管理,倾向于软性管理、德治路线。老子说:"重积德,则无不克",即重视德治,没有什么事办不到。

3. 无为而治——软性的管理模式

老子管理思想的核心是"无为而治",《道德经》中"我无为而民自化;我好静而民自正;我无事而民自富;我无欲而民自朴""为无为,则无不治"等论述,以及"太上,不知有之;其次,亲而誉之;其次,畏之;其次,侮之。信不足焉,有不信焉。悠兮,其贵言。功成事遂,百姓皆谓'我自然'。"的表述,均体现了软性的管理模式。"无为"并非无所作为或不管不顾,而是反对妄为、强为,主张顺其自然、少干预或不干预,让事物自然发展,通过"无为"达成积极"有为"。这既是人生的最高境界,也是管理的最高境界。老子认为,最好的统治者,人们不知道有他存在;其次的统治者,人们亲近他、赞扬他;更次的统治者,人们畏惧他;最差的统治者,人们轻蔑视他。而在管理领域,狡诈不如法制,法制不如德治,德治不如无为而治。

4. 负阴而抱阳——老子的辩证管理思维

"万物负阴而抱阳",即阴阳是统一于事物内的两个方面,因其无休止变化的缘故,它们之间的和谐是有条件的、暂时的、过渡的,因而是相对的;不和谐是绝对的,但是不和谐的程度,可以表明事物恶化的程度。组织的管理,无论大小,阴阳平衡则安,处于较稳定的良性渐变过程;阴阳失衡则乱,容易产生突变,需打破旧的平衡建立新的平衡关系。

5. 柔弱胜刚强——老子的领导艺术和竞争谋略

老子所说的"柔"是能够克刚的"柔",所说的"弱"是能够胜强的"弱",而不是为"刚"所屈服、被"强"所吓倒。"柔弱"是柔中带刚,弱中有强。老子推崇"柔弱",是要我们以"柔弱"为手段,达到战胜"刚强"的目的。组织中的管理者要具备"柔弱胜刚强"的智慧和领导艺术,而现代管理学中的柔性管理也是老子"柔弱胜刚强"智慧的现代化。

(三) 中国古代法家的管理思想

中国古代法家的先驱都是身居要职的政治家,有长期政治管理的实践经验。冯友兰先生在《中国哲学简史》中说："用现代的术语说,法家所讲的是组织和领导的理论和方法。"在两千多年封建王朝的治国实践中,法家思想影响深远。

1. 韩非子的管理思想

(1)法治天下,乱世重典。韩非说："为治者用众而舍寡,故不务德而务法。"韩非子主张极端专制的中央集权,非常重视制度的作用,而不重视人的因素;重视法理而不重视人情,他只相信制度与法。

(2)事异备变。韩非认为"夫古今异俗,新故异备",即古今的习俗风气不一样,管理措施也就不一样。他还提出"变与不变,圣人不听,正治而已",即要不要革新,归根结底要看旧有的管理是不是还可行,切不切合现在的实际情况。因此,其管理思想的根本点是事异备变,实事求是。

(3)治吏不治民。韩非子主张建立分级管理、逐级监督、形名参同的管理体制。《韩非子·外储说右下》中说："人主者,守法责成以立功者也。闻有吏虽乱而有独善之民,不闻有乱民而有独治之吏,故明主治吏不治民。"这反映其倾向于建立中央集权,国君是国家的最高负责人,明智的君主其首要的任务就在于根据法治原则管理好官吏,而不是去直接管理民众。

2.《孙子兵法》的管理思想

《孙子兵法》是中国也是世界上最古老的军事理论著作,被国外誉为"东方兵学鼻祖""世界第一兵书"。其作者孙武,后人尊称他为"兵圣"。

(1)未战庙算,以道为首——战略计划思想。《孙子·计篇》中说："夫未战而庙算胜者,得算多也;未战而庙算不胜者,得算少也。多算胜少算(不胜),而况于无算乎! 吾以此观之,胜负见矣。"这强调事前的周密分析和谋划的重要性,主张通过"五事七计"制定缜密的实施计划,为行动提供根本遵循。

(2)知己知彼,百战不殆——信息管理思想。《孙子·谋攻篇》中说："知彼知己,百战不殆;不知彼而知己,一胜一负;不知彼,不知己,每战必殆。"这反映了战争管理中信息的重要性。

(3)因敌制胜,践墨随敌——灵活管理思想。《孙子·虚实篇》中说："水因地而制流,兵因敌而制胜,故兵无常势,水无常形,能因敌变化而取胜者,谓之神。"这些都反映了军事管理无常势,企业管理无常形,动态管理、灵活管理是必然要求。

(4)上兵伐谋,出奇制胜——市场竞争谋略。《孙子·计篇》中说："兵者,诡道也。"《孙子·谋攻篇》中说："上兵伐谋,其次伐交,其次伐兵,其下攻城。"这些都反映了军事管理中的谋略,而运用于企业管理也要讲究谋略。

(5)治众如治寡——组织管理思想。《孙子·势篇》中的"凡治众如治寡,分数是也;斗众如斗寡,形名是也",表明治理组织,管理人数不论多与少,道理只有一个,就是靠"分数",即按一定的管理层级和幅度建立组织机构。孙武极其重视组织的日常训练,强调组织的纪律,"令之以文,齐之以武"。"文"指以仁义之心去教化,相当于现在的企业文化;"武"指规章、制度等。

(6)赏罚有度——激励管理思想。孙武提出:领导者要"静以幽,正以治",即在谋略上,镇静而深透,在作风上,公正严明而有法度;要"修道而保法",即"软管理"和"硬管理",两手都要硬;要"知兵""爱兵"但不能"骄兵";强调对人的激励,主张用"赏"满足组织成员的欲望,激励成员的士气,但要把握赏罚的度,即"数赏者,窘也,数罚者,困也"。

 拓展阅读

华为的"无为而治"管理哲学

老子的《道德经》中提到"无为而治",这不是指什么都不做的消极态度,而是指在遵循客观规律的前提下,有所取舍,有所着重,不妄为。这种管理哲学在现代企业中也有广泛应用,华为就是

2

一个典型的例子。

1998年,任正非在《由必然王国到自然王国》一文中提到:"管理控制的最高境界就是不控制也能达到目标,这实际上就是老子所说的那句话,无为而无不为,好像我们什么都没做,公司怎么就前进了?这就是我们管理者的最高境界。""只有当一个企业的内、外发展规律真正被认识清楚,管理才能做到无为而治。"

华为创立初期,靠人管的方式管理员工,但随着员工数量的增加,这种方式开始出现问题。员工缺乏自主性和积极性,影响了创新和企业的价值创造。因此,华为开始顺应自然规律,寻找新的管理方法,即"无为而治"。

为了实现"无为而治",华为采取了以下几条措施:

(1)制定规则:华为初创期,任正非忙于市场拓展,无暇顾及组织建设。随着队伍规模的扩大,1998年《华为公司基本法》出台,使华为人的所有行为,都变得"有法可依"。通过华为现在实行的轮值董事长制度,我们可以发现他们的规则设计是多么严密。

(2)构建流程:华为管理经过1987—1995年的草创阶段、1995—1998年的基本法阶段之后,就进入了流程化阶段。目前,华为已是一个全流程型的公司,把企业所有的活动纳入十六个一级流程里面,构建了企业业务规范化运行的堤坝。至此,华为建立了堪称最正规化的流程管理系统。

(3)授放权力:任正非曾提到华为在前十年,他让各地负责人自行决策,公司高层几乎没有开过办公会,这应是华为早期管理的独特纪录之一。1999年任正非辞去了董事长之职,从此再也没有担任华为最高领导职务。2013年开始实行轮值CEO制度、2017年开始实行轮值董事长制度时,任正非都不在候选人之列,他只是一名普通董事。那么,任正非靠什么引领公司呢?据华为董事会首席秘书介绍:任正非主要就是靠他的讲话和文件,对公司产生影响。他要充分发挥"各路诸侯"的聪明才智来弥补自己的不足。

(4)分享利益:任正非认为:"只有员工真正认为自己是企业的主人,分权才有基础。"因此,他们与企业必须形成利益共同体和命运共同体。创立华为之后,任正非就开始面向全体员工分配股权。任正非说:"华为的成功主要是'分赃'分得好。"没人能否认,中国企业界的"吉尼斯纪录"——最多持股人数、最大员工持股比例、最高员工平均收入,与"中国最大民营企业"之间,一定具有强相关的因果联系。

(5)倚重组织:人感知自己渺小的时候,他的行为便开始变得伟大。任正非创建华为后,自己不再是做专家,而是做组织者。"如何组织起千军万马,这对我来说是天大的难题。"他说,"要使管理者回到默默无闻、踏踏实实地工作上去,使英雄难以在高层生成"。任正非似乎从来没有将自己放在组织的顶部,他做的更多是托起这个组织的工作。他重视组织的成就远远超过对自己的描述。

任正非一直以来被外界视为华为的灵魂人物。但是,今天的华为在很大程度上已经不等于任正非。他通过依靠团队解决了"谁来做"的问题,通过分享利益解决了团队"为什么做"的问题,通过制定规则解决了团队"怎么做"的问题,通过构建流程解决了团队"如何做得更快更好"的问题,通过授放权力解决了"谁负责"的问题。因此,华为的力量来自组织整体,这是华为持续发展的动力所在。

从系统论角度看,任正非一直致力于将华为打造成一个"自组织系统"。这种系统具有两大核心功能,一是自动运行,二是自动进化。这不仅符合"道"和"无为而治"的理念,也符合老子所说的"不居功、不争权"的思想。

老子在《道德经》里说过一段话,翻译成白话文就是:最好的领导者,人们觉察不到他的存在。其次的领导者,人们亲近他、赞誉他。再次的领导者,人们畏惧他。最次的领导者,人们轻侮他。无疑,任正非已臻于最高层面,这正是"无为而治"之化境!

实 训

一、实训目的

1. 通过案例分析理解管理理论的实践运用。借助企业案例,深入理解管理理论在现实场景中的运用逻辑;通过小组讨论,进一步巩固所学管理理论的内容,并能辩证看待这些理论的优点与局限。

2. 通过资料收集和班级沙龙活动,探究中国古代管理思想的内涵,寻找这些思想在当代企业中的应用实例,提高资料收集和整理的能力,深化对中国古代管理思想现实意义的认知。

二、实训内容、组织方式及步骤

实训内容Ⅰ:科学管理理论与行为科学理论

实训形式:案例分析。

实训步骤:

第一步,实训前的准备。参加实训的同学,课前认真阅读教材,查阅相关书籍,掌握科学管理理论的内容。

第二步,以5~6人为一个小组,以小组为单位进行以下案例资料的阅读。

管理理论在海尔集团的运用

海尔集团(以下简称"海尔")创立于1984年,是全球领先的美好生活和数字化转型解决方案服务商。海尔布局智慧住居生态、大健康产业生态和数字经济产业生态三大赛道,拥有海尔、卡萨帝等全球化高端品牌和全球首个智慧家庭场景品牌三翼鸟。在全球设立了10大研发中心、71个研究院、35个工业园、163个制造中心和23万个销售网络。2024年,海尔集团全球收入为4 016亿元,同比增长8%,全球利润总额为302亿元,同比增长13%。海尔连续7年作为全球唯一物联网生态品牌蝉联"凯度BrandZ最具价值全球品牌100强",连续16年稳居"欧睿国际全球大型家电品牌零售量"第一名。

在四十余年的发展历程中,海尔从一家濒临倒闭的地方小厂成长为全球知名企业,这样的跨越式发展不仅得益于其对市场趋势的精准把握和对品牌建设的持续投入,更离不开其在内部管理模式上的不断革新与实践。作为制造业领域的标杆企业,海尔始终注重通过科学高效的管理方法提升生产效能与运营质量,而泰勒制科学管理理论中关于标准化、效率化的核心思想,恰好与海尔追求极致生产效率和产品品质的理念相契合,成为其管理体系中的重要组成部分。

(1)作业标准化:海尔对公司成员要求严格,从车间卫生清洁到家电生产,都制定了标准操作方法。例如,规定了固定的工具摆放位置,员工需要按照特定流程操作,这有效节约了时间,提高了工作效率。在冰箱生产中,遵循统一固定的生产方法,保证了产品质量的稳定性。

(2)定额标准化:海尔在车间为每个工人设定了每日生产任务量,这体现了泰勒管理理论中的劳动定额。通过明确生产数量要求,确保了每天有最低生产产出,进而保障了企业的获利基础,有助于企业进行生产规划和成本控制。

(3)差别计件工资制:海尔车间采用计件系统,记录每个工人每天的生产数量,并据此计算工资。这种方式通过金钱激励,促使工人尽可能提高生产效率,多劳多得,充分调动了工人的工作积极性。

(4)管理职能专业化:海尔在车间设置专门的班长,负责监督和统计小组成员的工作质量和数量,实行管理与操作分开。这种职能分工提高了管理工作效率,保证了产品质量,改变了以往

2

工人自我管理时忙碌却效果不佳的状况。

海尔在发展初期,通过对泰勒制科学管理理论的运用,实现了生产流程的标准化、高效化,为企业的规模化发展奠定了坚实基础。然而,随着时代的发展和员工需求的多元化,单纯依靠标准化和物质激励的管理模式逐渐显现出局限性,难以充分激发员工的主动性与创造力。基于此,海尔集团在管理实践中进一步探索,将目光投向行为科学理论,通过关注员工的心理需求、价值实现与团队协作,构建起更具人性化和创新性的管理体系,实现了从"重效率"到"重人本"的管理升级。

(1)"赛马不相马"人才管理机制:海尔以"斜坡球体理论"为基础,提出"赛马不相马"理论。实行"三工转换制度",将员工分为试用员工、合格员工、优秀员工,三种员工实行动态转化,并配合 OEC 管理体系,通过强制分布,要求每次考评后都按比例确定试用员工。这种机制关注结果导向的行为绩效评价,形成了人才竞争机制,让员工产生危机感,从而激发其努力工作,克服惰性,不断提升自己,如一位中年师傅因质量事故被取消优秀员工称号,后通过发明创新又恢复称号,便是该机制作用的体现。

(2)"管理三步曲"塑造员工价值观:海尔通过"管理三步曲",将企业文化和管理制度相结合。第一步,提出明确的质量理念,如"有缺陷的产品就是废品",让员工对产品质量有深刻认识。第二步,推出"砸冰箱"事件,将管理理念渗透员工心里,利用骨干员工的示范效应,使理念形象化,让更多人理解认同。第三步,以企业理念与价值观为导向,制定"零缺陷"机制等管理制度,在制度强制下,使员工发生符合企业理念与价值观的行为,最终将企业理念内化为员工自己的理念。

(3)"人单合一"模式激发员工创新:海尔提出"人单合一"管理模式,以实现人的价值最大化为核心宗旨,充分激发每个人的创新性。企业为一线产业工人搭建技能比武、全员创新竞比等学习交流与技能施展的平台,建立劳模工匠创新工作室;同时创新"抢单"机制,工作任务由创客自主带着"目标、团队、机制"主动争取,而非上级分配。此外,2019 年提出的"链群合约"理念,推动小微组织(自主经营体)形成生态链群,围绕同一目标动态合作,灵活响应外部环境变化,进一步激活了全员创新活力。

第三步,根据上述案例,针对以下问题进行分析和讨论,并对小组成员的各种观点进行记录。

1. 结合以上资料,可以看出科学管理理论在提高生产效率上有明显优势,但它在对待员工方面有什么不足呢?

2. 科学管理理论的标准化、量化考核等方式有什么好处?又存在哪些明显的缺点?

3. 科学管理理论更适合什么样的工作场景?在这些场景外,它的缺点会如何体现?

4. 结合以上资料,可以看出行为科学理论注重员工的心理和需求,能提升员工积极性,但它在管理效率的提升上有哪些局限?

5. 行为科学理论关注人的多方面需求,这一特点带来了哪些好处?同时可能产生什么问题?

6. 行为科学理论能增强团队凝聚力,但在规范员工行为、保证工作标准方面,它有什么不足之处?

第四步,各小组选出一名代表发言,对小组讨论分析结果进行总结。

第五步,对小组成员的各种观点进行分析、归纳和要点提炼,并完成案例分析报告。

实训要求:各小组成员掌握相关资料查阅方法和进行讨论分析并记录过程,踊跃表达个人观点,认真完成实训内容。发言提纲要求语言流畅,文字简练,条理清晰。

实训内容Ⅱ：中国古代管理思想在现代企业中的运用

实训形式：管理沙龙。

实训步骤：

第一步，实训前准备。通过多渠道搜集有关中国古代管理思想在当代企业中的实践应用案例与资料，资料一定要能体现中国古代管理思想。资料的具体形式，可以是新闻消息、事迹报道、工作简报、工作总结，也可以是网络、书籍或报纸上登载的管理案例等。

第二步，以小组为单位进行资料的整理、讨论和分析。分析材料的具体结构，包括先介绍案例或资料；然后指出案例中体现的管理思想的主要观点；重点评价其管理思想的运用。

第三步，举办班级关于"中国古代管理思想在当代企业中的运用"沙龙。每个成员都可以做介绍，谈体会，放开思路，自由畅想。

第四步，在讨论的基础上，按照以下思路，每位同学完成"中国古代管理思想在当代企业中的实践应用分析"简要报告。

1. 所搜集的有关中国古代管理思想在当代企业中实践应用案例的简要介绍。

2. 所涉及的主要管理思想观点的简要介绍。

3. 该案例所反映的中国古代管理思想分析（也包括有悖于现代管理思想的分析）。

4. 本人受到的启示或建议。

实训要求：通过网络、报纸、杂志或书籍，搜集一个有关中国古代管理思想在当代企业中的实践应用案例或资料，分析其管理思想。思路要清晰，分析要细致。

三、实训时间及成绩评定

（一）实训时间

实训内容Ⅰ：案例分析讨论时间以 30 分钟为宜，各小组代表发言时间控制在 3 分钟左右。

实训内容Ⅱ：在课余时间进行资料的收集，班级管理沙龙时间 30 分钟，信息反馈总结点评时间 10 分钟。

（二）实训成绩评定

1. 实训成绩按优秀、良好、中等、及格、不及格 5 个等级评定。

2. 实训成绩评定要点。

（1）是否理解科学管理理论、行为科学理论的内容和实质。

（2）是否理解中国古代管理思想的主要内容和在现实管理中的运用。

（3）能否掌握相关信息资料的查阅方法，能否简练、清楚地进行信息的描述。

（4）是否积极主动地进行讨论交流，能否条理清晰地整理讨论记录，并进行内容的总结与概括。

小　结

1. 从古希腊、古罗马的早期管理实践到英国的工业革命时期，罗伯特·欧文、亚当·斯密和查理·巴贝奇等人形成的早期管理思想，对于促进生产及后来科学管理理论的产生和发展都有积极的影响。

2. 泰勒的科学管理理论的中心问题是提高劳动生产率，其主要观点包括：工作定额、差别计件工资制、职能工长制、计划职能与执行职能相分离、例外原则。泰勒被誉为"科学管理之父"。

3. 法约尔的一般管理理论研究的是整个组织的管理问题，提出了适用于各类组织的管理五

2

大职能:计划、组织、指挥、协调、控制;有效管理的十四条原则:劳动分工、权力与责任、纪律、统一指挥、统一领导、个人利益服从整体利益、人员报酬、集中、等级制度、秩序、公平、人员稳定、首创精神、团结精神。法约尔被后人尊称为"经营管理之父"。

4. 韦伯被人们称为"组织理论之父",他提出了理想的行政组织体系理论,主要内容包括:明确分工、权力体系、规范录用、管理职业化、公私有别、遵守规则和纪律等。韦伯认为,理想的行政组织体系最符合理性原则,效率最高,能适用于所有的各种管理工作和各种大型组织。

5. 美国哈佛大学教授梅奥在霍桑工厂中进行了四个典型的实验,为人际关系理论的形成以及后来行为科学的发展打下了基础。人际关系学说的主要观点有:员工是"社会人";正式组织中存在着"非正式组织";生产效率主要取决于员工的工作态度和人们的相互关系。

6. 人性假设是行为科学管理理论的出发点。沙因对人性进行了归类,并提出了理性经济人、社会人、自我实现人、复杂人四种人性假说。

7. 随着生产力的高度发展和科学技术的进步,在西方管理思想史上,现代管理理论的主要学派众多,主要的管理理论学派有管理过程学派、行为科学学派、社会系统学派、决策理论学派、管理科学学派、系统管理学派、权变理论学派、企业文化学派等。随着时代的发展,各种新的管理理论不断涌现,其中最为著名的是战略管理理论、企业再造理论、学习型组织理论。

8. 中国古代的管理思想极为丰富,百家争鸣。在诸子百家中,最有影响也最具代表性的是儒家、道家和法家。其中儒家重组织,道家重领导,法家重控制,它们充分展示了中国古代管理思想的丰富性和多样性。

习 题

一、单项选择题

1. 在科学管理思想阶段,( )主张在企业管理中实行"例外原则"。

A. 梅奥　　　　　　B. 泰勒　　　　　　C. 法约尔　　　　　　D. 韦伯

2. 被人们称为"组织理论之父"的管理学家是( )。

A. 泰勒　　　　　　B. 法约尔　　　　　　C. 韦伯　　　　　　D. 梅奥

3. ( )提出人是"社会人"的观点。

A. 科学管理理论　　B. 行为科学理论　　C. 现代管理理论　　D. 系统管理理论

4. 将数学引入管理领域,运用科学的计量方法来研究和解决管理问题,使管理问题的研究由定性分析发展为定量分析的管理学派是( )。

A. 管理过程学派　　B. 社会系统学派　　C. 管理科学学派　　D. 系统管理学派

二、多项选择题

1. 法约尔提出管理的五大职能包括( )。

A. 计划　　　　　　B. 组织　　　　　　C. 协调　　　　　　D. 指挥

E. 领导　　　　　　F. 控制

2. 以下( )是梅奥所做的霍桑实验。

A. 搬运铁块实验　　B. 照明实验　　　　C. 福利实验　　　　D. 金属切削试验

E. 访谈实验　　　　F. 群体实验

3. 沙因对人性进行了归类,并提出了( )人性假说。

A. 工具人假说　　　B. 理性经济人假说　C. 社会人假说　　　D. 自我实现人假说

E. 复杂人假说　　　F. 文化人假说

2

4．下列（　　　　）的说法是正确的。

A．孔子提出的中庸思想是追求卓越的法则　　B．儒家的管理目标在于追求稳定

C．韩非子主张"事异备变"的变革管理思想　　D．道家的核心管理思想是无为而治

E．法家的组织管理思想在于"治众如治寡"　　F．"未战庙算"体现了道家的管理思想

三、判断题

1．被誉为"科学管理之父"的是法约尔。　　　　　　　　　　　　　　　　（　　）

2．泰勒进行了多项提高劳动生产率的试验，他认为人是"社会人"。　　　（　　）

3．韦伯认为，理想的行政组织体系最符合理性原则，效率最高，能适用于所有的各种管理工作和各种大型组织。　　　　　　　　　　　　　　　　　　　　　　　　（　　）

4．管理过程学派的代表人物是美国管理学家哈罗德·孔茨。　　　　　　（　　）

5．中国古代管理思想中孔子的中庸之道是指管理要左右逢源。　　　　　（　　）

四、思考题

1．列举科学管理理论、一般管理理论、行政组织理论之间的异同点。

2．结合实际企业中的现象，谈谈对霍桑实验中各项实验结果的看法。

3．谈谈中国古代儒家、道家、法家管理思想的异同。

第三章　管理环境

📖 **知识目标**：了解管理环境的分类，了解管理的内外部环境的主要构成要素及每个构成要素对组织管理产生的影响；理解管理方式方法与管理环境的关系；掌握 PEST 分析法、SWOT 分析法、五力模型分析法等环境分析方法。

📖 **能力目标**：提高对管理内外部环境的主要构成要素的辨识能力，能够运用相关分析方法对组织内外部环境进行分析，并根据分析结果做出决策的能力；提高运用管理思维发现问题、分析问题、解决问题的能力；通过实训，培养活动策划能力、调研能力、团队协作能力、语言表达能力。

📖 **素养目标**：形成良好的环境意识，充分认知管理与环境之间的关系，树立管理环境意识，会用一定的方法正确分析环境；通过实训，提升团队合作意识。

第一节　管理外部环境

一、管理环境及外部环境的含义

管理环境是指存在于一个组织内部和外部的影响组织业绩的各种力量和条件因素的总和，包括组织外部环境和组织内部环境。对于管理者而言，为了企业的发展，提高管理的效率，达成其管理的目的，不仅要了解政治、经济、文化和市场需求、竞争等组织外部环境因素，而且要掌握员工的价值观、组织所拥有的资源等内部环境情况，据此才可能做出正确的经营决策。管理外部环境是指存在于组织边界之外，能够对组织的绩效、运营方式、目标实现产生直接或间接影响的各种外部力量、因素和机构的总和。

二、组织管理与外部环境的关系

组织管理与所处的外部环境存在着相互依存、相互影响的关系。

（一）对应关系

以一家企业为例，社会上的环境可以划分为经济、技术和社会三大环境。那么，企业内部就与之相对应，存在着经营、作业和人际关系三大管理领域。

（二）交换关系

组织与外部环境之间不断地进行着物质、能量和信息的交换。例如，一家生产企业从市场上

管理外部环境

搜集情报信息,并购进原材料;再将加工完的产品放到市场上销售,并通过广告等形式向社会广泛传递有关产品的信息。这一过程中,组织、协调和控制这些活动的管理行为,必然同外部环境之间存在交换关系。

(三)影响关系

组织的管理受外部环境的决定与制约,如社会经济、技术、文化等外部环境决定了组织在管理中所投入的资金、技术和人员,也制约着组织的经营管理行为;但同时,组织的管理也会反作用于外部环境,如组织管理在提高企业经济效益、增加员工报酬的同时,对当地经济的发展和人们社会生活水平的提高也会产生积极的影响。因此,两者之间存在着极为密切的决定、影响和制约关系。

三、管理外部环境的分类

管理外部环境包括宏观环境和微观环境。

宏观环境,是指可能对组织的活动产生影响,但其影响的相关性却不清楚的各种因素。这些因素具有广泛性,可能对所有的企业或组织都会产生或多或少的影响,包括政治、经济、法律、社会文化、人口和科学技术等。

微观环境,是指对某一具体组织目标实现有直接影响的外部因素。这些因素相对比较具体,会对企业管理者的决策和行动产生直接影响,包括企业的资源供应者、竞争者、服务对象(顾客)、政府管理部门以及社会上各种特殊的利益代表组织。

对于一个组织而言,外部环境因素哪些属于宏观环境,哪些属于微观环境,取决于组织的目标定位。即使是同一类型组织,但是由于组织的目标不一致,其环境因素也不相同。例如,两家饮料生产企业,一家专门生产儿童饮料,一家生产保健饮料,对于这两家企业而言,人口结构、饮食习惯、政府对食品卫生的有关规定、饮料生产技术的发展等是它们在经营中必须加以考虑的因素。对于前一家企业而言,还要考虑国家的人口生育政策、儿童在社会中的地位等宏观环境因素和儿童口味变化、儿童的数量以及年龄结构、所需的原材料供应情况、儿童饮料市场竞争情况等任务环境;而对后一家企业,则应关心保健技术发展、保健品市场需求及竞争情况、国家对保健品生产销售的特殊规定等微观环境因素。

(一)宏观环境

1. 政治环境

政治环境是指组织所在地区的政治制度、政党和政党制度、政治形势、政治气氛,执政党的路线、方针、政策和国家法令、政治力量对比等因素。对于一般组织的影响主要表现在地区政局稳定性以及政府对各类组织或活动的态度上。政局的稳定性是一个组织在制定长期发展战略时要考虑的因素,会影响到组织目标实现的可能性;而政府对各类组织或者活动的态度则决定了各个组织可以做什么、不可以做什么。

2. 经济环境

经济环境是指构成企业生存和发展的社会经济状况和国家经济政策,是影响消费者购买能力和支出模式的因素。社会经济状况包括经济要素的性质、水平、结构、变动趋势等多方面的内容,涉及国家、社会、市场及自然等多个领域。国家经济政策是国家履行经济管理职能,调控国家宏观经济水平、结构,实施国家经济发展战略的指导方针。企业的经济环境主要由四个要素构成。

(1)社会经济结构。社会经济结构是指国民经济中不同经济成分、不同产业部门以及社会再生产各个方面在组成国民经济整体时相互的适应性、量的比例及排列关联的状况。主要包括

3

产业结构、分配结构、交换结构、消费结构和技术结构,其中最重要的是产业结构。

(2)经济发展水平。经济发展水平是指一个国家经济发展的规模、速度和所达到的水准。反映一个国家经济发展水平的常用指标有国内生产总值、国民收入、人均国民收入、经济发展速度、经济增长速度。

(3)经济体制。经济体制是指国家经济组织的形式。经济体制规定了国家与企业、企业与企业、企业与各经济部门的关系,并通过行政市场等管理手段和方法,调控或影响社会经济流动的范围、内容和方式等。

(4)经济政策。经济政策是指国家、政党制定的一定时期国家经济发展目标实现的战略与策略,它包括综合性的全国经济发展战略和产业政策、国民收入分配政策、价格政策、物资流通政策、金融货币政策、劳动工资政策、对外贸易政策等。

因此,企业管理的经济环境的分析即对以上各个要素进行分析,运用各种指标,以准确地分析宏观经济环境对企业产生的影响,从而制定出正确的企业经营战略。

3. 社会环境

社会环境是指人类生存及活动范围内的社会物质、精神条件的总和。其广义包括整个社会经济文化体系,其狭义仅指人类生活的直接环境。与自然环境不同,它是人类活动的产物,有明确、特定的社会目的和社会价值,伴随着人类的社会生活,包括社会的物质环境(人口数量、基础设施等)和精神环境(生活方式、行为规范等)。

管理者所要关注的企业社会环境则是组织所在国家或者地区的人口、家庭文化教育水平、传统风俗习惯及人们的道德和价值观念等因素。因为组织所在国家或地区人们的行为规范(风俗、道德、法律),人口结构(人口数量、年龄结构、人口分布),生活方式(家庭结构、教育水平、价值观念)以及工作方式等会影响群体行为规范、劳动力数量和质量、所需商品和服务的类型与数量,进而影响组织的经营管理。

4. 科技环境

科技环境是指企业所处的社会环境中的科技要素及与该要素直接相关的各种社会现象的集合,通常是由组织所在的国家或地区的科技水平、科技力量、科技体制、科技政策和科技立法等要素构成。

(1)科技水平。科技水平是构成科技环境的首要因素,它包括科技研究的领域、科技研究成果门类分布及先进程度和科技成果的推广和应用三个方面。

(2)科技力量。科技力量是指一个国家或地区的科技研究与开发的实力或潜力。

(3)科技体制。科技体制是指一个国家或地区的科技系统的结构、运行方式及其与国民经济其他部门的关系状态的总称,主要包括科技事业与科技人员的社会地位、科技机构的设置原则与运行方式、科技管理制度、科技推广渠道等。

(4)科技政策与科技立法。科技政策与科技立法是指国家凭借行政权力与立法权力,对科技事业履行管理、指导职能的途径。

如今,随着科学技术的飞速发展,变革性的科技正对企业的经营活动发生着巨大的影响。企业要密切关注与本企业的产品或服务有关的科学技术的现有水平、发展趋势及发展速度,对于新的硬技术,如新材料、新工艺、新设备,企业必须随时跟踪掌握;对于新的软技术,如现代管理思想、管理方法、管理技术等,企业也要特别重视。

5. 法律环境

法律环境是指组织所处的国家或地方政府颁布的各项法规、法令、条例等。法律环境对企业的经营活动具有一定的调节作用,同时对市场消费需求的形成和实现也具有一定的调节作用。

企业管理者研究并熟悉法律环境，不仅可以保证自身严格依法经营和运用法律手段保障自身权益，还可通过法律条文的变化对市场需求及其走势进行预测。法律环境主要包含两个层次：一个是外显的表层结构，即法律规范、法律制度、法律组织机构及法律设施；另一个是内化的里层结构，即法律意识形态。社会中的人和组织都处于各种受法律调整的社会关系中，所以，法律关系是法律环境的重要组成部分。

6. 文化环境

文化环境是指在一种社会形态下已形成的信念、价值观念、宗教信仰、道德规范、审美观念以及世代相传的风俗习惯等被社会所公认的各种行为规范。任何企业都处于一定的社会文化环境中，企业经营活动必然受到所在社会的文化环境的影响和制约。为此，企业管理者应了解和分析组织所处国家或地区的社会文化环境，如价值观念、教育状况、宗教信仰、消费习俗等，针对不同的文化环境制定不同的经营管理策略。

7. 自然环境

自然环境是指环绕生物周围的各种自然因素的总和，如大气、水、其他物种、土壤、岩石矿物、太阳辐射等，是生物赖以生存的物质基础，也是影响企业生产和经营的物质基础。相对社会环境而言，企业管理者所要关注的自然环境是组织所处国家或地区的水土、地域、气候等自然事物所形成的环境，如企业所处的地理位置、气温气候、空气湿度，拥有的自然资源状况等。无论是企业选址，还是生产经营，都将受到这些因素的影响。

（二）微观环境

1. 资源供应者

资源供应者是指向组织提供其所需资源的人或单位，不仅包括设备、人力、原材料、资金，也包括信息、技术、服务和关系等一切组织运作所需输入的东西。由于组织在运行过程中依赖于供应者的资源供应，一旦主要的资源供应者发生问题，就会导致整个组织运转的减缓或中止。因此，各个组织为了使自己避免陷入困境，在战略上一般都努力寻求所需资源的及时、稳定、保质、保量供应，与供应商建立战略合作关系或避免过分依赖于一两个资源供应者。

2. 服务对象

服务对象就是顾客，是指一个组织为其提供产品或劳务的人或单位，如企业的客户、商店的购物者、学校的学生或毕业用人单位、医院的病人、图书馆的读者等，都可称其为相应组织的服务对象。任何组织之所以能够存在，是因为有一部分需要该组织产出的服务对象的存在，如果一个组织失去了其服务对象，该组织也就失去了其自身存在的基础。组织的服务对象是影响组织生存与发展的主要因素，而任何一个组织的服务对象对组织来说又是一个潜在的不确定因素。因为顾客的需求是多方面的且会经常改变的，而要成功地拥有顾客，并满足顾客的需求，组织必须深入市场，分析顾客的心理，根据顾客需求的变化，及时推出新产品、新服务。

3. 竞争者

竞争者是指与组织争夺资源、服务对象的人或组织。任何组织都不可避免地会有一个或多个竞争者。基于资源的竞争一般发生在许多组织都需要同一有限资源的时候，最常见的资源竞争是人才竞争、资金竞争和原材料竞争。这种经济资源的竞争可能来自不同类型的组织。基于顾客的竞争一般发生在同一类型的组织之间，或许这些组织提供的产品或服务方式不同，但它们的服务对象是同一的，就会发生竞争。没有一个组织可以忽视竞争对手，否则就会付出沉重的代价。竞争者是组织必须对其有所了解并及时作出反应的一个重要环境因素。

4. 政府管理部门

政府管理部门主要是指国务院、各部委及地方政府的相应机构，如市场监督管理部门、技术监督部门、物价部门、税务部门、消防管理部门、劳动保障部门等。政府管理部门凭借法定职权，可制定相关的政策法规、限定价格幅度、征税、对违反法律的组织采取执法措施等，而这些对一个组织可以做什么和不可以做什么，以及取得多大的收益都会产生直接的影响。

5. 社会特殊利益代表组织

社会特殊利益代表组织是指代表社会某一部分人的特殊利益的群众组织，如工会、消费者协会、环境保护组织、慈善机构等。这些组织虽然没有政府部门那么大的权力，但是同样可以对各类组织施加相当大的直接影响。这类组织可以通过直接向政府主管部门反映情况，通过各种宣传工具制造舆论以引起人们的广泛注意。

任何组织都不是孤立的。组织把环境作为自己输入的来源和输出的接收者，组织也必须遵守当地的法律，并对竞争作出反应。正因为如此，上述五个任务环境因素都可以对某一个组织施加压力，进而对组织绩效产生有利或不利的影响。

 案例分析

东华工程科技股份有限公司的新发展

东华工程科技股份有限公司是隶属于中国化学工程集团有限公司的驻皖央企，也是工程勘察设计行业较早进行股份制改造并上市的现代科技型企业。公司源于 1963 年成立的化学工业部淮南化工设计院，历经多次更名，2001 年实施股份制改造，正式成立东华工程科技股份有限公司，2007 年在深圳证券交易所上市。公司专业从事化工、石油化工、新材料、新能源、生态环保、基础设施、生物医药等多领域工程建设，提供研发、咨询、设计、采购、施工管理等全过程服务。

面对"碳达峰、碳中和"变革，公司坚定"一个基本盘+三纵三横"的发展战略，即以化学工程主业为基本盘，聚焦技术集成、工程承包、投资运营三大定位，纵向推进"差异化、实业化、国际化"，横向布局"新材料、新能源、新环保"产业领域。公司 2024 年 11 月总承包深能鄂托克旗风光制氢一体化合成绿氨项目。项目立足当地能源资源禀赋，构建"新能源开发—绿氢制备—化工储能"协同体系，以"新能源和化工耦合"的创新实践，致力于打造我国西北地区绿色低碳发展的工程标杆，为减碳行动贡献"绿色方案"。采用"新能源发电+绿氢+绿氨"一体化低碳发展模式，将绿色发展理念贯穿各环节。为了应对风电新能源的波动问题，项目采用大规模电解水制氢与储氢群控技术，实现"荷随源动""源荷互动"。"风光发电—电解水制氢—合成绿氨"全产业链完美诠释了"从自然中来，到产业中去"的循环经济理念，为传统能源转型树立科技范本。项目创新推行"绿色施工四法"，通过智慧化管理与技术创新，将环保 DNA 植入建设全过程。扬尘治理"全面防控"，13 万平方米可伸缩防尘网覆盖全场，同时辅以纯电动雾炮车加自动洗车台，确保空气不扬尘，车辆不带泥。噪声防控"声学手术"，严格控制混凝土浇筑等高分贝作业时间，减少了施工噪声对周边环境的影响。数字监管"环保大脑"，每周 2 次航拍比对裸土覆盖情况，AI 识别违规点，实现了对施工现场环保情况的精准监管。人文关怀"绿色基因"，正确分类垃圾可兑换生活用品，项目建设者的参与率达 92%，充分调动了参与环保的积极性。

项目建设者以"黄沙百战穿金甲，不破楼兰终不还"的豪情，保质保量地完成了既定的工作计划。自开工至今，项目安全生产累计 9 万人工时，现场安全生产零事故；全场土方外运 30 万立方米；地管累计焊接 16 758 米，一次焊接合格率高达 99%；累计完成混凝土浇筑 1.5 万立方米。塔吊林立、焊花飞溅，机器的轰鸣奏响奋进的乐章，建设者们正用汗水和智慧浇灌出希望的绿色。

思考：根据上述案例，试分析东华工程科技股份有限公司取得成功的原因。

第二节　管理内部环境

一、管理内部环境的含义及分类

管理的内部环境是指组织内部的物质、文化环境的总和,包括组织文化(组织内部气氛)和组织经营条件(组织实力或组织资源)等因素,是组织内部的一种共享价值体系。组织的内部环境是组织内部与战略有重要关联的因素,是制定组织战略的出发点、依据和条件,是竞争取胜的根本。

影响管理活动的组织内部环境包括:物理环境、心理环境和组织文化环境等。

(一)物理环境

物理环境包括工作地点的空气、光线和照明、声音(噪音和杂音)、色彩等,它对于员工的工作安全、工作心理和行为以及工作效率都有极大的影响。物理环境因素对组织设计提出了人本化的要求,防止物理环境中的消极性和破坏性因素,创造一种适应员工生理和心理要求的工作环境,是实施有序而高效管理的基本保证。

(二)心理环境

心理环境是指组织内部的精神环境,对组织管理有着直接的影响。心理环境制约着组织成员的士气和合作程度的高低,影响着组织成员的积极性和创造性的发挥,进而决定了组织管理效率和管理目标的达成。心理环境包括组织内部和睦融洽的人际关系、人事关系、组织成员的责任心、归属感、合作精神和奉献精神等。

(三)组织文化环境

组织文化环境包括组织的工艺操作规程和工作流程、规章制度、考核奖励制度以及健全的组织结构等制度文化,组织的价值观念、组织信念、经营管理哲学以及组织的精神风貌等精神文化。良好的组织文化环境是组织生存和发展的基础和动力。

二、组织文化

(一)组织文化的内涵

组织文化是指处于一定经济社会文化背景下的组织,在长期的发展过程中逐步形成和发展起来的日趋稳定的独特价值观,以及以此为核心而形成的行为规范、道德准则、群体意识、风俗习惯等。组织文化实际上是组织的共同观念系统,是一种存在于组织成员之中的共同理念,因此,组织中不同背景和地位的人在描述其组织文化时基本上用相同的语言。每个组织中,都有各种不断发展着的价值观、仪式、规章、习惯等,这些观念一旦为全体员工所接受,就变成了组织的共同观念,亦即成为组织文化的一部分。而组织文化一旦形成,就会在很大程度上对管理者的思维和决策施加影响,对组织成员的思维和行为施加影响,并具体体现在组织的各种行为准则和组织外在的形象中。

(二)组织文化的结构

组织文化的结构划分为四个层次,即物质层、行为层、制度层和精神层。

1. 物质文化

物质文化是组织文化的表层部分,是指由企业员工创造的产品和各种物质设施等构成的以物质形态为主的器物文化,是形成组织文化精神层和制度层的条件。优秀的组织文化是通过重视产品的开发、服务的质量、产品的信誉和组织生产环境、生活环境、文化设施等物质现象来体现的。

2. 行为文化

行为文化是指组织员工在生产经营、学习娱乐中产生的活动文化,如组织经营活动、公共关系活动、人际关系活动、教育宣传活动、文娱体育活动中产生的文化现象,包括企业视觉识别系统(VI)、企业形象口号、企业招贴、业务品牌等。组织行为文化是组织经营作风、精神风貌、人际关系的动态体现,也是组织精神、核心价值观的折射。

3. 制度文化

制度文化是指对组织和成员的行为产生规范性、约束性影响的部分,是具有组织特色的各种规章制度、道德规范和员工行为准则的总和。制度文化是组织文化的中间层次,它把组织的物质文化和组织的精神文化有机地结合成一个整体,集中体现了组织文化的物质层和精神层对成员和组织行为的要求,它规定了组织成员在共同的生产经营活动中应当遵守的行为准则,主要包括企业组织机构、领导体制、管理制度等三个方面。

4. 精神文化

精神文化是指组织的领导和成员共同信守的基本信念、价值标准、职业道德和精神风貌,它是组织在长期实践中所形成的员工群体心理定势和价值取向,是组织的道德观、价值观即组织哲学的综合体现和高度概括,反映全体员工的共同追求和共同认识。精神文化是组织价值观的核心,是组织优良传统的结晶,是维系组织生存发展的精神支柱,是组织文化的核心和灵魂。精神文化主要包括企业精神、企业使命、企业经营哲学、企业道德、企业价值观念、服务理念等内容,是企业意识形态的总和,也是组织物质文化、行为文化的升华,是企业的上层建筑。

(三) 组织文化的描述

可以通过以下几个方面所达到的程度来分析描述组织文化。

(1) 控制的程度:规章制度的多少,或者用于监督和控制员工行为的指导原则的多少。

(2) 导向性:组织建立明确的目标和业绩要求的程度。

(3) 管理者与员工之间的关系:管理者给下属以帮助和支持的程度。

(4) 对员工的基本看法:信任员工或不信任员工,或予以员工责任、自由和独立的程度。

(5) 风险容忍度:鼓励员工开拓、创新和承担风险的程度。

(6) 纷争容忍度:允许员工自由发表不同意见和公开批评的程度。

(7) 沟通模式:组织信息传递是否受正式权力线的限制。

(8) 协作意识:鼓励组织中的团体以相互协作或依存的方式运作的程度。

(9) 整体意识:组织成员把组织作为一个整体而不是把特定工作小群体作为整体的程度。

(10) 奖励的指向:奖励基于员工的业绩而不是感觉、好恶的程度。

(四) 组织文化对管理的影响

组织文化对管理者的行为有重大的影响,当组织文化形成并加强时,会到处蔓延并影响管理者所做的一切,通过左右管理者的知觉、思想和感觉影响管理者的决策。由于组织文化理念不明会导致员工思想的混乱,并带来行为的不一致或组织要求的背离。因此,越来越多的企业已经意识到,明确组织文化理念的重要性,并系统表述组织的使命、核心价值观、经营理念,通过明晰组织文化理念,使组织成员明确组织内判断是非的准则,从而有效地控制自己的行为,使自己的行为努力符合组织的价值观。

组织文化之所以能对管理者产生重大的影响,是因为它蕴含着管理者可以做什么和不可以做什么的规范,如表 3-1 所示。

表 3-1　　　　　　　　　　　　组织文化对管理职能的影响

管理职能	计　划	组　织	领　导	控　制
影响	确立什么样的目标; 计划可以包含的风险 程度; 决策的重点是长期还 是短期	授权给下级管理者的 程度; 设计工作时对员工自 由度的考虑; 规范化程度的大小	运用什么激励手段; 采用什么样的领导 方式; 是否消除一切不一致	采用何种控制方式; 业绩评估时注重什么 标准; 超过预算时应有怎样 的反应

 拓展阅读

蒙牛的企业文化

蒙牛集团(简称"蒙牛")1999 年成立于内蒙古自治区,总部位于呼和浩特,常年稳居全球乳业前十。2004 年在香港上市(股票代码 2319. HK),是恒生指数、恒生中国企业指数和恒生可持续发展企业指数成分股。

蒙牛专注于为中国和全球消费者提供营养、健康、美味的乳制品,形成了包括液态奶、冰淇淋、奶粉、奶酪等品类在内的丰富产品矩阵。蒙牛拥有特仑苏、纯甄、冠益乳、优益 C、每日鲜语、蒂兰圣雪、瑞哺恩、贝拉米、妙可蓝多、爱氏晨曦等明星品牌。在高端纯牛奶、低温酸奶、高端鲜奶、奶酪等领域,市场份额处于领先地位。除中国外,蒙牛产品还进入了东南亚、大洋洲、北美等区域的十余个国家和地区市场。2023 年,蒙牛实现全年收入 986.2 亿元,经营利润为 61.7 亿元。

蒙牛的企业愿景是"守护人类和地球共同健康""草原牛,世界牛""全球至爱,营养二十亿消费者",并将"生产更营养的产品、引领更美好的生活、守护更可持续的地球"作为其可持续发展使命。在蒙牛集团全球合作伙伴答谢会上,蒙牛集团执行总裁李鹏程表示:"蒙牛要成为中国乳业气候领袖,我们已发布行业领先的碳中和目标,持续推进 6 大环节 15 大举措减碳。"他用一系列数字,更加清晰地呈现了蒙牛的 2030 年"短期愿景":上游牧场减碳超过 100 万吨,碳排放强度行业最优;所有牧场 100% 绿色循环,改善 100 万亩土壤健康;力争打造 50 家绿色标杆工厂,力争实现 50% 可再生清洁能源利用,数智化工厂引领世界;全供应链森林零砍伐,在全球范围内保护、恢复和种植一万亿棵树。

蒙牛的企业使命是"点滴营养,绽放每个生命"。这一使命强调了蒙牛致力于通过提供营养产品和服务,帮助每个人都能拥有健康体魄,享受美好生活。蒙牛的企业精神是"天生要强,与自己较劲",这体现了蒙牛人不服输、不怕失败、永不放弃,敢于挑战不可能,勇往直前的精神。

蒙牛企业文化的核心价值观主要包括以下四个方面:

(1)"消费者第一第一第一":这是蒙牛核心价值观的关键。蒙牛作为一家拥有数以亿计消费者的快消品企业,能从竞争中脱颖而出,正是凭借着始终将消费者需求放在第一位,以消费者体验为第一、以消费者福祉为第一。蒙牛向消费者发出三个"百分百"的承诺,即卓越产品,蒙牛人 100% 用心;质量安全,消费者 100% 安心;完美体验,消费者 100% 贴心。

(2)"异想才能天开":蒙牛鼓励员工保持好奇心,突破思维局限,敢想敢干敢担当。同时,拥抱变化,欣赏异类,不惧失败,致力于做有价值的创新。蒙牛注重员工的品德和能力,认为只有具备良好品德和出色能力的员工才能为公司的发展作出贡献。蒙牛的创始人牛根生曾说过:"有德有才,破格重用;有德无才,培养使用;有才无德,限制使用;无才无德,坚决不用。"

（3）"让牛人绽放"：蒙牛倡导挑战新高,C位出道,鼓励员工把后背交给战友,彼此成就。在人才使用上,蒙牛敢用牛人,不拘一格,业绩为王,重奖牛人。

（4）正直立本、诚信立事：蒙牛以德为先,坚守正道,坚守正直和诚信作为永远的底线。在决策和行动中,蒙牛始终让底线思维起效,宁为真话负罪,不为假话开脱。同时,强调问题到我为止,不推诿,用数据和事实说话,说到做到,不放空炮。

这些核心价值观共同构成了蒙牛企业文化的基石,指引着蒙牛不断前行,为消费者提供更优质的产品和服务。

三、企业经营条件

企业经营条件是指企业经营的商品属性、企业的目标市场、企业的营销方式、企业所处的地理位置、企业的人力资源、企业的技术条件和企业的经营管理能力。

（一）企业经营的商品属性

企业经营的商品属性是指企业所提供商品或劳务的价值和使用价值。使用价值即商品或服务能够满足人们某种需要的属性。

（二）企业的目标市场

企业的目标市场是指企业期望并有能力占领和开拓,能为企业带来最佳营销机会与最大经济效益的,具有大体相近需求,企业决定以相应商品和服务去满足其需求并为其服务的消费者群体。

（三）企业经营商品的营销方式

企业经营商品的营销方式是指企业在提供商品或劳务的营销过程中所使用的方法,包括服务营销、体验营销、知识营销、情感营销、教育营销、差异化营销、直销、网络营销等。

（四）企业所处的地理位置

企业建立的地点和所处的地理位置既是企业经营最基本的条件,也是企业经营最基本的方针之一,主要涉及企业建立地的自然条件和社会经济条件。企业建立地点的自然条件包括:地理条件,即地形、地质、水文、风向等是否合适;厂区是否有干扰型组织;企业对自然和社会环境的影响等。企业建立地点的社会经济条件包括:企业占地面积,企业的原材料供应,销售流通条件,交通运输条件,能源条件,水源条件,信息条件等。

（五）企业的人力资源条件和技术条件

企业的人力资源条件是指企业管理人员和业务人员的素质和能力,包括良好的道德品质和修养,从事管理工作的意愿,专业技术能力,人际协调的能力,管理风格和经营理念,创新能力与素质。企业的技术条件是指企业所拥有的机器设备、设施等条件以及专业技术人才的数量。

（六）企业的经营管理能力

企业的经营管理能力包括:反映企业综合效益或收益力的指标,企业产品市场力水平或市场地位的指标,企业生产力和技术水平的指标,企业可变成本的变动率,企业的战略目标和计划的完成率,企业经营管理水平的升降率,企业的价格水平,企业资金能力及利用率,人员能力,质量控制能力,企业信誉等。

第三节　管理环境分析

管理者的一项重要工作就是分辨出管理的外部环境能够给组织提供机会或造成威胁的因素,并分清组织内部环境所带来的优势与隐忧,研究组织内外部环境的变化与应对方法。这是一项重要而艰巨的工作。管理环境的分析方法有很多,在这里主要介绍 PEST 分析法、SWOT 分析法和五力模型分析法。

一、PEST 分析法

PEST 分析法是外部环境分析的基本工具,是指通过政治法律(politics)、经济(economic)、社会文化(society)和技术(technology)四个方面的因素进行环境分析,从总体上把握宏观环境,并评价这些因素对企业战略目标和战略制定的影响。

PEST
分析法

(一) 政治法律环境

政治法律环境是指影响企业制定战略、实施战略和控制战略的各种政治变量、政策变量和法律制度,包括一个国家或地区的政治制度、行政体制、法律法规等,具体指标有政治体制、经济体制、财政政策、税收政策、产业政策、投资政策、政府补贴水平、民众对政治的参与度等。政治环境的好坏影响着宏观经济形势,也影响着企业的生产经营活动。政局安定,人民安居乐业,必然促进经济繁荣,经济增长也为企业发展创造了机会。因此,政治形势是企业确定发展规模、发展速度的重要依据,也是企业能否引进外资的重要条件。与此同时,国际政治经济形势也与企业生产经营活动密切相关。良好的国际政治环境,有利于我国企业走向国际市场,也有利于企业引进资金和技术。

(二) 经济环境

经济环境是指企业经营活动的外部社会经济条件,包括宏观和微观两个方面。宏观经济环境主要指一个国家的经济制度、经济结构、物质资源状况、国民收入、国内生产总值及其变化情况、国民消费水平等方面以及通过这些指标能够反映的国民经济发展水平和发展速度。微观经济环境主要指企业所在地区或所服务地区的消费者的收入水平、消费偏好、储蓄情况、就业程度等因素。这些因素直接决定着企业目前及未来的市场大小。我国宏观经济环境的变化主要表现为国内经济发展迅速、市场竞争加剧、国际市场的依赖性增加以及经济体制改革不断深入等。

(三) 社会文化环境

社会文化环境是指企业所处的社会结构、社会风俗和习惯、信仰和价值观念、行为规范、生活方式、文化传统、人口规模与地理分布、文化教育水平、自然资源等因素的形成和变动。社会文化是人类在创造物质财富过程中所积累的精神财富的总和,它体现着一个国家或地区的社会文明程度。由于历史和环境的原因,世界各国都有其独特的社会文化背景。这些社会文化环境必然影响着政府、组织、群体和个人的行为习惯,决定了消费者的社会态度、思想观念、消费偏好,进而影响着组织与政府、其他组织或企业、消费者之间的关系。我国近几年社会文化环境的主要变化有:人口呈老龄化趋势、生活方式多样化、价值观念不断更新等。

(四) 技术环境

技术环境是指企业所处的社会环境中的科技要素及与该要素直接相关的各种社会现象的集合,由组织所在国家或地区的技术水平、技术政策、科研潜力和技术发展动向等方面因素构成。

技术不仅仅包括那些引起革命性变化的发明,还包括与企业生产有关的新技术、新工艺、新材料的出现和发展趋势以及应用前景。在过去的半个世纪里,最迅速的变化就发生在技术领域,像微软、惠普、通用电气等高技术公司的崛起改变着世界和人类的生活方式。我国技术环境的变化趋势主要表现为技术发展速度加快、技术更新周期大为缩短、计算机与网络的广泛运用以及人的素质等再次成为竞争的关键因素。

二、SWOT 分析法

SWOT
分析法

SWOT 分析法又称为态势分析法,是企业经营环境分析的基本框架,由美国旧金山大学国际管理和行为科学教授海因茨·韦里克创始。SWOT 四个英文字母分别代表:优势(strength)、劣势(weakness)、机会(opportunity)、威胁(threat)。SWOT 分析基于内外部竞争环境和竞争条件下的态势分析,就是将与研究对象密切相关的各种主要内部优势、劣势、外部机会和威胁等,通过调查列举出来,并依照矩阵形式排列,然后用系统分析的思想,把各种因素相互匹配起来加以分析,最终形成具有决策参考价值的结论。

运用这种方法,可以对研究对象所处的情景进行全面、系统、准确的研究,从而根据研究结果制定相应的发展战略、计划以及对策等。SWOT 分析法常常被用于制定集团发展战略和分析竞争对手情况,在战略管理分析中,它是最常用的方法之一。

(一) SWOT 分析法的主要内容

运用各种调查研究方法,分析组织所处的各种环境因素,包括外部环境因素和内部环境因素。外部环境因素包括机会因素和威胁因素,它们是外部环境对组织的发展有直接影响的有利和不利因素,属于客观因素;内部环境因素包括优势因素和劣势因素,它们是组织在其发展中自身存在的积极和消极因素,属于主观因素。在调查分析这些因素时,不仅要考虑历史与现状,更要考虑未来发展问题。

1. 优势

优势分析聚焦组织内部核心竞争力要素,具体包括:有利的竞争地位、充沛的资金储备、卓越的企业品牌形象、领先的技术研发能力、规模化生产优势、优质的产品品质、稳定的市场占有率、成本控制优势、强劲的营销传播攻势等。组织优势需具备独特性、难以替代性与壁垒性——即相对于竞争对手的差异化能力(如专利技术、独家资源),这类优势是企业战略成功的核心支撑,需通过资源倾斜与系统化运营持续强化,使其转化为长期竞争壁垒。

2. 劣势

劣势分析聚焦组织内部制约因素,主要包括:设备老化、管理体系混乱、核心技术缺失、研发能力滞后、资金链紧张、经营策略失当、产品库存积压、市场竞争力薄弱等。需注意:组织劣势是相对于竞争对手的短板,若核心业务环节(如技术、供应链)存在劣势,需立即启动追赶机制,否则将直接影响战略目标达成;非核心领域的劣势可通过资源调配或业务外包等方式规避。

3. 机会

机会分析关注外部环境中的有利因素,涵盖:新产品迭代、新兴市场拓展、需求升级、竞争格局缓和、市场准入壁垒降低、竞争对手战略失误、技术阶段性领先、政策红利支持等。机会具有显著的时效性,要求高层管理者具备敏锐的环境洞察能力与决策魄力,一旦识别机会需快速启动资源整合机制,避免因反应滞后错失发展窗口。

4. 威胁

威胁分析针对外部环境中的风险要素,包括:新竞争者入局、替代产品市场渗透、市场容量萎缩、行业政策调整、经济周期下行、消费偏好转移、突发公共事件、技术路线淘汰等。威胁的时效性往往与机会伴生——当企业面临威胁时，若未能及时响应，竞争对手可能将其转化为发展机遇。因此，决策者需建立威胁预警机制，以快速应对策略阻断风险传导，防止威胁演变为系统性危机。

（二）SWOT 分析法的步骤

1. 明确组织的优势与劣势

管理人员所面临的任务就是明确公司在当前环境下所具有的优势与劣势。优势与劣势的分析主要着眼于企业自身的实力及其与竞争对手的比较。

2. 分析外部环境的机会与威胁

对组织所处环境中的当前或将来可能出现的机会或威胁进行全面分析，将注意力放在外部环境的变化及对企业的可能影响上。

可以加以考虑的优势、劣势、机会、威胁，如表 3-2 所示。

表 3-2　　　　　　　　　　SWOT 分析表

潜在优势		潜在劣势	
设计良好的战略	强势的广告	没有明确的或不良的战略	广告宣传力度小
强大的产品线	领导水平高	过时、过窄的产品线	领导水平低
市场覆盖面大	信息处理能力	市场覆盖面小	缺乏信息处理能力
良好的营销技巧	研发能力强	不良的营销计划	研发创新力下降
有利的品牌形象和知名度	优质的客户服务	丧失信誉	产品质量与客户服务水平低
被广泛认可的市场领导地位	优秀的产品质量	市场认可度低	部门之间争斗
拥有专利技术	战略联盟与并购	缺乏专利技术	公司控制力量薄弱
拥有成本优势	……	生产成本较高	……
潜在机会		潜在威胁	
核心业务有拓展空间	分享竞争对手的市场资源	组织核心业务受到攻击	汇率和贸易政策的不利转换
开发新的细分市场	服务独特的客户群体	国内外市场竞争加剧	由新规则引起的成本增加
扩大产品系列	战略联盟与并购带来的超额覆盖	设置进入壁垒	客户和供应商的杠杆作用加强
将研发导入新领域		被兼并的可能	
打破进入壁垒	垂直整合的战略形式	新产品或替代产品的出现	消费者的购买需求下降
寻找快速增长的市场	品牌形象拓展的通路	强势竞争者进入	人口与环境的变化
核心技能向产品组合的转化	……	替代品引起销售下降	经济形势的下滑
新技术开发通路		市场增长减缓	……

3. 构造 SWOT 矩阵

将调查得出的各种因素根据轻重缓急或影响程度等进行排序，构造 SWOT 矩阵。在此过程中，将那些对组织发展有直接的、重要的、大量的、迫切的、久远的影响因素优先排列出来，而将那些间接的、次要的、少许的、不急的、短暂的影响因素排列在后面。

4. 制定行动计划

在完成环境因素分析和 SWOT 矩阵的构造后，便可以制定出相应的行动计划。制定计划的基本思路是：发挥优势因素，克服弱势因素，利用机会因素，化解威胁因素；考虑过去，立足当前，着眼未来。运用系统分析的综合分析方法，将排列与考虑的各种环境因素相互匹配起来加以组合，得出一系列组织未来发展的可选择对策，计划工作过程，制定实现公司使命和目标的战略。

SWOT 分析法的优点在于考虑问题全面，是一种系统思维，而且可以把对问题的"诊断"和"开处方"紧密结合在一起，条理清楚，便于检验。

拓展阅读

中国电信的 SWOT 分析

国内通信运营业务中有三大运营商：移动，电信，联通。面对激烈的市场竞争，对中国电信进行 SWOT 分析，也许能让大家对中国电信未来的发展有一个清晰的、客观的认识。

一、中国电信的优势和劣势分析

自 20 世纪 80 年代中期起，中国电信已经形成了规模效益。尽管此间经历了邮电分营、政企分开、移动寻呼剥离、分拆重组等一系列的改革，但在中国的电信业市场上，中国电信仍具有较强的竞争力和发展优势。主要表现在客户资源、网络基础设施、人才储备、服务质量等方面。

（1）中国电信市场引入竞争机制后，中国电信与中国移动、中国联通等运营商展开激烈竞争。中国电信南北分拆后，在保留原有大部分固定电话网和数据通信业务的同时，继承了绝大部分的客户资源，保持良好的客户关系，在市场上占领了绝对的优势。2.08 亿的固定电话用户，固定宽带用户数 1.53 亿户，为中国电信发展业务、增加收入奠定了良好的基础。

（2）中国电信基础网络设施比较完善。中国电信现已建成了覆盖全国，以光缆为主、卫星和微波为辅的高速率、大容量、具有一定规模、技术先进的基础传输网、接入网、交换网、数据通信网和智能网等。同时 DWDM 传输网，宽带接入网相继建设，数据通信网络和智能网不断扩容。中国电信的网络优势已经成为当前企业发展的核心能力，同时具备了向相关专业延伸的基础和实力。

（3）中国电信在发展过程中培养和储备了一大批了解本地市场、熟悉通信设备的电信管理和技术能力较强、结构合理的管理和专业人才。同时中国电信还积累了大量丰富的运营管理经验，拥有长期积累的网络管理经验、良好的运营技能和较为完善的服务系统。

（4）中国电信日趋完善的服务质量。中国电信成立的集团客户服务中心为跨省市的集团客户解决进网需求；还建立了一点受理、一站购齐的服务体系，最大限度地方便用户；推出了首问负责制，解决了企业在向用户提供服务过程中的相互扯皮、相互推诿的问题；设立了服务热线（10000）、投诉热线（180）等，建立了与用户之间的沟通服务，提供互动式服务。

虽然中国电信具有一定的发展优势，但也应该辩证地看待这些优势。按辩证法的观点，优势和劣势都是相对的，即在一定的条件下，优势很可能就转变成劣势。中国电信虽然拥有丰富的客户资源、完善的网络设施以及大量的储备人才，但缺乏现代企业发展所必需的战略观念、创新观念、人力资源开发管理、人文环境建设以及与此相适应的市场制度环境。业内人士认为，中国电信拥有资源优势，却缺乏资源运作优势。一旦不慎，优势很可能就转变成劣势。目前，中国电信的劣势主要表现在以下几方面：

（1）企业战略管理与发展的矛盾。一方面是企业决策层只重视当前战术和策略，忽视长远战略，湮没在日常经营性事务中，不能统观大局；另一方面缺乏应对复杂多变环境的企业运作战略策划人才。这个问题是当前实现企业持续发展、保持长久竞争优势的核心问题。

（2）企业内部创新与发展的矛盾。面向计划经济的职能化业务流程、管理模式、组织模式已经呈现出与快速发展的不适应，并逐步成为制约电信企业参与全球化竞争的主要因素。ERP 管理和组织模式的改革创新以及企业特色人文环境的建设是实施企业发展战略应考虑的焦点问题。

（3）中国电信现有的基础设施不能为用户提供特色服务。中国电信虽然拥有比较完善的网络基础设施，但这大都不是根据市场的实际需要建设的，而是为了满足普遍服务的需要。

（4）拆分让中国电信由主体电信企业降级到一个区域性的电信企业。新的中国电信的主要阵地将固守在南方市场，而北方市场将由新的中国网通占领。即使受到拆分影响，但中国电信的实力仍然最强，只是苦于无全国网络，无法开展全国性的业务。

二、中国电信的机会和威胁分析

我国国民经济的快速发展为我国的信息化建设和通信发展提供了前所未有的发展机遇，同时也为中国电信提供了巨大的机会。主要表现为：

（1）国民经济的持续快速发展，形成了潜力巨大的市场需求，为中国电信提供了更大的发展空间。据有关研究报告测算：2020 年全年国内生产总值（GDP）超 100 亿元，按可比价格计算，比上年增长 2.3%。各地经济比较优势的重新配置资源所带来的巨大收益将进一步增强当地经济实力。国际化推动外资的引进和内需的拉动，各地改善的投资环境，法律透明度的提高和国民待遇的实现将吸引大量外来资本，本地企业实力将得到提高和增强，企业电信消费水平随之提高。劳动力市场结构的调整和转移必然带来社会人员的大量流动，同时拉动巨大的通信需求，话务市场将进一步激活。

（2）电信业法律法规不断健全完善，电信业进入依法管理的新阶段，为中国电信的发展创造了公平、有序的竞争环境。随着电信业法制的健全，政府的经济职能也发生了根本的转变，政府把企业的投资决策权和生产经营权交给企业，让企业经受市场经济的考验。这意味着政府将给中国电信进一步松绑，给予应有的自主权，有利于中国电信按市场经济规律运作。

（3）中国政府大力推进国民经济和社会信息化的战略决策，为中国电信的发展创造了历史性的机会。"三大上网工程"（政府上网、企业上网、家庭上网）造就了我国消费能力强劲的信息产业市场，这在为我国信息产业市场创造良好环境的同时，将使我国成为全球最大的信息产业市场之一。

（4）中国电信市场逐步对外开放，将加快企业的国际化进程，有利于企业的经营管理、运作机制、人才培养与国际接轨。同时可促进中国电信借鉴国外公司的管理经验，积极地推进思维、技术、体制创新，提高产品档次，降低成本，完善服务质量，改进营销策略，增强核心竞争力。

（5）电信市场潜力巨大。我国经济发展不平衡，地区之间、消费层次之间的差异决定了电信需求的多层次和多样化，而通信技术的飞速发展，促进电信企业的网络升级换代和业务的推陈出新，在固定电话网与计算机通信的融合点上开发新业务潜力巨大，激发出新的消费需求。从中国电信的其他业务看，互联网和固网智能网业务的市场规模和盈利能力将随着企业外部环境层次的提高而不断扩大。因而，从总体上看，我国电信市场孕育着巨大的需求潜力。

正所谓机会与威胁同在。任何事件的影响都是相对的，中国电信在迎接巨大机会的同时也将面临巨大的威胁，具体表现在以下几个方面。

（1）电信市场竞争格局由局部转向全面、简单转向多元。首先，在竞争趋势方面，国内市场竞争将由价格竞争向核心能力创新竞争过渡。在过渡期间，市场份额的抢夺将成为市场跟随者的发展重点。其次，国际资本竞争压力也将逐步增大。国外电信运营商将通过兼并、联合和收购等方式实现全球服务化的速度不断加快。中国电信市场的 ICP、EMAIL、数据库、传真、视频会议等增值业务首当其冲地受到较大冲击，对电信企业的稳定增长产生影响。

（2）中国电信人才流失较为严重。国内外许多公司采用高薪、高福利等政策吸引中国电信人才，造成中国电信人才严重流失。这一现象至今仍未得到解决。人才的流动是竞争的必然结果，是关系到中国电信生存发展的关键问题。因此，如何体现人才价值、发挥人才潜能，是中国电信必须正视的一个问题。

（3）非对称管制对中国电信的影响。中国电信在经营许可、互联互通、电信资费、电信普遍服务等方面受到相对严格的行业管制。在目前的中国电信市场上,管制的不平等已经制约了中国电信的发展,在日趋激烈的电信市场竞争形势下,不尽快进行改革,中国电信难以发展。与中国移动、中国联通公平竞争是中国电信公司所需要的。

三、五力模型分析法

五力模型由美国学者迈克尔·波特于 20 世纪 80 年代初提出。他认为行业中存在着决定竞争规模和程度的五种力量,这五种力量综合起来影响着产业的吸引力以及现有企业的竞争战略决策。该模型中涉及的五种力量分别为同行业内现有竞争者的竞争能力、潜在竞争者的进入能力、替代品的替代能力、供应商的议价能力与购买者的议价能力,如图 3-1 所示。

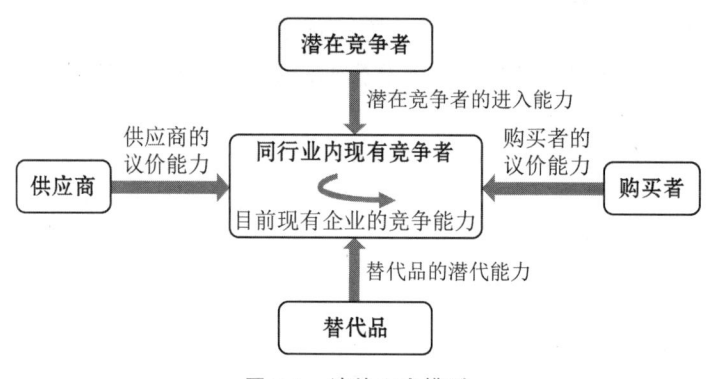

图 3-1　波特五力模型

任何产业,无论是国内的或国际的,无论生产产品的或提供服务的,竞争规律都将体现在这五种竞争的作用力上。因此,波特五力模型是企业制定竞争战略时经常使用的战略分析工具。

(一) 同行业内现有竞争者的竞争能力

大部分行业中的企业,相互之间的利益都是紧密联系在一起的,作为企业整体战略的一部分的各企业竞争战略,其目标都在于使自己的企业获得相对于竞争对手的优势,所以,在实施中必然会产生冲突与对抗现象,这些冲突与对抗构成了现有企业之间的竞争。现有企业之间的竞争常常表现在价格、广告、产品介绍、售后服务等方面,其竞争强度与许多因素有关。

出现下述情况将意味着行业中现有企业之间的竞争加剧:

(1) 行业进入门槛较低,竞争对手较多,竞争参与者范围广泛。

(2) 市场趋于成熟,产品需求增长缓慢。

(3) 竞争者企图采用降价等手段促销。

(4) 竞争者提供几乎相同的产品或服务,用户转换成本很低。

(5) 一个战略行动如果取得成功,其收入相当可观。

(6) 行业外部实力强大的公司在接收了行业中实力薄弱的企业后,发起进攻性行动,结果使得刚被接收的企业成为市场的主要竞争者。

(7) 退出门槛较高,即退出竞争要比继续参与竞争代价更高。退出的障碍主要在经济、战略、感情以及社会政治关系等方面的影响,具体包括:资产的专用性、退出的固定费用、战略上的相互牵制、情绪上的难以接受、政府和社会的各种限制等。

(二) 潜在竞争者的进入能力

潜在竞争者是指有可能进入、或已进入、或将来准备进入某行业或某市场,提供相同或相似产品或服务的企业。这些新进入者,在给行业或市场带来新生产能力、新资源的同时,希望在已被现有企业瓜分完毕的市场中赢得一席之地,就有可能会与现有企业发生原材料与市场份额的竞争,最终导致行业中现有企业盈利水平降低,严重的话还有可能危及这些企业的生存。这种竞争性进入威胁的严重程度取决于两个方面的因素:

1. 进入新领域的障碍大小

进入新领域的障碍主要包括规模经济、产品差异、资本需要、转换成本、销售渠道开拓、政府行为与政策、不受规模支配的成本劣势、自然资源、地理环境等方面,其中有些障碍是很难借助复制或仿造的方式来突破的。

2. 预期现有企业对于进入者的反映情况

预期现有企业对进入者的反映情况主要是采取报复行动的可能性大小,这取决于有关厂商的财力情况、报复记录、固定资产规模、行业增长速度等。

总之,新企业进入一个行业的可能性大小,取决于进入者主观估计进入所能带来的潜在利益、所需花费的代价与所要承担的风险这三者的相对大小情况。

(三) 替代品的替代能力

两个处于不同行业中的企业可能会由于所生产的产品互为替代品,从而在它们之间产生相互竞争的行为,这种源自替代品的竞争会以各种形式影响行业现有企业的竞争战略。

(1) 现有企业产品售价以及获利潜力的提高,将由于存在着能被用户方便接受的替代品而受到限制。

(2) 由于替代品生产者的侵入,使得现有企业必须提高产品质量,或者通过降低成本来降低售价,或者使其产品具有特色,否则其销量与利润增长的目标就有可能受挫。

(3) 源自替代品生产者的竞争强度受产品买方转换成本高低的影响。替代品价格越低、质量越好、用户转换成本越低,其所能产生的竞争压力越强;而这种来自替代品生产者竞争压力的强度,可以具体通过考察替代品销售增长率、替代品厂家生产能力与盈利扩张情况来加以描述。

(四) 供应商的议价能力

供应商主要通过提高投入要素价格与降低单位价值质量的能力,来影响行业中现有企业的盈利能力与产品竞争力。供应商力量的强弱主要取决于他们所提供给买方的是什么投入要素,当供应商所提供的投入要素价值构成了买方产品总成本的较大比例,对买方产品生产过程非常重要,或者严重影响买方产品的质量时,供应商对于买方的潜在议价力量就大大增强。一般来说,满足以下条件的供应商会具有比较强大的议价能力:

(1) 供应商行业为一些具有比较稳固市场地位而不受市场激烈竞争困扰的企业所控制,其产品的买方很多,以至于每一单个买方都不可能成为供应商的重要客户。

(2) 供应商各企业的产品各具有一定特色,以至于买方难以转换或转换成本太高,或者很难找到可与供应商企业产品相竞争的替代品。

(3) 供应商能够方便地实行前向联合或一体化,而买方难以进行后向联合或一体化。

(五) 购买者的议价能力

购买者主要通过压价与要求提供较高的产品或服务质量的能力,来影响行业中现有企业的盈利能力。一般来说,满足以下条件的购买者可能具有较强的讨价还价能力:

(1) 购买者的总数较少,而每个购买者的购买量较大,占了卖方销售量的很大比例。

(2) 购买者行业由大量相对来说规模较小的企业所组成。

(3) 购买者所购买的基本上是一种标准化产品,同时向多个卖方购买产品在经济上也完全可行。

（4）购买者有能力实现后向一体化，而卖方不可能前向一体化。现实行业中的每一个企业或多或少都必须应对以上各种力量构成的威胁。根据五种竞争力量的调查研究，企业可以尽可能地将自身的经营与五种竞争力量隔绝开来，努力从自身利益需要出发，影响行业竞争规则，先占领有利的市场地位，再发起进攻性的竞争手段来对付这五种竞争力量，以增强自己的市场地位与竞争实力。

实 训

一、实训目的

1. 通过策划并实施企业实地调研与访谈活动，深刻理解环境因素对企业经营所产生的影响，提高活动策划能力和团队协作能力，人际交往和沟通能力，提升资料搜集整理等综合能力。

2. 通过小组讨论分析，掌握环境分析的方法并加以运用，培养发现问题、分析问题和解决问题的能力，同时强化语言表达与思辨能力。

二、实训内容、组织方式及步骤

实训内容Ⅰ：企业的外部环境和内部环境

实训形式：企业调研与访谈。

实训步骤：

第一步，实训前的准备。由各小组自行联系企业，在确定调研访谈企业后，先通过网络查阅调研企业所属行业的背景资料，以及对此类企业可能产生影响的外部环境和内部环境，收集相关二手资料。

第二步，各小组围绕调研企业，设计环境调研与访谈方案提交给实训指导老师，并与企业管理层进行沟通确定访谈时间和地点。

第三步，围绕下列问题各小组进行企业调研和与企业高层管理者访谈。

1. 企业创始人基于哪些外部环境因素选择了企业最初的经营方向？在企业发展过程中，又受到哪些外部环境因素的影响？这些外部环境因素对企业产生了什么影响？

2. 企业创始期的经营条件如何？企业目前的经营条件怎样？

3. 企业有组织文化吗？企业的组织文化是何时建立的？其主要内容有哪些？企业的组织文化对于企业的生存与发展起到了哪些作用？

第四步，各小组选出一名代表发言，对小组实施的企业调研和访谈进行总结。

实训要求：以小组为单位，选择当地一家企业进行实际调研与访谈，访谈前认真设计企业环境调研与访谈方案；进入企业时，要求遵守企业相关规定。完成访谈后，按规范做好访谈记录及实训报告，要求语言流畅，文字简练，条理清晰。

实训内容Ⅱ：管理环境分析

实训形式：讨论分析。

实训步骤：

第一步，实训前准备。参加实训前请查阅相关书籍，初步了解本次实训的理论基础知识：PEST分析法、SWOT分析法、五力模型分析法。

第二步，基于各小组实际调研与访谈的企业，以小组为单位分别运用PEST分析法、五力模型分析法讨论分析该企业所属行业的环境，并记录讨论观点。

　　第三步,各小组运用 SWOT 分析法针对实际调研与访谈的企业进行环境分析,并记录讨论观点。

　　第四步,各小组选出一名代表发言,分享小组的讨论结果。

　　第五步,各小组将讨论结果进行整理,形成调研与访谈的分析报告。

　　实训要求:各小组成员在讨论前都应充分理解环境分析的方法,学会记录讨论观点,并能积极参与讨论,踊跃表达自己的观点。代表发言时要求语言流畅,条理清晰。企业内外部管理环境分析报告要求归纳信息且文字简练,条理清晰。

三、实训时间及成绩评定

(一) 实训时间

　　实训内容Ⅰ:利用课余时间设计访谈方案、联系访谈企业、进行实地调研与访谈。实际访谈时间应控制在 40 分钟以内,不宜太长。总结阶段,每个小组代表发言时间控制在 5～10 分钟。

　　实训内容Ⅱ:课外完成相关资料的查阅,分组讨论环节时间控制在 40 分钟以内,每个小组分享时间为 5～10 分钟。

(二) 实训成绩评定

　　1. 实训成绩按优秀、良好、中等、及格、不及格 5 个等级评定。

　　2. 实训成绩评定要点。

　　(1) 是否能够运用各种渠道(网络、报纸、杂志等)进行二手资料的收集和整理。

　　(2) 是否能够充分理解管理的外部环境和内部环境。

　　(3) 是否积极主动参与调研与访谈方案的设计。

　　(4) 是否积极主动参与企业的调研与访谈,能否简练、清楚地整理访谈记录。

　　(5) 是否能够运用 PEST 分析法、五力模型分析法以及 SWOT 分析法进行环境分析。

　　(6) 是否能够条理清晰、文字简练地完成分析报告。

小　结

　　1. 对于管理者而言,为了企业的发展,提高管理的效率,达成其管理的目的,不仅要了解政治、经济、文化和市场需求、竞争等组织外部环境因素,而且要掌握员工的价值观、组织所拥有的资源等内部环境情况,据此才可能做出正确的决策。

　　2. 管理的外部环境包括宏观环境和微观环境。宏观环境是指可能对组织的活动产生影响、但其影响的相关性却不清楚的各种因素,包含政治、经济、社会、科技、法律、文化和自然等环境。微观环境是指对某一具体组织目标实现有直接影响的外部环境因素,包括企业的资源供应者、竞争者、服务对象(顾客)、政府管理部门以及社会上各种利益代表组织。

　　3. 管理的内部环境是指组织内部的物质、文化环境的总和,包括组织文化(组织内部气氛)和组织经营条件(组织实力或组织资源)等因素,是组织内部的一种共享价值体系。影响管理活动的组织内部环境包括:物理环境、心理环境和组织文化环境等。

　　4. 组织文化是处于一定经济社会文化背景下的组织,在长期的发展过程中逐步生成和发展起来的日趋稳定的独特价值观,以及以此为核心而形成的行为规范、道德准则、群体意识、风俗习惯等。组织文化的结构划分为四个层次,即物质层、行为层、制度层和精神层。

　　5. 企业经营条件是指企业所拥有的各种资源的数量和质量情况,包括人员素质、资金实力、科研力量、企业信誉等。

6. PEST 分析法是战略外部环境分析的基本工具,即通过政治法律、经济、社会文化和技术环境四个方面的因素分析,从总体上把握宏观环境,并评价这些因素对企业战略目标和战略制定的影响。

7. SWOT 分析法是基于内外部竞争环境和竞争条件下的态势分析,就是将与研究对象密切相关的各种主要内部优势、劣势,外部机会和威胁等,通过调查列举出来,并依照矩阵形式排列,然后用系统分析的思想,把各种因素相互匹配起来加以分析,从中得出一系列相应的结论,并进行战略决策。

8. 五力模型是企业制定竞争战略时经常使用的战略分析工具。该模型中涉及五种力量:同行业内现有竞争者的竞争能力、潜在竞争者的进入能力、替代品的替代能力、供应商的议价能力与购买者的议价能力。任何产业,无论是国内的或国际的,无论是生产产品的或提供服务的,竞争规律都将体现在这五种竞争的作用力上。

习 题

一、单项选择题

1. 管理外部环境通常包括( )两方面内容。

A. 宏观环境和微观环境　　　　　　　　B. 外部环境和中观环境

C. 内部环境和外部环境　　　　　　　　D. 一般环境和任务环境

2. PEST 分析法主要用于对外部环境中的( )进行分析。

A. 微观环境　　　　B. 宏观环境　　　　C. 行业环境　　　　D. 经营环境

3. 采用 SWOT 分析方法对企业内外部环境进行综合分析,其中 T 表示( )。

A. 优势　　　　　　B. 劣势　　　　　　C. 机会　　　　　　D. 威胁

4. 下列( )不属于波特五力模型分析法中的内容。

A. 潜在进入者的威胁　　　　　　　　　B. 替代品的威胁

C. 购买者的讨价还价能力　　　　　　　D. 中间商的讨价还价能力

二、多项选择题

1. 属于管理的一般环境的是( )。

A. 资源供应者　　　B. 政治环境　　　　C. 经济环境　　　　D. 服务对象

E. 竞争者　　　　　F. 社会环境

2. 属于管理的任务环境的是( )。

A. 资源供应者　　　B. 中间商　　　　　C. 服务对象　　　　D. 政府管理部门

E. 竞争者　　　　　F. 社会各种利益代表组织

3. PEST 分析法针对( )进行分析。

A. 政治环境　　　　B. 经济环境　　　　C. 社会文化环境　　　D. 技术环境

E. 资源环境　　　　F. 自然环境

4. 采用 SWOT 分析方法就是对企业内外部环境的( )进行综合分析。

A. 优势　　　　　　B. 劣势　　　　　　C. 机会　　　　　　D. 威胁

E. 文化　　　　　　F. 制度

三、判断题

1. 管理的一般环境是指可能对组织的活动产生影响,但其影响的相关性却不清楚的各种

因素。 （ ）

2. 管理的任务环境是指对某一具体组织目标实现有间接影响的外部环境因素。 （ ）

3. 组织文化会对管理者的思维和决策施加影响,也会对组织成员的思维和行为施加影响。 （ ）

4. SWOT 分析法既可以分析企业的内部环境又可以分析企业的外部环境。 （ ）

5. 波特五力模型中的五种力量综合起来影响着产业的吸引力以及现有企业的竞争战略决策。 （ ）

四、思考题

1. 谈谈对组织文化的认识。

2. 运用 SWOT 分析法进行个人分析,识别自身优势和劣势,分析自己所面临的机会与威胁。

3

第四章　决策及其方法

　　📖 **知识目标**:理解决策的含义、特点;了解决策的类型、决策的过程;掌握影响决策的因素;理解并掌握主观决策方法的运用;掌握定量决策的各种方法。

　　📖 **能力目标**:提高整理归纳信息的能力、分析问题和解决问题的能力,对风险的正确认知与决策的能力;通过实训,培养独立思考、语言表达、沟通交流和团队合作的能力,进一步提高调查研究、科学判断、辩证思维的能力。

　　📖 **素养目标**:形成相应的风险意识、决策意识和方法意识;正确认识决策的科学化、民主化,完善决策信息和智力支持系统,增强决策透明度和参与度,努力提高科学决策、民主决策、依法决策的水平。

第一节　决 策 概 述

一、决策的含义

决策的含义和特点

　　决策理论认为,决策是指为了达到某一特定的目标而从若干个可行方案中选择一个满意方案的分析判断过程。该定义包含以下几个方面的内涵。

　　(一)决策的前提:要有明确的目标

　　决策是为了解决某个问题,或是为了实现一定的目标。没有问题则无须决策,没有目标就无从决策。因此,在决策之前,要解决的问题必须十分明确,要达到的目标必须具体。

　　(二)决策的条件:要有若干个可行方案

　　如果仅有一个方案则无法比较其优劣,也没有选择的余地,多方案的抉择是科学决策的重要原则;决策时不仅要有若干个方案来相互比较,而且这些可供比较选择的方案必须是可行的,不可行的方案纳入决策系统,不仅浪费资源,而且是无意义的。

　　(三)决策的重点:对可行方案的分析比较

　　每个可行方案既有其可取之处,也有其不利的一面,因此必须对每个备选方案进行综合分析与评价,确定每个方案对目标的贡献程度和可能带来的潜在问题,以明确每个方案的利弊。通过对各个方案之间的相互比较,可明确各方案之间的优劣,为方案的选择奠定基础。

　　(四)决策的结果:选择一个满意方案

　　决策理论认为,在不同的方案中,绝对最优是很难寻觅的,追求绝对最优方案既不经济又不现实。因此,科学决策遵循"满意原则",即追求的是在现实条件下能够使主要目标得以实现,其他次要目标也足够好的可行方案。

(五)决策的实质:是主观判断的过程

决策有一定的程序和规则,但它又受决策者的价值观念和经验的影响。在分析判断时,参与决策人员的价值准则、经验会影响决策目标的确定、备选方案的提出、方案优劣的判断及满意方案的抉择。因此,决策从本质上而言是管理者基于客观事实的主观判断的过程。

正因为决策是一个主观判断过程,因此对于同一个问题,不同的人有不同的决策结果是正常现象。也正因为如此,在现实生活中,不能以己度人,将自己的决策结果强加于人;在管理实践中,则要求管理者能够在听取各方面不同意见的基础上,根据自己的判断作出正确的选择。

二、决策的特点

决策是一种对组织或个人实现发展目标的策划活动,具有明显的特点。把握这些基本特点,是管理者行使决策职能、提高决策水平的前提条件。

(一)目标性

决策是以目标为基础的,任何组织的决策都必须首先确定组织的目标。目标是组织在未来特定时限内完成任务程度的标志。没有目标,也就难以拟订未来的活动方案,对活动方案的评价也没有标准。所以,目标是决策的核心,是决策方案的制定与执行的方向。

(二)可行性

决策的目的是指导组织的未来活动,实现组织的预期目标。这个过程需要利用一定的资源条件,如果缺乏必要的人力、物力和技术条件,那么再好的决策方案也只是纸上谈兵。所以,决策方案的拟订和选择,不仅要考察采取某种行动的必要性,而且还要注意考虑决策方案的实施条件和可行性。

(三)选择性

决策就是选择,没有选择就没有决策。在某种意义上说,决策的过程就是不断选择的过程。决策的选择性对于组织目标的实现不仅是必要的,而且是可行的,组织的发展就是建立在决策方向与决策行动的选择基础上,通过比较、分析,选择符合本组织系统的行动方案。而要使决策方案有所选择,就必须提供可以相互代替的多种方案。

(四)适宜性

决策方案的选择原则是适宜,而并非最优原则。因为,最优决策往往是一种理论上的完美想象,在实践中是难以实现的。管理者在决策时,一般都是根据目前的认知来确定未来的行动,而这种行动在不同程度上都带有一定的风险。由于决策者不可能了解组织活动的全部信息,不可能正确辨识全部信息的利用价值,更不可能准确地计算每个方案在未来的执行结果,所以人们只能根据已知的全部条件,再加上主观判断,作出相对满意的决策。这就是人们总是难以做出最优方案的根本原因。管理者在决策过程中只要规定"满意"的标准,不必追求"最佳"的标准,因为只有适宜的标准才能确保决策的有效性。

(五)过程性

决策并不是管理者的瞬间行为,决策是一个过程。决策的过程性特点决定了组织决策的层次性和综合性。实际上,组织决策不是一项决策,而是一系列决策活动和各个决策阶段的综合。所以,管理者要强化决策的过程意识,不能将组织决策简单化,而是要研究与决策过程相关的因素,要努力做好每一项与决策相关的管理工作。

(六) 动态性

决策的动态性特点与决策的过程性特点有关联。决策不仅是一个过程,而且还是一个不断循环的发展过程。作为过程,决策是动态的,没有真正的始点,也没有真正的终点。决策的主要目的是使组织活动的内容和方法能适应环境的要求,然而外部环境总是在不断发生变化,决策者必须研究这些变化,并把握这些变化,从中找出可以利用的机会,以此调整组织的活动,实现组织与环境的动态平衡。

总之,决策就是从许多个为达到同一目标并可以相互替代的可行方案中选择适宜方案的活动过程。作为管理者则要学会如何决策,选定适宜的方案,并执行决策方案。

三、决策的类型

决策类型是指在科学决策中,人们根据不同标准、从不同角度对具有某种共同性质或特征的决策进行划分而形成的类别。

决策的
类型

(一) 按决策范围和重要程度,可分为战略决策、战术决策和业务决策

1. 战略决策

战略决策是指直接关系到组织生存发展的全局性、长远性问题的决策,一般由高层管理人员做出,如企业的经营目标、方针、产品更新决策等。这种决策对于组织发展具有重要的意义,一般涉及时间较长、范围较宽。由于所要解决的问题大多内容比较抽象、复杂,而且是以前没有遇到过的,因此管理者常常要借助于自己的经验、直觉和创造力进行判断。

2. 战术决策

战术决策又称为管理决策,是指为保证组织战略目标的实现,执行战略决策过程中的战术决策,一般由中层管理人员做出,如企业生产计划和销售计划的确定、新产品设计方案的选择、新产品的定价等。由于战术决策是为了保证战略目标的实现所做的决策,所面临的大多是实施方案的选择、资源的分配、实际业绩的评估等方面的问题,比较具体,带有局部性,所以大多可以量化地进行系统分析。

3. 业务决策

业务决策是指日常业务活动中为了解决日常工作和作业任务中的问题、提高效率所做的决策,一般由基层管理人员做出,如生产任务的日常安排、工作定额的制定等。这类决策所要解决的问题常常是明确的,决策者知道要达到的目标、可以利用的资源,知道有哪些途径,可以采用哪些分析工具,也知道可能的结果。

(二) 按决策性质或是否重复,可分为程序化决策和非程序化决策

1. 程序化决策

程序化决策又称常规决策,是指经常发生的能按规定的程序和标准进行的决策,多指例行公事所做的决策。由于这类问题经常重复出现,因而可以把决策过程标准化、程序化,可通过惯例、标准工作程序和业务常规予以解决,如请假批准、退货处理、库存订货等。

2. 非程序化决策

非程序化决策又称非常规决策,主要解决的是不易确定、错综复杂且前所未有的新问题。由于这类问题是非重复性的新问题,因而不能依据业务常规来解决,而需要管理者进行专门的处理,如新产品的研究开发、多样化经营、技术改造等决策。

(三) 按决策的目标、变量和条件可否用数量来表现,可分为定性决策和定量决策

1. 定性决策

定性决策又称主观决策,是指决策的目标和未来的行动无法用数量表示,主要依靠决策者或有关专家的智慧来进行决策,且只能作定性的描述或抽象的表达。例如,组织机构的调整、干部的选拔和调动等决策。

2. 定量决策

定量决策是指决策的目标和未来行动都可以用数量的形式表示,并且决策过程中运用数学模型来辅助决策者寻找满意的决策方案。运用定量决策法进行决策也是决策方法科学化的重要标志。例如,投资规模决策,提高产量、产值、利润和降低成本决策等。

定性决策和定量决策的划分是相对的。对于许多决策问题,往往是在定量分析之前,先进行定性分析,再进行定量分析,最后再进行定性总结。而对定性分析的问题,也往往尽可能使用各种方式将其转化为定量分析。例如干部的选拔,可采取层次分析法进行评判。在决策实践中,定性分析和定量分析通常都是结合使用,以提高决策的科学性。

(四) 按决策的主体不同,可分为个人决策和集体决策

1. 个人决策

个人决策是指决策机构的主要领导成员通过个人决定的方式,按照个人的判断力、知识、经验和意志所作出的决策。个人决策一般用于日常工作中程序化的决策和管理者职责范围内的事情的决策。

2. 集体决策

集体决策是指为充分发挥集体的智慧,由多人共同参与决策分析并制定决策的整体过程,其中参与决策的人组成了决策群体。在多数组织中,许多决策都是通过委员会、团队、任务小组或其他群体的形式完成的。

(五) 按决策问题的不同性质和可控程度,可分为确定型决策、风险型决策和不确定型决策

1. 确定型决策

确定型决策又称标准决策或结构化决策,是指决策者对未来可能发生的情况有十分确定的比较,可以直接根据完全确定的情况选择最满意的行动方案。此类型的决策可供选择的方案只有一种自然状态,即各备选方案所需的条件是已知的,并能预先准确了解各方案的必然后果,只要比较一下就可选出最佳决策,如银行存款或贷款决策。

2. 风险型决策

风险型决策又称"统计型决策"或"随机型决策",是指可供选择的方案中存在着两种以上的自然状态,哪种状态可能发生是不确定的,但可估计其发生的客观概率。在风险型决策中,决策者知道各备选方案所具备的条件,但对每个方案的执行可能会出现的几种不同后果只有有限的了解,决策时需要冒一定的风险,如股票投资决策。

3. 不确定型决策

不确定型决策又称非确定型决策、非标准决策或非结构化决策,是指决策人无法确定未来各种自然状态发生的概率的决策。由于各备选方案可能出现的后果是未知的,所以只能靠决策者凭借其经验和直觉进行主观判断。

四、决策的过程

决策过程是指从问题提出到方案确定所经历的过程。决策是一项复杂的活动,有其自身的工作规律性,需要遵循一定的科学程序。在现实工作中,导致决策失败的原因之一就是没有严格按照科学的程序进行决策。因此,明确和掌握科学的决策过程,是管理者提高决策正确率的一个重要方面。决策过程大致包括以下几个步骤。

(一) 识别问题

决策是针对所要解决的问题而进行的,因此发现和确定需要解决的问题就成为决策的起点。如果什么问题都不存在,那就没有必要作决策。

识别问题的第一步是要对事物进行分析,找到问题所在。如管理者发现工期落后,要解决工期落后的问题,就必须知道实际的生产进度和计划进度之间的差距。问题识别的过程要求管理者必须准确及时地掌握工作完成情况,从而在需要时随时可以得到可靠的数据和信息。

识别问题的第二步是确定引起问题的原因。找到问题所在之后,不能马上确定决策目标,因为还没有找到问题产生的原因。在确定决策目标之前,要透过问题的表面,深入问题的核心,寻找问题产生的原因,通过一步一步地追问,找出产生问题的根本原因。

(二) 明确目标

决策是为了解决问题,在所要解决的问题明确之后,还要进一步指出该问题能不能解决,应当解决到什么程度,这就是决策目标的确定。决策目标是在一定的环境和条件下,根据预测,所希望得到的结果。目标的确定十分重要,同样的问题,由于目标不同,可采用的决策方案也会大不相同。目标的确定要经过调查研究,掌握系统准确的统计数据和事实,然后由表及里、去伪存真地整理分析,根据对组织总目标和各种目标的综合平衡,结合组织的价值准则进行确定。决策目标的内容应当明确、具体。

(三) 拟订备选方案

目标确定之后,就可以通过分析研究组织内外条件拟订可行的方案。拟订可行方案时要注意,任何决策至少要拟出两个以上的可行方案,否则就无从比较,谈不上科学决策。当然,要是能够提出尽可能多的备选方案这样会更有利于做出正确的决策。为了提出更多、更好的方案,需要从多种角度审视问题,需要集思广益,因此,可以通过头脑风暴、名义小组技术和德尔菲等方法,提出标准的或独特的、富有创造性的方案。拟订的备选方案要紧紧围绕所要解决的问题和决策目标,根据已经具备和经过努力可以具备的各种条件,充分发挥决策者的积极性、创造性和丰富的想象力。

(四) 评估备选方案

对所拟订的每一个行动方案,应从定性和定量的两个方面加以分析评估,明确各个方案的利弊,从而为方案选择打下基础。首先要建立一套有助于指导和检验判断是否正确的决策准则。决策准则表明了决策者关心的主要是哪些方面,一般包括目标达成度、成本(代价)和可行性等。其次,根据组织的大政方针和所掌握的资源来衡量每一个方案的可行性,并据此列出方案的限制因素。然后,确定每一个方案对于解决问题或实现目标的有效性,以及采用这些方案后可能带来的后果。要对各方案是否满足决策所处条件下的各种要求,以及能带来的效益和可能产生的各种后果进行分析。最后,可通过罗列出各方案完成各个期望目标的程度、各个方案的利弊来比较各方案的优劣,根据可行性、满意程度和可能产生的后果,比较哪一个方案更为有利。

(五) 作出决定,选择实施战略

在对各种方案分析评价的基础上,决策者要从中选择一个满意的方案并付诸实施。在抉择时要注意三点:一是任何方案均有危险性,因为影响决策的因素的不确定性只能减少到最低限度而不可能完全消除;二是不要一味追求最佳方案,由于环境的不断变化和决策者预测能力的局限性,以及备选方案的数量和质量受到不充分信息的影响,决策者只能作出一个相对令人满意的决策;三是在最终选择时,若无法确定满意方案,应允许不做任何选择。

决策的目的在于解决问题、在于行动,否则再好的决策也没有用处,所以方案实施是决策过程的重要步骤。一旦作出决策,就要予以实施。实施决策时,应当制定一个实施方案,即决策实施的具体措施,包括宣布、解释、分配实施决策所涉及的资源和任务等,以保证方案的正确实施。要特别注意争取他人对决策的理解和支持,这是任何决策得以顺利实施的关键,要确保与方案有关的各种指令能被所有相关人员充分接受和彻底了解。运用目标管理方法把决策目标层层分解,落实到每一个单位和个人,并建立工作报告制度,以便及时了解方案最新进展情况,及时进行调整。

(六) 监督与反馈

决策的成败在很大程度上还取决于方案的执行,而执行过程中要注意监督与反馈。进行有效的监督与反馈,就要制定相应的规章制度,建立完善的监督机制和反馈信息系统,广泛收集方案执行过程中的信息。因此,要对方案执行过程进行全方位的监督,分析评价方案的执行情况,一旦发现失误,须及时反馈给决策部门,以便加以改变和调整,及时纠正偏差,保证方案顺利实施。值得注意的是,一旦发现原有决策方案在实施中已明显脱离实际,甚至危及决策目标的实现时,就必须对原决策方案进行修正或者进行再决策。

五、影响决策的因素

合理决策是管理者提高管理水平所必须行使的重要职能。但是,进行合理决策经常会受到诸多因素的影响。

决策的影响因素

(一) 环境因素

环境因素对决策的影响作用是十分明显的,具体表现在各种环境条件对决策的制约性。例如,历史环境与现实环境、优势环境与劣势环境、硬件环境与软件环境、内部环境与外部环境等方面不同的特点,都对决策产生一定的制约作用。环境是决策方案产生的载体,也是决策方案得以实现的保障。所以,管理者在进行决策时,首先应该对组织的所有环境条件进行详尽的调查和分析,并合理确定组织在未来活动中的起点和预期目标,使组织决策保持良好的连续性和发展性。

环境因素对决策的影响,还在于环境总是处于不断变化中。以企业为例,在现实生活中,不存在静止不变的环境。新企业的不断出现,老企业的不断发展或消亡,人们收入水平与消费层次的不断提高,科学技术的飞速发展,新法规的颁布实施,新政策的不断出台等,企业通过环境研究不仅能了解现在,更重要的是能预测未来,这对企业的决策和其他各项管理活动都是必不可少的。

(二) 决策者

在决策活动中起决定作用的是决策者。决策者的知识与经验、战略眼光、民主作风、偏好与价值观、对风险的态度、个性习惯、责任和权力等都会直接影响决策的过程和结果,尤其是决策能力以及对待风险的态度。愿意承担风险的决策者,通常会未雨绸缪,在被迫对环境作出反应以前就采取进攻性的行动,并会经常进行新的探索;而不愿意承担风险的决策者,通常只对环境作出被动的反应,并习惯于过去的限制,按过去的规则策划将来的活动。因此,决策的过程就是对决策者的一种全面的考验,考验其知识、心理、观念、能力等各种因素。

4

在决策时,无论是确定目标还是选择手段,都需要决策者对各种目标和手段进行比较。为了全面决策,还需要全面预测,这就需要决策者收集更多的情报和掌握更全面的知识。除此之外,决策者还需要调动心理因素,克服各种心理障碍,还必须具备承担决策风险的心理承受能力。所以,管理者要注意提升自身的知识水平、心理素质和决策能力。

(三) 组织文化

任何一个决策都会受到组织文化的影响和制约。任何决策的实施都会给组织带来某种程度的变化。组织成员对各种可能产生的变化会怀有抵触或欢迎两种截然不同的态度,这些态度会直接影响组织的决策。

组织对决策的影响主要是通过组织文化来制约组织及其成员的行为及行为方式,并通过组织文化来影响人们改变态度而发生作用的。如果在偏向保守、怀旧的组织中,人们总是根据过去的标准来判断现在的决策,总是担心在变化中会失去什么,从而对将要发生的变化产生怀疑、抵触的心理与行为;而在具有开拓和创新气氛的组织中,人们总是以发展的眼光来分析决策的合理性,总是希望在可能产生的变化中得到什么,因此渴望、欢迎、支持变化。由此可见,欢迎变化的组织文化有利于新决策的实施,而抵触变化的组织文化则可能给新决策带来阻挠。所以,建立一种有利于变化与发展的组织文化是有效实施新决策的重要内容。

(四) 时间因素

时间本身就是决策的重要组成部分,同时又是制定决策的重要因素。如果要求在较短时间进行决策,那么就会限制备选方案的数量,让人们能尽快做出选择;而如果给予决策者较长的时间考虑,能有助于人们进行更深入的思考,提出更有创意的决策。对于紧急且重要的决策,可能快速解决问题比如何解决问题更重要;而面对极其重要的决策时,则需要群策群力,花费更多的时间十分谨慎地进行决策,这就是时间因素对决策的影响。

美国学者威廉·金和大卫·克里兰把决策划分为时间敏感型决策和知识敏感型决策。知识敏感型决策,着重于未来,而不是现在;着重于机会的运用,而不是避开威胁,所以决策时,在时间上相对宽裕,并不一定要求在某一日期以前完成。而时间敏感型决策是指那些必须迅速且尽量准确的决策,这种决策对速度的要求超过对质量的要求,其执行效果主要取决于速度。所以管理者应该充分认识时间对决策的影响作用,并充分利用有限的时间作出正确的决策。

除此之外,以前的决策、决策问题的重要性、伦理等也影响决策。如一般重要的决策问题可能引起高层管理者的重视,决策可以得到更多的支持;而伦理则是指人与人相处的各种道德准则,有时人们在进行决策时,会遵循道德伦理而放弃利益的选择。

 小测试

决策能力是管理者的重要能力。想了解自己的决策能力吗?请进行一个小测试,选择最适合自己的答案。

1. 在遇到紧急情况时,您能泰然处之吗?

A. 能　　　　　　　　　B. 完全不能　　　　　　　C. 偶尔能

2. 您在做一项多次未成功的重要实验。最近有一种新的实验方法,但有一定的危险,您会冒险一试吗?

A. 会　　　　　　　　　B. 不敢实验　　　　　　　C. 改用其他方法

3. 公司遇到一个重要的问题必须要作出决定,经过多次的会议商讨确定,还是没有结果,如

果您是决策者,您将:

    A. 认定自己的观点   B. 不知道怎么办   C. 继续投票商讨

4. 您的同事正在向公司的一位重要顾客介绍公司产品,在这个过程中,您听到同事的介绍内容有些明显的失误,您会:

    A. 指出较重要的失误,并建议他们将来如何补救

    B. 除非他要求您作出评论,否则不说,并让他觉得一切良好

    C. 建议他应该参加产品演说的课程训练

5. 对于公司的事,您是如何分析的?

    A. 喜欢通盘考虑,并在细节上尽可能周全

    B. 认真考虑每件事,尽可能地延迟应答

    C. 先作计划,然后根据计划按部就班

6. 因为您的过错而导致的失误,您会:

    A. 承担责任,并找出补救的方法

    B. 找替死鬼,并说主意是他出的

    C. 找借口,说是不小心或其他原因

7. 您错失了久久期望的晋升机会,而大家又一致认为您是最佳人选,您会:

    A. 对上司表示失望,并要求解释

    B. 对这种现状感到失望,决定寻找其他的工作

    C. 理性地接受,并期待下次有更好的机会

8. 意识到一位以前感情非常好的同事现在正在提防着您,您会:

    A. 找个时间同他聊聊,看能否发现这种情感的变化原因

    B. "也许这家伙不愿意同我来往",便开始提防着他

    C. 不做什么,希望这只是一时的现象

9. 当公司老板来到办公室同您聊聊时,您正接到一个怒气冲冲的顾客的投诉电话,您会:

    A. 暂停片刻,向老板说明情况,并请求处理完电话后再同他聊聊

    B. 告诉顾客您将回电话给他

    C. 在老板的面前继续同顾客交谈

10. 如果您的决定遭到公司大部分人的反对,您将:

    A. 想尽办法捍卫自己的观点

    B. 反对声太大,决定放弃自己的观点,采用大家的意见

    C. 将延迟做出决定

11. 当您正要检视某位下属的工作绩效时,他反而先批评您的管理失误之处,您会:

    A. 仔细聆听,并鼓励他坦白地说

    B. 回绝他的批评,并严厉地迎击

    C. 先打断,并许诺在其他的场合再讨论他的批评

12. 在工作中,您是否喜欢独立思考,一旦确定就不轻易动摇?

    A. 是   B. "大家反对时我会改变"   C. 擅长与大家讨论

13. 假若要把一件难度非常高的任务交给某位下属,而您感觉到他不会喜欢做。您会:

    A. 告诉选择他的理由,和这个额外工作的受益,最后鼓励他

    B. 就算他不愿意也要交给他

    C. 想办法哄哄他,让他接受

14. 假如您最得意的下属迟到,您会:

A. 要他说出迟到的理由,并告诫他下次注意

B. 睁只眼闭只眼,避免可能的对立

C. 劝告他要养成准时的习惯

15. 假如您对会议讨论的主题一无所知,您会:

A. 要求主持人再简述一次,好让您跟得上讨论节奏

B. 静等下一个题目

C. 问一两个问题,以展示您的兴趣

以上 15 题 A、B、C 三个答案的分值分别为 2、1、0 分,请做完测试后加总分数,对照表 4-1 了解自己的决策能力。

表 4-1   决策能力测试说明

分　数	说　　明
26＜X≤30	您的决策能力很强。您不怕说出自己的想法,且通常以富有建设性的态度做事。对于一旦做出的决定,您会迅速而坚决地行动
18＜X≤26	您的决策能力良好。对于原则性的或重要的决策您一般都做得很好。但是,您不愿意在您认为的"小事情"上过多纠缠,在需要执行某些您认为已经决定了的事情的时候,也有可能拖延
8＜X≤18	您的决策能力一般。对于一般性的决策您都做得很好,但是,当遇到有一定难度或者压力的问题时,您处理决策就不是很理想
X≤8	您的决策能力很差。您需要努力地去训练自己的决策能力

第二节　主观决策方法

一、主观决策的含义

主观决策是指在决策中主要依靠决策者或有关专家的智慧来进行决策的方法,这是一种"软技术"。管理决策者运用社会学、心理学、组织行为学、政治学和经济学等有关专业知识并依据个人的经验和判断能力,采取一些有效的组织形式,充分发挥各自丰富的经验、知识和能力,从决策对象的本质特征入手,掌握事物的内在联系及其运行规律,对企业的经营管理决策目标、决策方案的拟定以及方案的选择和实施作出判断。这种方法适用于受社会、经济、政治等非计量因素影响较大、所含因素错综复杂、涉及社会心理因素较多以及难以用准确数量表示的综合性问题。

主观决策按参与人数可以分为个人决策与集体决策。

二、个人决策

个人决策是指由一个人根据自己的判断力、知识、经验和意志单独作出的决策。一般适用于日常生活或工作中面临突发事件,情况危急,需立即采取行动时;或环境动荡,反复磋商久拖不决会贻误战机时;或问题清楚,无须数度审慎研究时;或事件重现,个人经验和聪明才智可充分应对时。

个人决策有两种方式:一是经验式的个人决策。决策者根据个人经验,确立见解,收集事实,检验事实,排除非理性思考,试探解决方案,最后作出决策。其特点是以个人经验为主,由个人进行直接决策的方式。二是科学式的个人决策,是在集中多数人的正确意见基础上,经过反复思考

后作出的决策,这种决策并不意味着不负责任的独断专行。

(一) 个人决策的优点

个人决策具有一定的合理性,且有许多优点。

(1) 个人对事物的感知更迅速、更有效,有助于直接透过事物的表面现象抓住事物的本质;

(2) 单独的个人更容易下决心,作出果断而大胆的选择,责任明确,能有效杜绝互相推诿、不负责任的不良作风;

(3) 个人单独决策能够不受多数相互不同意见的约束和个体心理因素的影响,产生较多主意以及较独特的观点;

(4) 进行决策简便,针对性强,若个人拥有比较擅长的领域,能够突出其专业性;

(5) 权力集中,因而决策执行过程行动迅速有力;

(6) 费时较少,降低了决策成本,也在一定程度上提高了管理效益。

李·艾科卡(Lee Iacocca),美国著名职业经理人,曾担任福特汽车公司总裁,后出任克莱斯勒汽车公司董事长兼CEO,他在其自传中提及"不管教科书上怎么说,企业中大多数的重大决策是由个人做出的,而不是由委员会做出的"。市场经济的基本性质是竞争,领先一步是取得竞争优势和经营效率的关键条件之一,而群体决策的时滞性往往会妨碍领先一步的竞争优势的形成和经营效率的获得。

(二) 个人决策的缺点

个人决策也存在一定的局限性,存在以下缺点。

(1) 容易使人们在情况发生变化时固守过时的观点,因循守旧,错失成功的良机,或者带有固执、先入为主的成见;

(2) 个人性格的薄弱处可能在关键时刻无法得到有力弥补,决策者还可能受个人学识、经验、才干、精力和能力的限制作出片面性的决策;

(3) 难以找到杰出的个人决策者,而那些具备条件的个人又不一定能够成为掌握权力的个人决策者;

(4) 个人权力过分集中可能导致有效监督失效;

(5) 个人权重一时可能挫伤下属参与管理的积极性,使民主管理风气不易形成,还可能使阿谀奉承者乘隙迎合等。

三、集体决策

集体决策是指三人或三人以上的人一起作出的决策。由于个人在集体中所处的地位不同,集体决策又可分为以下几种决策形式:

第一种是专家集体提出各种决策方案,由决策者个人在各种方案中选择一种。这种情况下,具有决策权的个人只是提出需要决策的问题,交由专家组成的集体进行研究,专家集体则提供各种可供选择的方案,同时说明每一个方案的利弊、有利条件和不利条件,可能遇到的困难和解决的办法,实施中可能冒的风险程度等,供决策者选择。

第二种是专家集体作出决策,由领导者个人批准付诸实施。这种情况下,专家们不仅要提出各种方案,而且要进行集体评价,选择其中一种,由领导者个人根据其掌握的全局情况决定专家集体所提出的方案是否实施和何时实施。

第三种是专家集体掌握决策全过程的权力,个人只是作为决策集体中的一员而发挥作用,在形成决策和批准实施决策时,个人并没有特殊的权力,只能起到执行集体决策的作用。

集体决策主要适用于某些具有全局性、战略性、长远性意义的决策。

（一）集体决策的优点

集体决策相较于个人决策而言有许多优点。

（1）在集体决策中，每个成员都有同等发言权和表决权，能够调动参与者的积极性；

（2）排除个人专断行为，发挥群体决策优势，可以保证决策的科学性和可行性；

（3）群体将带来个人单独行动所不具备的多种经验和决策观点，可以提供更完备的信息，产生更多的方案，有利于增加决策的正确性；

（4）让受到决策的影响或实施决策的人参与决策，能够增加对决策方案的接受性，因为人们不愿违背自己参与制定的决策；

（5）群体决策制定过程是与民主思想相一致的，因此人们会觉得群体制定的决策比个人制定的决策更合法；相反，拥有全权的个体决策者不与执行决策者磋商，会使人感觉决策是出自独裁和武断。

（二）集体决策的缺点

集体决策也并非完美无缺，其主要缺点有：

（1）成本高，消耗时间与金钱。组织一个群体并进行决策要花费时间与金钱，而群体决策制定过程中成员之间的反复交换意见和相互影响，也是耗费时间的过程，常常导致低效率，从而造成更大的浪费，也限制了管理人员在必要时作出快速反应的能力，易坐失良机。

（2）责任划分不清。集体决策时所有成员都要对决策承担责任，但实际上谁也无法对最后的结果负责。在个人决策中，谁负责任是明确具体的。集体决策中没有一个人能在实际上或逻辑上感到个人要对集体决策负责，所以任何一个人的责任都被冲淡了。

（3）两极分化或屈从于压力，降低决策质量。群体中参与决策的人富于冒险或倾向于保守，易使集体决策产生两极分化，导致决策冒险或保守，或议而不决。且人们往往会屈从于群体压力而产生群体思维。在集体决策时，由于群体追求一致意识，迫使成员抑制不同、少数派和标新立异的观点，以取得表面上的一致，削弱了群体中的批判精神，降低了决策的质量。

（4）少数人统治。群体成员因为在组织中的职位、有关问题的知识、经验、易受他人影响的程度、语言技巧、自信心等方面的不同，在群体中的地位不可能完全平等，这就为单个或少数成员创造了发挥其优势、驾驭群体中其他人的机会。这些人支配群体中的少数人，常常会对最终决策产生影响。

（5）最小共同基础上的妥协。当集体决策的群体数量较小、决策问题较为简单、各种观点比较一致时，容易作出决策；但如果参与人数众多、决策问题复杂、各种观点难以达成一致时，形成的决策往往是在最小共同点上的一致，这时个人意见会受到压抑，或在群体中更易隐蔽自己的意见而附和众议，决策具有更大的风险性。

集体决策和个人决策在决策的时间、速度、质量、责任性、认可程序、心理压力等方面各有利弊。在实际过程中，采取哪种决策类型更好，取决于问题的类型、信息掌握的程度、决策成员的个人经验和技能及知识差别等因素。

 案例分析

"巴巴拉"的集体管理

近年来某地的高中低各档商场以多种不同的经营形式与风格出现在当地人的面前。由于商业网络密布致使许多零售企业的盈利下降。而此时的巴巴拉零售联盟组织的利润却大幅度上升。

湖南岳阳的巴巴拉零售联盟组织的高级管理人员将这一盈利成绩归功于其相对新型的管理方法。这种方法就是以"集体决策"的方式作为企业管理的中心。

巴巴拉零售联盟组织行使协商一致的管理方法,使管理人员有足够的机会参与企业的主要决策。这样做的最大好处是可以帮助管理人员了解公司组织各个层次的工作状况。同时集体管理的方法有利于培养管理人员。例如某委员会的工作涉及诸如策略问题等政策领域,通过集体参与,许多年轻的管理人员逐渐熟悉了公司所面临的关键问题。

尽管巴巴拉零售联盟组织的大多数管理人员认为集体管理方法很成功,但也有少数人持反对态度。反对者认为管理人员参加委员会会议是浪费时间,集体决策是妥协的产物,而且最终产生的可能不是最佳决策。

然而支持者却认为,集体管理方法打破了一些部门之间的壁垒,促进了部门之间的协调。他们也承认,集体制定计划可能是费时的,但计划的实施却很迅速。再者,他们认为集体管理方法鼓励管理人员去探索比个人决策更多的可供选择的方案,有年龄不同、观点不同的人参加是一种极佳的投入。

反对者不同意这些意见,认为"巴巴拉"集体管理之所以行得通,只是由于现任董事长的管理风格在很大程度上影响着大家,一旦他退休了,新的董事长是否会保持这一管理风格并不能肯定。到那时"巴巴拉"管理人员之间的合作也就结束了。

思考:"巴巴拉"集体管理就是以"集体决策"的方式进行企业管理,这种方式有哪些优点?

(三) 集体决策的方式

现代决策已经不是决策者个人能够胜任的。现代社会纷繁复杂,纵横交织,相互联系,彼此制约,形成牵一发而动全身的局面。决策中哪怕有微小的失误,也会引起连锁反应。在决策比较复杂的项目时,任何一个领导者个人的知识和经验都是有限的,单凭个人决策,成功的可能性大大缩小,因此采用集体决策可以更好地实现决策目标。要使集体决策真正发挥其优点,既要有高素质的集体决策人员,也要有完善的决策机制,即合适的集体决策形式和合理的决策程序。集体决策的典型形式有以下三种。

1. 头脑风暴法

头脑风暴法(brain storming, BS),又称智力激励法。它是由美国创造学家、BBDO 广告公司总经理亚历克斯·奥斯本于 1939 年首次提出、1953 年正式发表的一种激发创造性思维的方法。它是一种通过组织小型会议,营造自由愉快、畅所欲言的气氛,鼓励参与者自由交换想法或点子,并以此激发与会者的创意及灵感,使各种设想在相互碰撞中激起脑海的创造性"风暴"的决策方法。

头脑
风暴法

(1) 头脑风暴法的操作程序。

① 准备阶段。决策会议负责人应事先对所议问题进行一定的研究,弄清问题的实质,找到问题的关键,设定解决问题所要达到的目标。同时选定参加会议人员,一般以 5~10 人为宜,不宜太多,会议时间一般以 20~60 分钟效果最佳。然后将会议的时间、地点、所要解决的问题、可供参考的资料和设想、需要达到的目标等事宜一并提前通知与会人员,让大家做好充分的准备。

② 热身阶段。这个阶段的目的是创造一种自由、宽松、祥和的氛围,让大家得以放松,进入一种无拘无束的状态。主持人宣布开会后,先说明会议的规则,然后随便谈点有趣的话题或问题,让大家的思维处于轻松和活跃的境界。

③ 明确问题。会议主持人简明扼要地介绍有待解决的问题。介绍时须简洁、明确,不可过分周全,否则,过多的信息会限制人的思维和想象力,干扰创新。

④ 重新表述问题。经过一段时间的讨论后,大家对问题已经有了较深程度的理解。这时,为了使大家对问题的表述能够具有新角度、新思维,会议主持人或书记员要记录大家的发言,并对发言记录进行整理。通过记录的整理和归纳,找出富有创意的见解,以及具有启发性的表述,供下一步畅谈时参考。

⑤ 畅谈阶段。畅谈是头脑风暴法的创意阶段。为了使大家能够畅所欲言,需要制定规则:不要私下交谈,以免分散注意力;不妨碍及评论他人发言,每人只谈自己的想法;发表见解时要简单明了,一次发言只谈一种见解。主持人首先要向大家宣布这些规则,随后导引大家自由发言,自由想象,自由发挥,使彼此相互启发,相互补充,真正做到知无不言,言无不尽,畅所欲言,然后将会议发言记录进行整理。

⑥ 筛选阶段。会议结束后的一两天内,主持人应向与会者了解大家会后的新想法和新思路,以此补充会议记录。然后将大家的想法整理成若干方案,再根据决策的一般标准,诸如可识别性、创新性、可实施性等标准进行筛选。经过多次反复比较和优中择优,最后确定一个满意的方案。这个方案往往是多种创意的优势组合,是大家集体智慧的结果。

(2) 头脑风暴法实施的原则。

① 禁止批评,鼓励表扬。奥斯本认为,对现有观点的批评不仅占用时间和脑力资源,还会使与会者人人自危,从而发言更加谨慎,影响新观点的诞生。因此,不要暗示某个想法不正确或者有哪些消极作用,所有的想法都可能成为好的观点,或者能够启发他人产生新的想法。相反,如果对与会者的观点不断进行表扬,则会在很大程度上激发其创造力和想象力,有利于新观点的诞生。

② 重在数量。头脑风暴法讨论的应该以更多数量的观点为目标。如果单纯追求观点的质量,则容易拘泥于某一个有创意的观点,导致大部分的时间用于这个观点及其完善上,而忽视了其他观点和思路的开发。

③ 观点不可雷同,强调建立新观点。头脑风暴法要求与会者不可重复别人的观点,强调建立新的观点。将他人和自己的看法进行比较、融合,容易产生新的思维成果。如此下去,就容易产生更多的观点,而更多的观点会带来更多有用的观点,与会者的思维也会更加开阔,在挖掘自身潜力的同时,不断参照其他人的思维成果,在脑力震荡中产生新的观点。

(3) 头脑风暴法的优点。

① 极易操作执行,具有很强的实用价值;

② 非常具体地体现了集思广益,体现合作的智慧;

③ 每个人的思维都能得到最大限度的开拓,能有效激发灵感,可以发现并培养思路开阔、有创造力的人才;

④ 创造良好的沟通平台,提供一个能激发灵感、开阔思路的环境,也使参加者更加自信。因为良好的沟通氛围,有利于增加团队凝聚力,增强团队精神。

由于头脑风暴法是专家面对面的讨论,所以会出现参会者思维相互干扰的现象,实施的成本(时间、费用等)也很高,另外,还要求参与者要有较好的素质。因此,这种方法适合于解决那些比较简单、严格确定的问题,比如研究产品名称、广告口号、销售方法、产品的多样化研究等,以及需要大量的构思、创意的行业,如广告业。

2. 德尔菲法

德尔菲法(Delphi method),又称专家调查法,是在 20 世纪 40 年代由赫尔姆和达尔克首创,经过戈尔登和兰德公司进一步发展而成的。德尔菲这一名称起源于古希腊有关太阳神阿波罗的神话,传说中阿波罗具有预见未来的能力。因此,这种预测方法被命名为德尔菲法。1946 年,兰德公司首次用这种方法来进行预测,后来该方法被迅速广泛采用。

德尔菲法

德尔菲法是一种采用通信方式分别将所需解决的问题单独发送到各个专家手中,征询意见,然后回收汇总全部专家的意见,并整理出综合意见。随后将该综合意见和预测问题再分别反馈给专家,再次征询意见,各专家依据综合意见修改自己原有的意见,然后再汇总。这样多次反复,逐步取得比较一致的预测结果的决策方法。

(1)德尔菲法的具体实施步骤。

① 确定调查题目,搞定调查提纲,准备向专家提供的资料,包括预测目的、期限、调查表以及填写方法等。

② 组成专家小组。按照课题所需要的知识范围,确定专家。专家人数的多少,可根据预测课题的大小和涉及面的宽窄而定,一般不超过 20 人。

③ 向所有专家提出所要预测的问题及有关要求,并附上这个问题的所有背景材料,同时请专家提出还需要什么材料。然后,由专家做书面答复。

④ 各个专家根据他们所收到的材料,提出自己的预测意见,并说明自己是怎样利用这些材料并提出预测值的。

⑤ 将各位专家第一次判断意见汇总,列成图表,进行对比,再分发给各位专家,让专家比较自己同他人的不同意见,修改自己的意见和判断。也可以把各位专家的意见加以整理,或请身份更高的其他专家加以评论,然后把这些意见再分送给各位专家,以便他们参考后修改自己的意见。

⑥ 将所有专家的修改意见收集起来,汇总,再次分发给各位专家,以便做第二次修改。逐轮收集意见并为专家反馈信息是德尔菲法的主要环节。收集意见和信息反馈一般要经过三四轮。在向专家进行反馈的时候,只给出各种意见,但并不说明发表各种意见的专家的具体姓名。这一过程重复进行,直到每一个专家不再改变自己的意见为止。

⑦ 对专家的意见进行综合处理。

(2)德尔菲法实施的原则。

① 挑选的专家应有一定的代表性、权威性;在进行预测之前,首先应取得参加者的支持,确保他们能认真地进行每一次预测,以提高预测的有效性。同时也要向组织高层说明预测的意义和作用,取得决策层和其他高级管理人员的支持。

② 问题表设计应该措辞准确,不能引起歧义,征询的问题一次不宜太多,不要问那些与预测目的无关的问题,列入征询的问题不应相互包含;所提的问题应是所有专家都能答复的问题,而且应尽可能保证所有专家都能从同一角度去理解;问题要集中,要有针对性,不要过分分散,以便使各个事件构成一个有机整体,问题要按等级排队,先简单后复杂;先综合后局部。这样易引起专家回答问题的兴趣。

③ 提供给专家的信息应该尽可能充分,以便其作出判断;只要求专家作出粗略的数字估计,而不要求十分精确;进行统计分析时,应该区别对待不同的问题,对于不同专家的权威性应给予不同权重而不是一概而论。

④ 调查单位或领导小组意见不应强加于调查意见之中,要防止出现诱导现象,避免专家意见向领导小组靠拢,以至得出专家迎合领导小组观点的预测结果。

⑤ 避免组合事件。如果一个事件包括专家同意的和专家不同意的两个方面,专家将难以做出回答。

（3）德尔菲法的优点。

德尔菲法具有匿名性、反馈性和统计性等特点。它同常见的召集专家开会，通过集体讨论得出一致预测意见的专家会议法一样具有能充分发挥各位专家的作用，集思广益，准确性高；能把各位专家意见的分歧点表达出来，取各家之长，避各家之短等优点。除此之外，它还能避免专家会议法的缺点，如权威人士的意见影响他人的意见；有些专家碍于情面，不愿意发表与其他人不同的意见；出于自尊心而不愿意修改自己原来不全面的意见等。

但德尔菲法还是有过程比较复杂、花费时间较长的缺点。因此，德尔菲法适用于缺乏足够的资料，需作长远规划或大趋势预测，且影响预测事件的因素太多，而主观因素对预测事件的影响较大的决策情况。

3. 名义小组技术

名义小组技术（nominal group technique，NGT），又称名义群体法、名义群体技术等，最早由知名教授德尔贝克提出，并得到很多管理者的支持和推广。名义小组技术是管理者先选择一些对问题有研究或者有经验的人作为小组成员，并向他们提供与决策问题相关的信息。小组成员各自先不通气，请他们独立思考，要求每个人尽可能把自己的备选方案和意见写下来，然后再按次序让他们一个接一个地陈述自己的方案和意见。在此基础上，由小组成员对提出的全部备选方案进行投票，根据投票结果，赞成人数最多的备选方案即为所要的方案。当然，管理者最后仍有权决定是接受还是拒绝这一方案。这种决策"名义"上是小组决策，实际上其中大量加入了个人决策的成分。

（1）名义小组技术的实施步骤。

① 介绍问题。将需要决策的问题分发给参与决策的小组成员，或者直接在会议上当面将问题讲出。要求在任务说明时要附带足够的解释，以便小组成员能够完全掌握问题的本质。

② 个人决策。名义小组法并不是纯粹的小组法，在小组决策之前，首先由个人进行决策，每位小组成员在一段时间（大约十分钟）内默默地思考，并写下尽可能多的想法。

③ 收集信息。邀请小组成员轮流大声地说出一个想法，小组成员只说出想法而不进行深入讨论，若有人当时没有想法，可以说"过"，这个过程到所有成员说"过"或者达到规定的时间，决策组织人员将所有的想法写在活动挂纸上；如果两人或多人想法一致可以合并为一个想法。

④ 小组讨论。轮流讨论每个想法。在讨论的过程中，只有当想法的提出者同意时才可以修改它，或者只有一致同意后才可以把想法从列表中删除。讨论可以解释意义，阐明逻辑或者分析过程，提出并回答问题，或者表示同意与否。

⑤ 形成决策。经过几轮讨论后大家对问题和列出的方案都已经比较熟悉，最后由小组成员单独对每一项进行评分，分值可以是 1~10 分，辅导者最后对所有的评分进行汇总，然后找出分值最大几项作为决策结果。

（2）名义小组技术的优点。

① 在纯粹的小组决策上加入了个人决策的成分，以便让小组所有成员都有参与决策的机会，可以有效地激发个人的创造力和想象力；

② 既有不受相互影响、独立创造的过程，又有一起讨论互动的作用；

③ 组织群体成员正式开会，但不限制每个人的独立思考。

在集体决策中，若对问题的性质不完全了解，且意见分歧严重，而决策要求不高，时间比较紧迫，可采用名义小组技术进行决策。

（3）名义小组技术、头脑风暴法与德尔菲法的核心区别。

①　适用场景差异。

头脑风暴法适用于讨论主题模糊、资料匮乏或信息分散于参与者的场景,要求产出创新且多样化的方案。当个人观点片面、无结构化讨论易陷入混乱时,该方法通过自由联想与想法碰撞(而非"层层选择")激发创意,为后续方案优化提供素材基础。

德尔菲法适用于两类场景:一是信息集中于少数人(具备方案提出能力),需通过群体反馈检验与修正方案;二是群体均缺乏完善方案的能力,需借助专家咨询迭代方案。该方法通过有组织的多轮匿名反馈,实现方案的渐进式优化。

名义小组技术适用于成员具备基础方案提出能力,需从多方案中筛选最优解的场景。具体流程为:成员独立提出方案→集体展示方案→匿名排序→主持人统计筛选最高评价方案。

②　参与主体的差异。

头脑风暴法:以面对面会议形式开展,对参与者无专业资质要求,鼓励跨领域人员自由表达,核心在于激发多元创意的碰撞与融合。

名义小组技术:同样采用面对面交流,但要求参与者具备相关领域实践经验(非严格意义上的"专家"),需基于专业认知提出方案并参与后续表决。

德尔菲法:专家以匿名方式参与,通过主持人多轮函询收集意见,成员间互不知晓身份,有效规避权威效应或群体压力对判断的干扰。

③　决策机制的差异。

头脑风暴法:参会者即兴提出想法→禁止批评否定→汇总全部创意→后期由决策者筛选整合。形成单一优化方案或多创意组合体,侧重创意数量与多样性。

德尔菲法:主持人发放问卷→回收意见整理→匿名反馈给专家→多轮修正直至意见收敛,产出共识性结论,依赖专家意见的趋同度与迭代次数。

名义小组技术:成员独立构思方案→依次陈述方案→匿名投票排序→主持人统计最高分方案,以量化表决结果为导向,追求方案的群体认可度。

④　沟通模式的差异。

头脑风暴法:以现场口头交流为核心,强调即时互动与想法激辩,通过"搭便车效应"(借用他人观点延伸创意)扩大创意池,沟通具有公开性与实时性。

德尔菲法:采用"主持人-专家"单向匿名沟通(以问卷、邮件等文字形式为主),仅在必要时组织非公开讨论会,严格保密专家个人意见,避免信息串扰。

名义小组技术:先由成员独立撰写方案(文字沟通),再在会议中口头陈述,最后通过纸质投票(文字形式)完成筛选,形成"独立思考＋集体表决"的混合沟通模式。

第三节　定量决策方法

定量决策方法常用于数量化决策,应用数学模型和公式来解决一些决策问题,即运用数学工具、建立反映各种因素及其关系的数学模型,并通过对这种数学模型的计算和求解,选择出最佳的决策方案。对决策问题进行定量分析,可以提高常规决策的时效性和决策的准确性。

定量决策的方法主要在确定型决策、风险型决策和不确定型决策三种类型决策中使用。

一、确定型决策

确定型决策是指可供选择的方案只有一种自然状态时的决策,决策者对未来可能发生的情

况有十分确定的比较,可以直接根据完全确定的情况选择最满意的行动方案。

(一) 构成条件

构成一个确定型决策问题必须具备四个条件:

(1) 存在一个确定的自然状态;

(2) 存在一个明确的决策目标;

(3) 存在可供决策者选择的两个或两个以上的行动方案;

(4) 不同的行动方案在确定状态下的损失或利益值可以计算出来。

例如:某企业急需资金进行周转运营,可向三家银行贷款,但三家银行贷款利率不同,分别为3.5%、4.0%和4.5%。企业贷款是必须的,其目标期望是在借贷期利息支出最低,根据所需贷款额度和三家银行的贷款利率可以明确计算出三种方案具体的贷款利息支出。很明显,该企业应向利率最低的银行借款为最佳方案。这就是确定型决策。

因此,日常生活中的个人投资理财决策,企业中确定状态下的库存管理、生产日程计划或设备计划的决策都属于确定型决策。

(二) 确定型决策的方法

确定型决策的方法主要有线性规划决策法、线性盈亏决策法、非线性盈亏决策法、微分极值决策法四种。在这里,介绍常用的两种方法。

1. 线性规划决策法

线性规划决策法即寻找能使一个目标达到最大(或最小)并能满足一组约束条件的一组决策变量值的方法。

例如:某企业生产两种产品,所需资源相同,但该企业资源资料有限,如表 4-2 所示。

表 4-2　　　　　　　　　　　企业生产两种产品资源情况表

企业拥有的资源	每单位甲产品所需消耗	每单位乙产品所需消耗	企业拥有资源的限制条件
原材料(千克)	20	30	600
水电费(元)	20	25	500
劳动力(小时)	30	20	600
单位利润(元)	9	10	—

该企业生产的甲乙两种产品的销路都非常好,生产多少都能够销售完。该企业应该生产甲乙产品各多少单位,能够实现企业的最大利润?

假设该企业生产甲产品 X 单位,生产乙产品 Y 单位,可以获得最大利润。根据已知条件列出方程组:

$$\begin{cases} 20X + 30Y \leqslant 600 & ① \\ 20X + 25Y \leqslant 500 & ② \\ 30X + 20Y \leqslant 600 & ③ \end{cases}$$

求出方程组的解,$X = 14.29$,$Y = 8.57$,能够满足企业获得最大利润的目标:

$$S_{\max} = 9X + 10Y = 214.31(元)$$

因此,可以为该企业做出这样的决策:企业应该生产甲产品 14.29 个单位,乙产品 8.57 个单位,就能够实现企业的最大利润。根据这个决策,还可以进行甲乙产品各项资源的投入量决策和以后继续生产的资源采购决策。

确定型决策的方法(下)

这就是线性规划决策法。在多元化产品的企业,这种决策不再需要人工进行计算得出决策结果,只需要借助计算机,将所有的资源条件和相关数据输入,计算机程序会直接得出最大利润的产品组合决策值。

2. 线性盈亏决策法

线性盈亏决策法是对企业总成本和总收益的变化进行线性分析,目的在于掌握企业经营的盈亏界限,确定企业最优生产规模,使企业获得最大的经济效益,以利于做出合理的决策。其基本原理是盈亏平衡分析,又称量本利分析。

量本利分析是通过分析生产成本、销售利润和产品数量三者的关系,掌握盈亏变化的规律,指导企业选择能够以最小的成本生产最多的产品,并可使企业获得最大利润的经营方案。

量本利分析可以反映各项指标,如图 4-1 所示。

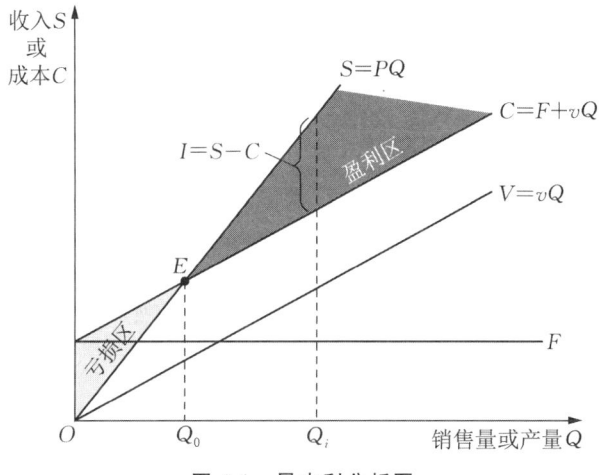

图 4-1 量本利分析图

图中,F 表示固定成本,V 表示可变成本,v 表示单位产品可变成本,C 表示总成本,S 表示销售收入,P 表示单位产品价格,E 表示盈亏平衡点,I 表示利润,Q_0 表示盈亏平衡点时的销售量或产量,Q_i 表示取得一定利润时的销售量或产量。

$$Q_0 = \frac{F}{P-v}$$

$$Q_i = \frac{F+I}{P-v}$$

例如:某公司生产甲产品的固定成本为 100 万元,单位产品可变成本为 1 200 元/台,单位产品售价为 1 600 元/台。要求:对该公司盈亏平衡点时甲产品的产量或销售量进行决策。若该公司期望通过销售甲产品获得 100 万元的利润,对该公司甲产品的产量或销售量进行预测。

本例中已知:$F = 100$ 万元,$v = 1\,200$ 元,$P = 1\,600$ 元,$Q_0 = F \div (P-v) = 1\,000\,000 \div (1\,600 - 1\,200) = 2\,500$(台)。因此,该公司盈亏平衡点时甲产品的产量或销售量为 2 500 台。

当 $I = 100$ 万元时,$Q_i = (F+I) \div (P-v) = (1\,000\,000 + 1\,000\,000) \div (1\,600 - 1\,200) = 5\,000$(台)。因此,该公司实现目标利润时的甲产品的产量或销售量为 5 000 台。

二、风险型决策

风险型决策是指可供选择的方案中存在着两种以上的自然状态,哪种状态可能发生是不确

风险型决策的方法

定的,但可估计其发生的客观概率的决策,也称"随机决策"。在风险型决策中,决策者知道各备选方案所具备的条件,但对每一方案的执行可能会出现的几种不同的结果只有有限的了解,决策时需要冒一定的风险。

（一）构成条件

风险型决策问题必须具备五个条件:

(1) 决策者具有一个希望达到的明确目标(收益较大或损失较小);

(2) 存在两个或两个以上的行动方案可供决策者选择;

(3) 存在两个或两个以上的不以决策者主观意志为转移的自然状态(如产品的销路状态);

(4) 在几种不同的自然状态中,未来究竟会出现哪种自然状态,决策者不能肯定,但是各种自然状态出现的可能性(概率),决策者可以估计或计算出来;

(5) 不同的行动方案在不同自然状态下的损益值可以计算出来。

（二）风险型决策的方法

1. 最大可能法

最大可能法是以最大可能准则为依据。一个事件的概率越大,其发生的可能性就越大。基于这种思想,最大可能准则就是在风险决策问题中选一个概率最大的自然状态的方案,其他的自然状态可以不管,此时风险型决策问题就变成了确定型决策问题,并按照确定型决策问题的模型方法进行处理。

一般来说,比较适宜采用最大可能法的情形是:某一个自然状态出现的概率远远大于其他自然状态,并且在每种自然状态发生的情况下,损益值不存在巨大悬殊。

2. 期望值法

期望值法是以期望值准则为依据。期望值准则就是把每个行动方案的期望值计算出来,加以比较,选择期望值最优的行动方案。

3. 决策树法

决策树法也是以期望值准则为依据。但它是把每个决策方案各种状态的相互关系用树形图表示出来,并且注明对应的概率及其损益值,从而选择最优决策方案。

决策树的构成有五个要素:决策点、方案枝、自然状态点、概率枝、概率枝末端损益值。该方法有许多优点:可以明确地比较各种方案的优劣;可以对某一方案有关的状态一目了然;可以表明每个方案实现目标的概率;可以计算出每一方案预期的收益和损失;可以用于某一个问题的多级决策分析;能表示出不同的决策方案在不同自然状态的结果,显示出决策的过程。

例如:某企业为了扩大某产品的生产,拟建设新厂,根据市场预测,产品销路好的概率是0.7,销路差的概率是0.3,有三种方案可供企业选择:

方案Ⅰ:新建大厂,需投资300万元,据估计,销路好时,每年可获利100万元;销路差时,每年亏损20万元。服务期为10年。

方案Ⅱ:新建小厂,需投资140万元,据估计,销路好时,每年可获利40万元;销路差时,每年仍可获利30万元。服务期为10年。

方案Ⅲ:先建小厂,3年后销路好时再扩建,需追加投资200万元,据估计,扩建后服务期为7年,每年可获利95万元。

要求对这三个方案进行决策:该企业应该如何建设新厂?

运用决策树法,把本例中的关键信息用图形的方式来反映,绘制决策树,如图4-2所示。

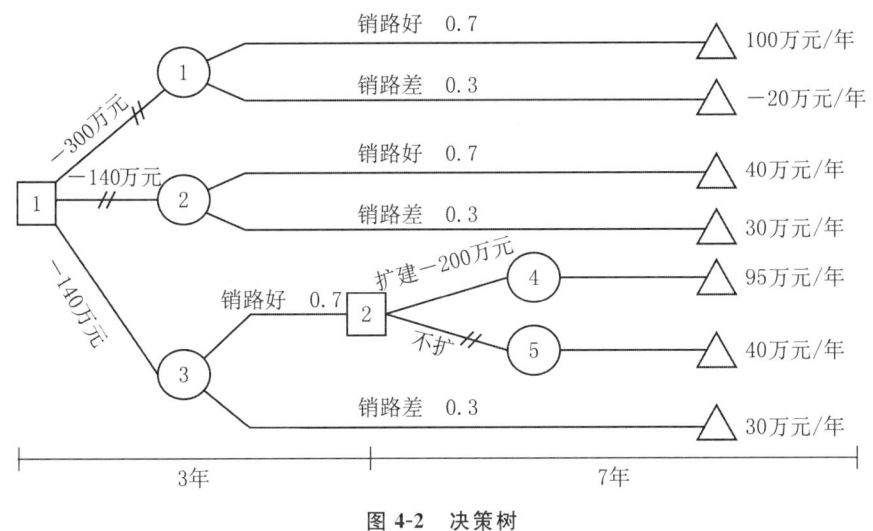

图 4-2　决策树

图 4-2 不仅表示出了不同的决策方案在不同自然状态的结果,而且也显示了决策的过程。在这里,为了简单起见,不考虑资金的时间价值,运用期望值法计算如下。

方案Ⅰ的期望收益:$[0.7 \times 100 + 0.3 \times (-20)] \times 10 - 300 = 340$(万元)

方案Ⅱ的期望收益:$(0.7 \times 40 + 0.3 \times 30) \times 10 - 140 = 230$(万元)

方案Ⅲ中有一个小的决策枝,即 3 年后扩建还是不扩建:

扩建方案的期望收益值:$95 \times 7 - 200 = 465$(万元)

不扩建方案的期望收益值:40×7 年 $= 280$(万元)

很显然,扩建比不扩建好。把不扩建的方案枝剪掉,再来进行方案Ⅲ的决策计算:

方案Ⅲ的期望收益:$(0.7 \times 40 \times 3 + 0.7 \times 465 + 0.3 \times 30 \times 10) - 140 = 359.5$(万元)

比较三个方案的期望收益值,选择方案Ⅲ是最佳的。最后在图中将方案Ⅰ、方案Ⅱ剪枝。

三、不确定型决策

(一)不确定型决策的含义

不确定型决策又称非确定型决策、非标准决策或非结构化决策,是指决策者无法确定备选方案的未来各种自然状态发生的概率,只能靠主观概率判断的决策。不确定型决策所处的条件和状态都与风险型决策相似,不同的是各种方案在未来将出现哪一种自然状态的概率不能预测,因而结果不确定。

(二)不确定型决策的方法

不确定型决策需要通过对影响决策问题变化的各种因素进行分析,估计其中可能发生的自然状态,并计算各个方案在各种自然状态下的损益值,然后按照一定的原则进行选择,即先假定一些准则,根据这些准则求出方案的期望值,然后再确定每一决策问题的最优值。

由于不确定型决策中许多决策的信息数据无法预测,所以决策结果与决策者的个性有关。因此,不确定型决策有五种不同的方法。

例如:某企业打算生产某产品,据市场预测,产品销路有三种情况:销路好、销路一般和销路差;生产该产品有三种方案:改进生产线、新建生产线和与其他企业协作。据估计,各方案在不同情况下的收益,如表 4-3 所示,要求帮助该企业选择合适的方案。

不确定型
决策的
方法

表 4-3   企业生产某种产品收益情况表

方 案	销路好	销路一般	销路差
A 改进生产线	180	130	−40
B 新建生产线	240	100	−80
C 与其他企业协作	100	80	20

1. 等可能性法

等可能性法,也称拉普拉斯决策准则。由于各个方案的各种自然状态发生的概率无法预测,决策者假定自然状态中任何一种发生的可能性都是相同的,通过比较每个方案的损益平均值来进行方案的选择。在利润最大化目标下,选取平均利润最大的方案;在成本最小化目标下,选择平均成本最小的方案。

上述例题中,假设三种自然状态发生的概率分别是 $\frac{1}{3}$,那么:

A 方案的收益平均值 $=180\times\frac{1}{3}+130\times\frac{1}{3}+(-40)\times\frac{1}{3}=90$

B 方案的收益平均值 $=240\times\frac{1}{3}+100\times\frac{1}{3}+(-80)\times\frac{1}{3}\approx86.67$

C 方案的收益平均值 $=100\times\frac{1}{3}+80\times\frac{1}{3}+20\times\frac{1}{3}\approx66.67$

收益平均值 A＞B＞C,所以,选择方案 A 改进生产线为满意方案。

2. 保守法

保守法,也称瓦尔德决策准则或小中取大的准则。决策者不知道各种自然状态中发生的概率,决策目标是在最差的自然状态下避免最坏的结果,力求风险最小。因此,运用保守法进行决策时,首先要确定每一个可选方案的最小收益值,然后从这些方案的最小收益值中选出一个最大值,与该最大值相对应的方案就是决策所选择的方案,因而又称小中取大法。

上述例题中,三个方案的最小收益值 min{−40,−80,20},为了力求风险最小,选择其中最大值 20 所对应的方案 C 与其他企业协作为满意方案。这个决策结果也能反映出决策者保守的个性倾向。

3. 冒险法

冒险法,也称乐观决策法或大中取大的准则。决策者不知道各种自然状态可能发生的概率,决策目标是选最好的自然状态下确保获得最大可能的利润。因此,运用冒险法进行决策时,首先是确定每一个可选方案的最大收益值;然后,在这些方案的最大收益值中选出一个最大值,与该最大值相对应的方案便是决策所选择的方案。由于根据这种准则进行决策,也可能有最大亏损的结果,因而称为冒险投机的准则,又称大中取大法。

上述例题中,三个方案的最大收益值 max{180,240,100},为了追求最大收益,选择其中最大值 240 所对应的方案 B 新建生产线为满意方案。这个决策结果也能反映出决策者冒险的个性倾向。

4. 后悔值法

后悔值法,也称萨凡奇决策准则。决策者不知道各种自然状态可能发生的概率,决策目标是确保避免较大的机会损失。那何谓机会损失呢？机会损失是指现行方案所获得的收益小于被放弃方案可能获得的潜在收益而形成的损失,即各方案在某种自然状态下的后悔值＝各方案某种自然状态下的最大收益－这种自然状态下该方案的收益。

上述例题中,先将决策矩阵从收益矩阵转变为机会损失矩阵,如表 4-4 所示。

表 4-4　　　　　　　　　　　　　　机会损失矩阵表

方　案	销路好	销路一般	销路差
A 改进生产线	60	0	60
B 新建生产线	0	30	100
C 与其他企业协作	140	50	0

然后,三个方案的最大机会损失值,即后悔值 $\max\{60,100,140\}$,人们总是期望后悔程度最小,因此,选择最大后悔值中的最小后悔值 60 所对应的方案 A 改进生产线为满意方案。因此,这种方法又被称为最小最大后悔值法或大中取小法。

5. 乐观系数法

乐观系数法,也称折衷决策法或赫威斯决策准则。决策者不知道各种自然状态可能发生的概率,但可以确定一个乐观系数 $\alpha(0,1)$,运用乐观系数计算出各方案的乐观期望值,并选择期望值最大的方案。

上述例题中,根据调查,决策者确定乐观系数 $\alpha=0.6$,则悲观系数为 $1-\alpha=0.4$。分别计算每一个方案的期望收益值:

A 方案的期望收益 $=0.6\times180+0.4\times(-40)=92$

B 方案的期望收益 $=0.6\times240+0.4\times(-80)=112$

C 方案的期望收益 $=0.6\times100+0.4\times20=68$

对三个方案期望收益值进行对比,其中收益最大的是方案 B,故选择方案 B 新建生产线为满意方案。

定量决策的方法可以提高决策的准确性、最优性、可靠性;可以使决策者从常规事务中解脱出来,把注意力集中在关键性、全局性的重大战略决策方面,间接帮助领导者提高重大战略决策的正确性和可靠性。但它也有一定的局限性,如有些变量难以量化,数学工具专业性较强,应用成本高,不适合常规性决策场景。

实　训

一、实训目的

1. 通过案例分析,提高阅读、观察、思考、分析能力,在充分理解影响决策的各种因素的基础上,掌握日常决策过程中要素分析的方法,提高决策要素分析能力。

2. 通过情景游戏实训,能够充分理解个人决策与集体决策的优点和缺点,提高在不同场景特征中选择合适的决策方式的能力。

3. 通过头脑风暴法提出创业梦想,运用决策理论完成方案论证与筛选,充分了解决策的过程,熟练运用定性决策与定量决策工具。

二、实训内容、组织方式及步骤

实训内容 I:影响决策的因素分析

实训形式:案例分析。

实训步骤:

第一步,实训前准备。参加实训前回顾所学知识,熟悉本次实训的基础理论知识。

第二步,以5~6人的小组为单位阅读以下案例资料。

中国人寿的投资决策

中国人寿资产管理有限公司(以下简称中国人寿)是中国最大的资产管理机构之一,2025年IPE全球资管机构排名中位列全球第29位,蝉联中国榜首,展现出其在全球资管领域的较强竞争力和在中国资管行业的领先地位。公司秉持"一个国寿,一生守护"的理念,以"服务国家发展大局,守护人民美好生活"为企业使命,积极投身于绿色金融和普惠金融领域,推动公司投资青海黄河公司,助力西部清洁能源发展,实现"绿电生产、生态修复、民生改善"的三重共赢,践行了企业的社会责任和使命。

2015年4月,中共中央、国务院印发《关于加快推进生态文明建设的意见》,明确提出"建立绿色金融体系",推广绿色信贷等举措。此后,国家持续大力推动绿色金融发展,支持清洁能源项目,鼓励金融机构服务国家重大战略。

2017年,中国人寿出资80亿元投资"电投黄河(嘉兴)能源投资合伙企业(有限合伙)"债转股基金,专项用于向青海黄河上游水电开发有限责任公司(下称"青海黄河公司")增资。此次投资决策的核心依据包括:青海地区清洁能源资源禀赋突出:太阳能资源丰富,年均日照时长超3 000小时,太阳辐射量仅次于西藏;黄河上游水能充足,为大规模发展光伏与水电项目提供了得天独厚的自然条件;青海黄河公司具备可持续发展优势:其清洁能源装机占比达95.44%,该结构形成较强抗周期能力,与保险资金负债端的长期、稳定需求高度匹配,在利率下行环境中可为中国人寿提供持续稳定的收益。

中国人寿资产管理公司管理层基于对青海黄河公司项目投资价值与发展潜力的精准研判,通过权衡收益与风险,最终做出此次投资决策。2019年末,青海黄河公司混合所有制改革(下称"混改")引战项目落地,12月16日,中国人寿再次以90亿元股权投资领投该项目,成为其第二大股东,此次交易亦成为当年央企混改第一大单。这一时期,国家对清洁能源和绿色金融的支持力度持续加大,市场对清洁能源的需求逐步增长。中国人寿此时追加投资,既顺应了时代发展趋势,又借助政策东风与市场机遇为项目成功奠定基础。从项目实施后的数年成效来看,光伏子阵区植被覆盖率大幅提升,经济、环境等综合效益逐步显现,进一步印证了当时决策时机的正确性。

第三步,根据案例,针对以下问题进行分析讨论,并对小组成员的各种观点进行记录。

1. 试从环境、组织文化、决策者、时间四个因素,分析其对中国人寿2017年出资80亿元投资决策的影响。

2. 2019年中国人寿再次出资90亿元追加投资的原因有哪些?

3. 在不断变化的环境中,管理者如何才能持续做出有效、及时的决策?

第四步,各小组选出一名代表发言,对小组讨论分析结果进行总结。

第五步,对小组成员的各种观点进行分析、归纳和要点提炼,完成简要分析报告。

实训要求:各小组成员都应充分参与案例分析过程,学会进行讨论分析记录,并积极进行讨论,发表各人观点,认真完成实训内容。发言提纲要求语言流畅,条理清晰。分析报告要求能够进行信息的整理归纳,文字简练,条理清晰。

实训内容Ⅱ:个人决策与集体决策游戏

实训形式:情景游戏。

实训步骤:

第一步,实训前准备。参加实训前回顾所学知识,熟悉本次实训的基础理论知识。实训指导老师准备好相关材料:①小组成员(5～6人为宜)信息汇总表;②专家选择顺序。

第二步,以小组为单位根据以下情景进行分析。

海上小岛求生

在9月下旬的某一天,你所乘坐的巨型客轮正在太平洋上航行。突然遇到海上的风暴,轮船倾覆。几名旅客和你漂流到一个荒岛上。现在你们并不知道自己所处的位置在哪里,对岛上的情况也并不了解,不知道岛上会有什么人或动物。岛上的植物看起来都很奇怪。眼前是一片汪洋大海,不知何时才会有船只经过,何时才会有人来救你们。现在你们每人有一件救生衣,身穿比较薄的轻便衣服。每个人有一条小毛巾,随身携带的有一些钱和钥匙。此外,你们还共同拥有14件不同类型的物品:一只药箱、一台手提式收音机、一个打火机、3支高尔夫球杆、7个大的绿色垃圾袋、一个指南针(罗盘)、一根蜡烛、一把手枪、一瓶驱虫剂、一把大砍刀、一个蛇咬药箱、一盒轻便食物、一张防水毛毯、一个空的热水瓶。这14件物品对你们的求生都有一些作用。请你将上述14件物品以其重要性的大小在表4-5中排出顺序,最重要的写上1,最不重要的写上14。注意:不可出现同顺位的情形。

表 4-5 海岛求生决策表

14件物品	小组成员1个人所排顺序	小组成员2个人所排顺序	小组成员3个人所排顺序	小组成员4个人所排顺序	小组成员5个人所排顺序	小组所排顺序	专家所排顺序	个人决策偏差	小组决策偏差
药箱									
手提收音机									
打火机									
高尔夫球杆									
绿色垃圾袋									
指南针									
蜡烛									
手枪									
驱虫剂									
大砍刀									
蛇咬药箱									
轻便食物									
防水毛毯									
空的热水瓶									

第三步,先进行小组成员个人决策。每个人独立思考,不得互相讨论和交头接耳,将上述14件物品按重要性递减方式列出顺序。此项任务需在5分钟内完成,并能在需要时说出所列顺序的理由。

第四步,小组决策。小组进行讨论,就上述14件物品重要性递减方式列出合理的顺序,并尽量争取达成共识。讨论过程中,小组成员可以充分说明自己排序的理由,不轻易妥协,但又要客观冷静,在放弃己见时,要记下放弃的原因。不要去打听别的小组的决策结果,也不要指望实训指导老师会告诉你专家的正确排序。每个小组要指派专人记录小组讨论的最后顺序。只有在不得已时才采用表决法。此项任务需在 20～25 分钟完成。

第五步,专家权威答案公布。各小组都获得小组排序结果后,实训指导老师宣布海岛求生训练专家所排顺序。无论各位同学有无异议,必须接受此顺序作为计分标准。然后实训指导老师传达专家对所排顺序的理由。

第六步,计分。每个人对 14 件物品中每一件的排序数值与专家所列相应物品的排序数值相减,所获差值取绝对值后,将 14 件物品所得的绝对值求和,即为个人决策质量分。若个人所排顺序与专家完全一致,各项差值及差值的绝对值总和均为零,属完全正确,质量最高。反之,差值的绝对值总和愈大,距标准越远,质量越差。然后依同种算法计算出小组决策的质量。

第七步,分析。每个小组注意观察个人得分与小组得分之间的关系和顺序,对小组质量分高于或低于组内最高个人质量分的,回顾最高个人质量分的人在讨论时是怎样说服或屈从于小组成员的。

第八步,以小组为单位,根据下列问题对本次实训进行讨论并记录。

1. 你认为个人决策成功或失败的原因是什么? 集体决策成功或失败的原因是什么?

2. 请分析在此情景游戏中个人决策与集体决策的优缺点。

3. 如何提高个人决策的正确率? 如何提高集体决策的正确率?

第九步,各小组选出一名代表发言,对小组讨论分析结果进行总结。

第十步,对小组成员的各种观点进行分析、归纳和要点提炼,完成情景游戏讨论分析报告。

实训要求:请根据实训步骤完成情景游戏,并在整个过程中积极参与讨论,发表各人观点,认真完成实训内容。发言提纲要求语言流畅,条理清晰。分析报告要求能够进行信息的整理归纳,文字简练,条理清晰。

实训内容Ⅲ:决策的过程与方法

实训形式:头脑风暴。

实训步骤:

第一步,实训前准备。实训前回顾所学知识,熟悉本次实训的基础理论知识。

第二步,以 5～6 人的小组为单位进行讨论,若有创业梦想,请提出自己的创业梦想和估计所需要的资金。

第三步,假设有 10 万元人民币可进行投资,将创业投资大于 10 万元的项目排除。针对资金投入低于 10 万元人民币的项目选出可行性、成功率比较高的,并根据预期收益高低顺序进行排列,小组内投票选择最满意的项目。

第四步,根据以下资料的三个方案进行讨论分析,选择出最满意方案,并由各小组陈述其选择的理由。

10 万元人民币的创业梦想决策

个人梦想 1:开卤煮店

开卤煮店的首要原因是:"我喜欢吃! 有了兴趣才能干下去,对不对? 况且小吃行业还是很有市场的,所以,我决定花 3 万元钱,在大的居民区租一家门面很小的铺面房,雇两个伙计,就用'卤煮火烧'的字号,保证火!"

优势:吃是永久不衰的话题。据市场调查,2024 年"十一"国庆假期 7 天,餐饮企业营业收入与 2023 年国庆假期 7 天相比上涨 2.0%,多家知名餐饮企业、老字号的客流量与收入实现双增长,涨幅在 10% 左右,因此选择方向是正确的。同样是做面条,人家可以做出红火的"面酷",一碗馄饨能卖 4 元也能卖 100 元,创业不在于做什么,而是怎么做。卤煮制作方法简单,省去了高薪聘请厨师的麻烦,小铺面积不求大,所需雇员少,成本较小,收益见效快。还可增加外卖,利用外卖平台吸引顾客。

劣势：民间特色小吃店的生存或许不难，但做大也不容易。首先，最好能开在闹市或者旅游地周边，以吸引流动客源，居民区隐蔽不说，而且不上档次，要想能够打出名声，则需要长久的努力。而且现代人的嘴都比较挑剔，民间小吃实在太多了，加之人们对自己的身体更是百般呵护，关怀备至，因此对小店的卫生要求极高。

结论：属于凭兴趣爱好的小本投资，可行性概率约为70％。

个人梦想2：开家政服务公司

随着人们生活水平的提高，对家政服务的需求不断增加。10万元资金可以用于招聘几个有经验的家政服务人员，再进行一些简单的宣传推广，即可开展业务。主要成本在于人力和宣传，无需大量资金购买设备和库存。

优势：随着人们生活水平的提高以及生育政策的放开，再加上人口老龄化加剧，家庭对家政服务的需求不断增加，涵盖日常保洁、育儿嫂、养老护理等多个方面，市场规模持续扩大，发展前景广阔。家政行业多数服务项目技术含量相对较低，对创业者的学历、专业背景要求不高。启动资金也相对较少，主要用于店租、装修、办公物料和人员工资等，无须购置昂贵设备，可从"夫妻店"或"个人工作室"起步，通过口碑积累客户后再逐步扩大规模。家政服务通常采用先付款后服务或即时结算的模式，不存在漫长的账期问题，创业者能快速回笼资金，有利于公司正常运转，资金流动性好，抗风险能力较强。

劣势：家政服务市场需求大，但市场竞争激烈，知名家政品牌通过品牌效应和市场营销占据了较大市场份额，新进入者会面临较大竞争压力。家政行业缺人是常态，专业人员供不应求，而且员工流动性高，难以保持服务的稳定性。部分家政服务人员文化水平和专业素养较低，缺乏系统培训，服务质量参差不齐，影响客户满意度和公司口碑。家政服务人员与雇主直接接触较多，容易出现服务人员与雇主私下联系接单的情况，导致家政公司流失客户和优秀员工。家政服务需要面对各种复杂的环境和任务，工作场所不固定，创业者不仅需要面对不同客户，还需要负责客户服务、员工管理、市场营销等多项工作，工作强度较高，需要付出更多的时间和精力。

结论：家政服务创业项目受市场需求旺盛、政策支持等有利因素影响，也面临人员管理难、竞争激烈等挑战，综合来看，其可行性概率大致在60％左右。

个人梦想3：非遗手作体验工坊

10万元启动资金的文创类创业项目，适合从"轻资产、强创意、易落地"的方向切入，既能控制成本，又能快速测试市场反馈。因此，选择聚焦1～2项低成本非遗技艺（如剪纸、蜡染、古法造纸、手作香薰等），提供"体验课＋材料包销售＋定制服务"的非遗手作体验工坊。具体选址可在社区或城市商圈，启动资金用于场地租金、装修、工具材料、宣传和备用金，通过开体验课、企业团建、生日会定制等，外加材料包零售产生盈利。

优势：文化背书强，差异化明显。非遗技艺（如剪纸、蜡染、榫卯等）自带"稀缺性"和"文化权威性"，容易形成记忆点和传播话题，减少同质化竞争。体验式消费契合市场趋势。当下消费者（尤其是年轻群体）更倾向"花钱买体验"而非单纯买产品。工坊提供的"亲手制作＋文化讲解"模式，既能满足社交分享需求（如朋友圈晒手作成果），又能让用户获得成就感，复购率（如系列课程、亲子活动）高于普通零售。盈利模式多元，轻资产可控，资金压力小。近年来国家大力扶持非遗传承，地方政府常对非遗相关项目提供补贴（如场地租金减免、文创大赛奖金）；同时，抖音、小红书等平台对"非遗""传统文化"内容有流量倾斜，易通过短视频（如"3分钟学会古法造纸"）低成本获客。

劣势：技艺门槛与师资依赖。需聘请非物质文化遗产代表性传承人或资深手艺人任教，人力成本较高(月薪5 000～10 000元),且名师资源稀缺,可能影响课程稳定性。若技艺简化过度(如"流水线式体验"),又会失去非遗的核心价值,导致口碑下滑。受众面较窄,获客成本高。非遗手作的主力客群是对文化感兴趣的年轻人、亲子家庭或游客,相比"网红手作"受众更垂直。若选址偏离商圈、景区或高端社区,可能面临"流量不足"问题;而精准获客(如小红书投放、社群运营)需持续投入时间和资金,初期可能入不敷出。标准化难,规模化受限。非遗手作依赖手工操作,课程质量易受师资状态、材料批次影响,难以像工业产品一样标准化复制。单店模式受地域流量天花板限制,营收增长缓慢。季节性与节假日依赖明显,生意好坏与节假日强相关。

结论:文创类创业项目受市场需求多元化、文化消费升级等利好因素推动,但也面临创意同质化、盈利模式不稳定等挑战,综合评估其可行性概率约为50%。

第五步,讨论过程中对小组成员的各种观点进行记录。各小组选出一名代表发言,对小组讨论分析结果进行总结。

第六步,对小组成员的各种观点进行分析、归纳和要点提炼,完成资料分析报告。

实训要求:各小组成员都应充分参与讨论过程,并学会进行讨论分析记录,积极发表个人观点,认真完成实训内容。发言提纲要求语言流畅,条理清晰。分析报告要求能够进行信息的整理归纳,文字简练,条理清晰。

三、实训时间及成绩评定

(一) 实训时间

实训内容Ⅰ:案例讨论分析时间以20分钟为宜,各小组代表发言时间控制在3分钟左右。

实训内容Ⅱ:情景游戏实训时间以40分钟为宜。

实训内容Ⅲ:学员提出自己的创业梦想及项目的筛选时间30分钟,资料分析时间和讨论时间控制在20分钟以内。

(二) 实训成绩评定

1. 实训成绩按优秀、良好、中等、及格、不及格5个等级评定。

2. 实训成绩评定要点。

(1) 是否能够正确理解决策的含义、特点,决策的过程和影响因素。

(2) 是否能够理解主观决策和定量决策的适用情况。

(3) 是否理解个人决策与集体决策的优缺点。

(4) 是否能积极参与到案例讨论和情景游戏活动中来。

(5) 是否能积极主动与小组成员交流,能否简练、清楚地整理讨论和交流记录。

小　结

1. 决策是为了达到某一特定的目标而从若干个可行方案中选择一个满意方案的分析判断过程。决策具有目标性、可行性、选择性、适宜性、过程性、动态性的特点。

2. 根据不同标准、从不同角度对具有某种共同性质或特征的决策进行划分而形成不同的决策类型,如战略决策、战术决策和业务决策;程序化决策、非程序化决策;定性决策、定量决策;个人决策和集体决策;确定型决策、风险型决策和不确定型决策等。

3. 一般来说,决策过程大致包括识别问题、明确目标、拟订备选方案、评估备选方案、作出决定选择实施战略、监督与反馈等步骤。

4．进行合理决策经常会受到环境因素、决策者、组织文化、时间因素等诸多因素的影响。除此之外，以前的决策、决策问题的重要性、伦理等也影响决策。

5．主观决策是指在决策中主要依靠决策者或有关专家的智慧来进行决策。主观决策按参与人数可以分为个人决策与集体决策，它们都有各自的优点与缺点。

6．集体决策的典型形式有三种：头脑风暴法、德尔菲法和名义小组技术。这三种方法都有一定的操作程序或步骤，以及适用情况，也有其优点与缺点。

7．定量决策的方法主要在确定型决策、风险型决策和不确定型决策三种类型的决策中使用，且不同类型的决策方法也不尽相同。确定型决策常采用线性规划决策法、线性盈亏决策法；风险型决策常采用决策树法；不确定型决策则与决策者个性有关，其方法有等可能性法、保守法、冒险法、后悔值法、乐观系数法等。

习 题

一、单项选择题

1．一般来说，以下（　　）顺序是正确的决策过程。（①拟定备选方案；②识别问题；③作出决定，选择实施战略；④明确目标；⑤监督与反馈；⑥评估备选方案。）

　　A．②④①③⑥⑤　　　B．②④①⑥③⑤　　　C．④②①③⑤⑥　　　D．②④①③⑤⑥

2．一般面临突发事件，危急情景，需立即采取行动时，适用（　　）决策。

　　A．集体决策　　　　　B．头脑风暴法　　　　C．德尔菲法　　　　　D．个人决策

3．以下（　　）顺序是正确的头脑风暴法的操作程序。（①明确问题；②热身阶段；③准备阶段；④畅谈阶段；⑤重新表述问题；⑥筛选阶段。）

　　A．③②④⑤①⑥　　　B．①③②⑤④⑥　　　C．③②①⑤④⑥　　　D．①⑤②④⑥

4．在决策中可供选择的方案存在着两种以上的自然状态，哪种自然状态会发生是不确定的，且无法确定其发生的概率，这种情况是（　　）类型的决策。

　　A．确定型决策　　　B．常规决策　　　　　C．不确定型决策　　　D．非常规决策

二、多项选择题

1．决策具有以下（　　）特点。

　　A．目标性　　　　　B．过程性　　　　　　C．可行性　　　　　　D．选择性

　　E．适宜性　　　　　F．动态性

2．按决策问题的不同性质和可控程度，可以把决策分为以下（　　）类型。

　　A．确定型决策　　　B．战略决策　　　　　C．风险型决策　　　　D．战术决策

　　E．不确定型决策　　F．业务决策

3．进行合理决策经常会受到以下（　　）因素的影响。

　　A．环境因素　　　　B．组织人数　　　　　C．决策者　　　　　　D．方案数量

　　E．组织文化　　　　F．时间因素

4．确定型决策的方法中，线性盈亏决策法的基本原理是盈亏平衡分析，盈亏平衡分析主要根据下列（　　）要素来决策盈亏平衡点的产量或销量。

　　A．固定成本　　　　B．产品性能　　　　　C．单位产品价格　　　D．经营时间

　　E．单位可变成本　　F．生产人员

三、判断题

1．决策是为了达到某一特定的目标而从若干个可行方案中选择一个最优方案的分析判断

过程。 （　）

2. 决策的重点是进行方案的分析比较。 （　）

3. 按决策性质或是否重复,可分为程序化决策和非程序化决策。 （　）

4. 头脑风暴法实施过程中鼓励批评,禁止表扬,重在数量。 （　）

5. 德尔菲法中从事预测的专家彼此知道什么人参加预测,他们是在互相了解的情况下交流思想的。 （　）

四、思考题

1. 某厂生产一种产品,其总固定成本为 70 万元,单位产品变动成本为 35 元/件,产品销售价格为 70 元/件。该厂生产这种产品的盈亏平衡点产销量应为多少? 如果要实现利润 35 万元,其产销量应为多少?

2. 某公司计划未来三年生产某种产品,根据预测估计,这种产品市场状况的概率分别为:畅销为 0.2,一般为 0.5,滞销为 0.3。现提出大、中、小三种批量的生产方案,三种生产方案的初期投资分别为 22 万元、18 万元、12 万元。三种方案各自然状态下的年损益值如表 4-6 所示,该公司应选择哪种批量进行生产能取得最大经济效益?

表 4-6　　　　　　　　　　各方案年损益值表　　　　　　　　　　金额单位:万元

方　案	畅销(0.2)	一般(0.5)	滞销(0.3)
大批量	40	30	—10
中批量	30	20	8
小批量	20	18	14

3. 小吃店的生意越来越好,为扩大经营,老板拟订了三个方案:方案一,在邻近街区再开一家分店;方案二,盘下隔壁的小吃店扩大经营;方案三,装潢店面,招揽顾客。老板对三个方案在不同市场需求下的收益做了市场预测,具体情况如表 4-7 所示。

表 4-7　　　　　　　　　　各方案每天收益表　　　　　　　　　　金额单位:万元

方　案	高需求	中需求	低需求
方案一	1 000	600	—200
方案二	750	450	50
方案三	300	300	80

试用等可能性法、保守法、冒险法、后悔值法、乐观系数法($\alpha = 0.7$)进行决策分析。

第五章 目标与计划

第一节 目标与目标管理

一、目标的含义与重要性

(一)目标的含义

目标是指人对活动预期结果的主观设想,是在头脑中形成的一种主观意识形态,也是活动的预期成果。组织目标是组织根据组织的使命提出的在一定时期内所要达到的预期成果。组织目标是使命的具体化,是一个组织在一定的时间内奋力争取达到的、所希望的未来状况。一个人有自己的目标,一个组织也有其目标。正如赛跑要先确定终点一样,一个人或一个组织想要有效地管理有限的资源,都必须先明确目标。

目标的
含义与
重要性

(二)目标的重要性

对于个人而言,目标是工作和生活的方向,明确的目标会为生活和工作指引方向。目标会引导人们去做内心一直渴望去做的事情。清晰的目标是人们产生动力的源泉,它会不停地激励我们朝着目标前进。

有清晰目标的人比没有目标的人更容易走向成功。为了更好的生活和工作,每个人都应当为自己的生活和工作制定一个明确的目标,并为了自己的目标不懈努力。

对于组织而言,组织目标规定了每个组织成员在特定时期内要完成的具体任务,从而使整个组织的工作能在特定的时刻充分地融为一体。没有明确的目标,整个组织就会成为一盘散沙,管理也必然会杂乱无章。因此,组织目标是组织存在的前提,是组织开展各项工作的基础,是管理者和组织中所有成员的行动指南,在管理中起着重要的作用。

1. 目标是组织进行计划和决策的基本依据

只有明确了组织的目标,才能确定为了实现目标必须开展什么工作,各项工作需要配置何种资源、各配置多少,等等。因此,目标是计划的基础。在管理工作中,管理者时常面临各种问题的决策,在决策过程中,管理者只有对组织目标有清晰的了解,才能判断该问题是否需要解决、应该解决到何种程度、应该选择什么样的方案、应该怎么做才是组织行动的正确方向。目标不清,就无法作出决策。

2. 目标是组织内部分工和协调的准则

组织的目标实现有赖于全体组织成员的共同努力。组织结构如何设置、成员之间如何分工,都必须在明确了组织目标之后才能进行。为了维护组织的稳定,减少冲突和矛盾,组织成员往往需要了解其他成员的工作,以便有效地予以配合,但由于人数众多和工作内容的差异,成员间的相互了解存在较大困难,此时,组织目标就提供了组织成员相互了解的途径。组织中每个成员的工作都是以实现组织目标为基础的,只要了解了组织的目标体系,就可以了解组织中其他成员的工作内容及其各项工作的重要程度,从而搞好相互之间的协作和配合,减少工作中的冲突和矛盾。

3. 目标是组织高效率的前提,也是业绩考核的基本依据

效率和效益相比,效益是第一位的。要改进和提高组织的效率,就必须搞清组织的目标是什么,并沿着这个方向努力,使有限的资源发挥最大限度的作用。组织成员的努力工作必须以符合组织目标为前提。对组织成员的业绩考核一般是根据其行为是否符合组织目标及其对组织目标的贡献大小来评估的,因此,组织目标也是进行绩效考核的基本依据。

4. 目标是组织管理者使用的重要激励手段

为了调动组织成员的工作积极性,管理者常采用物质激励的方式。而事实上,真正能够调动员工内在工作热情的是具有吸引力的目标。如果管理者能够提出一个使全体员工为之振奋的目标,并树立其信心,不仅能够减少眼前物质刺激的压力,而且可以使员工在工作中努力克服可能遇到的各种困难,致力于最终目标的实现。

 拓展阅读

横渡卡塔林纳海峡

1952 年 7 月 4 日清晨,一位 34 岁的叫查德威克的妇女,开始了横渡卡塔林纳海峡的壮举,要是成功了,她就是第一个游过这个海峡的妇女。

那天早晨,天气很冷,海水冻得她身体发麻,雾也很大,她连护送她的船都几乎看不到。时间一个小时一个小时过去了,千千万万的人在电视上注视着她。有几次,鲨鱼靠近了她,被人开枪吓跑了,她仍然在游。在以往这种渡海游泳中她的最大问题不是疲劳,而是刺骨的水温。

15 个小时之后,她被冰冷的海水冻得浑身发麻。她知道自己不能再游了,就叫人拉她上船。她的母亲和教练在另一条船上,他们都告诉她海岸很近了,叫她不要放弃。但她朝加州海岸望去,除了浓雾什么也看不到。

几十分钟之后,从她出发算起 15 个小时 55 分钟之后,人们把她拉上了船。又过了几个小时,她渐渐觉得暖和多了,这时却开始感到失败的打击。她不假思索地对记者说:"说实在的,我不是为自己找借口。如果当时我看得见陆地,也许我能坚持下来。"人们拉她上船的地点离加州海岸只有半英里!后来她说,真正令她半途而废的不是疲劳,也不是寒冷,而是因为她在浓雾中看不到目标。

　　查德威克小姐一生中就只有这一次没有坚持到底。两个月之后,她成功地游过了同一个海峡。她不但是第一位游过卡塔林纳海峡的女性,而且比男子的纪录还快了大约两个小时。

　　查德威克虽然是个游泳好手,但也需要看见目标才能鼓足干劲完成她有能力完成的任务。因此,当你规划自己的成功时千万别低估了制定可测目标的重要性。

二、制定目标的原则

目标制定的原则

　　什么样的目标是好目标? 当制定目标时,无论是个人还是组织,都需要遵循 SMART (specific, measurable, attainable, relevant, time-bound)原则。该原则是美国管理大师彼得·德鲁克 1954 年在其名著《管理实践》中提出的,按照这个原则制定出的目标才能保证可实施、可跟进、可考核,也更容易实现。而且 SMART 原则用于组织目标的制定,更有利于员工明确高效地工作,更为管理者对员工实施绩效考核提供了考核目标和考核标准,使考核更加科学化、规范化,更能保证考核的公正、公开与公平。

(一)具体性

　　具体性(specific)是指制定的目标要具体、明确,不能笼统。所谓明确就是要用具体的语言、清楚地说明要达成的行为标准。明确的目标几乎是所有成功团队或组织的一致特点。很多团队或组织不成功的重要原因之一就是因为目标定得模棱两可,或没有将目标明确有效地传达给相关人员。如某企业对销售人员提出的目标"增强客户意识",这个目标的描述就缺乏明确性,不具体,因为增强客户意识有许多具体的内容。可以制定这样一个具体的"增强客户意识"的目标,"减少客户投诉,将客户投诉率从 3‰ 减低到 1‰",那么,目标具体明确了,销售人员才能知道如何做、做到什么程度才是达到目标了。

(二)可衡量性

　　可衡量性(measurable)是指制定的目标要数量化或者行为化。验证这些目标的数据或者信息是可以获得的,应该有一组明确的数据作为衡量是否达成目标的依据。如果制定的目标没有办法衡量,就无法判断这个目标是否实现。比如"为所有的老员工安排进一步的管理培训"目标,其中"进一步"是一个既不明确也不容易衡量的概念,是不是只要安排了这个培训,不管谁讲,也不管效果好坏都叫"进一步"? 因此,应该制定的目标可以是:"在什么时间完成对所有老员工关于某个主题的培训,并且在课程结束后,学员的平均分要达到 85 分以上,如果低于 85 分就认为效果不理想,高于 85 分就是所期待的结果。"此时的目标则变得可以衡量。

(三)可行性

　　可行性(attainable)是指制定的目标在付出努力的情况下可以实现。避免设立过高或过低的目标。目标过高或过低都无法产生激励作用。目标过高,可望而不可及,无论如何努力都无法达到,会令人灰心丧气;目标过低,不需要任何努力就能够达到,会令人丧失行动力。在管理工作中,目标是要能够被执行人所接受的,如果上级利用一些行政手段,利用权力性的影响力一厢情愿地把自己所制定的目标强压给下级,下级典型的反映就是心理和行为上的抗拒:"我可以接受,但是否能完成这个目标,有没有最终的把握,这个可不好说。"一旦有一天这个目标真完成不了的时候,下级会有一百个理由推卸责任:"你看,我早就说了,这个目标肯定完成不了,但你坚持要压给我。"因此,制定的目标是要"跳一跳能够得着的目标",才能够激发人努力去实现目标的动力。

(四)相关性

　　相关性(relevant)是指实现此目标与其他目标的关联情况。如果实现了这个目标,但对其他的目标完全不相关，或者相关度很低，那这个目标即使达到了，意义也不是很大。比如一个公司要求做前台接待的员工学英语，因为接电话的时候可以用得上，此时提升英语水平和前台接电话的服务质量有关联，即学英语的目标与提高前台工作水准的目标直接相关；但如果要求员工去学习数学函数关系，则与她的工作相关性就比较低，因为前台接待学习数学函数关系的目标与提高前台工作水准的目标相关度很低，她学了却用不上，就会缺乏积极性，可能就学不好，也就不能实现让她学习的目标。

（五）时限性

时限性（time-bound）是指要设定目标完成的期限。例如，某公司将在 2021 年 8 月 31 日之前完成某项目，8 月 31 日就是一个确定的时间限制。没有时间限制的目标没有办法考核，或带来考核的不公平。上下级之间对目标轻重缓急的认识程度不同，上级着急，但下级不知道，到头来上级可能暴跳如雷，而下级却觉得委屈。没有明确的时间限定也会带来考核的不公正，伤害工作关系，伤害下级的工作热情。

在现实生活中，无论是企业或组织制定工作目标，还是个人制定自己的目标时，都必须符合上述原则，五个原则缺一不可。只有遵循这五个原则制定出的目标才是好目标，才是能够激励人去实现的目标。

三、制定目标的过程

无论是个人，还是组织，制定目标都是一项非常复杂的工作。目标制定的过程有以下几个步骤：

（一）环境和追求分析

1. 外部环境分析

通过对影响组织目标制定和组织生存发展的外部环境分析，如有关国家政治、经济政策和法规、社会消费倾向的变化、科学技术的发展等，明确组织未来生存发展可能面对的机会和威胁、可以利用的社会资源和能力。

2. 内部实力分析

通过对以往组织目标和完成情况的分析，以及对组织所拥有的物质资源、资金条件、人员素质、管理水平和组织未来可能发生的变化等方面的分析，明确组织能够做什么、可以利用哪些资源和能力、不能做什么、通过创新还能做什么，即确定自身的实力。

3. 愿景和追求分析

通过对组织成员、特别是领导层价值观和志向的分析，明确组织成员愿意做什么、不愿意做什么，以及希望做到何种程度，即明确发展的目标和组织成员的群体价值观和追求。

（二）拟订总体目标方案

在对组织进行内外环境、愿景和追求等系统分析基础上，为了保证组织目标的切实可行，所提出的各目标方案必须是在外部环境允许（即可以做）、内部条件具备（即能够做），而且符合组织成员价值观（即愿意做且认为值得做）的范围之内。在制定每一个可行的总体目标方案时，都要明确服务方向（即做什么）和服务对象（即为谁做），以及贡献率（即做到何种程度）。

（三）评估总体目标可行方案并选择决策方案

运用科学决策对所提出的总体目标可行方案进行分析论证，从中选出一个满意的方案。进行评估时主要从以下几个方面进行：

1. 限制因素分析

分析哪些因素会影响目标的实现程度,有多大影响。特别要对比分析组织与竞争者之间的实力,看组织是否有可能在竞争中取得一定的竞争优势。

2. 潜在问题分析

对实施每一目标方案时可能发生的问题、困难和障碍进行预测分析,看组织是否有能力解决这些可能遇到的问题。

3. 综合效益分析

综合分析实施每一个方案时可能获得的种种效益,包括社会的和本组织的各方面效益,看是不是组织能够取得最大效益的方案。

(四)总体目标的分解和具体化

无论是个人的总体目标还是组织的总体目标,都需要进行分解和具体化。目标分解就是将总体目标在纵向、横向或时序上分解到各层次、各部门甚至具体人,形成目标体系的过程。目标分解是明确目标责任的前提,是使总体目标得以实现的基础,是综合—分析—综合的科学思维方法在目标管理中的具体运用。目标分解不是目的,而是为了更好地保证整体目标实现的手段。因此,目标分解对于开展管理活动来说是极为重要的。目标分解有两种基本形式:

1. 按空间关系分解

按空间关系分解是指按组织管理系统的权责关系进行目标分解。由于组织管理系统是纵横交错的主体网络,所以目标分解又有纵向分解和横向分解两种形式。纵向分解是贯彻直线负责制,即从上至下进行分解,达到层次具体、层层落实的目的。横向分解是贯彻职能部门负责制,即各职能部门的分解,如图 5-1 所示。

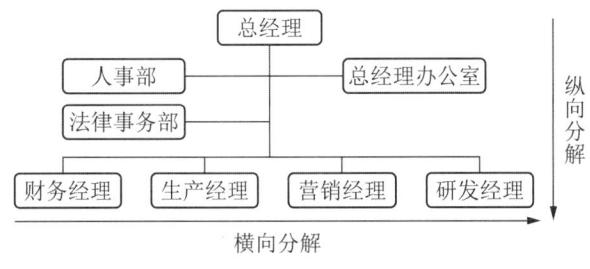

图 5-1 目标的空间关系分解

2. 按时间关系分解

管理目标必须有明确的期限,才能激励人们为之奋斗,一步一步地实现目标,否则管理目标将成为没有终点的"马拉松"比赛,是没有意义的。因此,目标与时间是紧密联系在一起的。为了实施有效的控制,掌握实现目标的进度,就需要把总体目标按照实现的时间顺序分解成不同阶段、不同时间的目标,这就是目标按时间关系分解。如把总体目标按时间分解成长期目标、中期目标、短期目标。同理,也可以将年度目标分解成为季度目标、月目标和日目标。

目标分解的过程也是建立目标系统的过程,因此必须把握住组织管理系统的整体目标,经过科学的分解,使之成为一个空间关系、时间关系、权责关系都非常明确的、协调的有机整体。个人的总目标也可按上述方式进行分解,特别是按时间关系分解。

(五)目标体系的优化

通过总体目标的分解和具体化,组织会形成一个多层次、多部门的目标体系,这个目标体系中的各目标需要相互协调、相互配合才能真正使总体目标得以实现。如果目标体系中的各目标不能互相协调和配合,就会在目标制定和实施中出现对个别部门有利而对其他部门不利或有害的现象。如生产部门以大批量、重复生产降低成本为目标,而销售部门以小批量、多品种满足消费者个性化需求为目标,两者之间若不加以协调,就会影响相互间的合作与配合,不仅影响部门目标的实现,也会影响组织总目标的达成。组织目标的协调主要通过三方面的工作加以开展。

1. 横向协调

横向协调是指对组织中处于同一层次的不同目标之间进行相互协调。如降低成本的目标和提高员工收入的目标,研发、生产、营销、财务等各部门之间的目标要有机联系,相互支持。管理的作用就在于力求以有限的资源实现尽可能多或高的目标,因此,在制定目标时要尽可能将表面上似乎是矛盾的、不同性质的目标有机地加以协调。

2. 纵向协调

纵向协调是指组织中不同层次的目标之间要上下协调。如总体目标与部门目标之间,部门目标与岗位目标之间要保持一致。上一层次的目标要分解细化为下一层次的具体目标,下一层次的具体目标必须能够保证上一层次目标的实现。其中最为重要的纵向协调是组织目标与个人目标之间的协调,管理者要努力寻求组织目标和个人目标之间的结合点,并创造机会使每一个组织成员在完成组织目标的同时个人目标也能得以实现,从而为组织目标的实现提供保证。

3. 综合平衡

综合平衡是指明确各目标的优先顺序和重要程度,突出重点。因为尽管进行了横向和纵向的协调,在实际执行过程中仍有可能出现目标之间相互冲突的情况,为此,必须事先明确各目标的优先顺序,以便在目标冲突时不会忙中出错,因小失大。

 拓展阅读

马拉松运动员的故事

山田本一是日本一位著名的马拉松运动员。1984 年,在东京国际马拉松邀请赛中,名不见经传的日本选手山田本一出人意外地夺得了世界冠军。当记者问他是凭什么取得如此惊人的成绩时,他说了这么一句话:凭智慧战胜对手。

当时许多人都认为这个偶然跑到前面的矮个子选手是在故弄玄虚。马拉松赛是体力和耐力的运动,只要身体素质好又有耐力就有望夺冠,爆发力和速度都还在其次,说用智慧取胜确实有点勉强。

两年后,意大利国际马拉松邀请赛在意大利北部城市米兰举行,山田本一代表日本参加比赛。这一次,他又获得了世界冠军。记者又请他谈经验。山田本一性情木讷,不善言谈,回答的仍是上次那句话:用智慧战胜对手。这回记者在报纸上没有再挖苦他,但对他所谓的智慧迷惑不解。

十年之后,这个谜底被揭开了。山田本一在自传中这样写道:"每次比赛之前,我都要乘车把比赛的路线仔细地看一遍,并把沿途比较醒目的标志画下来,比如第一个标志是银行;第二个标志是一个古怪的大树;第三个标志是一座红房子……这样一直画到赛程的终点。比赛开始后,我就以百米的速度奋力地向第一个目标冲去,到达第一个目标后,我又以同样的速度向第二个目标冲去。40 多千米的赛程被我分解成几个小目标,跑起来就轻松多了。起初,我并不懂这样的道理,我把目标定在 40 多千米外终点线上的那面旗帜上,结果我跑到十几千米时就疲惫不堪了,我被前面那段遥远的路程给吓倒了。"

山田本一说的不是假话,众多心理学实验也证明了山田本一的做法是正确的。心理学家得出了这样的结论：当人们的行动有了明确目标，并能把自己的行动与目标不断地加以对照，进而清楚地知道自己的行进速度与目标之间的距离，人们行动的动机就会得到维持和加强，就会自觉地克服一切困难，努力达到目标。确实，要达到目标，就要像上楼梯一样，一步一个台阶，把大目标分解为多个易于达到的小目标，脚踏实地向前迈进。每前进一步，达到一个小目标，就会体验到"成功的喜悦"，这种"感觉"将推动他充分调动自己的潜能去达到下一个目标。

四、目标管理

（一）目标管理的含义

目标管理
的含义与
特点

目标管理（management by objective，MBO）是美国管理大师彼得·德鲁克在《管理实践》中最先提出来的，之后便在美国迅速流传。当时正是第二次世界大战后西方经济由恢复转向迅速发展的时期，企业急需采用新的方法调动员工积极性以提高竞争能力，目标管理的出现应运而生，遂被广泛应用，并很快为日本、西欧国家的企业所仿效，在世界管理界大行其道。

德鲁克认为，并不是有了工作才有目标，相反，是有了目标才能确定每个人的工作。所以"企业的使命和任务，必须转化为目标"，如果一个领域没有目标，这个领域的工作必然被忽视。因此管理者应该通过目标对下级进行管理，当组织最高层管理者确定了组织目标后，必须对其进行有效分解，转变成各个部门以及每个人的分目标，管理者根据分目标的完成情况对下级进行考核、评价和奖惩。

因此，目标管理是一种综合的以工作为中心和以人为中心的管理方法，它先由一个组织中的上级管理人员与下级管理者、员工一起制定组织目标，并由此形成组织内每一个成员的责任和分目标，明确规定每个成员的职责范围，最后又用这些目标来进行管理、评价和决定对每一个部门和成员的奖惩。目标管理有四个特点：

（1）组织目标是共同商定的，而不是上级直接下压给下级的。

（2）总目标决定分目标，即根据组织总目标来决定每个部门和个人担负什么任务、责任及应达到的分目标。

（3）个人和组织的活动以目标为中心。作为组织部门和个人的活动都是围绕着组织总目标和分目标而展开的，通过这些目标将履行职责与实现目标紧密地结合起来。

（4）考核以目标实现情况为依据。对个人和部门的考核和奖惩也都以目标的实现情况为依据。

（二）目标管理的基本思想

目标管理在指导思想上是以 Y 理论为基础的（Y 理论认为，在目标明确的情况下，人们能够对自己负责），具体方法上，则是科学管理理论的进一步发展，强调通过目标来进行管理。其基本思想可以概括为以下三个方面：

1. 以目标为中心

目标管理强调明确目标是有效管理的前提。明确的目标使整个组织有了协同行动的准则，使每个成员的思想、意志、行动统一在一起，以最经济有效的方式去实现目标。在目标管理中，注重目标的制定，各分目标都必须以总目标为依据，计划的制定和执行也以目标为导向，任务完成后又按目标的完成情况进行考核和奖惩。因此，目标管理把重点放在目标的实现上，而不是行动本身，避免了管理工作的盲目性和随意性。

2. 强调系统管理

任何组织都会有不同层次、不同性质的多个目标，组织规模越大、人员越多，发生冲突和浪费的可能性就越大。因此,目标管理强调总目标的分解,但各部门也要克服部门的本位主义,突出协调性,强调总目标和分目标之间以及分目标和分目标之间的相互协调和配合,形成相互支援的目标网络体系,从而保证组织目标的系统性、整体性和一致性。

3. 重视人的因素

目标管理是一种参与式的、民主的、自我控制的管理制度,是把个人需求与组织目标结合起来的管理制度。目标管理强调以人为中心,重视人的因素,通过工作的目的性、管理的自我控制、个人的创造性来进行管理。目标管理强调目标是上下级共同协商制定的,所有人都是目标的制定者,也是目标的实施者。因此,目标管理能够使组织成员发现工作的兴趣和价值,激发各级人员实现目标的自主性、积极性和创造性,享受工作的满足感和成就感。

(三)目标管理的程序

1. 组织目标的制定和展开

组织目标的制定和展开是实施目标管理的第一阶段,也是最重要的阶段。组织目标的制定与展开过程分四步:

(1)最高层管理人员预定目标。组织目标的制定一般由高层管理者根据组织的特点和发展,通过组织内外部环境的分析,初步确定组织在今后一段时期内的发展方向、期望的目标和要完成的主要任务,然后和下属进行讨论、修改、确定。

(2)重新审议组织结构和职责分工。在预定目标后,需重新审议现有的组织结构,根据目标作出适当变动,明确职责,要求每一个目标都有人负责,每一个目标都有明确的责任部门和责任人。

(3)共同确定下级的目标。上级和下级共同商定下级的目标,共同讨论下属能做什么,有什么困难,需要什么帮助等。

(4)上下级协商达成协议。上下级就实现目标所需要的条件和达到目标后的奖惩事宜达成协议,上级授予下级相应的权力。双方协商后,上下级签署书面协议。

2. 目标的实施

目标管理在实施阶段强调自主、自我管理,但是管理人员在实施过程中要加强对下属的指导和帮助,做好基础管理工作,完善必要的规章制度,形成日常工作靠规章制度、业务工作靠目标管理的工作模式。

3. 总结和评价所取得的成果

目标管理以制定目标为起点,以考核目标完成情况为终结。在预定的期限后,由下级提出书面总结报告,上下级一起对目标完成情况进行评估考核,考核应以目标为依据,不能目标是一套,考核又是另一套。考核的标准、过程、结果应当公开,下属对考核结果有意见,应允许申诉,并认真处理。最后,根据最终考核结果按前期协议决定奖惩,鼓励先进,鞭策落后。

(四)目标管理的评价

1. 目标管理的优点

目标管理是一种很实用的管理方法,国内外不少企业都采用这种方法进行经营管理。目标管理有很多优点:

(1)避免管理工作的盲目性、随意性。通过目标管理,可使各项工作都有明确的目标和方向,从而避免工作的盲目性、随意性,避免形式主义和做无用功。

(2)提高组织整体工作的协调一致性。通过目标的系统分解,组织总目标与分目标之间的协调和配合,保证组织整体工作的一致性。

（3）充分发挥员工的进取心、责任感和积极性，有助于增强全体员工的团结合作精神和相互凝聚力。目标管理强调参与性，管理者将组织总目标、部门分目标与员工的个人目标相结合，能够充分发挥每个成员的内在潜力和积极性，也有利于提高组织成员的团结合作精神和内部凝聚力。

（4）有助于实现有效控制。目标管理以目标为依据，运用目标激励人的行为，可以解决控制工作中的两个难点：控制标准和控制手段问题，使控制工作落到实处。

2. 目标管理的不足

哈罗德·孔茨教授认为目标管理尽管有许多优点，但也有许多不足，这些不足大多与目标管理运用不当有关。目标管理在实际工作中常出现的问题有：

（1）强调短期目标，易诱发短期行为。大多数目标管理中的目标通常是一些短期的目标：年度的、季度的、月度的等。短期目标比较具体也易于分解，易迅速见效；而长期目标比较抽象难以分解，因时间长短期内难见效果。所以，在目标管理的实施中，组织似乎常常强调短期目标的实现而忽视长期目标，或以损害长期利益为代价，换取短期目标的实现，这样的短期行为影响组织的长远发展。为防止这种现象的发生，高层管理人员必须从长远利益来设置各级管理目标，并对可能出现的短期行为作出某种限制性规定。

（2）目标设置比较困难。真正可用于考核的目标很难设定，因为组织总目标是大家共同合作的成果，这种合作很难确定谁已做多少，谁应做多少，谁的贡献多，谁的贡献少。尽管大家都希望可以度量，但实际上有些组织目标只能定性地描述，如一个企业的后勤部门，其职责是有效地服务组织其他部门或成员，虽然可以采取一些量化指标来度量，但还是不能完全体现其"有效服务"的程度。更何况，要让各级管理人员的目标都具有正常的"紧张"和"费力"程度，即"不跳够不到""跳一跳够得到"的合理程度，也是非常困难的。而这个问题恰恰是目标管理能否取得成效的关键。为此，目标设置要比展开工作和拟订计划更困难，花费的时间和精力更多。

（3）缺乏灵活性。目标管理要取得成效，就必须保持目标的明确性和肯定性。如果目标经常发生改变，说明计划没有经过深思熟虑，所确定的目标没有意义。但是，如果目标管理过程中环境发生了重大变化，特别是在上级部门原有的目标已经修改、或政策已发生变化的情况下，还要求各级管理人员继续为原有的目标而奋斗，显然是愚蠢的。然而，由于目标是经过多方磋商确定的，要改变它也不是轻而易举的事，常常修订一个目标体系与制定一个目标体系所花费的精力和时间是差不多的，结果很可能是不得不中途停止目标管理的进程。中国有句俗话叫作"以不变应万变"，许多人认为这是僵化的、非权变的观点，实际上所谓不变的不是组织本身，而是客观规律，掌握了客观规律就能应万变，这才是真正的更高层次的权变观。

（4）目标管理不注重过程，它忽视对目标实施手段的控制。目标管理最突出的特点是强调成果管理和自我控制。目标管理以制定目标为起点，以目标完成情况的考核为终点。工作成果是评定目标完成程度的标准，是人事考核和奖评的依据，也是评价管理工作绩效的重要标志。至于完成目标的具体过程、途径和方法，上级并不会过多干预。所以，在目标管理制度下，监督的成分很少，而控制目标实现的能力却很强。

第二节 计划的编制

一、计划概述

"凡事预则立，不预则废"出自《礼记·中庸》，是中华民族传承千年的智慧结晶。其核心思想是：做任何事情，若能事先做好规划与准备，往往容易取得成功；反之，若缺乏计划、疏于准备，则大概率会遭遇挫折。

计划作为动词，通常是指管理者确定必要的行动方针，以期在未来的发展中能够实现目标的过程，也就是计划工作。而计划作为名词，是指用文字和指标等形式所表述的、组织以及组织内不同部门和不同成员在未来一定时期内关于行动方向、内容和方式安排的管理文件。

计划既是决策所确定的组织在未来一定时期内的行动目标和方式在时间和空间上的进一步展开，又是组织、领导、控制和创新等管理活动的基础。

（一）计划的内容或要素

计划的含义和要素

计划的目的是实现组织所提出的各项目标，每一项计划都是针对某一个特定的目标，因此，一项计划首先要明确该项计划所针对的目标，在目标明确以后，在计划中还必须说明做什么（what）、为什么要做（why）、谁去做（who）、何地做（where）、何时做（when）、如何做（how）、需要投入多少资源（how much）等基本问题。

除此之外，为了在实施过程中明确在什么情况下需要修改计划，在一项计划中还应说明该项计划有效的前提条件；为了增强计划的适应性，要注明当实际情况与计划前提条件不符时应采取的措施；为了便于在情况发生较大变化、计划实施条件不具备时，能够判断是应该放弃该计划还是要竭尽全力、创造条件完成计划。计划书中还应说明进行这项计划工作或实现相应目标的意义或重要性。因此，一项完整的计划应该包含的内容或要素，如表 5-1 所示。

表 5-1　一项完整的计划应包含的内容或要素

要　素	内　容	所要回答的问题
前提	预测、假设、实施条件	该计划在何种情况下有效
目标（任务）	最终结果、工作要求	做什么、做到何种程度
目的	理由、意义、重要性	为什么要做
战略	途径、基本方法、主要战术	如何做
责任	人选、奖罚措施	谁做、做得好坏的结果
时间表	起止时间、进度安排	何时做
范围	组织层次或地理范围	涉及哪些部门或何地
预算	费用、代价	需投入多少资源、付出怎样的代价
应变措施	最坏情况计划	实际与前提不相符怎么办

（二）计划的表现形式

根据计划的定义，现在所做的针对未来活动的工作都属于计划的范畴，因此，在实际工作中，计划有多种表现形式。美国管理学家哈罗德·孔茨和海因茨·韦里克从抽象到具体把计划分为宗旨、目标、战略、政策、程序、规则、规划和预算八个层级，如图 5-2 所示，而这八个层级都是计划的表现形式。

1. 宗旨

宗旨（purposes）是指社会赋予组织的目的或使命，即一个组织是干什么的和应该干什么。比如，学校的使命是教书育人，法院的使命是解释和执行法律，医院的使命是治病救人等。不同的组织表现为不同的宗旨，这也是一个组织存在的基本理由。

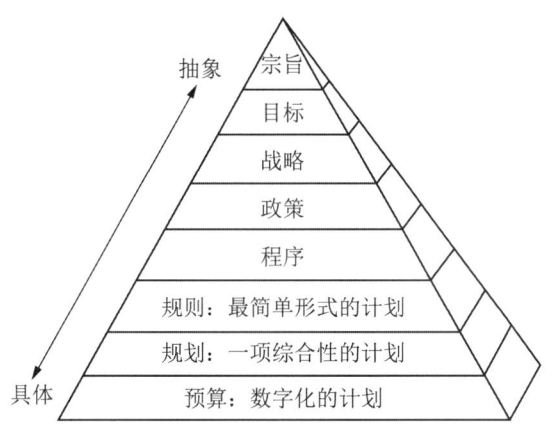

图 5-2 计划层次体系

2. 目标

目标(objectives)是宗旨的具体化,组织的目标是围绕组织存在的使命而制定的,它说明了组织从事这项事业的预期成果。管理者将组织目标细化,从而得出各方面的目标,从确定目标到目标分解,直至形成目标体系,构成了组织全部计划的基础。目标不仅是计划工作的终点,而且也是组织、领导和控制所要达到的最终结果。

3. 战略

宗旨、目标仍不能清楚地描述一个组织的具体实际情况,因此,战略(strategies)是为了达到组织的长远目标所采取的行动方针和资源利用的总计划,是实现组织目标的途径,即为了实现目标在将来应该怎样干。它表现为一种总的方案,指出工作的重点和顺序以及人、财、物等各种资源分配的方法,围绕目标,形成一个统一的"框架"式行动准则。

4. 政策

政策(policies)是指组织在决策或处理问题时用来指导和沟通思想与行为的文字规定。政策作为计划,有助于将一些问题的解决方法事先确定下来,降低对某些例行事件的处理成本,并给其他派生计划以一个全局性概貌,从而使主管人员能够控制全局。制定政策应酌情考虑下级在一定范围内的自由,使下级在不违背政策的前提下,较好地处置问题。

5. 程序

程序(procedures)是指制定处理未来活动的例行方法和时间顺序的计划,它规定了解决例行问题的方法、步骤。程序也可以看作是一种经过优化的计划,是日常工作过程和工作方法的提炼和规范化。通俗地讲,程序也就是办事手续。程序与战略不同,它是行动指南,而非思想指南。程序与政策不同,它没有给行动者自由处理的权力。在实践工作中,程序一般表现为组织的规章制度。

6. 规则

规则(rules)是指根据具体情况采取或不采取某种特定行动的规定,通常是一种最简单形式的计划。规则与政策的区别在于,规则在应用中不具有自由处置权,而政策在决策时则有一定的自由处置权;规则与程序的区别在于规则是指导行动但不说明时间顺序,而程序可以看作是一系列规则的总和,但一条规则可能是或不是程序的组成部分。

7. 规划

规划(programs)是指一个组织比较全面的长远发展计划,包括目标、政策、程序、规则、任务分配、采取的步骤、要使用的资源以及为完成既定行动方针所需要的其他因素。组织的规划是一份综合性的,同时也是粗线条、纲要性的计划。通常情况下,规划需要资金和预算的支持。

8. 预算

预算(budgets)是指用数字表示的预期结果,也可以被理解为数字化的计划。一般用货币单位来表示,也可以用诸如工时、机时、产品单位或其他的数字指标来表示。预算是一种主要的控制手段,因为作为数字化的预算是计划与控制的连接点,也是控制的衡量标准。

(三) 计划的作用

计划工作是指导性、科学性和预见性很强的管理活动,同时也是一项复杂而又困难的工作,对组织的经营管理活动起着直接的指导作用。计划的最终成果是对未来发展的行动方针做出预测和安排,有效的计划是一切成功的秘诀。

1. 有利于适应变化,防患于未然

未来的不确定性不可能完全消除,通过事先对未来可能发生的各种可能性的预计,有助于及时预见危险、发现机会,早做准备。

2. 有利于为管理者提供方向

通过清楚地确定目标和如何实现这些目标,可为管理者未来的行动提供一幅路线图或行动图,从而减少未来活动中的不确定性和模糊性。

3. 有利于资源的有效配置

实现目标可能有多条途径,通过事先的分析,有助于对有限资源作出合理的分配。进一步可借助计划克服由于资源短缺和未来情况的不确定性所带来的困难,使一些本来无法或难以有效实现的目标得以实现。

4. 有利于提高效率,调动积极性

由于目标、任务、责任明确,可使计划得以较快和较顺利地实施,并提高经营效率。通过清楚地说明任务与目标之间的关系,可制定出指导日常决策的原则,并培养计划执行者的主人翁精神,调动其努力实现目标的积极性。

5. 有利于为控制提供标准

通过事先明确要做什么、由谁做、要求做到何种程度等,为事中和事后控制提供标准,有助于提高控制的有效性。事实上,没有计划,就不可能进行控制。

二、计划的类型和方法

(一) 计划的类型

计划的种类很多,可以按不同的标准进行分类。

1. 按计划时间的长短分为长期计划、中期计划、短期计划

计划的类型和方法

(1)长期计划亦称远景计划,是关系到组织发展远景的计划,是为实现组织的长期目标服务的,涉及组织的发展方向,绘制的是组织长期的发展蓝图,规定着组织为实现长期目标所应采取的一些主要行动步骤、分期目标和重大措施,规定着组织内部的下属部门在较长时期内应达到的目标和要求。人们习惯于把三年及三年以上的计划称为长期计划,其计划的时间跨度既应服从计划目标的要求,也要考虑组织规模的大小、未来的可预测性程度、组织的经济和技术力量等因素。因此,长期计划以问题、目标为中心。

(2)中期计划是根据长期计划提出的战略目标和要求,结合计划期内实际情况制定的计划,它是长期战略目标的具体化,同时又是短期计划目标的依据。一般人们习惯于把一年以上三年以内的计划称为中期计划,它比长期计划更为具体和详细,指标和措施较为详尽,主要起协调长

期计划和短期计划之间关系的作用。中期计划以时间为中心,具体说明各年应达到的目标和应开展的工作。

(3)短期计划是在长期计划指导和规定下,作出较短时间内的具体工作安排,为实现组织的短期目标而制定的行动方案。它比中期计划更为详尽,更具操作性,在执行中灵活选择的范围较小,主要说明计划期内必须达到的目标,以及具体的工作要求。短期计划能够直接指导各项活动的开展。

2. 按计划制定的层次分为战略计划、战术计划和作业计划

(1)战略计划是指由高层管理者负责制定的具有长远性、全局性的指导性计划,它描述了组织在未来一段时间内总的战略构想和总的发展目标,以及实施的途径,决定了在相当长的时间内组织资源的运动方向,涉及组织的方方面面,并将在较长时间内发挥其指导作用。

(2)战术计划是指由中层管理者负责制定的,基于总体目标如何实现的细节计划,需要解决的是组织的具体部门或职能在未来各个较短时期内的行动方案。战术计划解决的主要是局部的、短期的以及保证战略计划实现的问题。如企业人力资源的战术计划。

(3)作业计划是指由基层管理者负责制定的,用于完成其工作职责的计划。作业计划根据战术计划确定的具体目标,确定工作流程,划分合理的工作单位,分派任务和资源,以及确定权力和责任。如生产作业计划、采购作业计划。

3. 按计划对象分为综合计划、部门计划和项目计划

(1)综合计划是指具有多个目标和多方面内容的计划,就其所涉及的对象而言,它关联整个组织或组织中的许多方面,如企业的年度经营计划。

(2)部门计划是指在综合计划的基础上制定的,内容比较专一,局限于某一特定的部门或职能,一般是综合计划的子计划,是为了达到组织的分目标而制定的,如企业销售部门的年度销售计划。

(3)项目计划是指针对组织的特定活动所做的计划,如某项产品的开发计划、企业人力资源某项培训计划。

4. 按计划的约束力分为指令性计划与指导性计划

(1)指令性计划是指由上级下达的具有行政约束力的计划,它规定了计划执行单位必须执行的各项任务,具有明确描述的目标,其规定的各项指标没有讨价还价的余地,不存在模棱两可容易引起误解的问题。

(2)指导性计划是指由上级给出一般性的指导原则,具体如何执行具有较大的灵活性的计划。由于指导性计划没有明确的要求,只规定了一般性的指导原则,因而具有较好的环境适应性和较好的可控性。

(二)计划的方法

现代组织面对的是更加复杂的环境,依靠传统的计划方法常常难以适应现代计划工作的要求。实践中常用的计划编制的方法主要有滚动计划法和网络计划技术,并结合计算机进行辅助,加快计划工作的速度。

1. 滚动计划法

滚动计划法是按照"近细远粗"的原则制定一定时期内的计划,根据计划的执行情况和环境变化定期修订未来的计划,并逐期向前推移,使短期计划、中期计划和长期计划有机地结合起来的一种计划方法。由于在计划工作中很难准确地预测未来发展中各种影响因素的变化,而且计划期越长,这种不确定性就越大,若硬性按几年前的计划执行,可能会导致重大的损失,而滚动计划法则可避免这种不确定性带来的不良后果。

滚动计划法的具体做法是:在制定计划时,同时制定未来若干期的计划,但计划内容采用近细远粗的办法,即近期计划尽可能地详尽,远期计划的内容则较粗略;在计划期的第一阶段结束时,根据该阶段计划执行情况和内外部环境的变化情况,对原计划进行修订,并将整个计划向前滚动一个阶段;以后根据同样的原则逐期滚动,如图 5-3 所示。

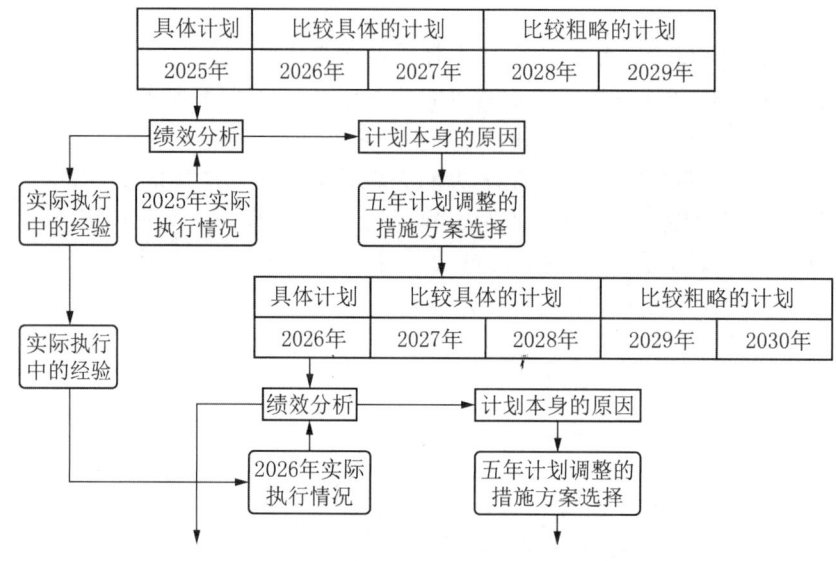

图 5-3   滚动计划法

滚动计划法适用于任何类型的计划,虽然这种方法使计划编制工作的任务量加大,但在计算机已被广泛应用的今天,其优点却十分明显。

(1)使计划更加切合实际。由于滚动计划法相对缩短了计划时期,加大了对未来估计的准确性,从而提高了近期计划的质量。

(2)使长期计划、中期计划和短期计划相互衔接,保证能根据环境的变化及时地进行调整,并使各期计划基本保持一致。

(3)大大增强了计划的弹性和灵活性,从而提高了组织的应变能力。

2. 网络计划技术

网络计划技术是 20 世纪 50 年代后期在美国产生和发展起来的。这种方法包括各种以网络为基础的判定方法,如关键路径法、计划评审技术、组合网络法等。

网络计划技术是一种科学的计划管理方法。1956 年,美国杜邦公司研究创立了网络计划技术的关键线路方法,并试用于一个化学工程上,取得了良好的经济效果。1958 年美国海军武器部在研制"北极星"导弹计划时,应用了计划评审方法进行项目的计划安排、评价、审查和控制,获得了巨大成功。20 世纪 60 年代初期,网络计划技术在美国得到了推广,一切新建工程全面采用这种计划管理新方法,日本和西欧其他国家也开始引用该方法。随着现代科学技术的迅猛发展、管理水平的不断提高,网络计划技术也在不断发展和完善。它已广泛应用于世界各国的工业、国防、建筑、运输和科研等领域,已成为发达国家盛行的一种现代管理的科学方法。

网络计划技术的原理是把一项工作或项目分成各种作业,然后根据作业顺序进行排列,通过网络图对整个工作或项目进行统筹规划和控制,以便用最少的人力、物力、财力资源,用最短的时间完成工作。

网络计划技术的基本步骤,如图 5-4 所示。

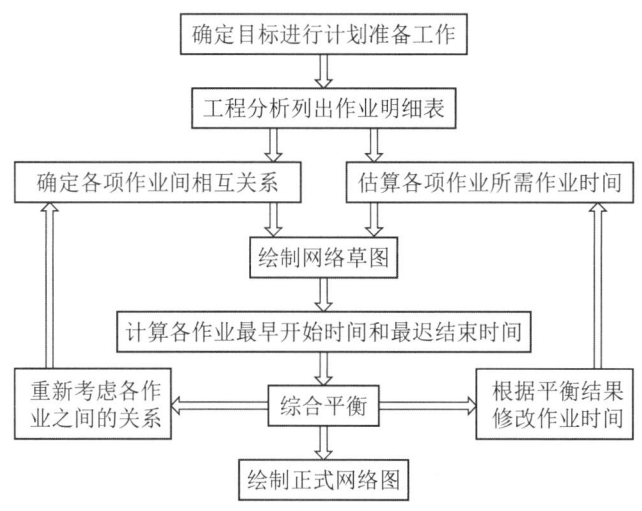

图 5-4　网络计划技术的基本步骤

网络图是网络计划技术的基础。任何一项任务都可分解成许多步骤的工作,根据这些工作在时间上的衔接关系,用箭线表示它们的先后顺序,画出一个由各项工作相互关系、并注明所需时间的箭线图,这个图就是网络图。如某大型机械维修项目网络图,如图 5-5 所示。

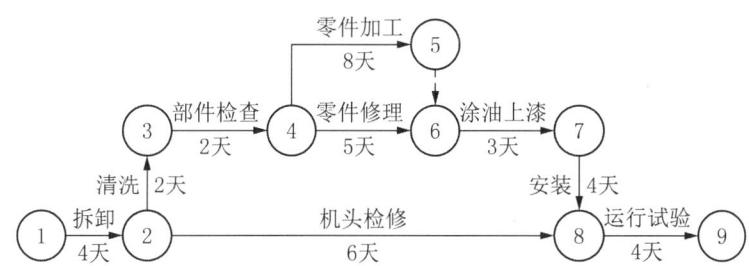

图 5-5　某大型机械维修项目网络图

从网络图中可以看出,项目的各项任务所需的时间,以及整个项目将花费的时间。该项目的总工期是 27 天,关键路线是:拆卸—清洗—部件检查—零件修理—涂油上漆—安装—运行试验。关键路线上的各项任务完工时间提前或推迟都直接影响整个项目能否按时完工。确定关键路线,据此合理地安排各种资源,对各项任务进行进度控制,是利用网络计划技术的主要目的。

三、计划制定的过程

任何计划工作都要遵循一定的程序或步骤。虽然小型计划比较简单,大型计划复杂一些,但是,管理人员在编制计划时,其工作步骤都是相似的。计划制定的过程,如图 5-6 所示。

(一)确定计划的前提条件

计划工作通过识别机会,确定目标后,需要积极与各方面沟通,收集各方面的信息,明确计划的前提条件或对该计划的各种限制条件。如制定海外旅行计划时,要事先收集签证程序和当地的气候、币种、食宿情况等。计划工作的前提条件就是计划工作的假设条件,即计划实施时的预期环境。负责计划工作的人员对计划的前提条件了解得愈细愈透彻,计划工作也将做得越协调。

按照组织的内外环境,可以将计划工作的前提条件分为外部前提条件和内部前提条件;还可以按可控程度,将计划工作的前提条件分为不可控的、部分可控的和可控的三种前提条件。不可控的前提条件越多,不确定性越大,就越需要通过预测工作确定其发生的概率和影响程度的大小。

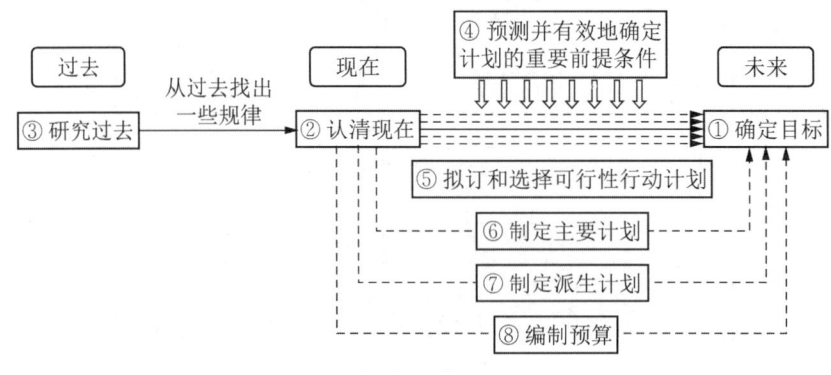

图 5-6   计划制定的过程

(二)制定主要计划

拟订和选择可行性行动计划,要注意考虑以下几点:

(1)认真考察每一个计划的制约因素和隐患;

(2)要用总体的效益观点来衡量计划;

(3)既要考虑到每一个计划的有形的可以用数量表示出来的因素,又要考虑到无形的、不能用数量表示出来的因素;

(4)要动态地考察计划的效果,不仅要考虑计划执行所带来的利益,还要考虑计划执行所带来的损失,特别要注意那些潜在的、间接的损失;

(5)按一定的原则选择出一个或几个较优的计划。

选定最终的计划方案,制定主要计划,将所选择的计划用文字形式正式地表达出来,作为一项管理文件,制定时要清楚地确定和描述 5W1H 的内容。

(三)制定派生计划

主要计划还需要派生计划的支持。比如,一家公司年初制定了"当年销售额比上年增长15%"的销售计划,与这一计划相连的有许多计划,如生产计划、促销计划等。再如当一家公司决定开拓一项新的业务时,这个决策需要制定很多派生计划作为支撑,比如雇用和培训各种人员的计划、筹集资金计划、广告计划,等等。

(四)编制预算

在做出决策和确定计划后,计划工作的最后一步就是把计划转变成预算,使计划数字化。编制预算,一方面是为了计划的指标体系更加明确,另一方面是使企业更易于对计划执行进行控制。定性的计划往往可比性、可控性和进行奖惩方面比较困难,而定量的计划则具有较强的约束性。

计划制定的过程除上述步骤外,还需制定活动进度表,资源分配情况和制定应变措施。制定计划时,最好事先安排好 2~3 个替代方案。因为未来的不确定性始终存在,为了应对未来的其他变化,保证其在任何情况下都不会失控,有必要同时制定最好情况下的正式计划和最坏情况下的应急计划。

 **小测试**

在企业中,计划管理能力是指管理者为确定未来目标以及实现目标而采取执行方式和方法的能力,请通过下列问题对自己的该项能力进行测试。

1. 你通常的做事方式是(　　)。

A. 制定计划并按计划行事　　　　B. 依据事情到来的顺序　　　　C. 想起一件就做一件

2. 在制定计划前你通常首先做的工作是(　　)。

A. 确定目标　　　　　　　　　　B. 认清现在　　　　　　　　　C. 研究过去

3. 你的计划会详尽到的程度是(　　)。

A. 每日　　　　　　　　　　　　B. 每周　　　　　　　　　　　C. 每月

4. 你制定计划的方式是(　　)。

A. 尽量把计划量化

B. 制定出主要计划的辅助计划

C. 只制定主要计划

5. 在执行计划的任务过程中遇到困难时,你通常的做法是(　　)。

A. 想方设法提高执行效率

B. 对计划作一定程度的修改

C. 制定新的计划

6. 面对变化较快的未来环境,你坚持制定计划的程度是(　　)。

A. 通常会　　　　　　　　　　　B. 有时会　　　　　　　　　　C. 偶尔会

7. 你确保制定的计划尽善尽美的方式是(　　)。

A. 遵循科学的计划安排行为步骤

B. 边实施边修改

C. 多征询他人的意见

8. 作为管理者,你发现下属偏离了既定计划,你的做法是(　　)。

A. 立即校正,保证计划被严格执行

B. 重申并明晰既定计划

C. 视偏差情况而定

9. 计划制定后,你能够严格按照计划行事的程度是(　　)。

A. 通常能　　　　　　　　　　　B. 有时能　　　　　　　　　　C. 偶尔能

10. 你制定的计划通常能达到的效果是(　　)。

A. 能够有效实现预期目标

B. 行动不再盲目

C. 效果不明显

评分标准:选 A 得 3 分,选 B 得 2 分,选 C 得 1 分。

评分说明:汇总你的总得分。24 分以上,说明你的计划执行能力很强,请继续保持和提升。15～24 分,说明你的计划管理能力一般,请努力提升。15 分以下,说明你的计划管理能力很差,急需提升。

5

第三节　时　间　管　理

一、时间管理概述

（一）时间的特性

理解时间管理,首先要充分认知时间所具有的特性。

1. 供给毫无弹性

时间的供给量是固定不变的,在任何情况下都不会增加或者减少,每人每天只有 24 小时,无论是富翁还是穷人,时间作为一种重要的资源,其供给是有限的。

2. 无法蓄积

时间不像人力、财力、物力和技术那样能被累积储藏,无论愿不愿意,人们都会消耗时间,无法蓄积。

3. 无法取代

任何一项活动都有赖于时间的堆砌,时间是任何活动所不可缺少的基本资源。因而,时间是无法取代或替代的。

4. 无法失而复得

时间无法像丢失物品一样失而复得。它一旦消失,则会永远消逝。金钱财产用光了尚可赚回来,但浪费了时间,任何人在任何情况下都无法挽回。

（二）时间管理的定义

正因为时间所具有的供给无弹性、无法蓄积、无法取代、无法失而复得等特性,所有的人只有有效地进行时间管理,才能充分利用 24 小时做更多有益于个人成长、组织发展的事。因此,时间管理就是指通过事先规划和运用一定的技巧、方法与工具实现对时间的灵活、有效运用,从而实现个人或组织的既定目标的过程。

时间管理是一个概念,更是一种方法,每一个人都需要对自己进行时间管理,企业更需要进行时间管理。因为作为单个人员如果没有时间管理的概念也可以去工作,但是作为企业需要的时间管理概念是一个整体,一个企业不是靠某一个人来运转的,而是要靠所有的员工高效率地配合才能产生最大的效益和价值。如果所有的员工都没有时间管理的概念,那么对于公司来说将会造成巨大的损失。

（三）时间管理理论阶段

时间管理的研究已有相当的历史。犹如人类社会从农业革命演进到工业革命,再到资讯革命,时间管理理论也可分为四代:

(1) 第一代时间管理理论着重利用便条与备忘录,在忙碌中调配时间与精力。

(2) 第二代时间管理理论强调行事历与日程表,此时的时间管理已注意到规划未来的重要性。

(3) 第三代时间管理理论目前正流行,是讲求优先顺序的时间观念。也就是依据轻重缓急设定短、中、长期目标,再逐日制定实现目标的计划,将有限的时间、精力加以分配,争取最高的效率。这种做法有它可取的地方,但也有人发现,过分强调效率,把时间绷得死死的,反而会产生反效果,使人失去增进感情、满足个人需要以及享受意外之喜的机会。于是许多人放弃这种过于死板拘束的时间管理法,回复到前两代的做法,以维护生活的品质。

(4) 第四代时间管理理论与以往截然不同之处在于,它根本否定"时间管理"这个名词,主张关键不在于时间管理,而在于"个人管理"。与其着重于时间与事务的安排,不如把重心放在维持产出与产能的平衡上。强调时间管理就是掌握工作的重点,合理安排自己的计划,有效地利用时间,其本质是一种自我管理,其方法是通过制定周密的计划来完成工作,探索的是如何减少时间浪费,减少对目标没有价值的时间消耗,以便有效地完成既定目标。所以,时间管理的对象不是"时间",而是指对时间而进行的"自我管理"。

二、时间管理的方法和步骤

(一) 时间管理的方法

1. GTD 法

GTD 法来自戴维·艾伦的畅销书《尽管去做:无压工作的艺术》(Getting Things Done)。GTD 的具体做法可以分成收集、整理、组织、回顾与行动五个步骤。

(1) 收集。收集就是将能够想到的所有的"未尽事宜"统统罗列出来,放入"收件箱"中,这个"收件箱"既可以是用来放置各种实物的文件夹或者篮子,也可以是用来记录各种事项的纸张或掌上电脑。收集的关键在于把一切赶出大脑,记录下所有的工作。

(2) 整理。将"未尽事宜"放入"收件箱"之后,需要定期或不定期地进行整理,清空"收件箱"。将这些"未尽事宜"按是否可以付诸行动进行区分整理,对于不能付诸行动的内容可以进一步分为参考资料、日后可能需要处理的或垃圾文件,而对可行动的内容再考虑是否可在两分钟内完成,如果可以则立即行动完成它,如果不行则对下一步行动进行组织。

(3) 组织。组织是 GTD 中最核心的步骤,组织主要分成对参考资料的组织与对下一步行动的组织。对参考资料的组织就是建立一个文档管理系统,而对下一步行动的组织则可分为:下一步行动清单、等待清单和未来(某天)清单。下一步清单是具体的下一步工作,如果一个项目涉及多步骤的工作,那么需要将其细化成具体的工作。等待清单主要是记录那些委派他人去做的工作。未来(某天)清单则是记录延迟处理且没有具体的完成日期的未来计划、电子邮件,等等。

(4) 回顾。回顾是 GTD 中的一个重要步骤,一般需要每周进行回顾与检查,通过回顾及检查所有清单并进行更新,可以确保 GTD 系统的运作,而且在回顾的同时可能还需要进行未来一周的计划工作。

(5) 行动。根据时间、精力情况以及重要性选择清单上的事项采取行动。实现 GTD 的五类工具有:在线资源,计算机,掌上电脑,"纸+笔""计算机+掌上电脑"。

2. 艾维利的 6 点优先工作制法

艾维利 6 点优先工作制法是效率大师艾维利在向美国一家钢铁公司提供咨询时提出的,他用了 5 年的时间使这家公司从濒临破产一跃成为当时全美最大的私营钢铁企业,艾维利也因此获得了 2.5 万美元的咨询费,所以管理界也将该方法比喻为"价值 2.5 万美元的时间管理方法"。

这一方法要求把每天所要做的事情按重要性排序,分别从"1"到"6"标出 6 件最重要的事情。每天一开始,先全力以赴做好标号为"1"的事情,直到它被完成或被完全准备好,然后再全力以赴地做标号为"2"的事,依此类推。艾维利认为,一般情况下,如果一个人每天都能全力以赴地完成 6 件最重要的大事,那么,他一定是一位高效率人士。

3. 高能要事法

高能要事法是时间管理品牌易效能机构创始人叶武滨提出的。所谓"高能要事",即"我们不光是要先做重要的事,为了确保执行的高效率和成果的高质量,我们还应该在自己精力与能量最佳的时间,以及合适的空间里去做重要的事。在我们精力不够时,可以选择放松休息来补充精力"。

4. 帕累托原则法

时间管理
的方法

帕累托原则是由 19 世纪意大利经济学家帕累托提出的,其核心内容是生活中 80% 的结果几乎源于 20% 的活动。比如,是那 20% 的客户给你带来了 80% 的业绩,可能创造了 80% 的利润;世界上 80% 的财富是被 20% 的人掌握着,世界上 80% 的人只分享了 20% 的财富。因此,要把注意力放在 20% 的关键事情上。根据这一原则,人们应当对要做的事情分清轻重缓急,按照时间管理四象限法则划分其在四象限中的分布,再进行排序,如图 5-7 所示。

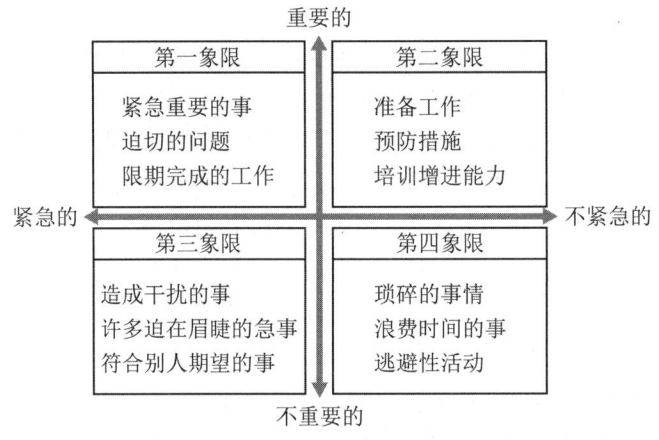

图 5-7　时间管理四象限法则

第一象限是重要又紧急的事,必须立刻做,诸如救火、抢险、应付难缠的客户、准时完成工作、住院开刀等。这是考验我们的经验、判断力的时刻。很多重要的事情都是因为一拖再拖或事前准备不足而变得迫在眉睫。

第二象限是重要但不紧急的事。包括长期的规划、问题的发掘与预防、参加培训、向上级提出问题处理的建议等。多投入一些时间在这个象限,有利于提高实践能力,缩小第一象限的范围。俗话说"养兵千日,用兵一时",这类事情需要设定目标、做好具体计划,在规定的时限内逐步完成。

第三象限是紧急但不重要的事。这一象限的内容经常与第一象限相混淆,因为迫切的呼声会让管理者产生"这件事很重要"的错觉。电话、会议、不速之客都属于这一类。人们常犯的毛病是把"紧急"当成优先原则。其实,许多看似很紧急的事,拖一拖,甚至不办,也无关大局。管理者花很多时间在这里面打转,自以为是在第一象限,其实不过是在满足别人的期望与标准。因此,这类事情可让下属去做,自己则去做重要的事。

第四象限属于不紧急也不重要的事,比如娱乐、消遣等。虽然看起来好像根本不值得花时间在这个象限,但管理者往往在前三个象限来回奔走,忙得焦头烂额,不得不到第四象限去疗养一番再出发。其实很多此类事情可以授权他人来做,或插空做,或集中在一起做。

(二) 时间管理的步骤

1. 列出目标清单

先列出你或你所管理的部门在未来一段时间内所要实现的目标。假如你运用了目标管理方法,那么这些目标应该是清楚的。

2. 将这些目标按其重要程度排序

不是所有的目标都是同等重要的,既然每个人所拥有的时间是有限的,首先要做的应该是重要的事情。运用时间管理四象限法来区分事情的轻重缓急。

3. 列出实现目标所需进行的活动

要明确为了实现目标,应开展哪些活动。假如已经运用了目标管理方法,那么这些活动也应该是清楚的。

4. 对实现每一个目标所需进行的活动排出优先排序

按每一项活动的重要性和紧迫性程度进行排序。应区分必须马上做的、有时间就应该做的、可授权给他人做的和没有必要做的事情。必须马上做的是非常重要的且非常紧迫的事,有时间就应该做重要的事,而不重要的事则可授权他人来做。

5. 按所给出的优先顺序制定每日工作时间表或备忘录

在每天早上或前一天晚上,将当天或第二天所要做的事情按其重要性和紧迫性程度列出清单,并制定相应的时间表,注意所列的事情不能超过 5 件。

6. 按时间表开展工作

在工作中,要严格按时间表进行,每做完一件事都要看一看下面一件事是什么,需要用多少时间来处理这件事。尽可能地按时完成这些事,若不能按时完成,则要重新评价其重要性和紧迫性,并据此确定将此事推后或修改工作时间表。

7. 每日小结及安排

每天工作结束时,要回顾一下当天的时间运用情况,并安排第二天的活动。通过不断总结经验,管理者就会不断地提高工作效率。

三、时间管理要注意的问题

(一)掌握生物钟

每个人在一天的不同时间里,其工作效率是不同的。管理者应掌握自己的效率周期,并以此制定自己每天的工作计划,把最重要的事情放在自己效率最高的时候做,而把日常事务和不重要的事安排在生物钟处于低潮的时候做。

(二)牢记帕金森定律

帕金森在其所著的《帕金森法则》中,写道:"你有多少时间完成工作,工作就会自动变成需要的那么多时间。"如果你有一整天的时间可以做某项工作,你就会花一天的时间去做它;而如果你只有一小时的时间可以做这项工作,你就会更迅速有效地在一小时内做完它。这就是著名的帕金森定律:只要还有时间,工作就会不断地扩展,直至用完所有的时间。因此,不要给一项工作安排太多的时间。

(三)把不太重要的事情集中在一起处理

在每天的日程中安排一段固定的时间用于处理信函、接待下属、回答问题等。一般而言,这段时间应安排在生物钟处于低潮时。

(四)尽可能减少干扰

为了充分利用时间,可把生物钟处于高潮时的时间固定为自由时间(管理者可以自行控制的时间)。在这段时间里,要排除干扰,关起门来静心考虑问题,不接电话,不接待下属。能拥有自由时间的多少主要取决于你在组织中的地位,一般而言,高层管理者的自由时间多,而基层管理者的自由时间少。

(五)提高会议效率

开会在管理者的时间表中占有较大的比重。因此,提高开会效率是有效利用时间的一个重要方面。当举行一个会议时,应事先规定好会议议程和会议时间,并严格执行。

 案例分析

时间管理实验

在一次时间管理课上,教授在桌子上放了一个装水的罐子,然后又从桌子下面拿出一些正好可以从罐口放进罐子里的鹅卵石。当教授把石块放满后问他的学生:"你们说这罐子是不是装满了?"

"是。"所有的学生异口同声地回答说。

"真的吗?"教授笑着问,然后从桌底下拿出一袋碎石子,把碎石子从罐口倒下去,摇了摇,再加了一些,满到罐口,他再次问学生:"你们说,这罐子现在是不是装满了?"这回学生们都不敢回答得太快。最后班上有位学生怯生生地细声回答:"也许没满"。

"很好!"教授说完后,又从桌下拿出一袋沙子,慢慢地倒进罐子里,直到细沙填满罐子里的每个角落。他再次问学生:"现在你们再告诉我,这个罐子装满了呢,还是没满?"

"没有满。"全班同学这下学乖了,大家很有信心地回答说。

"好极了!"教授再一次称赞了聪明的学生们。称赞完后,教授从桌底下拿出一大瓶水。把水倒在看起来已经被鹅卵石、小碎石、沙子填满了的罐子里。当这些事情都做完之后,教授正色问学生:"我们从上面这些事情中得到什么重要的启示?"

班上一阵沉默,然后一位自信的学生回答说:"无论我们的工作多忙,行程排得多满,只要逼一下自己的话,还是可以多做些事的。"

这位学生回答完后心中很得意地想:"这门课原来讲的是时间管理啊!"

教授听到这样的回答后点了点头,微笑道:"答案不错,但这并不是我要告诉你们的重要信息。"说到这里,这位教授故意顿住,用眼睛向全班同学扫了一遍后说:"我想告诉各位,最重要的是如果你不先将大的'鹅卵石'放进罐子里去,你也许以后永远没有机会把它们再放进去了。如果你先将水倒满罐子,那么沙子、小碎石、鹅卵石就都不可能放进去了。"

思考:从这个实验中你认为"鹅卵石""碎石子""沙子""水"分别代表"时间管理四象限法则"中的哪个象限的事情?

实 训

一、实训目的

1. 通过制定个人目标,深刻理解目标的重要性,学会如何制定与实现目标,充分理解目标管理的作用,并掌握如何运用目标管理。

2. 通过制定活动计划书,充分理解计划的重要性,学会解决计划制定过程中碰到的问题,掌握完成一份完整计划的能力。

3. 通过时间管理方法的运用,深刻体会时间管理在管理过程中的重要性,能够掌握时间管理的方法,理解时间管理的误区,培养时间管理的习惯,提高对时间的有效利用。

二、实训内容、组织方式及步骤

实训内容Ⅰ:个人目标的制定

实训形式:模拟实践。

实训步骤:

第一步,运用 SWOT 分析法进行自己的环境分析,并根据自己的实际情况进行思考。

第二步,对自己的情况有比较全面的认识后,进行个人长期目标的设计,并将长期目标细化分解为短期目标。

第三步,思考个人长期目标和短期目标所要进行的具体活动,并制定短期目标的活动方案。

实训要求:通过结合自身实际情况,根据目标制定的原则和方法,制定个人短期和长期发展目标。要求语言流畅,文字简练,条理清晰,重点突出。

实训内容Ⅱ:编制活动计划书

实训形式:模拟实践。

实训步骤:

第一步,由实训指导老师提供活动计划项目,学员进行分组并自由选择其中一个项目。

活动计划项目:

1. 你是新上任的班长,请制定一份班级建设计划书。

2. 学生会要举办大规模的校园文化艺术节,需要你去拉赞助,请制定一份工作计划。

3. 你所在的班级学习氛围不是很好,作为学习委员,请制定一份激励全班同学努力学习的计划方案。

4. 班级要去郊游,作为活动组织者,请制定一份详细的活动计划书。

5. 要举办一次辩论比赛,作为系学生会主席,请制定一份详细的活动方案。

6. 你是文娱部部长,现要举办一次校内模特秀大赛,请制定一份活动方案。

第二步,每组同学就选中的活动项目进行思考,并共同讨论,列出计划方案提纲。

第三步,根据所列提纲,每组成员分工合作,完成详细的活动计划书。

第四步,各小组进行活动计划概述,并由班级学员进行评价。

第五步,实训指导老师综合学员评价对学员的活动计划书进行点评。

实训要求:要求各组学员以活动组织者的身份,完成一份活动计划书。活动计划项目由实训指导老师提供,各小组自由选择。计划书文字简练,条理清晰,重点突出。

实训内容Ⅲ:时间管理的方法

实训形式:实践训练。

实训步骤:

第一步,实训前准备。在课前查阅相关书籍,初步了解本次实训的基础理论知识。

第二步,以 5～6 人的小组为单位对以下资料进行阅读。

假如现在是周一的晚上,以下是这一周要做的事情:

1. 你从昨天早晨开始牙疼,想去看医生;

2. 星期六是一个好朋友的生日,你还没有买生日礼物和生日卡;

3. 你有好几个月没有回家,也没有打电话或写信;

4. 有一份夜间兼职不错,但你必须在周二或周三晚上去面试(19:00 以前),估计要花一小时;

5. 明天晚上有一个 1 小时长的电视节目,与你的工作有密切关系;

6. 明晚有一场演唱会;

7. 你在图书馆借的书明天到期;

8. 外地一个朋友邀请你周末去他那儿玩,你需要整理行李;

9. 你要在周五交计划书前把它复印一份;

10. 明天下午 2:00—4:00,你有一个会议;

11. 你欠某人 200 元钱,他明天也要参加那个会议;

12. 你明天早上 9:00—11:00 要听一场讲座;

13. 你的上级留下一张便条,要你尽快与他见面;

14. 你没有干净的内衣,一大堆脏衣服没有洗;

15. 你要好好洗个澡;

16. 你负责的项目小组将在明天下午 6:00 开会,预计 1 个小时;

17. 你有集邮的爱好,邮政局已电话联系你抓紧时间去当地邮政局领取新的集邮册;

18. 大家明晚聚餐;

19. 你错过了周一的例会,要在下周一前复印一份会议记录;

20. 这个星期有些材料没有整理完,要在下周一前整理好,需花 2 个小时的时间;

21. 你收到一个朋友的信一个月了,没有回信,也没有打电话给他;

22. 星期天早晨要出一份简报,预计准备简报要花费 15 个小时,而且只能用业余时间;

23. 你邀请恋人后天晚上来你家烛光晚餐,但家里什么吃的也没有;

24. 下周二你要参加一个业务考试。

第三步,根据资料,针对以下问题进行分析讨论,并对小组成员的各种观点进行记录。

1. 对上述事件你如何分类?

2. 请为你未来一周的工作做一个计划表。

3. 对于不重要的事情你打算怎样处理?

第四步,各小组选出一名代表发言,对小组讨论的结果进行总结。

第五步,以小组为单位对各种观点进行分析、归纳和要点提炼,完成分析报告。

实训要求:各小组成员都应学会进行讨论、分析和记录,并积极参与讨论,踊跃表达个人观点,认真完成实训内容。发言要求语言流畅,条理清晰。分析报告要求文字简练,条理清晰。

三、实训时间及成绩评定

(一) 实训时间

实训内容Ⅰ:制定个人目标,设计短期目标的活动方案,在课外时间完成。

实训内容Ⅱ:编制活动计划书在课外时间完成,每个小组活动计划方案概述分享时间控制在 5 分钟以内,实训指导老师点评时间为 10 分钟。

实训内容Ⅲ:资料讨论时间以 30 分钟为宜,各小组代表发言时间控制在 5 分钟左右。

(二) 实训成绩评定

1. 实训成绩按优秀、良好、中等、及格、不及格 5 个等级评定。

2. 实训成绩评定准则:

(1) 是否能够深刻理解目标的重要性;是否能清晰地制定个人目标。

(2) 是否掌握计划编制的程序;能否团队合作完成活动计划书且符合计划编制的规范。

(3) 是否理解时间管理的概念及其重要性;是否掌握时间管理的方法和技巧;是否在管理游戏实施过程中积极配合和应对。

小　结

1. 组织目标是组织根据组织的使命提出的在一定时期内所要达到的预期成果。目标是组织进行计划和决策的基本依据,是组织内部分工和协调的准则,是组织高效率的前提,也是业绩考核的基本依据,是组织的管理者使用的重要激励手段。

2. 目标的制定要遵循 SMART 原则:具体性、可衡量性、可行性、相关性、时限性。

3. 目标管理是一种综合的以工作为中心和以人为中心的管理方法,它先由一个组织中的上级管理人员与下级管理者、员工一起制定组织目标,并由此形成组织内每一个成员的责任和分目标,明确规定每个成员的职责范围,最后又用这些目标来进行管理、评价和决定对每一个部门和成员的奖惩。目标管理有四个特点:组织目标是共同商定的,而不是上级直接下压给下级的;总目标决定分目标;个人和组织的活动以目标为中心;考核以目标实现情况为依据。目标管理的基本思想可以概括为三个方面:以目标为中心、强调系统管理、重视人的因素。

4. 目标管理的优点有:避免管理工作的盲目性、随意性;提高组织整体工作的协调一致性;充分发挥员工的进取心、责任感和积极性,有助于增强全体员工的团结合作精神和相互凝聚力;有助于实现有效控制。目标管理的缺点有:强调短期目标,易诱发短期行为;目标设置比较困难;缺乏灵活性;目标管理不注重过程,忽视对目标实施手段的控制。

5. 计划既是决策所确定的组织在未来一定时期内的行动目标和方式在时间和空间的进一步展开,又是组织、领导、控制和创新等管理活动的基础。一项完整的计划应包含的内容或要素有:前提、目标(任务)、目的、战略、责任、时间表、范围、预算、应变措施。

6. 计划的表现形式从抽象到具体分为宗旨、目标、战略、政策、程序、规则、规划和预算等八层体系。计划的种类很多,按计划时间的长短分为长期计划、中期计划、短期计划;按计划制定的层次分为战略计划、战术计划和作业计划;按计划对象分为综合计划、部门计划和项目计划;按计划的约束力分为指令性计划与指导性计划。

7. 管理人员在编制计划时,其工作步骤包括:认识机会;确定目标;确定前提条件;拟定可供选择的可行方案;评价可供选择的方案;选择方案,制定主要计划;制定派生计划;编制预算。计划的方法有滚动计划法、网络计划技术等。

8. 时间具有供给毫无弹性、无法蓄积、无法取代、无法失而复得的特性。时间管理就是指通过事先规划和运用一定的技巧、方法与工具实现对时间的灵活、有效运用,从而实现个人或组织的既定目标的过程。

9. 时间管理的方法有:GTD 法、艾维利的 6 点优先工作制法、高能要事法、帕累托原则法。时间管理一般包括:列出目标清单;将这些目标按其重要程度排序;列出实现目标所需进行的活动;对实现每一个目标所需进行的活动排出优先顺序;按所给出的优先顺序制定每日工作时间表或备忘录;按工作时间表开展工作;每日小结及安排等七个步骤。

习　题

一、单项选择题

1. (　　)是组织高效率的前提,也是业绩考核的基本依据。

A. 管理　　　　　B. 计划　　　　　C. 目标　　　　　D. 决策

2. "凡事预则立,不预则废",是强调(　　)的重要性。

A. 计划　　　　　B. 组织　　　　　C. 预测　　　　　D. 控制

3. 一般人们习惯于把一年以上三年以内的计划称为(　　)计划。

A. 长期计划　　　B. 战略计划　　　C. 中期计划　　　D. 战术计划

4. (　　)的事情必须立刻做。

A. 重要又紧急的事   B. 重要但不紧急的事
C. 不重要但紧急的事   D. 不重要也不紧急的事

二、多项选择题

1. 某企业提出如下目标："质量上台阶,管理上水平,效益创一流,人人争上游。"该目标存在
(   )问题。

A. 目标缺乏鼓动性   B. 目标表达不够清楚 C. 目标无法考核   D. 目标设定得太高
E. 目标无法衡量   F. 目标缺乏可行性

2. 属于目标管理优点的是(   )。

A. 避免管理工作的盲目性、随意性   B. 提高组织整体工作的协调一致性
C. 充分发挥员工的进取心、责任感和积极性   D. 灵活
E. 目标设置比较容易   F. 有助于实现有效控制

3. 属于计划表现形式的是(   )。

A. 政策   B. 规划   C. 目的   D. 战略
E. 预算   F. 决策

4. 按计划对象可以将计划分为(   )等类型。

A. 项目计划   B. 战术计划   C. 部门计划   D. 综合计划
E. 战略计划   F. 作业计划

三、判断题

1. 无论是制定团队的工作目标还是员工的绩效目标都必须符合 SMART 原则。   (   )
2. 目标是组织进行计划和决策的基本依据。只有明确组织目标,才能确定开展什么工作,
各项工作需要配置什么资源等。   (   )
3. 目标管理是由一个组织中的上级管理人员制定组织目标后,再将目标分配下去的管理
方法。   (   )
4. 计划工作是组织、领导和控制等活动的基础。   (   )
5. 时间管理过程中对于重要但不紧急的事情应该有计划地去做。   (   )

四、思考题

1. 请运用 SMART 原则进行个人目标的设定,并制定相应的计划。
2. 请结合自己的人生目标,谈谈如何进行目标管理。
3. 记录自己一周的活动清单,运用时间管理的方法分析自己在时间管理方面的优缺点。

第六章　组织结构设计

第一节　组织结构的基本概念

一、组织结构概述

（一）组织结构的概念

　　组织结构是指组织的全体成员为实现组织目标，在管理工作中进行分工协作，在职务范围、责任、权利方面所形成的动态结构体系。它是组织设计的结果之一，是组织内部的结构框架，明确了组织中的部门设置情况和层次结构，直观反映了组织内部的分工和各部门上下的隶属关系。

（二）组织结构的作用

　　一个好的组织结构十分重要，一个好的组织结构可以产生的效果有：

　　（1）通过岗位明确，使每一位员工从事一组有限的专门化工作，有助于员工专业技能的开发和利用，从而提高工作效率；明确每一个部门和岗位的任务和职责，有助于对部门和员工进行客观的考核和公平的奖惩，调动组织成员的工作积极性。

　　（2）由于每一个员工都归属于一个特定的工作部门，有助于提高员工的组织归属感，满足员工群体归属需求，培养员工对组织的忠诚度，也有助于对员工进行有针对性的培养和管理。

　　（3）由于组织结构明确了各部门之间的权责关系，每一个成员都知道各项工作由谁负责和应该向谁汇报，有助于相互之间的协调配合和信息沟通，也有利于员工之间建立稳定的工作关系。

　　（4）通过组织结构可以清楚地了解组织资源配置是否与组织发展相匹配，从而找到组织发展战略的薄弱环节并加以改进,使组织的分工协作体系与战略要求相一致。

总体而言,组织结构的规范化是一个组织科学管理的起点和基础。

二、组织结构的设计

(一)组织结构设计的影响因素

1. 外部环境

组织的外部环境对组织结构设计的影响主要表现在三个方面:

(1)对职务和部门设计的影响。组织是社会经济大系统中的一个子系统,因此,组织与外部其他社会子系统之间也存在分工问题。社会分工方式的不同决定了组织内部的工作内容,因而所需完成的任务、所需设立的职务和部门都不一样。

(2)对各部门关系的影响。外部环境不同,使组织中各项工作完成的难易程度以及对组织目标实现的影响程度也不相同。如市场需求大于供给时,组织关心的是增加产量、扩大生产规模、增加设备,此时企业的生产职能会显得比较重要;而供给大于市场需求时,组织则希望促销以增加销量,会以营销职能为中心。

(3)对组织结构总体特征的影响。外部环境是否稳定对组织结构的要求也不一样。稳定的外部环境要求组织有稳固的组织结构,各部门的权责关系相对固定且严密;多变的外部环境则要求组织结构灵活,各部门的权责关系和工作内容需要经常作适应性的调整。

2. 经营战略

组织结构必须服从组织所选择的战略要求。为实现目标,组织可在多种战略中进行选择,而不同的战略要求不同的业务活动,从而影响管理职务的设计;战略重点的改变,会引起组织工作的重点、各部门与职务在组织中重要程度的改变。战略类型的不同,企业活动的重点不同,组织结构的选择也不相同。如保守型战略的企业更倾向于实行以严格分工为特征的组织结构,进行高度的集权控制,信息沟通以纵向为主;风险型战略的企业更倾向于选择规范化程度较低的组织结构,进行分权控制,信息沟通以横向为主。

3. 生产技术与信息技术

生产技术以及技术设备的水平不仅影响组织活动的效果和效率,而且会作用于组织活动的内容划分、职务设置和工作人员的素质要求;信息处理的计算机化、网络化已经改变了组织中的会计、文书、档案部门的工作形式和性质。如企业生产组织形式中单件、成批、大批的生产特点,不仅表现在生产技术的复杂程度上,而且还是企业组织结构设计的一个重要变量;信息技术使组织结构呈扁平化趋势,且对组织集权与分权也产生影响,加强或改善了企业内各部门间的协调,提高了员工的工作自主权。

4. 企业发展阶段

企业初始阶段的组织层级都比较简单,管理者很可能同时担任着多层级的多种角色,组织结构相当不正规;在企业职能发展阶段,组织结构建立在职能专业化的基础上,分工越来越明显,组织层级也在不断增加;在企业分权阶段,组织规模的扩大、产品品种或经营地区的增加,使组织结构会以产品或地区事业部为基础来建立;在企业信息化阶段,信息处理的计算机化使企业再集权成为可能。

5. 组织规模

组织规模是影响组织结构设计的一个重要变量。随着企业的发展,企业活动的规模日渐扩大,内容日趋复杂,组织管理的正规化要求逐渐提高,管理文件也越来越多,对不同岗位以及部门间的协调和要求也越来越高,组织越来越复杂。一般大型组织具有更高的规范化程度,因而其组织结构也比较庞大且层次比较多;小型组织的组织结构比较简单且层次少,规范化程度也较低。

(二) 组织结构设计的原则

不管组织决定采用何种结构形式,管理者都应遵循组织结构设计的基本原则,即组织结构设计普遍适用的要求。

1. 目标原则

任何组织都有特定的目标,组织及其每个部门都应当与其特定的任务目标相联系,组织的调整应以其是否对实现目标有利为衡量标准。组织的建立是为一定的目标服务的,因此必须根据组织目标来考虑组织结构的总体框架。在进行组织结构设计时,首先要明确该组织的发展方向、经营战略、目标要求等,这是组织设计的前提。

2. 分工与协作原则

为了发挥组织效率,组织内部要进行分工协作。组织结构设计要坚持分工协作原则,就是要做到分工合理,协作关系明确,对每个部门和每个岗位的工作内容、工作范围、相互协作的方法等做出明确的规定。一般分工越细,专业化水平越高,责任越明确,效率也越高,但也越容易出现机构增多、协作困难、协调工作量增加等问题。分工太粗,则机构可减少,易于培养多面手,但专业化水平低,且容易产生互相推诿责任的现象。组织结构设计时,要根据需要合理确定分工与协作关系。

3. 权责对等原则

为了保障分工与协作关系的落实,在明确分工与协作关系的同时,要明确每个部门和岗位的职责,并赋予其相应的职权。职责是指组织对某部门或岗位的功能要求,或某部门和岗位应该完成的工作、应该达到的工作要求和应该承担的责任;职权是组织成员为了履行岗位职责所拥有的开展活动或指挥他人的权利。拥有一定的职权是保障职责履行的条件之一,在组织设计过程中,要做到责任与权利对等。

4. 有利于人才成长和合理使用原则

人是组织中的灵魂,组织结构的建立只是为组织目标的实现创造了一定的条件,但若没有组织成员的加入,组织结构就毫无生气。如果没有组织成员的努力工作,光有组织结构也是不可能实现组织目标的。因此,组织结构的建立要充分考虑人员的可得性和人事的匹配性,要有利于人员在工作中得到培养、提高、成长,有利于吸引人才,发挥员工的积极性和创造性。

5. 逐步发展和经济原则

组织是人们为了实现共同目标而采用的一种手段,因此,组织结构要在保持一定稳定性的同时根据变化情况及时进行调整。刚开始时,要随着环境、业务、目标的改变逐步、稳妥地发展,以免人浮于事、效率低下。当组织发展迅速时,要加快结构调整步伐,以免调整太慢,管理跟不上。另外,由于组织所拥有的资源是有限的,所以组织结构的设计也要讲求经济效益,机构要精简,要减少不必要的管理层次,但又要为组织将来的发展做好人员储备并有利于各种资源的有效利用。

(三) 组织结构设计必须考虑的关键要素

管理者在进行组织结构设计时,必须正确考虑六个关键要素。

1. 工作专门化

工作专门化是指组织中把工作任务划分成若干步骤来完成的细化程度。福特汽车的生产经验表明,让员工从事专门化的工作,生产效率会提高。工作专门化的实质是:一项工作分解成若干步骤,每一步骤由一个人独立去做,一个人无须完成一项工作的全部。实行工作专门化,员工的技能会有所提高,由于工作转换过程的时间减少,有利于提高组织的效率,降低成本。

6

2. 部门化

一旦通过工作专门化完成任务细分之后,就需要按照类别进行分组使共同的工作可以进行协调,而工作分类的基础就是部门化。部门化是将整个管理系统分解成若干个相互依存的基本管理单位,是在组织横向分工基础上进行的。分工的标准不同,所形成的管理部门以及各部门之间相互关系也不同。组织结构设计中常见的部门划分标准有:

(1)职能部门化。职能部门化是根据业务活动的相似性来设立管理部门。如将物资采购、生产计划、工艺和设备管理、质量管理划归到生产职能部;市场研究、营销计划、广告与服务划归到营销职能部;财务计划、预算、综合会计、成本会计等划归到财务职能部。职能部门化可以带来专业化分工的各种好处,有利于部门内工作人员的培训和相互交流,提高技术水平。但职能部门化也存在各部门的贡献无法区别,不利于企业产品结构调整,不利于高级管理人员的培养,各职能部门间因不协调而影响组织整体目标的实现等问题。

(2)产品部门化。产品部门化是把同一产品的生产、销售、财务等工作集中在一起设立管理部门、划分管理单位。如通用汽车公司分为别克产品部、雪佛兰产品部等。产品部门化能使企业将多元化经营和专业化经营结合起来,有利于企业及时调整生产方向,促进企业内部竞争,也有利于高层管理人才的培养。但产品部门化也存在各产品部的本位主义,影响企业的统一指挥,职能机构的重叠设置导致管理费用增加,影响企业竞争能力等问题。

(3)区域部门化。区域部门化是根据地理因素来设立管理部门,把不同地区的经营业务和职责划分为不同部门,每个地域是围绕这个地区而形成的一个部门。如海尔在北美、欧盟、日韩、非洲、中东及东南亚等地区建立本土化机构;某公司的营销根据地域分为东、西、南、北四个区域,分片负责。不同区域的生产、经营单位成为相对自主的管理主体,可以更好地针对各地区的劳动者和消费者的行为特点来组织生产和经营活动。但区域部门化存在区域和总部之间的管理职责划分较困难的问题。

(4)顾客部门化。顾客部门化又称用户部门化,是指根据目标顾客的不同利益需求来划分组织的业务活动。如银行为了给不同的顾客提供服务,设立了商业信贷部、农业信贷部和普通消费者信贷部等;服装公司为了给不同年龄的顾客提供专业服务,设立童装部、女装部、男装部等。顾客部门化能满足目标顾客各种特殊而广泛的需求,获得用户真诚的意见反馈,可有针对性地按需生产、按需促销,发挥专长,创新顾客需求,建立持久性竞争优势。但这种部门化只有当顾客达到一定规模时,才比较经济,有时会因与顾客需求不匹配而引发矛盾和冲突,需要更多能妥善处理和协调顾客关系问题的管理人员。

(5)综合部门化。上述几种组织的部门化方式,在组织结构设计中可以混合使用,即在不同组织层次上以及同一层次不同系统内部的部门划分,既有按职能来划分部门,又有按其他方式来划分部门的做法,以适应各种不同的需要。

3. 命令链

命令链是一种不间断的权力路线,从组织最高层扩展到最基层,厘清谁向谁报告工作的问题。它能够回答员工提出的"我有问题时去找谁""我对谁负责"等问题。20世纪中期,命令链的概念是组织结构设计的基石,但今天它的重要性大大降低了,不过在决定如何更好地设计组织结构时,管理者仍需考虑命令链的意义。

为了促进协作,每个管理职位在命令链中都有自己的位置,每位管理者为完成自己的职责任务,都要被授予一定的权威(指管理职位所固有的发布命令并期望命令被执行的权力)。命令统一性原则有助于保持权威链条的连续性,它意味着一个人应该对一个主管,且只对一个主管直接负责。如果命令链的统一性遭到破坏,一个下属可能就不得不穷于应付多个主管的不同命令之

间的冲突或优先次序的选择,即多头领导,这样会影响组织的工作效率。

4. 管理幅度与管理层次

管理幅度是指一个管理者能直接有效管理下属的人数。任何管理者因受其精力、知识、能力等条件的限制,能够有效地管理下属的人数是有限的,超过一定限度,就不能做到有效的管理。影响管理幅度的因素主要有:

(1)管理者的管理能力。管理者的综合能力、理解能力、表达能力强,则可以迅速把握问题的关键,给下属提出恰当的指导建议,并使下属明确地理解,提高工作效率,因而,管理幅度可以适当大些;反之,则幅度不宜过大。

(2)下属工作的标准化程度。下属从事的工作内容和性质相近,管理者对每个人工作的指导和建议也大体相同,管理幅度可以适当大些;反之,下属从事的工作内容和性质差异很大,管理幅度不宜过大。如班组长可以管理十几甚至几十个人,但总裁的直接下属人数就比较少。

(3)下属的成熟程度。如果下属具备符合要求的能力,受过良好的系统培训,可以运用自己符合组织要求的能力去解决问题,就会减少占用管理者的时间和向上级请示的频率,管理者就有时间和精力去管理更多的下属;反之,管理幅度无法扩大。

(4)工作条件。工作条件包括助手的配备情况、信息手段的运用、工作地点的相近性等。如果给管理者配备了助手或企业信息化程度比较高,不仅可以大大减少管理者的工作量,还可以帮助管理者更早、更全面地了解下属的工作情况,也能使下属更多了解与自己有关的信息,从而更加自主地处理分内事务,管理幅度就可以增加;如果下属工作地比较集中且和管理者在一起,沟通比较便利和顺畅,管理幅度也可以大些。反之,管理者缺少助手,缺乏信息技术的运用,事无巨细均需亲力亲为;下属工作岗位在地理位置上比较分散,管理者与下属之间的信息传输和沟通难度都会加大,管理幅度也会受限。

(5)工作环境。组织环境的稳定与否会影响组织活动内容和政策的调整频度与幅度。环境变化越快,变化程度越大,组织中遇到的新问题越多,下属向上级请示就越多、越有必要,管理者要花费更多时间和精力用于指导下属处理问题,管理幅度就会受到限制。因此,环境越不稳定,管理幅度越小;环境越稳定,管理幅度越大。

管理幅度影响管理层次。管理层次是组织的最高主管到作业人员之间所设置的管理职位层级数。在既定规模状态下,管理层次与管理幅度成反比。因此,按照管理幅度与管理层次形成了两种组织结构:垂直(塔式)结构(左)和扁平结构(右),如图 6-1 所示。

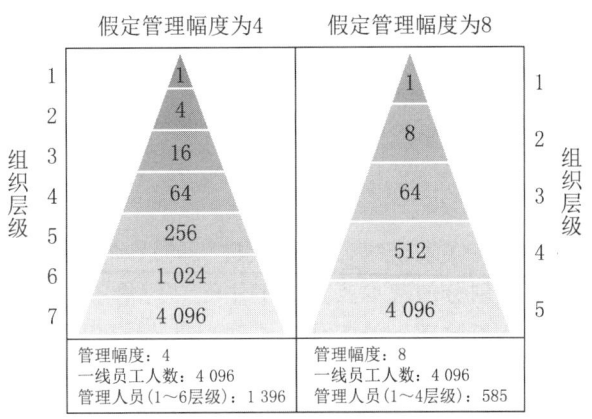

图 6-1 管理幅度与管理层次

垂直(塔式)结构是指管理幅度小而管理层次多的组织结构。这种结构具有管理严密,分工细致明确,上下级易于协调的特点。但层次增多带来的问题也越多:管理人员之间的协调工作急剧增加,互相扯皮的事不断;管理费用增加;上下级的意见沟通和交流受阻;上层对下层的控制变得困难;管理严密影响了下级人员的积极性与创造性。因此,为了达到有效管理,应尽可能地减少管理层级。

扁平结构是指管理层次少而管理幅度大的组织结构。这种结构有利于密切上下级之间的关系,信息纵向流动快,管理费用低,被管理者有较大的自由性和创造性,因而有满足感,同时也有利于选择和培训下属人员;但不能严密地监督下级,上下级协调较差,同级间相互沟通联络比较困难。

5. 集权与分权

组织的不同部门拥有的权力范围不同,会导致部门之间、部门与上级指挥群之间以及部门与下属单位之间的关系不同,从而组织结构也不同。

集权是指决策权在组织系统中较高管理层次的一定程度的集中;与此相对应,分权是指决策权在组织系统中较低管理层次的一定程度的分散;两者是一个相对概念。绝对的集权意味着组织中的全部权力集中在一个管理者手中,组织中所有决策均由该管理者做出,管理者直接面对所有执行者;而绝对的分权则意味着全部权力分散在各个管理部门,甚至分散在各个执行、操作者手中,管理者的职位是多余的。因此,这两种绝对的情形在现实的社会经济组织中是不存在的。

组织集权倾向主要与组织的历史、领导的个性、追求政策的统一与行政的效率有关。过分集权会降低决策的质量,降低组织的适应能力,降低组织成员的工作热情和创造性,劳动效率会下降。因此,恰当地集权与分权,是组织发展所需要研究的。

组织的集权与分权程度主要通过决策的频度、决策的幅度、决策的重要性和对决策的控制程度等方面来判别。组织中较低的管理层次在制定决策时,频度或数目较多、决策的范围较广、所进行的决策对整个组织的影响较大、在决策后不需要层层报备审批就可执行,则该组织分权程度较大。反之,组织分权程度较小,倾向于集权。

6. 正规化

正规化是指组织中的工作实行标准化的程度。组织的管理者总是期望员工以同样的方式投入工作,能够保证稳定一致的产出结果,所以在高度正规化的组织中,有明确的工作说明书,有繁杂的组织规章制度,对于工作过程有详尽的规定,这就减少了员工选择工作行为的可能性,使员工无需考虑其他行为选择,也意味着员工对工作内容、工作时间、工作手段没有多大自主权。相对而言,在正规化程度较低的组织中,员工可以对自己的工作内容、时间、手段进行自主安排。这两种组织形式都有其优点,也都有其缺点。

(四)组织结构设计的基本过程

尽管每一个组织的目标不同,组织结构形式也不同,但组织结构的基本设计过程是相同的。一般包括以下几个步骤:

1. 岗位设计:工作的专门化

组织结构设计的第一步是将实现组织目标必须进行的活动划分成最小的有机关联的部分,以形成相应的工作岗位。活动划分的基本要点是工作的专门化,只有通过工作的专门化,才能挑选出具有不同才能的人去从事不同性质的工作。在进行工作专门化划分后,通过估算每一项工作所需的时间,就可计算出完成组织目标所需的操作人员数。操作人员数等于各项工作所需时间之和除以每个人一年的有效工作时间。

2. 部门化:工作的归类

将组织的任务分解成具体的工作以后,第二步就是将这些工作按某种原则合并成一些组织

组织结构
的设计

单元,如任务组、部门、处室等,这就是部门化过程。将整个组织通过部门化划分为若干个管理单元的目的是据此明确责任和权利,并有利于不同的部门根据其工作性质的不同采取不同的政策和加强每个部门内部的沟通与交流。常见的部门化有职能部门化、产品部门化、地区部门化、顾客部门化和综合部门化。

3. 确定组织层次

部门化解决了各项工作如何进行归类以实现统一领导的问题,接下来需要解决的是组织层次问题,即确定组织中每一个部门的职位等级数。组织层次的多少与管理幅度的大小有直接关系。在一个部门中的操作人员数既定的情况下,一个管理人员能直接管理的下属人数越多,那么该部门内部的组织层次也就越少,所需要的行政管理人员也越少;反之,一个管理人员能直接管辖的员工数越少,所需的管理人员就越多,相应的组织层次也越多。

根据上述步骤,明确了岗位、部门、组织层次后,运用树形图就可绘制出组织结构图。

 案例分析

某电商公司的组织结构

深圳某电商品牌专注大码女装行业,2010 年成立,经过这些年的发展,年销售额过千万元。然而,其团队非常简单,只有五个部门,五个部门分工明确,各司其职,共同维护着整个团队的运作,如图 6-2 所示。

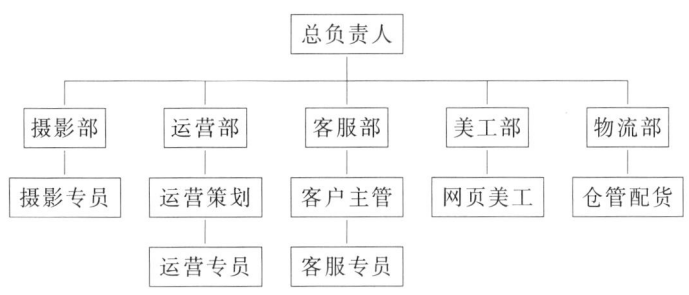

图 6-2　某电商公司的组织结构

这五个部门在团队中各自承担着自身的职责,相互促进,相互依托,缺一不可。

运营部根据公司产品定位,对整个拍摄背景、构图、用光进行拍摄企划。

摄影部负责根据不同类型的产品拍摄出网络展示图片。

美工部的人员则能够独立处理摄影作品的后期美工工作,并能熟练使用相关软件。

客服部是公司直接面向广大网上客户消费群,对客户提出的各种咨询做出专业的解答,并提供亲切服务,在售中与客户建立良好关系,提升客户对公司的信誉度和忠诚度的窗口部门。该部门与其他各部门协同合作共同推动公司的正常运转和持续发展。

物流部门包括审单员、打单员、备货员、验货员、打包员。审单员负责在规定时间根据订单上的商品、备注、地址等详情进行订单审核,如有问题及时处理。打单员负责将审单员当天审核完的订单全部打印,并进行汇总,将配货单和快递单交给备货员。备货员负责把当天打印出来的汇总单上的货物全部备货完毕,并按每张配货单明细逐一配好货以待验货。验货员负责把配好的货对照快递单逐一核对,贴好快递单进行扫描,若出现异常情况时,必须马上根据实际情况做出相应解决措施。打包员负责将验好货的产品打包好,叠放好,根据快递公司联系收件员收件。

　　思考:根据上述电商公司的组织结构图和各部门的工作职责描述,你是否能够大致了解公司的部门设置情况、上下级的隶属关系和管理层次?

第二节　常见的组织结构类型

　　现实企业多种多样,其组织结构形式也多种多样,但各种组织结构的基本构成形式会有很大的相似性。常见的组织结构形式有以下几种。

一、直线制组织结构

直线制
组织结构

　　直线制组织结构是最古老的、最简单的组织结构形式。所谓"直线"是指在这种组织结构下,职权直接从高层开始向下"流动"(传递、分解),经过若干个管理层次达到组织最底层。

　　直线制组织结构的特点:组织中每一位主管人员对其直接下属拥有直接职权;组织中的每一个人只对他的直接上级负责或报告工作;主管人员在其管辖范围内,拥有绝对的职权或完全职权,即主管人员对所管辖的部门的所有业务活动行使决策权、指挥权和监督权,如图6-3所示。

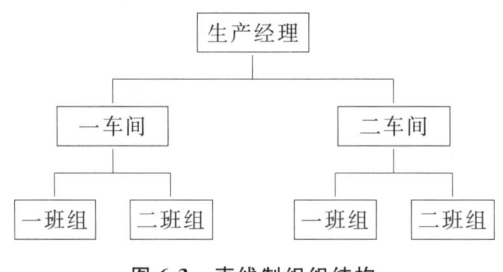

图6-3　直线制组织结构

　　直线制组织结构的优点:权责明确,命令统一,沟通方便,决策迅速,反应灵敏,管理机构简单。

　　直线制组织结构的缺点:权力高度集中,易于造成家长式管理作风,形成独断专行、长官意志,组织发展受到管理者个人能力的限制,管理工作简单粗放,组织成员只注意上下沟通,而忽视横向联系。

　　直线制组织结构的适用范围有限,它只适用于小规模组织,员工数不多,现场作业管理,或者是组织规模较大但生产与管理活动内容比较单纯的组织。

二、职能制组织结构

　　职能制组织结构是按职能来组织部门分工,即从企业高层到基层,均把承担相同职能的管理业务及其人员组合在一起,设置相应的管理部门和管理职务。

职能制
组织结构

　　职能制组织结构的特点:按职能分工实行专业化的管理来代替直线型的全能管理者,即在上层主管下面设立职能机构和人员,把相应的管理职责和权利交给这些机构,各职能机构在自己业务范围内可以向下级下达命令和指示,直接指挥下属。如图6-4所示。

　　职能制组织结构的优点:具有适应管理工作分工较细的特点,能够充分发挥职能机构的专业管理作用;由于吸收专家参加管理,减轻了上层主管人员的负担,使他们有可能集中注意力以实现自己的职责。

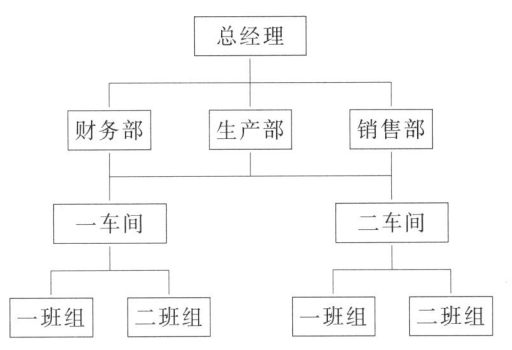

图 6-4　职能制组织结构

职能制组织结构的缺点：由于实行多头领导，妨碍了组织的统一指挥，容易造成管理混乱，不利于明确划分职责与职权；各职能机构往往从本单位的业务出发考虑工作，不能很好地配合，横向联系差；在科学技术迅速发展、经济联系日益复杂的情况下，对环境发展变化的适应性差，不够灵活；强调专业化，使主管人员忽略了本专业以外的知识，不利于培养上层管理者。

职能制组织结构适用于中小型、产品品种比较单一、生产技术发展变化较慢、外部环境比较稳定的企业。但由于其职能部门多元化，易使下级部门无所适从，越来越少的企业采用这种结构形式。

三、直线—职能制组织结构

直线—职能制组织结构是建立在直线制和职能制基础上的现代工业中最常见的一种结构形式，在大中型组织中尤为普遍，又被称为"U 型组织"。美国钢铁公司就是以这种方式在 1901 年成为第一个 10 亿美元企业，美国标准石油公司也是采用直线—职能制组织结构的先驱。

直线—职能制组织结构的特点：以直线为基础，在各级行政主管之下设置相应的职能部门，如财务部、销售部等。在这种组织结构中，直线部门担负着实现组织目标的直接责任，并拥有对下属的指挥权；职能部门只是上级直线管理者的参谋与助手，主要负责提供建议、信息，对下级机构进行业务指导，但不能对下级直线管理者发号施令，除非上级直线管理者授予他们某种职能权力，形成"直线指挥、参谋建议"的管理体制，如图 6-5 所示。

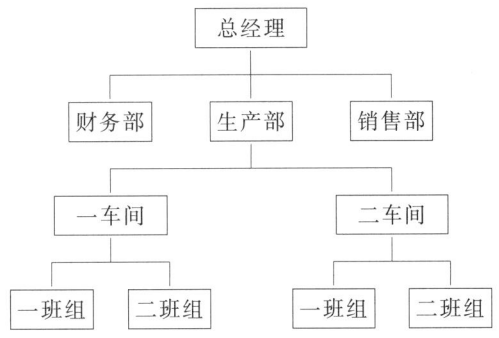

图 6-5　直线—职能制组织结构

直线—职能制组织结构的优点：既保持了直线制集中统一指挥的优点，又吸取了职能制发挥专业管理职能作用的长处，指挥权集中，决策迅速；分工细密，职责分明；由于各职能部门仅对自己应做的工作负责，既可以减轻直线管理者的负担，又可充分发挥专家的特长；容易维持组织纪律,确保组织秩序,在外部环境变化不大的情况下,易发挥组织的集团效率。

　　直线—职能制组织结构的缺点:不同直线部门和职能部门之间的目标不易统一,相互之间不易协调,增加了高层管理者的协调工作量;由于职能管理者只重视与其有关的专业领域,因而不利于培养熟悉全面情况的管理人员;由于分工细,规章多,反应较慢,不易迅速适应新情况。

四、事业部制组织结构

　　事业部制组织结构是对内部具有独立的产品和市场、独立的责任和利益的部门实行分权管理的一种组织形式。最早起源、应用于美国通用公司,是美国、日本等国大企业采用的典型组织形式。

事业部制
组织结构

　　事业部制组织结构的特点:在这种组织结构中,事业部一般按产品或地区划分,具有独立的产品或市场,拥有足够的权力,能自主经营,并实行独立核算、自负盈亏;把政策制定与行政管理相分离,政策制定集权化,业务运营分权化;企业最高管理层是企业的最高决策机构,主要职责是研究和制定公司的总目标、总方针、总计划以及各项政策,各事业部在不违背总目标、总方针和公司政策的前提下,可自行处理其经营活动,如图 6-6 所示。

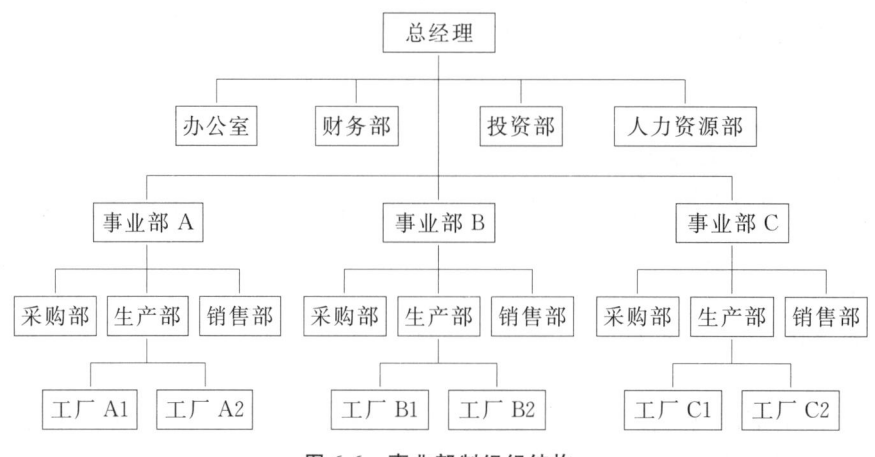

图 6-6　事业部制组织结构

　　事业部制组织结构的优点:既保持了公司管理的灵活性和适应性,又发挥了各事业部的主动性和积极性;可使总公司和最高管理层从繁重的日常事务中解放出来,得以从事重大问题的研究和决策;各事业部相当于公司内部独立的组织,不论在公司内外,彼此都可以展开竞争,比较成绩优劣,从而克服组织的僵化和官僚化;有助于培养高层管理者。

　　事业部制组织结构的缺点:各事业部往往只重视眼前利益,本位主义严重,调度和反应都不够灵活,不能有效地利用公司的全部资源;管理部门重叠设置,管理费用增加;由于各事业部相当于一个独立的企业,因此对各事业部一级管理人员的水平要求较高;集权与分权关系敏感,一旦处理不当,会削弱整个组织的协调一致。

五、矩阵制组织结构

矩阵制
组织结构

　　矩阵制组织结构是在直线—职能制垂直形态组织系统的基础上,再增加一种横向的领导系统,由职能部门系列和完成某一临时任务而组建的项目小组系列组成,从而同时实现了事业部制与职能制组织结构特征的组织结构形式。

　　矩阵制组织结构的特点:既有按管理职能设置的纵向组织系统,又有按产品、项目、任务等划分的横向组织系统。横向系统的项目组所需的人员从各职能部门抽调,他们既接受本职能部门的领导,又接受项目组的领导,一旦某一项目完成,该项目组撤销,人员回原部门工作,如图6-7所示。

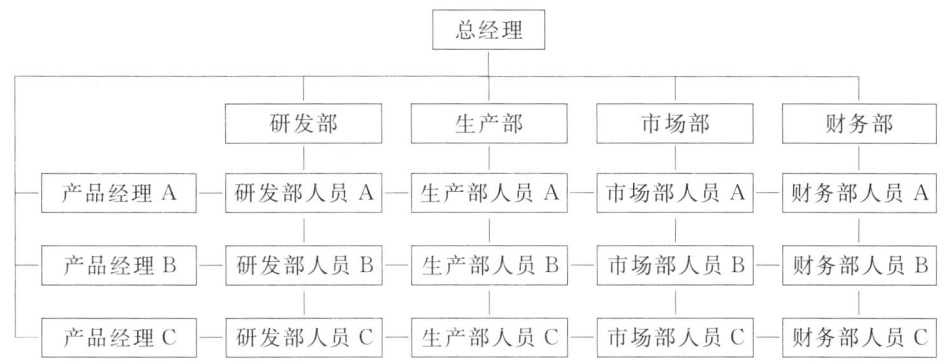

图 6-7　矩阵制组织结构

　　矩阵制组织结构的优点:上下左右,集权分权实现了有效的结合,有利于加强各部门之间的配合和信息交流;便于集中各种专门的知识和技能,加速完成某一特定项目;可避免各部门的重复劳动,加强组织的整体性;可随项目的开始和结束而组成和撤销项目组,增加组织的机动性和灵活性。

　　矩阵制组织结构的缺点:由于各成员隶属于不同的部门,仅仅是临时参加某项目组,稳定性差,项目负责人对他们的工作好坏没有足够的奖励与惩罚手段,项目负责人的责任大于权力;由于项目负责人和原部门负责人对于参加项目的人员都有指挥权,因此易产生双重领导,只有当双方管理者都能密切配合时,才能顺利地开展工作。

　　矩阵制组织结构一般适用于创新任务较多、生产经营复杂多变的组织,如建筑、军工、航天工业、高科技企业等。

六、网络型组织结构

　　网络型组织结构是一种只有很精干的中心机构,以契约关系的建立和维持为基础,依靠外部机构进行制造、销售或其他重要业务经营活动的组织结构形式。

　　网络型组织结构的特点:在网络型组织结构中,组织的大部分职能从组织外"购买",具有合作、民主、自由、宽容的组织文化;能激发人的积极性、能动性与自我管理能力;具有柔性化、多文化、个性化和差异化的特点;被连接在这一结构中的各经营单位之间并没有正式的资本所有关系和行政隶属关系,只是通过相对松散的契约(正式和协议契约书)纽带,透过一种互惠互利、相互协作、相互信任和支持机制来进行密切的合作。网络型组织结构中的管理者将大部分时间都花在协调和控制这些外部关系上,如图6-8所示。

 网络型组织结构

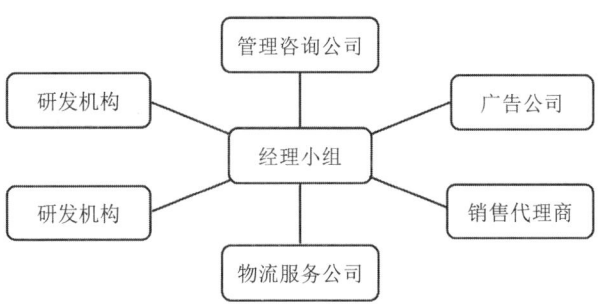

图 6-8　网络型组织结构

网络型组织结构的优点：可以实现企业全世界范围内供应链与销售环节的整合，简化机构和管理层次，实现企业充分授权式的管理，降低管理成本，提高管理效益；以项目为中心的合作可以更好地结合市场需求来整合各项资源，且容易操作，网络中的各个价值链部分也随时可以根据市场需求的变动情况增加、调整或撤并，组织结构具有更大的灵活性和柔性；由于组织中的大多数活动都实行外包，而这些活动更多地依靠电子商务来协调处理，组织结构简单、扁平化，效率高。

网络型组织结构的缺点：组织活动通过与独立的供应商广泛而密切的合作来实现，由于存在道德风险和逆向选择性，一旦组织所依存的外部资源出现问题，如质量、提价、及时交货等问题，组织将陷入非常被动的境地，因此，可控性差；另外，外部合作组织都是临时的，如果组织中的某一合作单位因故退出且不可替代，组织将面临解体的危险；由于项目是临时的，员工随时都有被解雇的可能，因而员工对组织的忠诚度也比较低。

网络型组织结构是利用现代信息技术手段适应与发展起来的一种新型的组织结构，并不是所有的企业都适用，它适合于比较灵活、能够对环境作出迅速反应、或制造活动需要低廉劳动力的公司。

七、多维立体组织结构

多维立体组织结构是由美国道—科宁化学工业公司于 1967 年建立的，是矩阵制和事业部制组织结构的综合发展。它是在矩阵制结构（即二维平面）基础上构建产品利润中心、地区利润中心和专业成本中心的三维立体结构；若再加上时间维度可构成四维立体结构。虽然这种组织结构的细分结构比较复杂，但每个结构层面仍然是二维制结构，而且多维制结构未改变多重领导和各部门配合的矩阵制结构的基本特征，只是增加了组织系统的多重性。因而，其基础结构形式仍然是矩阵制，或者说它只是矩阵制结构的扩展形式。

多维立体组织结构的特点：在这种组织结构形式下，每一个系统都不能单独做出决定，而必须由三方代表通过共同协调才能采取行动。因此，多维立体组织能够促使各部门从组织整体的角度考虑问题，从而减少产品、职能和地区各部门之间的矛盾。即使三者间有摩擦，也比较容易统一和协调。这种组织结构形式的最大特点是有利于形成群策群力、信息共享、共同决策的协作关系，如图 6-9 所示。

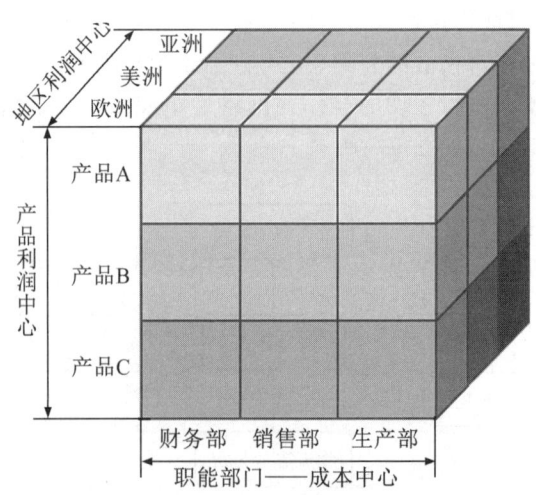

图 6-9　多维立体型组织结构

多维立体组织结构的优点:能够使产品事业部、地区事业部、专业职能参谋部门三方都从整个组织的全局考虑问题,从而减少部门间的摩擦,互通信息,集思广益,共同决策;能够最大限度满足客户的要求,为顾客服务;在分权的基础上,把事业部经理、地区经理和总公司的专业职能参谋部门很好地统一协调起来,促进职能目标的实现;由地区经理、事业部经理及总公司的专业职能参谋部门人员统一协调的模式有利于人力资源在多种产品线之间的共享;三个维度,即地区利润中心、产品利润中心和专业职能参谋部门的协调合作,使整个企业能够适应内外界环境的不断变化,对面临重大问题时所需要立即作出的决策有重要推进作用,可以有效处理公司内部的各种突发情况,也能够及时促进决策和应对困难。

多维立体型组织结构的缺点:可能存在多重领导的缺陷。

多维立体组织结构模式受到很多跨国公司和大型跨地区企业的青睐,因此该组织结构主要应用于跨国公司和规模巨大的跨地区公司。

 拓展阅读

华为组织结构的变革

华为技术有限公司(以下简称华为)创业于 1987 年,从成立到现在已走过 30 多年的历程。由于公司战略需要依据环境的变化而调整,组织结构也要随着战略进行优化,因此,华为从创立直到现在,随着公司规模的扩大、经营领域的变化,组织结构也经历了多次变革。

1987 年,任正非与五位合伙人共同出资 2 万元成立了华为公司,创业初期的华为只是转售他人设备,员工数量较少,只有 6 个人,部门功能单一,采取直线制组织结构,如图 6-10 所示。

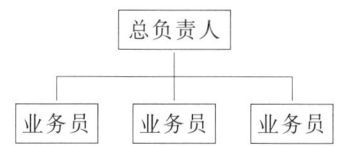

图 6-10 华为创业初期的组织结构

这种权责分明、协调容易、快速反应的组织结构,使华为在创业初期迅速完成了原始资本的积累,到 1991 年公司也只有 20 多人。由于产品的研发种类比较集中,组织结构开始采用中小企业普遍采用的简单的直线—职能制组织结构,如图 6-11 所示。

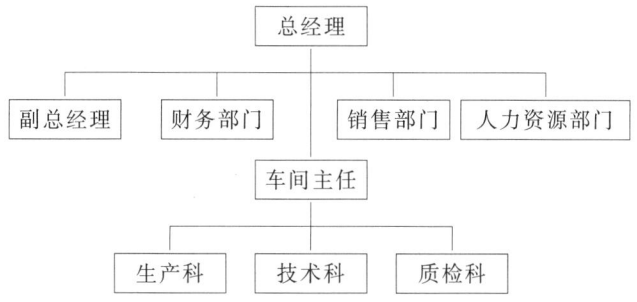

图 6-11 华为的直线—职能制组织结构(一)

1992 年,华为销售规模突破亿元大关,员工人数也达到了 200 人左右,组织结构开始转变为较典型的直线—职能制组织结构,除了有业务流程部门,例如研发、市场销售、制造,也有了支撑流程部门,例如财经、行政管理等,如图 6-12 所示。

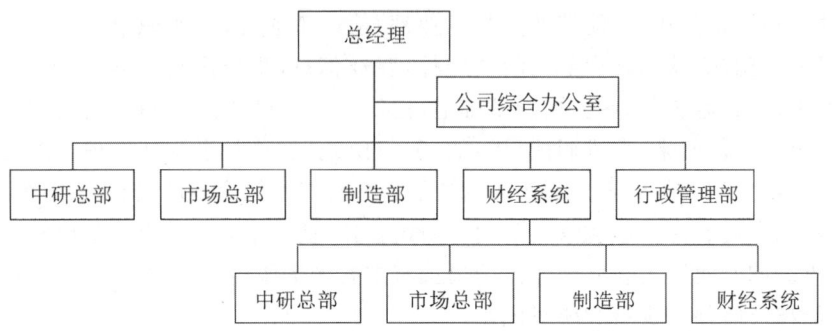

图 6-12 华为的直线—职能制组织结构(二)

华为 1995 年销售收入达 15 亿元,员工发展到 800 人,在北京成立研究所,1996 年开始进军国际市场。1995 年到 1998 年,华为做了很多变革,请人大教授们编制了《华为基本法》。随着华为战略发生的巨大变化,组织结构也在进行调整,部门名称趋于规范化,如图 6-13 所示。

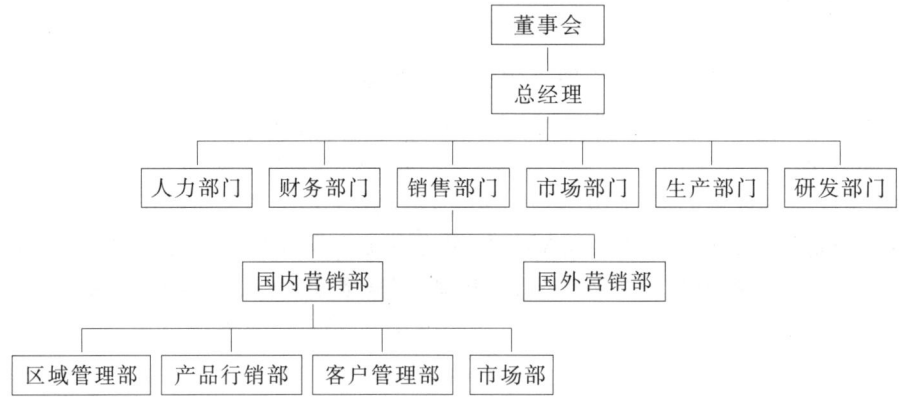

图 6-13 华为规范化的直线职能制组织结构

1998 年华为聘请 IBM 咨询顾问对公司进行流程改造(主要内容涵盖集成产品开发 IPD;集成供应链 ISC;客户关系管理 CRM),此时公司员工总数已接近 8 000 人,销售规模接近 90 亿元。到 2003 年,该项目获得很大的成功,其组织结构也跟随这些变化进行了相应的调整,从划小经营单位开始,建立了事业部制与地区部相结合的二维矩阵式组织结构,如图 6-14 所示。

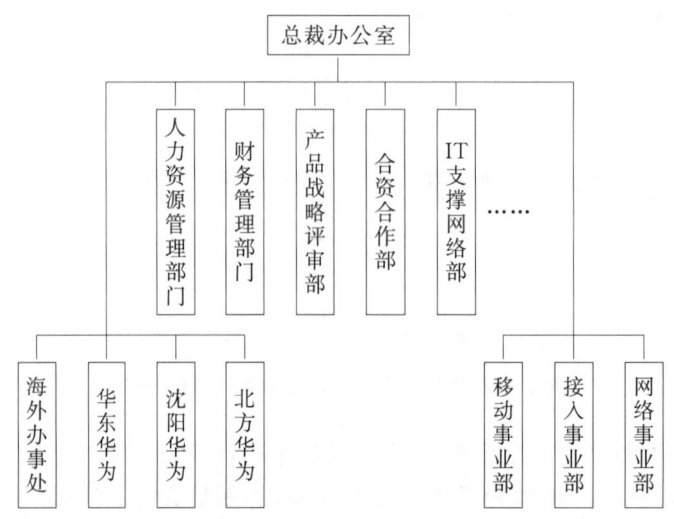

图 6-14 华为二维矩阵式的组织结构

其中事业部的职能主要体现在两个方面:一是在企业宏观领导下充分授权,拥有完全独立的经营自主权、实行独立经营、独立核算;二是产品责任单位或市场责任单位,对产品的设计、生产制造及销售活动的一体化负有统一领导的职能。为了能推行这种相对复杂的组织结构,华为在1998年定稿的《基本法》中,就组织结构提出了明确的要求。

2004年后,华为再次进行组织结构调整,但基本上是在2003年的基础上进行优化,其主体结构依然是以市场和客户需求为导向的产品线制的组织结构模式,以划小利润中心的模式,加快决策速度,适应快速变化的市场,形成了矩阵式跨国集团,如图6-15所示。

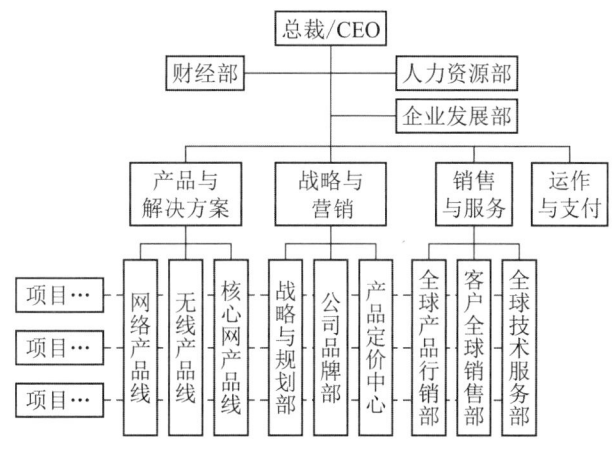

图6-15 华为矩阵式跨国集团的组织结构

这时,华为已经是一家多元化企业,形成了运营商业务、企业业务、消费者业务三大业务体系,在未来依然会保持这样一种矩阵制组织结构,且这个巨大的矩阵组织结构随时会跟随着战略的调整而进行动态调整。当企业遭遇外部环境挑战时,这个网络就会收缩并进行叠加,即进行岗位、人员的精减;而环境向好需要扩张时,这个网络就会打开,进行岗位与人员的扩张。但其基本的业务流程仍会保持相对稳定。

2009年,华为建立了清晰而全面的公司治理架构。2010年,公司坚持以客户为中心,以奋斗者为本的路线,逐步改革公司组织结构、流程和考核,持续牵引公司组织结构向以客户为中心转变。2012年,华为划分为三大运营中心(BG)进行运作,包括运营商网络BG、企业业务BG、消费者BG。2014年公司业务组织架构逐步调整为基于客户、产品和区域三个维度的组织架构。2016年,职能平台中的"工程稽查"部门被撤销,主要并入"道德遵从"部门。2017年,云业务部门Cloud BU升级为一级部门。

2019年,华为战略进入智能汽车解决方案市场,组织架构中出现了"智能汽车解决方案BU",拓展了在汽车领域的业务布局。

2020年1月,Cloud&AI升至华为第四大BG,与运营商BG、企业BG、消费者BG并行,2021年,海思从"2012实验室"下的二级部门独立,成为了与"华为云计算""智能汽车解决方案BU"并列的一级部门;华为取消云与计算BG,更名为"Cloud BU",直接向ICT基础设施业务管理委员会汇报。同时,计算产品线、数据存储与机器视觉产品线整建制切入网络产品与解决方案部,网络产品与解决方案部更名为"CT产品与解决方案部"。10月,华为举行第一批五大军团组建誓师大会,包括煤矿军团、海关和港口军团等。2022年3月,华为举行第二批十个军团誓师大会,如电力数字化军团、政务一网通军团等。2022年5月,华为举行第三批军团/系统部组建成立大会,成立了数字金融军团、站点能源军团等。华为军团级别与运营商BG、企业BG等相同,直接向任正非和三大轮值董事长汇报,可调动和匹配内部优先资源。如图 6-16 所示。

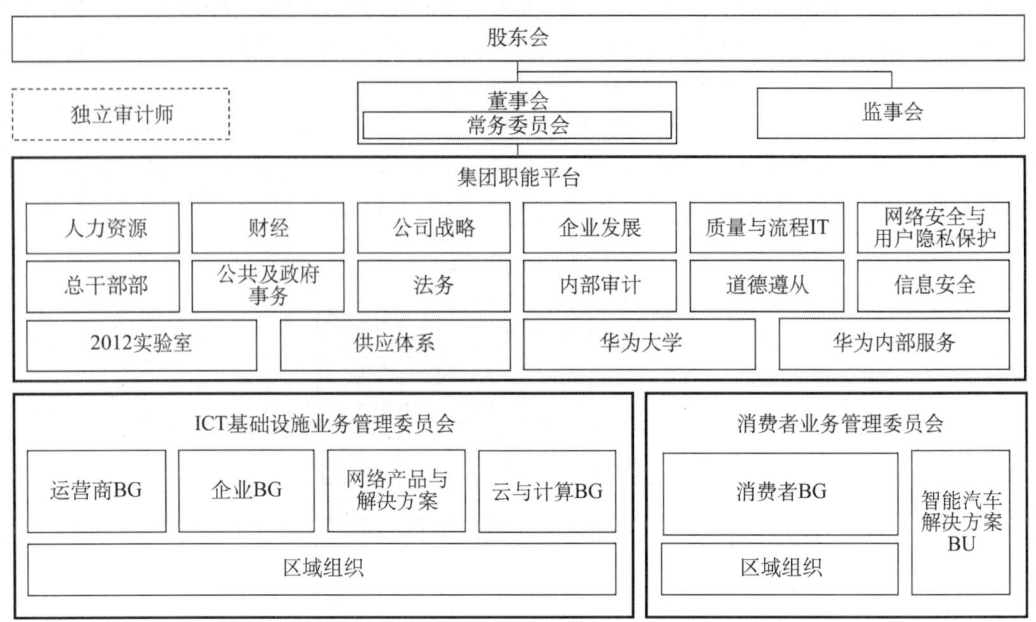

图 6-16　华为基于"客户-产品-区域"的三维矩阵式平台型组织

2025 年华为整体组织架构仍以董事会为核心,董事会由 17 名成员组成,董事长为梁华,公司实行轮值 CEO 制度。股东会是公司权力机构,由工会和任正非两名股东组成。

在业务架构方面,根据《华为 2024 年年度报告》,与此前相比有一些变化。职能平台中增加了"半导体业务",原"海思"变成了"芯片与器件业务",海思融入华为架构,为智能终端等行业提供板级芯片等解决方案。"ICT 基础设施业务"在业务架构图中不再细分,华为已彻底抛弃了"运营商业务""企业业务""消费者业务"的传统划分。如图 6-17 所示。

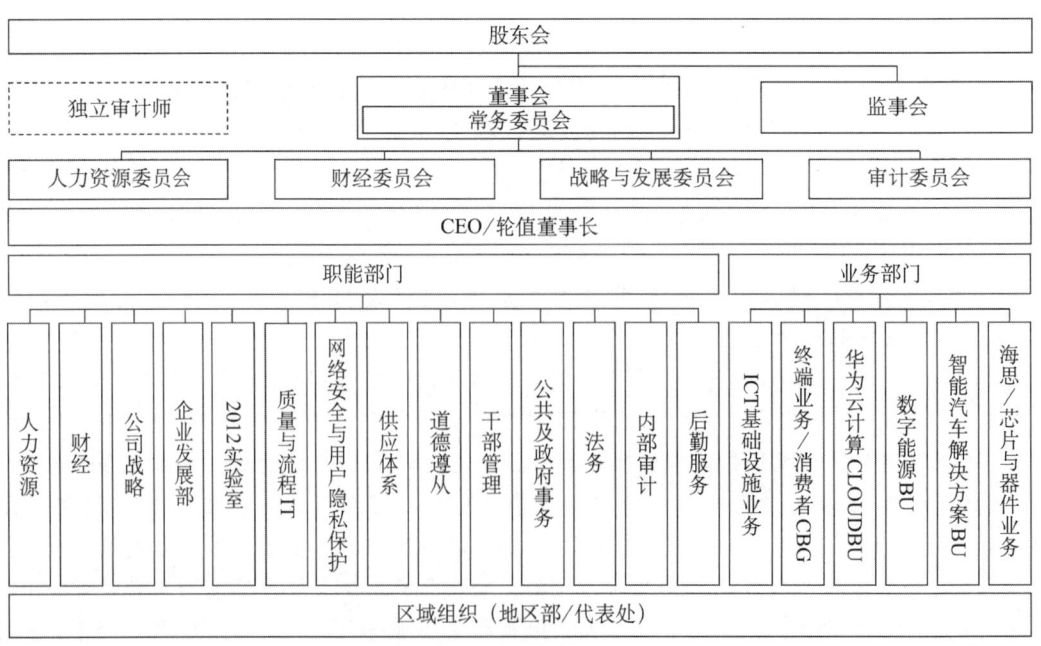

图 6-17　华为组织结构

此外,有消息称华为通过调整组织架构以提高组织效率,研发部门、市场部门、人力资源部门和财务部门等均有不同程度的精简。例如研发部门从 20 个调整为 15 个,市场部门从 18 个调整为 12 个。目前,华为拥有 20.8 万名员工,业务遍布 170 多个国家和地区,服务全球 30 多亿人口。这样的组织架构无疑为华为的庞大业务提供了坚实的支撑。

第三节　岗位设计与人员配备

一、岗位概述

(一) 岗位的含义

岗位是组织要求个体完成的一项或多项责任以及为此赋予个体的权利的总和。一个岗位是指由一个人所从事的工作。岗位与人对应,通常只能由一个人担任;岗位是随事而定的,也就是人们常说的因事设岗,是以事为中心设置,不因人而转移;岗位表示的是工作任务,与组织机构有直接的关系,即一个岗位只能为某个具体的部门所拥有。绝大多数岗位都可以分类分级,如人力资源岗位大类,具体分级岗位有人力资源总监、人力资源培训部经理、人力资源招聘专员等。

在不同的企业里都存在一些关键性的岗位,这些岗位直接关系到企业的正常运营。因此,在这些岗位的人员选择上,企业招聘非常慎重,除了严格的招聘和选拔程序外,在劳动合同的签订上也往往为这些岗位的新员工设置一定的离职壁垒。如离职后一定期限内,有企业规定禁止从事与本企业有直接或者间接竞争的行业或企业,或者承担一定的离职赔偿,来防止新进员工的流失。虽然设置离职壁垒并不是根本性的解决办法,但在一定程度上防止了人员的快速流动给企业的正常运营造成的影响。

(二) 职位的含义

职位是指在一个特定的企业组织中,在一个特定的时间内,由一个特定的人所担负的一个或数个任务(岗位)所组成。比如:制造型企业生产部门的操作员职位,是由很多岗位的员工担任,如果具体到某个工序就是岗位,如钻孔操作员、层压操作员、丝印操作员等,操作员职位可能由这些具体的操作员岗位组成。

职位是随组织结构而定的,一个职位一般是将某些任务、职责和责任组为一体。不同类型的组织其职位千差万别,但可依据业务性质、工作难易、所需文化程度及技术水平高低等尺度进行分类,如综合管理类、专业技术类和行政执法类等职位。

(三) 职务的含义

职务是指组织中承担相同或相似职责或工作内容的若干职位的总和,它是由实现企业职能的一个个具体活动所构成的相对独立体。职务表示的是工作的类别,与组织机构没有直接的关系,即一个职务可为多个部门所有,而一个部门也可以有多个职务,如销售部经理、人事部经理等。有时职务也作为职员所具有的头衔称谓,用来具体说明该岗位的工作职责和范围,即岗位的职权和职责,如领导职务(厅长、处长等)和非领导职务(调研员等)。职级则是职务的级别,也就是一定职务层次对应的级别。

对于组织而言,岗位和职位的演变是随着组织的不断扩大而不断产生的,其演变过程和逻辑关系是:要素(factor)—活动(activity)—任务(tast)—职责(duty)—岗位(position)—职位(job)。

二、岗位设计

岗位设计又称工作设计,是在工作分析的信息基础上,根据组织需要,并兼顾个人的需要,规定每个岗位的任务、责任、权利以及组织中与其他岗位关系的过程。岗位设计是把工作的内容、工作的资格条件和报酬结合起来,目的是满足员工和组织的需要。岗位设计是否得当对于激发员工的积极性、增强员工的满意感以及提高工作绩效都有重大影响。

（一）岗位设计的内容

岗位设计的主要内容包括工作内容、工作职责和工作关系的设计三个方面。

1. 工作内容

工作内容的设计是工作设计的重点,包括以下五个方面:

（1）工作的广度,即工作的多样性。工作设计得过于单一,员工容易感到枯燥和厌烦,因此设计工作时,尽量使工作多样化,使员工在完成任务的过程中能进行不同的活动,保持对工作的兴趣。

（2）工作的深度。设计的工作应具有从易到难的一定层次,对员工工作的技能提出不同程度的要求,从而增加工作的挑战性,激发员工的创造力和克服困难的能力。

（3）工作的完整性。保证工作的完整性能使员工有成就感,即使是流水作业中的一个简单程序也要是全过程,让员工见到自己的工作成果,感受到自己工作的意义。

（4）工作的自主性。适当的自主权力能增加员工的工作责任感,使员工感到自己受到了信任和重视,认识到自己工作的重要,使员工工作的责任心增强,工作的热情提高。

（5）工作的反馈性。工作的反馈包括两方面的信息:一是同事及上级对自己工作意见的反馈,如对自己工作能力、工作态度的评价等;二是工作本身的反馈,如工作的质量、数量、效率等。工作反馈信息使员工对自己的工作效果有全面的认识,能正确引导和激励员工,有利于工作的精益求精。

2. 工作职责

工作职责主要包括工作的责任、权利、方法以及工作中的相互沟通和协作等方面。

（1）工作责任。工作责任设计就是员工在工作中应承担的职责及压力范围的界定,也就是工作负荷的设定。责任的界定要适度,工作负荷过低,无压力,会导致员工行为轻率和低效;工作负荷过高,压力过大又会影响员工的身心健康,会导致员工的抱怨和抵触。

（2）工作权利。权利与责任是对应的,责任越大权利范围越广,否则二者脱节,会影响员工的工作积极性。

（3）工作方法。包括领导对下级的工作方法,组织和个人的工作方法设计等。工作方法的设计需具有灵活性和多样性,不同性质的工作根据其工作特点的不同采取的具体方法也不同,不能千篇一律。

（4）相互沟通。沟通是一个信息交流的过程,是整个工作流程顺利进行的信息基础。沟通包括垂直沟通、平行沟通、斜向沟通等形式。

（5）协作。整个组织是有机联系的整体,是由若干个相互联系相互制约的环节构成,每个环节的变化都会影响其他环节以及整个组织的运行,因此,各环节之间必须相互合作、相互制约。

3. 工作关系

工作关系是指在工作中上下级以及同级别工作者之间的关系。组织中的工作关系,表现为协作关系、监督关系、汇报关系以及同事之间的关系等各个方面。

通过以上三个方面的岗位设计,为组织的人力资源管理提供了依据,保证事（岗位）得其人,人尽其才,人事相宜;优化人力资源配置,为员工提供更加能够发挥自身能力,提高工作效率,提供有效管理的环境保障。

（二）岗位设计的影响因素

一个成功有效的岗位设计，必须综合考虑各种因素，即需要对工作进行周密的、有目的的计划安排，并考虑到员工的具体素质、能力及各个方面的因素，也要考虑到本单位的管理方式、劳动条件、工作环境、政策机制等因素。具体进行岗位设计时，必须考虑以下几方面的因素：

1. 员工的因素

人是组织活动中最基本的要素，员工需求的变化是岗位设计不断更新的一个重要因素。岗位设计的一个主要内容就是使员工在工作中得到最大的满足。随着文化教育和经济发展水平的提高，人们的需求层次提高了，除了一定的经济收益外，他们希望在自己的工作中得到锻炼和发展，对工作质量的要求也更高了。因此，只有重视员工的要求并开发和引导其兴趣，给他们的成长和发展创造有利条件和环境，才能激发员工的工作热情，增强组织吸引力，留住人才。否则随着员工的不满意程度的增加，带来的是员工的冷漠和生产低效，以致人才流失。因此岗位设计时要尽可能地使工作特征与要求适合员工个人特征，使员工能在工作中发挥最大的潜力。

20世纪中后期，哈佛大学的戴维·麦克利兰教授对一些门类的人员进行全面系统的研究，构建起了岗位胜任模型，就是根据岗位的工作要求，确保该岗位的人员能够顺利完成该岗位工作的个人特征结构，包括人的动机、特质、自我形象、态度或价值观、某领域的知识、认知或行为技能等，并对这些胜任特征及其组合结构进行明确说明，从外显到内隐特征进行人员素质测评，从而为实现人力资源的合理配置提供了科学的前提。

2. 组织的因素

岗位设计最基本的目的是提高组织效率，增加产出。岗位设计离不开组织对工作的要求，设计岗位时，应注意：

（1）岗位设计的内容应包含组织所有的生产经营活动，以保证组织生产经营总目标的顺利有效实现。

（2）全部岗位构成的责任体系应该能够保证组织总目标的实现。

（3）岗位设计应该能有助于发挥员工的个人能力，提高组织效率。这要求岗位设计时须全面权衡经济效率原则和员工的职业生涯和心理上的需要，找到最佳平衡点，保证每个人满负荷工作，使组织获得组织的生产效益和员工个人满意度两方面的收益。

3. 环境因素

环境因素包括人力供给和社会期望两方面。

（1）岗位设计必须从现实情况出发，不能仅仅凭主观愿望，而要考虑与人力资源的实际水平相一致。例如在有些企业人力资源素质不高的情况下，工作内容的设计应相对简单，在技术的装备上也应结合人力资源的情况，否则先进的技术没有合适的人使用，会造成资源的浪费，影响组织的生产。

（2）社会期望是指人们希望通过工作满足些什么。不同的员工其需求层次是不同的，这就要求在岗位设计时考虑一些人性方面的东西。

当今社会，激励越来越受到管理者的重视，因为它是对员工从事劳动的内在动机的了解和促进，从而使员工在最有效率、最富有创造力的状态下工作。岗位设计直接决定了人在其所从事的工作中干什么、怎么干，有无机动性，能否发挥其主动性、创造性，有没有可能形成良好的人际关系等。优良的岗位设计能保证员工从工作本身寻得意义与价值，可以使员工体验到工作的重要性和自己所负的责任，及时了解工作的结果，从而产生高度的内在激励作用，形成高质量的工作绩效及对工作高度的满足感，达到最佳激励水平，充分发挥员工的主动性和积极性，形成组织持续发展的竞争力。

(三) 岗位设计的原则

岗位设计应遵循以下原则。

1. 专业分工原则

专业分工原则追求深度知识与市场经验的积累,在此原则下的岗位设计是对组织细分的过程,岗位成为组织中工作内容自成体系、职责独立的最小业务单元。组织细分可以按流程细分,也可按职能细分。

2. 协调成本最小原则

协调成本最小原则是为了减少不同职位间的协调,降低运作成本。其在岗位设计方面的应用通过工作关系分析和工作定量分析的步骤来实现。

工作关系分析是对最小业务活动之间的工作相关性进行分析,通过对工作岗位、部门的相关性分析,使组织发挥系统和平衡的功能,达到分工合理、简洁高效和工作顺畅。进行工作关系分析是为一人多岗做准备,其适用于公司发展较快,岗位工作及职责具有较大的不确定性的情况。在这种不确定的情况下,岗位不适宜合并,可由工作内容具有相关性的岗位兼任。随着公司各项工作的稳定开展,进行各岗位工作定量分析,则是在工作量不饱满的情况下,对职能细分或流程被分割的岗位进行撤岗、并岗,保证每一个岗位的满负荷,使所有工作尽可能集中,并降低人工成本。

3. 不相容职务分离原则

不相容职务分离的核心是内部牵制。这一理念追溯至古埃及时,已在记录官、出纳官和监督官之间建立起内部牵制制度。内部牵制是一人不能完全支配账户,另一个人也不能独立地加以控制的制度。不相容职务是指如果由一个人担任,既可能发生错误和舞弊行为,又可能掩盖其错误和弊端行为的职务。基于不相容职务分离原则的岗位设置需要在岗位间进行明确的职责权限划分,确保不相容岗位相互分离、制约和监督。如企业经营活动中的授权、签发、核准、执行和记录等工作步骤必须由相对独立的人员或部门分别实施或执行。

4. 整分合原则

在企业组织整体规划下应实现岗位的明确分工,在分工基础上有效地综合,使各岗位职责明确,能上下左右之间同步协调,以发挥最大的企业效能。

(四) 岗位设计的方法

企业进行合理的岗位设计,可以有效分解战略目标和资源,使岗位工作内容、方法、流程以及工作关系和工作环境与岗位任职者适配,真正做到人与岗位的匹配,提高企业的劳动生产率。岗位设计的方法包括工作扩大化、工作轮换、工作专业化和工作丰富化。随着企业外部环境的不断变化和企业管理实践的发展,岗位设计与设置也出现了新的发展趋势。

1. 工作内容扩大

工作内容扩大主要是将岗位工作内容进行适当的扩展,使员工有更多方面的工作可以进行。要注意的是,所扩展的工作内容一般与员工原先工作内容非常相似,这种岗位工作的设计可以提升工作效率,提高员工满意度,同时,工作扩大也要求员工掌握更多的知识和专业技能,要引导员工进行职业生涯自我管理与规划。

2. 岗位轮换

岗位轮换的目的是防止或减轻岗位任职者长时间从事某一种类工作而产生的厌倦感,因此将岗位任职者从一个岗位轮换到另一个岗位。岗位轮换并不改变岗位本身的工作任务和内容,只是定期进行岗位任职者的轮换。要注意的是,进行岗位轮换时,应充分考虑任职者所掌握的专业知识和技能情况,一般情况下,企业常在工作任务或职责相似的岗位中进行任职者轮换。岗位轮换可以保持岗位任职者的工作兴趣,也能逐步增加员工的专业知识和技能,使之积累更多的工作经验,成为工作上的多面手,岗位轮换也有利于企业储备专业人才和管理人才。

3. 工作专业化

工作专业化的目的是把岗位承担的工作分解为单一化、标准化、专业化的工作内容和操作程序。专业化的分工对岗位任职者的专业知识和技能要求低,企业可以节约人力资源成本,节省培训费用,也有利于任职者进行岗位轮换;可以最大限度提高岗位任职者的工作效率;便于管理者对岗位任职者工作数量和质量进行监控和评价。但是,过于专业化的工作同样会导致员工的不满。随着组织中知识型员工的日益增加,这种根据工作专业化设计的岗位越来越受到了挑战。

4. 工作丰富化

工作丰富化是在达成企业战略目标的前提下,在工作中赋予员工更多的责任、权限,使员工承担更多的任务和更大的责任。工作丰富化的根本目的是提高员工的使命感、责任感、荣誉感和成就感,提升员工工作的满意度,更有利于实现企业的战略目标。工作丰富化的措施需要员工参与,鼓励员工进行思考,提出意见或建议,针对任职岗位的工作进行再设计。

工作特征模型是工作丰富化的核心。工作特征模型是由美国哈佛大学教授理查德·哈克曼和伊利诺依大学教授格雷格·奥尔德汉姆于 20 世纪 70 年代共同提出的。模型认为任何岗位都可以从五个核心维度进行描述:

(1) 技能的多样性,是指完成一项工作涉及的范围,包括各种技能和能力。要求员工使用多种技能从事各种不同的行为的程度。

(2) 任务的一致性,是指从一项工作的开始到完成并取得明显的成果,需要作为一个整体来完成的程度。

(3) 任务的重要性,是指不论是在组织内还是在工作环境外,一个岗位的工作对其他人的工作和生活具有实质性影响的程度。

(4) 自主性,是指一个岗位给予任职者在安排工作进度和决定工作方法方面提供的实质性自由、独立和自主的程度。

(5) 反馈性,是指任职者从事该岗位工作时所能获得的有关其绩效信息的直接程度和清晰程度。

根据这一模型,一个工作岗位可以让员工产生三种心理状态,即感受到工作的意义,感受到工作的责任和了解到工作的结果。这些心理状态又可以影响到个人和工作的结果,即内在工作动力、绩效水平、工作满足感、缺勤率和离职率等。工作特征模型强调的是员工与工作岗位之间,在心理上的相互作用,并且强调最好的岗位设计可以给员工内在的激励。

三、人员配备

人员配备是指组织通过对工作要求和人员素质的分析,为每一个岗位配备合适的人员以完成组织目标所需开展的各项工作的过程。人员配备的目的是谋求人与事的最佳组合,因此,人员配备要求既能满足组织的需要,使组织系统得以运转,为留住人才创造条件,适应组织发展的需要,又能考虑到组织成员的需要,使每个人的知识和才能得到公正评价和运用,使每个人的知识和能力得以不断发展和提高。

(一) 人员配备的原则

为了达到人员配备的要求,在人员配备过程中,必须遵循一定的原则。

1. 因事择人、适应发展

组织中配备人员的目的在于希望其能够做好组织所分配的任务,为实现组织目标作出应有的贡献。要求在人员配备过程中,根据工作需要配备具备相应知识和能力的人员,因事择人是人员配备的首要原则。同时,为了适应组织发展的需要,在岗位设置和人员配备过程中要留有一定的余地。如果仅根据组织目前的需要配备人员,当组织发展需要员工履行更多的职责或需要进一步提高技能时,会导致现有的员工难以胜任或提高,进而减缓组织发展的步伐。因此,在人员配备过程中,要做好人力资源储备,配备一定的培养性人员,或在配备某些岗位的人员时留出一定的学习和培训的时间。

2. 因材器使、客观公正

因材器使就是要求在人员配备过程中,根据一个人的特长和兴趣爱好分配不同的工作,以最大限度地发挥其才能和调动其积极性。不同的工作需要不同才能的人才可以胜任,而不同的人具有不同的素质,能够从事的工作也不同。所以,从人的角度考虑,只有根据不同的人的特点来安排工作,才能使人的潜能得到最大程度的发挥,才能使人的工作热情得到最大限度的激发。因此,要根据不同的人的兴趣爱好和才能,分配合适的工作岗位,在条件允许的情况下,尽可能地把一个人所从事的工作与其兴趣爱好、能力特长结合起来。

客观公正原则要求在人员配备过程中,明确表明组织的用人理念,为人们提供平等的就业、上岗和培训机会,对素质能力和工作绩效进行客观的评价,给予员工公正的待遇,以最大限度地获得员工的理解与支持以及社会的认可。

3. 合理匹配、动态平衡

合理匹配是指人员配备除了要根据各个岗位职责要求配备相应的符合岗位素质要求的人员以外,还要求合理配置同一部门中不同岗位和层次的人员,以保证同一部门中的人员能协调一致地开展工作,充分发挥群体的功能。同一部门人员的合理配置,既要考虑能级匹配,还要考虑能力互补。一个组织稳定的能级结构是正三棱锥形,即较少的高层人员、较多的中层人员、更多的基层人员。如果一个组织中人员能级分布不是正三棱锥形,就会不稳定,会降低组织效率。因此,能级匹配就是从纵向考虑人员配置要形成一个合理的等级。能力互补则是从横向考虑人员配置要能力互补,各有所长,能够较好地进行分工协作。

随着组织的不断发展变化,工作中人的能力和知识的适应性以及组织对其成员素质的认识也在不断地发展变化,因此,人与事的配合也需要不断调整。动态平衡原则则要求组织根据组织和员工的变化,对人与事的匹配进行动态调整。如补充组织发展所需人员,辞退多余的或难以适应组织发展需要的人员;将能力提高并得到充分证实的员工提拔到更高层次、需要承担更多责任的岗位上去,将能力平平、不符合现在岗位要求的人通过轮岗或培训使其有机会从事力所能及的工作。通过人与工作的动态平衡,使绝大多数员工能够得到合理使用,为实现组织目标所需要开展的工作都有合适的人来承担。

(二) 人员配备的程序

1. 人力资源规划:确定人员需要的种类和数量

在人员配备的过程中,首先应知道组织需要何种人员,各需要多少,为此,组织需要明确组织结构中的岗位设置情况。人员配备是在组织设计的基础上进行的,人员需要量的确定是以组织设计中的岗位类型和岗位定编数为依据的。一个组织或企业的岗位数量取决于组织的工作任务大小、复杂程度以及经费状况等因素。岗位类型说明了需要什么样的人,岗位定编数说明了每种岗位各需要多少。

由于组织的不断发展,所需要设置的岗位和各岗位编制数也会随之发生变化。人力资源规划就是管理者为了确保在适当的时候,组织能够为所需要的岗位配备相应的人员并使其能够有效地完成对应的岗位职责,而在事先所做的计划工作。

人力资源规划主要包括:通过人员盘点评价现有的人力资源配备情况;根据组织发展战略预估将来所需要的人力资源;制定满足未来人力资源需要的行动方案。通过人力资源规划,可以明确为了实现组织发展目标,在什么时候需要哪些人员,各需要多少,从而为人员的选配和培养奠定基础。

2. 招聘与甄选:寻找和选配合适的人员

岗位设计和分析指出组织中需要具备哪些素质的人,而为了获得符合岗位素质要求的人,就必须对组织内外的候选人进行筛选,以做出合适的选择,为此要进行招聘和甄选。

招聘是指组织按照一定的程序和方法招募具备岗位素质要求的人来承担相应岗位工作的系列活动。甄选是依据既定的用人标准和岗位要求,对候选人进行评价和选择,从而获得合格的上岗人员的活动。通过招聘与甄选,组织为相应的岗位配备合适的人员。

（1）人员招聘的途径,可分为内部招聘和外部招聘两大类。

① 内部招聘。内部招聘通常是企业在内部公开空缺职位,吸引员工来应聘,具体又可分为提拔晋升、工作调换、工作轮换和人员重聘等几种方法。其优点是:可以鼓舞员工士气,调动员工的工作积极性;内部员工具有共同的目标、价值观念、行为规范和对组织的忠诚,熟悉环境,有利于被聘者迅速展开工作;有利于提高招聘工作的有效性,降低企业的招聘风险,节约招聘成本,同时也可使企业对员工的培训投资取得合理回报。其缺点是:竞聘岗位有限,内部员工竞争有可能影响到员工之间的关系,甚至导致人才的流失;企业内部长期的"近亲繁殖""团体思维""长官意志"等现象,不利于个体创新和企业成长。

② 外部招聘。外部招聘是指把组织外部具有胜任力的人招聘进组织并安置在合适的位置上,具体又有校园招募、人才市场、职业介绍所、报纸广告招募、网上招聘、员工介绍、猎头招聘等途径。其优点是:人员来源广泛,有利于满足企业选择合适人选的需要;有利于平息并缓和内部竞争者之间的紧张关系;有利于组织吸收外部先进的经营管理观念、管理方式和管理经验,内外结合不断开拓创新。其缺点是:组织对应聘者缺乏深入了解,对应聘者的测评有一定风险,其实际水平和能力很难准确判别;应聘者带来的文化可能与企业的文化有冲突,入选后对组织的各方面情况需要有一个熟悉的过程,不能迅速进入角色开展工作;如果组织中有胜任力的人未被选用或提拔,会挫伤其积极性。

（2）招聘的工作流程。人员招聘过程由若干个先后衔接的环节组成,如图 6-18 所示。

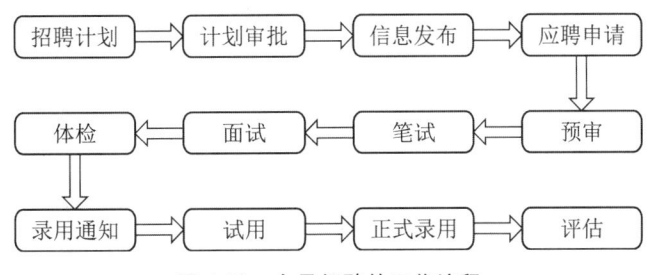

图 6-18　人员招聘的工作流程

① 招聘计划。招聘工作从计划开始,主要包括三项工作:确定招聘机构,分析招聘信息,制定招聘方案。小型组织一般由人事部门或负责人事工作的人负责;大型组织则要成立临时性的专门招聘小组负责。分析招聘所涉及的各方面信息:人员、渠道、成本、时间等。在信息分析的基

础上,制定招聘方案。

② 计划审批。招聘计划方案提交人力资源部门进行复核,由最高管理层进行审核。

③ 信息发布。在已选定的招聘媒介上发布招聘人数、岗位、素质、要求等信息。

④ 应聘申请。应聘者向用人单位提交应聘申请及简历。

⑤ 预审。对应聘者进行初步筛选,一般采用申请表分析和资格审查等方法,必要时也可通过与应聘者的简短会面、交谈,淘汰那些不能达到岗位任职基本条件的应聘者。

⑥ 笔试。在初选的基础上,对相对有限的应聘者进行书面测试。包括:智力与知识测试,个性和兴趣测试。通过对应聘者各方面的测评,可以对其适合岗位要求的程度做进一步的客观评价。

⑦ 面试。通过面对面的接触进一步了解应聘者各方面情况。面试按提问的技术方法不同可分为结构化面试、非结构化面试和混合式面试;按参加面试的人数多少可分为个别面试和集体面试。面试中也常采用竞聘演讲与答辩、案例分析等方式。

⑧ 体检。根据以上几方面的评价结果,由用人部门、人力资源管理部门、分管领导一起确定最符合招聘岗位上岗素质要求者为初步录用人员。对于初步录用人员,发出体检通知书,组织体检。

⑨ 录用通知。对体检后符合招聘岗位素质要求者发出录用通知。

⑩ 试用。根据体检结果最终确定录用人员名单,并与录用人员签订聘用合同。在聘用合同中一般应规定试用期,以便在试用期内对录用者是否符合录用条件和能否胜任岗位作出实际鉴定,同时也有利于组织对录用者进行文化理念与工作方法上的指导,使其尽快熟悉工作。

⑪ 正式录用。试用期满,且试用合格的员工正式成为该组织的成员,组织与员工签订正式的聘用合同,给员工提供相应的待遇,制定员工发展计划,为员工提供必要的帮助与咨询。

⑫ 评估。对招聘的结果、招聘的成本和招聘的方法等方面进行评估。一般在一次招聘工作结束之后,要对整个招聘工作做一个总结和评价,目的是进一步提高下次招聘工作的效率。

3. 激励与沟通:人员的保留和才能的发挥

组织通过招聘甄选获得了合适的人员,并不意味着就能够持续地拥有该员工和充分发挥该员工的才华。组织不仅要能招聘到合适的人员,还要能"留得住,用得好",才能持续地保持和提高组织的人岗匹配度。人员保留是指组织采取有效的措施以留住有价值的员工的活动。随着优秀人才对组织发展重要性的不断上升,组织间的人才竞争也愈演愈烈,"挖人""跳槽"现象频频发生,人才流动日益频繁,因此"留人"在组织管理中也越来越具有战略意义。为此,组织必须营造良好的组织文化,确定明确的组织愿景和发展战略,建立公平和基于员工需求的报酬体系,加强管理者与员工间的良好沟通。

 案例分析

某企业集团的人员招聘

某企业集团正处于快速发展时期,急需高素质的人才加盟,通过优秀人才的加入推动企业的快速发展。因此集团要求引进中高级管理人才,包括集团公共关系部经理、财务副经理、销售副经理等重要职位。人力资源部门和多家猎头公司签订了合作协议,开始了大张旗鼓的招募选拔。该公司招聘面试的流程是:猎头公司推荐候选人,候选人资料(简历)经人力资源部经理筛选,交总经理审阅后决定是否面谈,决定面谈后,人力资源部和候选人协调时间,来公司面谈。

面谈的程序是人力资源部接待候选人,参观公司的展厅、厂区,然后就是泛泛的谈话,包括了解候选人的学习工作经历、兴趣特长等等。经面谈后人力资源部经理根据自己谈话的感觉向总经理汇报,询问总经理是否见面。总经理求才心切,担心好的人才被人力资源部误判,一般都要亲自面谈,根据谈话的感觉决定是否聘用。

总经理对猎头公司推荐来的公关部经理人选经面谈后感觉非常好,当天就留下候选人跟随其去参加公司的对外接待,并通知人力资源部立刻办理录用手续。该公司在办理录用手续时需要填写员工登记表,在学历一栏里公关部经理填的是某名牌大学的两年制大专,而猎头公司推荐的简历上写的是某名牌大学的中文系本科生。这两者填写的学历相去甚远,总经理对人力资源部有要求,公关部经理的学历必须是名牌大学的中文专业的本科生或研究生。无奈人力资源部经理早在公关部经理正式入职前的介绍会上就说是某名牌大学中文系的本科学历,于是人力资源部只能把"学历不符"进行保密。然而,过了新人试用期后,公关部经理在很多方面的表现很普通,总经理对此颇有微词,也表现得很无奈。

思考:通过对该集团的人员招聘方式、招聘流程等方面进行分析,谈谈为什么集团的公关部经理人选招聘结果不理想。

4. 培训与考核:使人员适应发展需要

培训是组织为了实现组织自身和员工个人的发展目标,有计划地对员工进行辅导和训练,使之认同组织理念、获得相应知识和技能以适应岗位要求的活动。通过招聘与甄选获得的人员并不一定都完全符合岗位素质要求,对于其中一些基本符合岗位要求的人员,还需要在其上岗前或工作岗位中给予相应的培训(如文化宣导、专门知识补缺、实际技能训练等),以进一步提高其岗位胜任力。

开展动态的培训和考核,不仅是为组织获得合适的人员提供保障,而且可促使员工随着组织的发展不断成长,从而始终保持人与事的动态最佳组合,最终达到组织发展和员工成长的双重目的。

6

实　训

一、实训目的

1. 通过企业调研,强化观察分析能力、沟通表达与倾听理解能力,提高信息的收集和分类整理能力,以及培养能够运用组织管理理论对组织结构优缺点进行分析的能力。

2. 通过模拟演练、角色扮演,培养计划制定、组织协调与活动策划的系统化管理思维,能开展自我剖析,明确职业目标,运用对照分析优化个人发展路径,提高语言表达、沟通交流的能力。

二、实训内容、组织方式及步骤

实训内容Ⅰ:中小企业组织结构调研

实训形式:企业调研。

实训步骤:

第一步,实训前准备。查阅相关书籍,初步了解本次实训的基础理论知识。

第二步,由小组自行联系企业,制定企业组织结构调研计划书,并上交实训指导老师。

第三步,根据调研计划实施企业调研。

第四步,根据企业组织结构调研情况,以小组为单位进行总结,各小组选出一名代表发言,汇报调研情况,并分析该企业组织结构的类型、优点与缺点。

　　实训要求：以小组为单位，选择当地一家企业进行实际调研，进入企业时，要求遵守企业相关规定。完成调研后，按规范做好调研总结，要求语言流畅，文字简练，条理清晰。

　　实训内容Ⅱ：模拟公司人员招聘

　　实训形式：模拟演练、角色扮演。

　　实训步骤：

　　第一步，以小组为单位，每位成员提出自己的职业目标岗位意向。

　　第二步，小组成员共同讨论，选择其中一个职业目标岗位进行岗位分析，并通过网络查阅现实企业招聘这类职业目标岗位时的招聘信息。

　　第三步，结合查阅后的信息，针对这个职业目标岗位制定人员招聘计划，包括招聘目的、招聘岗位、招聘流程等。与此同时，各小组成员根据自己的兴趣、爱好、特长做好应聘准备，每个人要写出应聘提纲或应聘演讲稿。

　　第四步，各小组根据招聘计划做好模拟招聘会前的准备工作，做好人员分工。

　　第五步，模拟招聘会。模拟招聘公司的小组先说明招聘的岗位，其余小组中有应聘意向的学员模拟应聘者，进入模拟环节；照此完成所有小组的模拟招聘。

　　第六步，各小组进行讨论，综合招聘公司小组意见，决定入选的人员名单。

　　第七步，各小组请代表上台宣布决定录用人员，并说明录用该人员的理由。

　　第八步，实训指导老师进行模拟公司人员招聘总结和点评。

　　实训要求：要求各小组成员都能积极参与到实训活动中，分工合作完成模拟公司人员招聘活动；积极参与模拟公司招聘的应聘，语言表达流畅，仪态端庄。

三、实训时间及成绩评定

（一）实训时间

　　实训内容Ⅰ：联系企业、开展企业调研均利用课余时间，调研情况汇报每组时间控制在 5 分钟左右。

　　实训内容Ⅱ：小组讨论确定职业目标、查询相关信息、制定招聘计划、准备应聘材料均利用课余时间，每组模拟招聘时间 15 分钟，讨论确定人选时间 5 分钟，宣布录用人员时间 3 分钟，实训指导老师点评时间 10 分钟。

（二）实训成绩评定

　　1. 实训成绩按优秀、良好、中等、及格、不及格 5 个等级评定。

　　2. 实训成绩评定要点。

　　（1）是否能够和团队成员一起进行实训活动的计划和实施，并进行讨论和内容的总结与概括。

　　（2）是否能正确理解组织结构的重要性，各种组织结构类型的优缺点，并结合现实情况加以分析。

　　（3）是否能够正确理解岗位职责与素质要求，并进行自我剖析。

　　（4）是否能够制定人员招聘计划、组织人员招聘和甄选。

小　结

　　1. 组织结构是组织的全体成员为实现组织目标，在管理工作中进行分工协作，在职务范围、责任、权利方面所形成的动态结构体系。它是组织设计的结果之一，是组织内部的结构框架，明确了组织中的部门设置情况和层次结构，直观反映组织内部的分工和各部门上下的隶属关系。

2. 组织结构设计的影响因素有外部环境、经营战略、生产技术与信息技术、企业发展阶段、组织规模等。

3. 组织结构设计要遵循目标原则、分工与协作原则、权责对等原则、有利于人才成长和合理使用原则、逐步发展和经济原则。

4. 管理者在进行组织结构设计时，必须正确考虑六个关键要素：工作专门化、部门化、命令链、管理幅度与管理层次、集权与分权、正规化。其中组织结构设计中常见的部门划分标准有职能部门化、产品部门化、区域部门化、顾客部门化、综合部门化。

5. 管理幅度是指一个管理者直接有效管理下属的人数。影响管理幅度的因素主要有管理者的管理能力、下属工作的标准化程度、下属的成熟程度、工作条件、工作环境。

6. 集权是指决策权在组织系统中较高管理层次的一定程度的集中；与此相对应，分权是指决策权在组织系统中较低管理层次的一定程度的分散。两者是一对相对概念。

7. 常见的组织结构形式有直线制组织结构、职能制组织结构、直线—职能制组织结构、事业部制组织结构、矩阵制组织结构、网络型组织结构、多维立体组织结构。这些组织结构都有其优点与缺点和适用范围。

8. 岗位是组织要求个体完成的一项或多项责任以及为此赋予个体的权力的总和。职位是指在一个特定的企业组织中，在一个特定的时间内，由一个特定的人所担负的一个或数个任务（岗位）所组成。职务是指组织中承担相同或相似职责或工作内容的若干职位的总和，它是由实现企业职能的一项项具体活动所构成的相对独立体。

9. 岗位设计是在工作分析的基础上，根据组织需要，并兼顾个人的需要，规定每个岗位的任务、责任、权利以及组织中与其他岗位关系的过程。岗位设计的主要内容包括工作内容、工作职责和工作关系的设计三个方面。岗位设计的影响因素有员工的因素、组织的因素和环境因素。

10. 岗位设计时应遵循专业分工原则、协调费用最小原则、不相容职务分离原则和整分合原则。岗位设计的方法有工作内容扩大、岗位轮换、工作专业化和工作丰富化。

11. 人员配备是指组织通过对工作要求和人员素质的分析，为每一个岗位配备合适的人员以完成实现组织目标所需开展的各项工作的过程。人员配备必须遵循因事择人、适应发展，因材器使、客观公正、合理匹配、动态平衡等原则。

12. 人员配备的程序：人力资源规划，招聘与甄选，激励与沟通，培训与考核。其中人员招聘的途径可分为内部招聘和外部招聘两大类，它们各有优缺点。

习　题

一、单项选择题

1. 以下对管理幅度的描述（　　）是正确的。

A. 一个管理者直接有效管理下属的人数

B. 一个管理者直接有效管理下属的活动范围

C. 一个管理者间接有效管理下属的人数

D. 一个管理者间接有效管理下属的活动范围

2. （　　）实行多头领导，妨碍了组织的统一指挥，容易造成管理混乱，不利于明确划分职责与职权。

    A. 直线制组织结构　　　　　　　　　B. 职能制组织结构

    C. 网络型组织结构　　　　　　　　　D. 事业部制组织结构

    3. (　　　)是随事而定,是以事为中心设置,不因人而转移。

    A. 岗位　　　　　　B. 职位　　　　　　C. 职务　　　　　　D. 职级

    4. 以下(　　　)招聘方式有利于提高招聘工作的正确性和有效性,降低企业的招聘风险,节约招聘成本。

    A. 校园招募　　　　B. 人才市场招聘　　　C. 网上招聘　　　　D. 提拔晋升

二、多项选择题

    1. 组织结构设计要遵循(　　　　　　)原则。

    A. 目标原则　　　　　　　　　　　　B. 分工与协作原则

    C. 有利于人才成长和合理使用原则　　D. 权责对等原则

    E. 不相容职务分离原则　　　　　　　F. 逐步发展和经济原则

    2. 以下(　　　　　　)情况管理幅度可以大一些。

    A. 管理者的综合能力比较弱　　　　　B. 下属的工作基本雷同

    C. 下属的成熟度比较高　　　　　　　D. 企业管理信息手段先进

    E. 管理者的综合能力比较强　　　　　F. 下属的成熟度比较低

    3. 集权与分权是两个相对的概念,以下(　　　　　　)反映集权程度较大。

    A. 基层决策的影响面较大　　　　　　B. 基层决策的审批程序多

    C. 基层决策的数量少　　　　　　　　D. 基层决策的影响面较小

    E. 基层决策的重要程度小　　　　　　F. 基层决策的重要程度大

    4. 事业部制组织结构的优点有(　　　　　　)。

    A. 能够有效地利用公司的全部资源　　B. 可以发挥各事业部的主动性和积极性

    C. 管理费用比较少　　　　　　　　　D. 有助于培养高层管理人员

    E. 重眼前利益,本位主义严重　　　　F. 多重领导

三、判断题

    1. 组织结构是组织内部的结构框架,明确了组织中的部门设置情况和层次结构,直观反映组织内部的分工和各部门上下的隶属关系。　　　　　　　　　　　　　　　(　　)

    2. 扁平结构是指管理层次多而管理幅度小的组织结构。　　　　　　　　(　　)

    3. 环境越不稳定,管理幅度越小;环境稳定,管理幅度可大些。　　　　　(　　)

    4. 直线制组织结构的优点:权责明确,命令统一,沟通方便,决策迅速,反应灵敏,管理结构简单。　　　　　　　　　　　　　　　　　　　　　　　　　　　　(　　)

    5. 一个组织稳定的能级结构是正立三角形。　　　　　　　　　　　　　(　　)

四、思考题

    1. 请运用组织结构设计的方法绘制出班级的组织结构图,并加以分析。

    2. 简述直线制组织结构、职能制组织结构、直线—职能制组织结构的异同点。

    3. 结合实际谈谈岗位设计的方法。

第七章 领导理论与授权

第一节 领导与领导者

一、领导的含义

关于领导概念,从不同的角度有着不同的定义。概括起来,比较具有代表性的看法有以下几种。

(一)领导是一种行为过程

美国管理学家泰瑞认为:"领导是影响人们自动地达成群体目标而努力的一种行为。"美国著名的心理学家、管理学家斯托格迪尔认为:"领导是对一个组织起来的团体为确立目标和实现目标所进行的活动施加影响的过程。"美国俄亥俄州立大学的学者赫姆菲尔认为:"领导是指挥群体在相互作用的活动中解决共同问题的过程。"

(二)领导是一种影响力

20世纪美国著名的管理学家、组织行为学家坦南鲍姆认为:"领导就是在某种情况下,经过意见交流过程所实现出来的一种为了达成某种目标的影响力。"美国著名的心理学家、管理学家,组织行为学领域的重要奠基人之一阿吉里斯指出:"领导即有效的影响。为了施加有效的影响,领导者需要对自己的影响进行实地的了解。"美国当代著名的管理学家、组织理论专家理查德·达夫特认为:"领导是在领导者和追随者之间有影响力的一种关系。"

(三)领导是一种权力

法国管理教育先驱杜平认为:"领导即行使权威与决定。"美国社会心理学家科·杨认为:"领导是一种统治形式,其下属或多或少地愿意接受另一个人的指挥和控制。"美国著名的社会心理

领导的含义和权力

学家弗兰奇认为:"领导是一个人所具有并施加于别人的控制力。"

(四) 领导是一种艺术

20 世纪著名的管理学家孔茨认为:"领导是一门促使其部署充满信心,满怀热情来完成他们任务的艺术。"

综上所述,对领导的定义虽然各不相同,但都有助于全面理解领导的概念与实质。第一,要把"领导"与"领导者"两个概念区别开来,在英语中,"领导"与"领导者"是两个不同的单词。在汉语里,"领导"既是名词又是动词,通常人们习惯把领导者称为领导,把领导者的行为也称为领导。实际上领导者是实施领导行为的人,而领导则是领导者实施领导行为的过程。领导行为是关键,正是领导行为造就了领导者。凡是实施了领导行为的人(即便他不是上级指派的"领导者")都是真正意义上的领导者。换句话说,处于"领导者"岗位上的人的行为并非一定属于领导行为,而处于非"领导者"岗位上的人的行为也并非不属于领导行为。"一个新来的 CEO 充其量只是企业的'头',他能否变成'领导者'取决于他的所作所为和人们对其所作所为的知觉",这句话的含义是领导者和领导的本质及其内在联系。第二,领导行为是一个动态的过程。这个过程由三个相关的因素所构成,即领导者、被领导者和组织环境。其中,领导者是起主导作用的因素,被领导者、组织环境是影响领导行为的重要因素。因此,研究领导行为时,必须充分考虑各种因素的作用及其相互关系。第三,领导是有目的的活动。领导行为的目的是领导者指引和影响被领导者实现团体或组织的目标。

根据以上分析,领导可表述为:领导是指在一定条件下,指引和影响个人或组织,实现某种目标的行动过程。其中,把实施指引和影响的人称为领导者,把接受指引和受影响的人称为被领导者。领导的本质是领导者与被领导者之间的一种互动过程。

二、领导者的类型

领导者是指在正式的社会组织中经合法途径被任用而担任一定领导职务、履行特定领导职能、掌握一定权力、肩负某种领导责任的个人和集体。组织中的领导者是复数而非单数,是一群人而非一个人。领导者的类型按不同的角度可划分为多种类型:

(一) 按制度权力的集中与分散程度划分,可分为集权式领导者和民主式领导者

1. 集权式领导者

集权式领导者是指把管理的制度权力相对牢固地进行控制的领导者。由于管理的制度权力是由多种权力的细则构成的,如奖励权、强制权和收益的再分配权等,这就意味着对被领导者或下属而言,受控制的力度较大。在整个组织内部,资源的流动及其效率主要取决于集权式领导者对管理制度的理解和运用,同时,个人专长权和影响权是领导者行使上述制度权力成功与否的重要基础。这种领导者把权力的获取和利用看成自我的人生价值,对于组织在发展初期和组织面临复杂突变的情境时,是有益处的;但是,如果长期将下属视为某种可控制的工具则不利于他们职业生涯的良性发展。

2. 民主式领导者

与集权式领导者形成鲜明对比的是民主式领导者。民主式领导者的特征是向被领导者授权,鼓励下属的参与,并且主要依赖其个人专长权和影响权影响下属。从管理学角度看,民主式领导者通过对管理制度权力的分解,进一步通过激励下属的需要,去实现组织的目标。不过,由于这种权力的分散性使得组织内部资源的流动速度减缓,因为权力的分散会导致决策速度降低,进而增大了组织内部的资源配置成本。但是,这种领导者给组织带来的好处也十分明显。通过

激励下属的需要,组织发展所需的知识,尤其是意会性或隐性知识能够充分地积累和进化,员工的能力结构也会得到提高。因此,相对于集权式领导者,民主式领导者更能为组织培育未来发展所需的人力资源。

(二)按领导工作的侧重点不同划分,可分为事务型领导者、变革型领导者、战略型领导者、领袖魅力型领导者

1. 事务型领导者

事务型领导者通过明确角色和任务要求指导或激励下属向着既定的目标活动,并且尽量考虑和满足下属的社会需要,通过协作活动提高下属的生产率水平。他们对组织的管理职能推崇备至,对勤奋、谦和、公正、有条理地进行工作引以为豪。这种领导者重视非人格的绩效内容,如计划、日程和预算,对组织有使命感,并且严格遵守组织的规范和价值观。

2. 变革型领导者

变革型领导者鼓励下属重视组织的利益甚于自身利益,并能对下属产生深远而且不同寻常的影响。他们关怀每一个下属的日常生活和发展需要;他们帮助下属用新观念看待老问题,从而改变下属对问题的看法;他们能够激励、唤醒和鼓舞下属为达到群体目标而付出更大的努力。

3. 战略型领导者

战略型领导者是指组织的高层管理人员,尤其是指首席行政长官。其他战略型领导者还包括企业的董事会成员、高层管理团队和各事业部门的总经理。战略型领导者的特征是用战略思维进行决策。战略型领导者认为组织的资源由有形资源、无形资源和一种能有目的地整合资源的能力构成。管理人力资本的能力是战略型领导者最重要的技能。战略型领导者行为的有效性取决于他们鼓舞人心的、务实的决策。他们强调同行、上级和员工对于决策价值的反馈信息,讲究面对面的沟通方式。

4. 领袖魅力型领导者

领袖魅力是指远远超出一般的尊重、影响、钦佩和信任的,对追随者的情感具有震撼力的一种力量和气质。富于领袖魅力的领导者对下属具有某种影响力,这种影响力来自为下属建立一个令人憧憬的目标;形成某种公司价值体系;信任下属从而赢得下属的尊重。他们总是创造一种变革的环境,努力为追随者建立起一种富于竞争、成功与信任并传递高度期望值的氛围。他们都是善于雄辩的演讲者,显示出高超的语言技巧,而这种技巧能够帮助他们激励和鼓舞群众;他们具有强大的创造性才能,并能把高品位、甘冒风险和创新所具有的重要价值观逐渐灌输到组织中去。拥有这些品质的领导者能激发起其追随者的信任、信心、接受服从、同喜同悲、钦佩等情绪,促使其达到更好的绩效。

三、领导者的权力

领导实质上是一种对他人的影响力,即管理者对下属及组织的行为与心理的影响力。这种影响力能改变或推动下属及组织的行为,从而有利于实现组织目标。这种影响力可以称为领导力量或领导者影响力,管理者对下属及组织施加影响力的过程就是领导的过程。领导工作有效性的核心内容是领导者影响力的大小及其有效程度。管理者要实施有效的领导,关键就是要增强其对下属及组织影响力的强度与有效性。领导者的权力就是领导者遵循相关的法律法规,运用多种方法与手段,在实现特定目标的过程中,对被领导者做出一定行为与施行一定影响的能力。因此,领导者的权力可分为正式权力(影响力)和非正式权力(影响力)两大类。

(一)正式权力

领导者的正式权力,又称为职位权力或职权,是指与领导主体职位相联系的正式职权以及领

导主体从其上层和整个组织、群体各方面所取得支持的程度。

职位权力是由于组织中这个职位的存在而存在的,也就是说,职位权力并不绝对属于任何一个具体的个人,它取决于是谁被分配到了这个职位上,只要拥有这个职位,就拥有了与之相应的权力。职位权力的产生来自两个途径:一个是由选举产生的职位权力,例如国外由全民直接或间接选出的总统、总理等,我国经由全国人民代表大会选举产生的国家领导人,也包括由选举产生的董事会等;另一个是由上级组织或个人任命的权力。职位权力不论其来源如何,均需向赋予其权力的组织或个人负责。职位权力的一个重要特点是有职就有权力,不在职即没有权力。作为一名领导者,要正确运用职位权力,利用权力更好地为实现组织目标服务。领导者可以行使的职权有以下几种。

1. 合法权力

合法权力,又称支配权,是所有管理者都具有的,是组织中管理者的正式职位带来的权力。所有管理者在其分管的工作范围内具有确定工作目标、建立相应组织、制定规章制度、组织开展活动的决策权和对下属的工作支配权。这种支配权是由管理者的地位或在组织权力阶层中的角色所赋予的。

2. 强制权力

强制权力,又称强制权,是所有管理人员都具有的,是管理者的职权赋予其惩罚下属的权力。处罚的范围从口头或书面警告处分,到降职再到解约。在一些工作条例中,可能也会采用罚款和停职。强制权是和威胁相联系的迫使他人服从的力量。在某些情况下,管理者是依赖于强制权来迫使下属服从自己的命令的,下级出于恐惧的心理而服从领导。

3. 奖励权力

奖励权力,又称奖赏权,是所有管理者都具有的,是职权赋予管理者奖励他们的下属的权力。奖励的范围可以从赞扬到加薪,从认可到升迁。奖赏权通过给予一定的奖励来诱使下属做出组织所希望的行动。当管理者要求下属付出额外的劳动或从事下属岗位职责以外的工作时,管理者就不可以通过强制权来迫使下属服从,而要通过奖赏权来诱使下属服从。下属为了获得奖赏而追随或服从领导。

领导者的上述三种正式权力要合理使用,如表 7-1 所示。

表 7-1　　　　　　　　　　　职权的合理使用

职　权	性质	作用	作用基础	适用范围
支配权	命令	必须服从	工作需要	工作职责范围内
强制权	惩罚	迫使	下属惧怕	要下属履行职责
奖赏权	奖励	诱使	交换原则	额外工作

(二) 非正式权力

非正式权力,也称个人权力或威信,是指领导者以自身的威信影响或改变被领导者的心理和行为的力量。非正式权力是由领导者个人的因素,如能力、知识、品德、作风、资历、情感等个人素质或个人魅力所决定的。这种影响力是与特定的个人相联系的,与其在组织中的职位没有必然的联系。由于这种影响力是建立在下属信服基础之上的,因此有时能发挥比正式权力更大的作用。领导者的非正式权力有以下几种。

1. 专家权力

专家权力,又称为专长权,是指领导者由于自身具有业务专长而拥有的影响力,其影响力源自个人的专业信息或专长,下属会出于对领导者的信任与佩服而服从领导。

2. 威望权力

威望权力,又称表率权,是指领导者率先垂范,由其表率作用而形成的影响力,这种影响力源自一个人的个人魅力。这种能力概括了众多有远见的领导人,这些人能够凭借他们的个性、态度或背景或率先垂范说服他们的追随者。威望权力可能与管理者也有关,但它更像是领导者的特征。

3. 亲和权力

狭义的亲和力是指一个人或一个组织在所在群体心目中的亲近感,而广义的亲和力则是指一个人或一个组织能够对所在群体施加的影响力。亲和权力,又称亲和权,是指领导者借助与部下的融洽与亲密关系而形成的影响力。下属愿意追随与服从与自己有密切关系的领导。亲和力源于人对人的认同和尊重,很多时候,亲和力所表达的不是人与人之间的物理距离的远近,而是心灵上的通达与契合,是一种基于平等待人的相互利益转换的基础。真实的亲和力,以善良的情怀和博爱的心胸为依托,是一种发自内心的特殊禀赋和素养。亲和力是人与人之间信息沟通、情感交流的一种能力。具有亲和力的人,每天都会保持自信乐观向上的心情去面对每一个人,对每一个人都不觉得陌生,会视他们为熟人、朋友、老乡和亲人。

四、领导与管理的联系和区别

(一)领导与管理的联系

领导与管理有着密切的关系,从表面上看,两者似乎没有什么差别,人们通常将它们混为一谈。但实际上,两者既有紧密联系,又有很大差异。其共同之处在于:从行为方式看,领导和管理是一种在组织内部通过影响他人的协调活动,实现组织目标的过程;从权力的构成来看,两者也都与组织层级的岗位设置有关。领导是管理的一个方面,是管理的四大基本职能之一,是从管理中分化出来的,属于管理活动的范畴;管理包含领导,但是除了领导,管理还包括其他内容,如计划、组织、控制,等等。领导活动和管理活动在现实生活中,具有较强的复合性、相容性和交叉性。因此,领导与管理总是互相渗透、相辅相成的。

领导与管理的区别

7

(二)领导与管理的区别

随着管理科学的发展,领导越来越被作为一个独立的活动被研究和应用。现代社会的领导和管理已经在实践中各有侧重,且有了一定的区别。

(1)领导具有全局性,管理具有局部性。领导侧重于战略,管理侧重于战术;领导活动注重对组织内部各个组成部分进行整体性的计划、协调和控制,而管理则是一种技术性较强的工作,其目的在于提高某项工作的效率。

(2)领导具有超前性,管理具有当前性。在决策和目标的制定方面,领导活动致力于整个组织发展方向的确定,重在宣传,形成影响力,得到员工对自己愿景和目标的支持。而管理则侧重于当前活动的落实,根据职责和权利,创建一个系统监督计划的执行。

(3)领导是对人的行为施加影响,管理则是对事情加以控制。领导以人为导向,注重对人的影响和引导,强调柔性,注重激励和激发人的内在潜能和积极性,重视人的需要、情感、兴趣、人际关系;管理以事为导向,注重具体生产过程,注重正式的规章制度,强调刚性。

(4)领导通常关注意义和价值,关注所要达到的目标是否正确,是否值得。领导关注人的尊严、人的价值、人的潜能、人的激励和发展。而管理通常是整合各种资源借助各种手段来达到既定的目标,管理注重做事,把事情做得既有效果又有效率。

（5）领导重在推动变革，管理重在维持秩序。管理文化强调理性、控制，管理者是问题的解决者；领导则带来组织的运动，其核心方法和过程包括确定组织战略方向、联合群众、鼓励和鼓舞，因此领导仅仅是提出问题，不是完成使命的实践者。领导是一种变革的力量，打破原有格局使组织创新更加适应环境；而管理则是一种程序化的控制工作，旨在维持已有成果和既定秩序。

领导与管理的区别，如表 7-2 所示。

表 7-2　　　　　　　　　　　　　　　领导与管理的区别

项　　目	领　　导	管　　理
对象	人及其组织	人、财、物、信息、管理系统
侧重点	重在决策，做正确的事	重在执行，正确地做事
任务	明确方向，确定目标，着眼于长远	计划和预算，贯彻落实路线、方针和政策
作用	统帅和协调全局性	做好安排的局部范围或某一方面工作
变动性	大（因人而异）	小（规范化）
方法	愿景、文化、理念	规章制度、流程
进行方式	期望、激励、鼓舞、承诺	指示、督促、考核、控制
风险意识	常追求有风险甚至危险的工作	看重秩序，本能回避风险或排除风险
用人方略	择人的标准是适应	择人的标准是专业化
解决问题	重大、长期和广泛的问题	非重大、短期、策略性和技术性的具体问题
人力发展	联合群众	企业组织和人员配备
结果	引起变革，形成有效的改革能动性	实现预期计划，维持企业秩序
经常用语	荣誉、自觉、激励	效率、标准、系统

（三）领导者与管理者的区别

领导者与管理者也是有很大差别的。一般而言，管理者是由组织任命的，存在于正式组织之中，是组织中有一定的职位并负有责任的人，拥有合法的正式权力，其对组织成员的影响力主要来源于其所在职位所拥有的职权。而领导者可以是任命的，也可以是从一个群体中自发产生的。因为，领导从根本上来讲是一种影响力，是一种追随关系。人们往往追随那些他们认为可以提供满足自身需要的人，正是人们愿意追随他，才使他成为了领导者。所以，领导者既可以存在于正式组织中，也可能存在于一定的群体即非正式组织中。因此，领导者不一定是管理者，管理者也并不一定是领导者。理想情况下，所有的管理者都应该是领导者，只有这样，他们的管理才会真正有效。一个人所处组织的管理岗位是一回事，是否具备管理和领导能力又是另一回事。从这一角度来讲，能有效地进行领导的能力是作为一个有效管理者的必要条件之一；有效的管理者必须首先是一位具备较高领导艺术和能力的人，如表 7-3 所示。

美国管理学家托马斯·彼得斯和小罗伯特·沃特曼说："一个真正的领导必须同时是两种截然不同的大师：他是思想的大师，善于把握高度抽象的思维逻辑；又是行动的大师，善于处理最精细的实际事物。"

表 7-3　　　　　　　　　　　　领导者与管理者的区别

项　目	领　导　者	管　理　者
表现	"领头人"	"牧羊人"
侧重点	经营人心、梦想和希望,靠使命引领,关注价值观的统一,发展蓝图驱动,注重未来	管人理事,注重过程和结果,过程控制和目标管理,科学分工、合理授权,奖惩激励
手段	以魅力服人,以身正服人,以情感人	以权力服人,以理服人,以利服人
目的	务虚者,决策者,策划变革,制定战略,把握方向,目的是推动改革,举重若轻	务实者,执行者,执行领导者的战略部署,目的是完成领导者的战略任务,举轻若重
权力	领导靠的是影响力,在队伍的前面示范	管理靠的是管理权,在队伍中间控制
具体任务	给出方向,做正确的事	寻找方法,正确地做事
执行	能超越现实与制度	无情与遵照
结果	改变员工的思维方式	改变员工的行为
能力	侧重洞察能力、预测分析能力和统筹大局的能力	注重分析能力、总结能力和解决实际问题的能力

领导特质
理论

7

 拓展阅读

"吾所以有天下者何?"

据《史记》记载:项羽与刘邦均为秦末农民战争中崛起的义军领袖。项羽率军亡秦,自立为"西楚霸王",并大封诸侯,封刘邦为汉王。随即双方为争夺天下展开了长达五年的楚汉战争。战争的结果,刘邦以弱胜强,建立了统一的西汉王朝。底层出身、无明显的一技之长且行为不羁的刘邦何以在秦末群雄中脱颖而出,成为最后的胜利者呢? 对此,刘邦称帝后,和群臣讨论过,自己也总结过自身成功之道。

汉高祖六年(公元前201年)五月,一日,刘邦置酒洛阳南宫,问文武百官:"列侯诸将无敢隐朕,皆言其情。吾所以有天下者何? 项氏之所以失天下者何?"

高起、王陵对曰:"陛下慢而侮人,项羽仁而爱人。然陛下使人攻城略地,所降下者因以予之,与天下同利也。项羽妒贤嫉能,有功者害之,贤者疑之,战胜而不予人功,得地而不予人利,此所以失天下也。"

高祖曰:"公知其一,未知其二。夫运筹策帷帐之中,决胜于千里之外,吾不如子房;镇国家,抚百姓,给馈饷,不绝粮道,吾不如萧何;连百万之军,战必胜,攻必取,吾不如韩信。此三者,皆人杰也,吾能用之,此吾所以取天下也。"

刘邦与韩信谈论带兵之事。刘邦问韩信:"像我这样的人能带多少兵?"韩信答:"陛下顶多能带十万。"刘邦又问:"那么你能带多少?"韩信答:"臣多多益善。"刘邦笑道:"多多益善,何为我擒?"韩信说:"陛下不善于用兵,而善于用将,这就是我被陛下擒获的原因。"军中有善帅者,也有善将者。

第二节　领　导　理　论

随着管理理论的发展,领导理论形成了三种理论学派:领导特质理论、领导行为理论和领导权变理论。

一、领导特质理论

领导特质理论从领导活动及行为进行系统研究,通过对大量优秀领导者的调查研究,试图从这些人身上找到他们共有的东西。人们最迫切想要知道的问题是:为什么是他们成了领导人?他们与普通大众相比有何不同?是哪些因素决定了他们能够成为领导者?

领导特质理论也称素质理论、品质理论或性格理论,该理论着重研究领导者的品质和特性,其理论基础来源于美国心理学家奥尔波特的人格特质理论。按照对领导特性来源的不同解释,可分为传统的领导性格理论和现代的领导性格理论。前者认为领导者所具有的品质是天生的,是与生俱来的,是由遗传决定的,只有天生具有领导特质的人才有可能成为领导者;而后者则认为领导的品质和特性是在实践中形成的,是可以通过教育训练培养的。

早在 20 世纪 30 年代,一些心理学家就把注意力放在那些在一定程度上可以称为伟人的领导者身上,希望发现领导者与非领导者在个性、社会、生理或智力因素方面的差异。通过大量的实证调查研究,领导特质理论的支持者找到了一些证据,证明领导者在社交性、坚持性、创造性、协调性等方面都超过了普通人,其个性特征与一般人也有区别。如美国管理学家、社会系统学派的代表人物切斯特·巴纳德于 1938 年在《经理人员的职能》一书中,认为领导者应该具备的基本特质是:活力与耐力;当机立断;循循善诱;责任心;智力。美国心理学家吉伯在 1969 年的研究报告中指出,天才的领导者具备七项特质:善言辞;外表英俊潇洒;智力过人;具有自信心;心理健康;有支配他人的倾向;外向而敏感。美国心理学家斯托格迪尔于 1974 年在《领导手册》一书中,进一步提出了领导者应该具备的十项特质:才智;强烈的责任心和完成任务的内驱力;坚持追求目标的性格;大胆主动的独创精神;自信心;合作性;乐于承担决策和行动的后果;能忍受挫折;社交能力和影响别人行为的能力;解决问题的能力。

《世界经理人文摘》于 2002 年组织世界经理人网站用户、中国企业领导人和管理专家评选的中国企业领导人的十大特质为:建立远景;信息决策;配置资源;有效沟通;激励他人;人才培养;承担责任;诚实守信;事业导向;快速学习。

领导特质理论只关注研究领导者,而忽视了下属的需要,没有指明各种特质之间的相对重要性,缺乏对因与果的区分,忽视了情境因素。

二、领导行为理论

领导行为即通过研究领导者在领导过程中的具体行为和不同行为对下属的影响,寻找最佳领导行为。领导行为理论集中研究领导的工作作风和行为对领导有效性的影响,主要研究成果有:勒温的领导风格类型理论、领导四分图理论、管理方格理论等,这些理论主要是从对人的关注和对生产的关心两个维度,以及上级控制和下属参与的角度对领导行为进行分类,这些理论在确定领导行为类型与群体工作绩效之间的一致性关系上取得了有限的成功,但缺乏对影响成功与失败的情境因素的考虑。

(一)勒温的领导风格类型理论

美国爱荷华大学的研究者、著名心理学家勒温和他的同事们从 20 世纪 30 年代起就进行关

勒温的领导风格类型理论

于团体气氛和领导风格的研究。勒温等人发现,团体的任务领导并不是以同样的方式表现他们的领导角色,领导者们通常使用不同的领导风格,这些不同的领导风格对团体成员的工作绩效和工作满意度有着不同的影响。勒温等研究者力图科学地识别出最有效的领导行为,他们着眼于三种领导风格,即专制型、民主型和放任型领导风格的研究。

1. 专制型领导者

专制型领导者的权力集中于个人,具有集权化特征。专制型领导者风格独断专行,所有的决策均由领导者单方面制定,不重视下属成员的意见。领导者深入具体的工作任务中,直接干涉员工的分工合作,不让下属知道工作的全过程和最终目标。领导者以权力、地位等因素强制性地影响被领导者,采取"个人化"的评价方式,依据个人情感对员工的工作成果进行评价,常采用惩罚性的措施反馈工作绩效。

2. 民主型领导者

民主型领导者的权力在团体之中,让团队参与决策,所有的方针政策由集体讨论作出决策,领导者加以指导、鼓励和协助。员工可以自由选择与谁共同工作,任务的分工也由员工的团体来决定,倾向于让下属员工了解整体的目标。领导者以个人能力、人格魅力等心理品质影响被领导者,被领导者愿意听从领导者的指挥和领导。领导者依据客观事实对员工绩效进行评价,将反馈视为员工能力提升的机会。

3. 放任型领导者

放任型领导者的权力分散在每个员工手中,采取无为而治的态度。团队成员具有完全的决策自由,领导者几乎不参与决策,为员工提供必要的信息和材料,回答员工提出的问题。在这种模式下,领导者对被领导者的影响基本缺失,管理行为高度分权化。

勒温认为,这三种不同的领导风格会造成三种不同的团体氛围和工作效率。专制型领导者只注重工作的目标、工作的任务和工作的效率。但他们对团体成员不够关心,被领导者与领导者之间的社会心理距离比较大,领导者对被领导者缺乏敏感性,被领导者对领导者存在戒心和敌意,容易使群体成员产生挫折感和机械化的行为倾向。民主型领导者注重对团体成员的工作加以鼓励和协助,关心并满足团体成员的需要,营造一种民主与平等的氛围,领导者与被领导者之间的社会心理距离比较近。在民主型的领导风格下,团体成员自己决定工作的方式和进度,工作效率比较高。放任型领导者采取的是无政府主义的领导方式,对工作和团体成员的需要都不重视,无规章、无要求、无评估,工作效率低,人际关系淡薄。

(二)领导行为四分图理论

领导行为四分图理论是一种二维分析法研究,即从"关心人"与"关心工作"两个维度对领导行为进行研究。

1. 美国俄亥俄州立大学的研究

1945 年,美国俄亥俄州立大学开创了行为理论研究。他们从 1 000 多个领导行为特征中,不断提炼概括,最后归纳为领导方式的关怀维度,即"关心人"和领导方式的定规维度,即"定规"两个行为量纲。"关心人"包括建立互信气氛,尊重下属意见,注意下属情感问题;"抓工作组织"包括组织设计、明确职责和关系,确定工作目标等。研究发现这两种行为在不同的领导者身上所表现出来的强弱程度不尽一致,形成了领导行为的四分图,如图 7-1 所示。

领导行为四分图理论

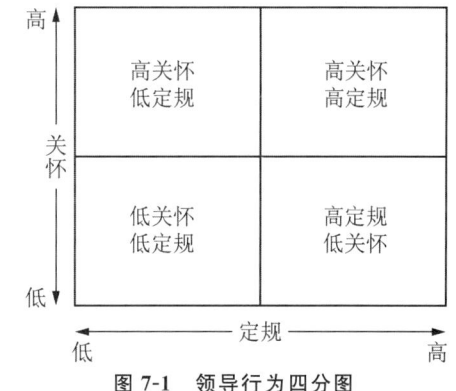

图 7-1 领导行为四分图

（1）低关怀低定规，即"定规""关心人"两方面都低的领导行为；

（2）高关怀低定规，即"关心人"程度高，但"定规"程度低的领导行为；

（3）低关怀高定规，即"关心人"程度低，但"定规"程度高的领导行为；

（4）高关怀高定规，即"定规""关心人"两方面都高的领导行为，这也是最佳的领导行为。

2. 美国密执安大学的研究

美国密执安大学李克特和他的同事于1947年开始进行领导行为方式的研究，他们设计和运用"领导行为评价问题量表（LBDQ）"对领导行为进行调查研究，认为存在两种不同的领导方式，一种是生产导向型领导行为，即以工作为中心；一种是员工导向型领导行为，即以员工为中心。

（1）工作导向型领导行为。工作导向型领导强调工作中的生产与技术层面，关心工作过程和结果，通过密切监督和施加压力来获得良好的绩效，把下属视为完成组织目标和生产任务的工具。他们不关心下属的情感和需要，任务的完成情况是领导行为的核心。强调严格的管理，为工作做出计划，交流情报，规定工作日程，在管理过程中常采取专制型领导方式和高压手段，故下属易产生不满和反抗情绪，是不受下级欢迎的领导方式，生产效率低。

（2）员工导向型领导行为。员工导向型领导特别重视工作中的人际关系层面，认为每个员工都很重要，因此比较关心人，注意下属的利益，重视人的个性和需要。他们关心员工，有意识地培养与高绩效群体相关的人文因素，重视人际关系，鼓励良好的上下级关系，重视人的信息和情感的沟通，让下属有较多的参与机会，注意建立一种相互信任、尊重下级意见、体贴下级情绪的工作气氛，因此，下属会觉得工作成败与自己和组织休戚相关。该种行为方式的领导者把他们的行为集中在对人的监督上而不是对生产的提高上，他们关心员工的需要、晋升和职业发展。此领导方式较受员工欢迎，易取得较高的工作效率。

在这项研究中，斯托格迪尔在27个组织中考察了1 000个领导者，结果表明，领导行为中关心人的程度与下属心理上的满意度成正相关。研究还发现，员工导向型的组织生产数量要比工作导向型的多，员工导向的组织中满意度高，离职率和缺勤率都比较低，所以最后他们得出结论：关心人比关心工作更重要。

（三）管理方格理论

管理方格理论是用方格图表示和研究领导方式的一种理论。由美国得克萨斯大学的行为科学家罗伯特·布莱克和简·莫顿创立，于1964年发表《管理方格》一书，提出了管理方格理论。他们设计了由81个方格组成的图形，纵向表示领导者对人的关心程度，横向表示领导者对生产的关心程度。如图7-2所示。

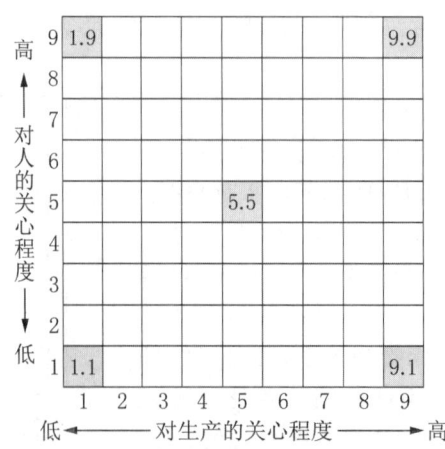

图 7-2   管理方格图

管理方格图的提出改变了以往各种理论中"非此即彼"式(要么以生产为中心,要么以人为中心)的绝对化观点,指出在对生产关心和对人关心的两种领导方式之间可以进行不同程度的互相结合。

1. 贫乏型领导者

贫乏型领导者(1.1)既不关心生产任务,也不关心人。实际上,他们已放弃自己的职责,只想保住自己的地位,是一种不称职的领导。

2. 俱乐部式领导者

俱乐部式领导者(1.9)不关心生产任务,而只关心人,热衷于融洽的人际关系,他们努力营造一种人人得以放松、感受友谊与快乐的环境,但对协同努力以实现企业的生产目标并不热心,这种领导不利于生产任务的完成。

3. 任务型领导者

任务型领导者(9.1)又称专制式领导者,这种领导者高度关心生产任务,而不关心员工,作风专制,他们眼中没有鲜活的个人,只有需要完成生产任务的员工,唯一关注的只有业绩指标。这种方式有利于短期内生产任务的完成,但容易引起员工的反感,于长期管理不利。

4. 中间式领导者

中间式领导者(5.5)又称小市民式领导者或中庸型领导者,这种领导者既不偏重关心生产,也不偏重关心人,即领导者对生产的关心与对人的关心都处于中等水平,风格中庸,不设置过高的目标,能够得到一定的士气和适当的产量,但不是卓越的。在现实中相当一部分领导者属于这一类。

5. 团队型领导者

团队型领导者(9.9)又称理想式领导者,这种领导者对生产和对人都很关心,对工作和对人都很投入,在管理过程中把企业的生产需要同个人的需要紧密结合起来,既能带来生产力和利润的提高,又能使员工得到事业的成就与满足,是一种最理想的状态。

一个领导者较为理性的选择是:在不低于5.5的水平上,根据生产任务与环境等情况,在一定时期内,在关心生产与关心人之间作适当的倾斜,实行一种动态的平衡,并努力向9.9靠拢。

三、领导权变理论

领导权变理论又称"领导情境理论",20世纪60年代至70年代初形成。该理论认为:不存在一种普遍适用、唯一正确的领导方式,只有结合具体情景,因时、因地、因事、因人制宜的领导方式,才是有效的领导方式。认为领导有效性=f(领导者,被领导者,环境),即领导行为与领导的有效性之间的关系显然依赖于任务结构、领导成员关系、领导权威、下属的主导性需求等情境因素,领导是领导者、被领导者及其环境因素相互作用的动态过程。该理论最具代表性的研究成果有:情境领导理论、路径-目标理论、菲德勒权变理论等。

(一) 情境领导理论

美国管理学者保罗·赫塞和肯尼斯·布兰查德在俄亥俄州立大学心理学家卡曼提出的领导生命周期理论的基础上,吸取了克里斯·阿吉里斯的成熟—不成熟理论,于1976年形成了一个重视下属成熟度的权变理论,即情境领导理论。阿吉里斯强调领导者要帮助员工从不成熟向成熟转变,以更好地为组织服务。赫塞和布兰查德认为,领导者的领导方式应同下属员工的成熟程度相适应,在下属员工渐趋成熟时,领导者依据下属的成熟水平选择正确的领导风格以取得成功。

该理论将成熟度定义:个体对自己的直接行为负责任的能力和意愿,包括工作成熟度与心

情境领导
理论

理成熟度。工作成熟度是指一个人的知识和技能。工作成熟度高的个体拥有足够的知识、能力和经验去完成他们的工作任务而不需要他人的指导。心理成熟度是指一个人做某件事的意愿和动机。心理成熟度高的个体不需要太多的外部鼓励,他们更多的靠内部动机激励。该理论认为,领导行为在确定是任务绩效还是维持行为更重要之前应当考虑下属成熟度,要依据下属的成熟度水平选择正确的领导方式。该理论把下属的成熟度由低到高设定为四个阶段。

M1:这些人对于执行某任务既无能力又不情愿。他们缺乏自信心和积极性,既不胜任工作又不能被信任。

M2:这些人缺乏能力,却愿意从事必要的工作任务。他们有积极性,但目前尚缺乏足够的技能。

M3:这些人有能力却不愿意干领导者希望他们做的工作。他们有较高的工作技能和较强的工作能力,但缺乏做事的意愿。

M4:这些人既有能力又愿意干领导者让他们做的工作。他们有较高的工作技能和较强的工作能力,也愿意做事。

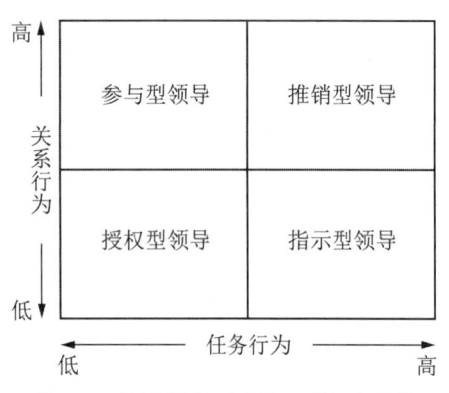

图 7-3   情境领导理论的四种领导风格

与此同时,情境领导理论使用任务(指导或命令)行为和关系(支持)行为两个维度进行考察。其中任务行为是指向下属说明或示范要"做什么""何时做""如何做",并对工作成果提供经常的反馈;关系行为是指赞扬、倾听、鼓励,以及让下属参与决策制定等。每一维度有高有低,从而组合成以下四种具体的领导风格,如图7-3所示。

1. 指示型领导

指示型领导又称指令型或指挥式领导,属于高任务—低关系领导行为。领导者定义角色,告诉下属应该干什么、怎么干以及何时何地去干;向下属解释工作内容及工作方法,同时继续指导员工去完成任务,一句命令一个动作,极少给予支持。

2. 推销型领导

推销型领导又称教练型领导,属于高任务—高关系领导行为。领导者同时提供指导性的行为与支持性的行为,对员工的角色和目标给予详尽的指导,并密切监督员工的工作成效,以便对工作成果给予经常的反馈,倾听下属意见,鼓励他们自觉行动,有好的行为会给予赞扬和帮助。

3. 参与型领导

参与型领导又称支持型领导,属于低任务—高关系领导行为。问题由领导者提出,决策由下属做决定,让下属了解做事的方法,领导者与下属共同决策,制定解决方案,并给予鼓励和支持,领导者的主要角色是提供便利条件与沟通。

4. 授权型领导

授权型领导,属于低任务—低关系领导行为。领导者对下属高度信任和放权,采取"无为而治"的态度,对下属只提供适当的资源、极少的指导或支持,完全相信员工的能力,将工作任务交给员工全权负责,独立作业。

如何使领导者的领导方式或风格与下属员工的成熟程度相适应,是赫塞-布兰查德的情境领导理论的关键。因此,M1适合指示型领导方式,M2适合推销型领导方式,M3适合参与型领导方式,M4适合授权型领导方式。他们认为:当下属的成熟度水平不断提高时,领导者不但可以不断减少对活动的控制,而且还可以不断减少关系行为,如图7-4所示。

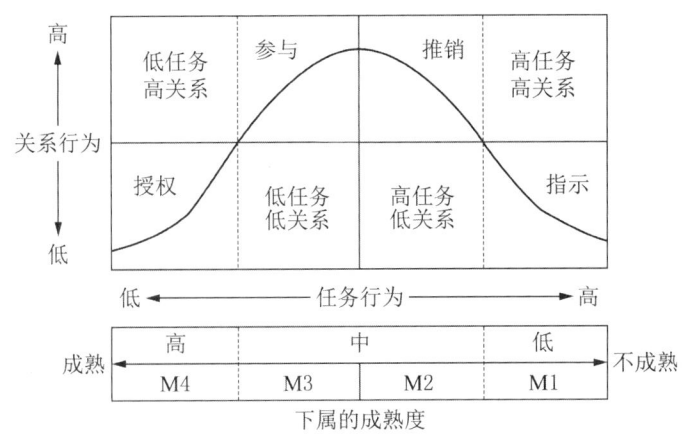

图 7-4 情境领导理论

(二) 路径-目标理论

路径-目标理论是罗伯特·豪斯以俄亥俄州立大学的领导理论、激励理论中的期望理论为基础提出的一种领导权变理论。该理论认为,有效领导者能够明确指明实现工作目标的方式来帮助下属,并为他们清除各种障碍和危险,以确保各自的目标与群体或组织的总体目标一致。

路径-
目标理论

1. 路径-目标理论的内容

路径-目标理论认为,领导者的工作是利用结构、支持和报酬建立有助于员工实现组织目标的工作路径。其内容包括四个方面:

(1) 领导过程。路径-目标的领导过程是:领导者确认员工的需要,提供合适的目标,通过明确期望与目标的关系,将实现目标与报酬联系起来;消除绩效的障碍,并且给予员工一定的指导。该过程的期望结果包括工作满意、认可领导和更强的动机。这些将在有效的绩效和目标实现中得到反映。

(2) 目标设置。目标设置是取得成功绩效的标的,它可以用来检测个体和群体完成绩效标准的情况。群体成员需要感觉到他们的目标是有价值的,并且可以在现有的资源和领导下达到该目标。如果没有共同目标,不同的成员会走向不同的方向。

(3) 路径改善。领导者在决定顺利实现目标的路径之前,还需要了解一些权变因素和可供选择的领导方案,特别是必须权衡确定对两类支持的需要。第一类是任务支持,领导者必须帮助员工组合资源、预算以及其他有助于完成任务的因素,消除有碍员工绩效的环境限制,表现出积极的影响,并且对有效的努力和绩效给予及时认可;第二类是心理支持,领导者必须刺激员工乐于从事工作。

(4) 领导风格。领导者的行为被下属接受的程度取决于下属是将这种行为视为获得满足的源泉还是作为未来获得满足的手段。领导者行为的激励作用,在于它使下属的需要和满足与有效的工作绩效联系在一起,并提供有效的工作绩效所必需的辅导、指导、支持和奖励。

2. 路径-目标理论提出的四种领导风格

(1) 指导型领导。领导者对下属需要完成的任务进行说明,包括对他们有什么希望,如何完成任务,完成任务的时间限制等。指导性领导者能为下属制定出明确的工作标准,并将规章制度向下属讲得清清楚楚。

(2) 支持型领导。领导者对下属的态度是友好的、可接近的,他们关注下属的福利和需要,平等地对待下属,尊重下属的地位,能够对下属表现出充分的关心和理解,在部下有需要时能够提供真诚的帮助。

（3）参与型领导。领导者邀请下属一起参与决策。参与型领导者能同下属一同进行工作探讨,征求他们的想法和意见,将他们的建议融入团体或组织将要执行的那些决策中去。

（4）成就导向型领导。领导者鼓励下属将工作做到尽量高的水平。这种领导者为下属制定的工作标准很高,寻求工作的不断改进。除了对下属期望很高外,成就导向型领导者还非常信任下属有能力制定并完成具有挑战性的目标。

该理论认为,在现实中究竟采用哪种领导方式,要根据下属特性、环境变量、领导活动结果的不同因素,以权变观念求得同领导方式的恰当配合,如图 7-5 所示。

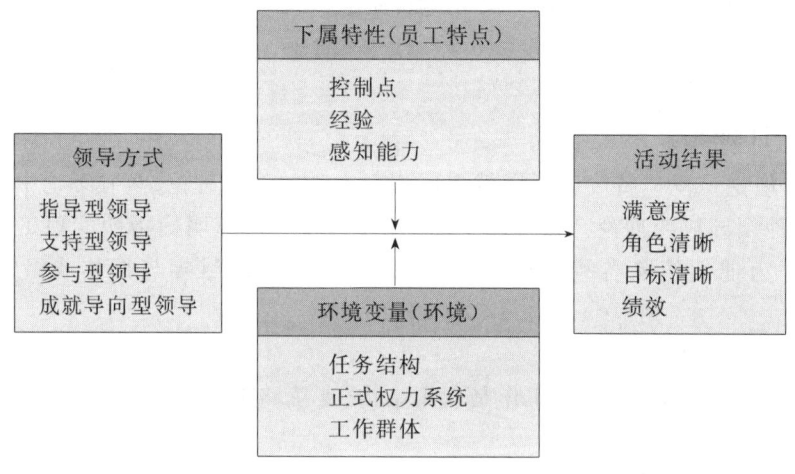

图 7-5　路径-目标理论

路径-目标理论提出了两类情境作为领导行为与结果之间关系的中间变量,一类是下属控制范围之外的环境,包括任务结构、正式权力系统以及工作群体等;一类是下属个性特点中的一部分,包括控制点、经验和感知能力等。要想使下属的产出最多,环境因素决定了作为补充所要求的领导行为类型,而下属个性特点决定了对环境和领导者行为作出何种解释。在工作环境中,领导者必须确认员工的任务是否已经结构化,正式权力系统是否最适合于指导型或参与型领导,以及现在的工作群体是否满足了员工的社会和尊重需要。

路径-目标理论证明:当领导者弥补了员工或工作环境方面的不足,就会对员工的绩效和满意度起到积极的影响。但是,当任务本身十分明确或员工有能力和经验处理它们而不需要干预时,如果领导者还要花费时间解释工作任务,则下属会把这种指导性行为视为累赘多余甚至是侵犯。

3. 路径-目标理论提出的领导者职能

豪斯对领导者的职能进行概括,具体表现为六个方面:

（1）唤起员工对成果的需要和期望。

（2）对完成工作目标的员工增加报酬,兑现承诺。

（3）通过教育、培训、指导,提高员工实现目标的能力。

（4）帮助员工寻找完成目标的路径。

（5）排除员工前进路径上的障碍。

（6）增加员工获得个人满足感的机会,而这种满足又以工作绩效为基础。

路径-目标理论认为,要实现这种以下属为核心的领导活动,必须考虑下属的具体情况。显然,现实中的下属是千差万别的。如员工的差异,主要表现在个人特质和需要面对的环境因素两个方面。

对于员工的个人特质而言,新手和老手不一样,技术高低不一样,责任心的强度不一样,甚至年龄大小、任职时间长短,都会产生不同的反应。仅以性格差异为例,内向型的员工更易于接受参与型领导,而对指导型领导有所抵触;而外向型员工,则更易于接受指导型领导,却不大适应参与型领导。如果一个人对自己的能力估计过高,那他就会抵触指导型领导;而如果一个人对自己的能力估计过低,那他就会害怕授权型领导。

对于员工所面对的环境因素而言,不同企业、不同岗位的工作任务不一样,企业组织的权力系统就不一样,基层的工作群体也不一样。如果是明确清晰的工作任务,有效得力的权力系统,友好合作的工作群体,那么,强化控制明显属于多事,还会伤害员工的满足感;而如果情况相反,放松管制就会出现偏差,同样会招来员工的抱怨。单纯以工作任务而论,如果完成任务不能使员工得到满足,那么领导人越加强规章制度,越施加任务压力,员工的反感就越大。

所以,和菲德勒不同,提出"路径-目标理论"的豪斯主张领导方式的可变性。他认为,领导方式是有弹性的,上述四种领导风格可能在同一个领导者身上出现,因为领导者可以根据不同的情况斟酌选择,在实践中采用最适合于下属特征和工作需要的领导风格。豪斯强调,领导者的责任就是根据不同的环境因素来选择不同的领导方式。如果强行用某一种领导方式在所有环境条件下实施领导行为,必然会导致领导活动的失败。

豪斯认为,作为领导者,无非就是做两件事:一是要让部下清楚,他的努力能够得到相应的报酬;二是要帮助部下,将期望转变为动力,并使部下找到实现这种期望的路径。

(三)菲德勒权变理论

美国著名的管理学家弗雷德·菲德勒是权变领导理论的奠基人,是国际上公认的研究领导科学和管理绩效问题的权威。菲德勒设计了一种 LPC 量表,如表 7-4 所示,用来测定领导者的领导方式或领导风格。该量表的主要内容是询问领导者对"最不与自己合作的同事"或"最难共

菲德勒领导
权变理论

表 7-4   菲德勒的 LPC 量表

积极	评 价 分 值								消极
快乐	8	7	6	5	4	3	2	1	不快乐
友善	8	7	6	5	4	3	2	1	不友善
接纳	8	7	6	5	4	3	2	1	拒绝
有益	8	7	6	5	4	3	2	1	无益
热情	8	7	6	5	4	3	2	1	不热情
轻松	8	7	6	5	4	3	2	1	紧张
亲密	8	7	6	5	4	3	2	1	疏远
热心	8	7	6	5	4	3	2	1	冷漠
合作	8	7	6	5	4	3	2	1	不合作
助人	8	7	6	5	4	3	2	1	敌意
有趣	8	7	6	5	4	3	2	1	无聊
融洽	8	7	6	5	4	3	2	1	好争
自信	8	7	6	5	4	3	2	1	犹豫
高效	8	7	6	5	4	3	2	1	低效
开朗	8	7	6	5	4	3	2	1	郁闷
开放	8	7	6	5	4	3	2	1	防备

事的同事"的评价,由此推断出其领导风格与行为模式的特点,从而对领导者进行分类。

如果领导者对这种同事的评价大多用敌意的词语,LPC 得分低,即以消极或表示嫌弃的词语评价其最不喜欢的同事,则该领导者趋向于工作任务型的领导方式;表明作答者可能更关注生产,关心任务的完成,是以任务为中心的,即使损害人际关系也不在意的人,即该领导者以工作为中心,任务分配清晰而明确、严密监督、依照详尽的规定行事。

如果领导者对这种同事的评价大多用善意的词语,LPC 得分高,即以相对积极或表示赞许的词语描述和评价其最不喜欢的同事,则该领导者趋向于人际关系型的领导方式,表明作答者很乐于形成良好的人际关系,是以人际关系为中心的人,其关心建立良好的人际关系,对下属持支持与谅解的态度。该领导者以下属为中心,重视人员的反应及表现,善于利用群体实现目标,能给予成员较大的自由选择范围。

菲德勒认为环境的好坏对领导目标有重大影响,如图 7-6 所示。

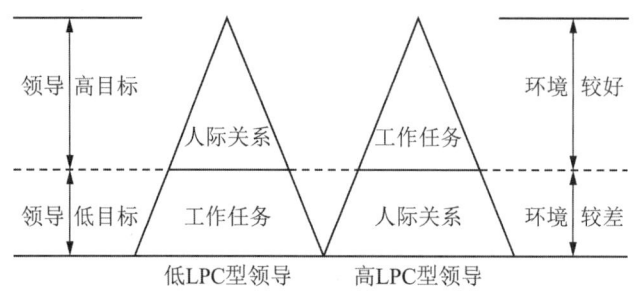

图 7-6　环境对领导目标的影响

对低 LPC 型领导来说,比较重视工作任务的完成。如果环境较差,他将首先保证完成任务;当环境较好时,任务能够完成,这时他的目标将是搞好人际关系。

对高 LPC 型领导来说,比较重视人际关系。如果环境较差,他将首先将人际关系放在首位;如果环境较好时,人际关系也比较融洽,这时他将追求完成工作任务。

菲德勒对 1 200 个团体进行了抽样调查,认为影响领导绩效的情境变量有三个:

(1)职位权力。这是指领导者所处的职位具有的权力和权威的大小,即领导者所处的职位提供的权力是否明确和充分,是否得到上级和整个组织的有力支持。一个具有明确的并且高的职位权力的领导比缺乏这种权力的领导者更容易得到他人的追随。

(2)任务结构。工作任务的明确程度和下属对任务的负责程度,即群体的工作任务是否规定明确,是否有详尽的规划和程序,有无含糊不清之处。任务清楚,工作的质量就比较容易控制,也更容易为组织成员规定明确的工作职责。

(3)上下级关系。指领导者受到下级爱戴、尊敬和信任以及下级情愿追随领导者的程度,即领导者能否得到下属的信任、尊重和喜爱,能否使下属主动追随他。

这三项变量总和起来,便得到八种不同的情景或类型,如图 7-7 所示。

图中反映了领导环境决定了领导方式。在环境较好的情景类型 1、2、3 和环境较差的情景类型 7、8 情况下,采用低 LPC 领导方式,即工作任务型的领导方式比较有效。在环境中等的情景类型 4、5 和 6 情况下,采用高 LPC 领导方式比较有效,即人际关系型的领导方式比较有效。

菲德勒的研究结果表明,在对领导者最有利和最不利的环境下,采取任务导向型效果较好;在对领导者环境条件一般的情况下,采取关系导向型较有效。

菲德勒还认为,个体的领导风格是可以稳定不变的,因此,提高领导者的有效性实际上只有

上下级关系	好				坏			
任务结构	明确		不明确		明确		不明确	
职位权力	强	弱	强	弱	强	弱	强	弱
情境类型	1	2	3	4	5	6	7	8
环境利好性	有利			中间状态			不利	
有效领导方式	任务型			关系型			任务型	
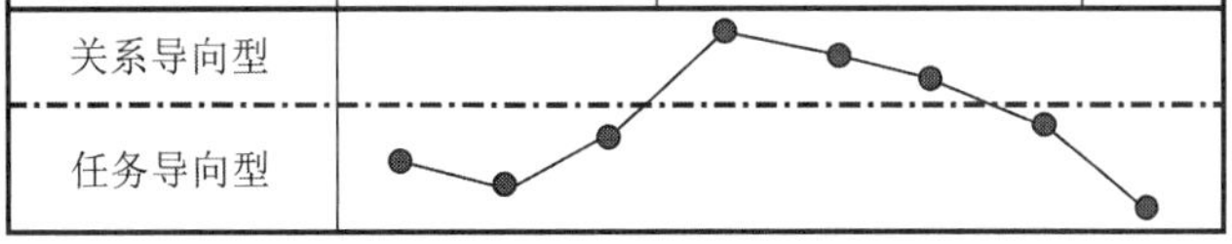 关系导向型								
任务导向型								

图 7-7　菲德勒权变理论模型

两种途径:第一种方法,你可以选择领导者以适应情境。例如,如果群体所处的情境被评估为十分不利,而目前又是一个关系导向型的领导者进行领导,那么替换成一个任务导向型的领导者则能提高群体绩效。第二种方法是,改变情境以适应领导者。这可以通过重新建构任务或改变领导者权力来实现。

 案例分析

三个领导,三种风格

刚刚大学毕业的吴君通过学校推荐来到钢材集团总公司下属的第三分公司,给张总经理做秘书,张总经理可谓日理万机,因为公司的大小事情都必须要向他汇报,得到他的指示才能行事。尽管如此,吴君感到工作还是比较轻松,因为任何事情她只需要交给总经理,再把总经理的答复转给相关责任人,就算完成任务了。可是好景不长,因为张总经理每日奔波劳碌,终于病倒了。

新上任了王总经理,王总经理开始对吴君每日无论大小事都要请示提出了批评,让她慢慢学会分清轻重缓急,有些事情可以直接转交其他副总经理处理。这样王总经理每日有更多的时间去考虑公司的长远目标,确立组织发展方向,然后在高层领导者之间召开会议,进行研讨。自王总经理上任以来,公司出台了新的发展战略,市场定位及公司内部的规章制度,公司的业绩也在短期内有了很大的提高。同时,吴君也很忙碌,有时需要跑很多的部门去协调一件工作,这让她觉得学到了很多东西也充实了不少。因为业绩突出,王总经理干了一年就被调到总公司去了。

之后又来了李总经理,相对于张总经理的事必躬亲,以及王总经理的张弛有度,李总经理就要随意得多了,他到任以后先是了解了一下公司的总体情况,感到非常满意,就对下面的经理说:"公司目前的运营一切顺利,我看大家都做的比较到位,总经理关键时刻把把关就可以了,不是很重要的事情,你们就看着办吧。"这样一来,吴君享受到了自工作以来没有过的轻松,因为一周也没有几件事情要找李总经理。

吴君现在有时间了,他开始对比思考这三个领导各自的领导风格。

思考:根据领导理论试分析张总经理、王总经理、李总经理的领导风格有哪些不同?

第三节　授权的艺术

管理者通过指挥他人来实现组织的目标,职位越高越忙碌是国内企业普遍存在的现象,很多高层领导每日奔波不停，到了下班时回头想想才发现忙的全是些琐碎小事，整体工作却没有很大提升。这就是领导者的一个误区，凡事亲力亲为、包揽一切。因此，领导者要学会授权。

一、授权的含义

授权的概念及意义

授权是指管理者将自己所拥有的一部分权力授予下级，赋予下级一定的权力和责任，使下属在一定的监督之下，拥有相当的自主权，以期更有效地完成任务，并更好地激励下级积极性的一种管理方式。管理者授权是现代管理的一种科学方法与领导艺术。

（一）正确理解授权

授权是上级向下级委派权力，下级在一定的监督下完成任务，并且在这个过程中有相当的自主权和行动权；上级有指挥和监督之权，下级有报告和完成任务的责任。授权的重点在于如何将权力进行分配，让下属拥有更多的权力；授权就是要把下属从幕后推到台前，也就是说上级要隐退到幕后去，把下属推到前台来。管理者正确理解授权，才能很好地实施授权。

授权不是领导不参与，也不是全部让下属来参与，而是授权之后，领导不要过多地干涉员工的工作；授权不是弃权或放弃权力，授权是将完成任务所需要的权力、资源分配下去，再做适当的监督、帮助和支持；授权不是授责，把责任一并交给下属，自己不负责，而是虽然把工作内容和资源分配给下属，但责任还在领导者肩上；授权不是代理职务，而是临时代理一项职务；授权不是助理或秘书；授权也不是简单的分工，授权更多的是委派的含义。

（二）授权的好处

1. 授权有利于领导者从日常事务中解脱出来，集中精力处理重大事务

"授权是领导者的分身术"，高明的领导者都会恰当地运用授权。授权可使管理者从日常事务中解脱出来，既能专心处理重大问题，又能控制全局；授权也可使管理者把一些自己不会或不精的工作委托给有相应专长的下属去做，通过充分发挥下属的专长，弥补授权者自身才能的不足；同时，授权能帮助管理者有效地运用群体的力量，获得良好的群众基础，培养出合适的接班人，创造出更好的绩效，从而也有助于管理者自身的晋升发展。

2. 授权有利于激励下级，高效地完成工作

授权通常意味着信任、尊重和认同，这能提高下属的工作积极性，增强其责任心；授权也有利于改善上下级关系，使下属从听令行事的被动状态转变为主动担责的积极状态，使上下级关系转变为合作共事、相互支持的关系。由于授权，下级若拥有完成任务的权力，能按照自己的意图，独立自主地进行工作，就会获得一种信任感和满意感，这有利于调动其工作的积极性、主动性和创造性，并提高下属的工作效率。

3. 授权有利于培养、锻炼下级，提高效益，实现组织目标

授权可以锻炼下属能力并提升管理者的领导水平，有利于人才梯队的建设和管理者的培养。通过授权，使下属有机会独立处理问题，从实践中提高专业能力和管理能力；管理者能更有效地使用时间，将精力集中于下属的成长、工作的协调和总体的把握，从而提高其用人水平和决策能力，也能为组织未来的发展打下良好的队伍基础。下属在自主运用权力、独立处理问题的过程中，会不断地提高管理能力，提高综合素质。授权使全体组织成员人尽其才，更为高效地做好各自的工作，也有助于增进组织效率和提升组织效益。通过科学的授权，可以使基层拥有实现目标所必需的权力，自主运作，更好地完成目标和任务。

二、授权的基本过程

（一）任务的分派

授权首先要明确受权人所应承担的任务或职责。所谓任务，是指授权者希望受权人去做的工作，它可能是要求受权人写一个报告或计划，也可能是要求其担任某一职务承担一系列职责。不管是单一的任务还是某一固定的职务，授权时所分派的任务都是由组织目标分解出来的工作或一系列工作的集合。一旦需要授权的任务明确了，管理者也就相对比较容易找到和确定合适的受权者。

（二）权力的授予

在明确了任务和受权人之后，就要授予其相应的权力，即给予受权者相应的开展活动或指挥他人行动的权力，如有权调阅所需的情报资料，有权调配有关人员等。给予一定的权力是使受权者得以完成所分派任务的基本保证。

（三）责任的明确

当受权人接受了任务并拥有了所必需的权力后，就有义务去完成所分派的工作并正确运用被委任的权力。受权人的责任主要表现为向授权者承诺保证完成所分派的任务，保证不滥用权力，并根据任务完成情况和权力使用情况接受授权者的奖励或惩处。要注意的是，受权者所负的只是工作责任，而不是最终责任。对于组织来说，授权者对于受权者的行为负有最终的责任，即授权者对组织的责任是绝对的，在失误面前，授权者应首先承担责任。

（四）监控权的确认

在授权过程中，要明确授权者与受权者之间的权力关系。授权者对受权者拥有监控权，即有权对受权者的工作进行情况和权力使用情况进行监督检查，并根据检查结果，调整所授权力或收回权力。

三、授权的原则

授权应遵循以下原则。

1. 依目标需要授权

授权是为了更有效地实现组织目标，所以，必须根据实现组织目标和工作任务的需要，将相应类型与限度的权力授给下级，以保证其有效地开展工作。

2. 职、权、责、利相当

为了保证受权者能够完成所分派的任务，并承担起相应的责任，授权者必须授予其充分的权力并许以相应的利益。只有职责而没有职权，就会使受权者无法顺利地开展工作并承担起应有的责任；只有职权而无职责，就会造成滥用权力、瞎指挥和官僚主义。因此，授权必须是有职有权，有权有责且有责有利。而且，授权还要做到职、权、责、利相当，即所授予的权力应能保证受权者履行相应职责、完成所授任务，做什么事给什么权；而受权者对授权者应负的责任大小与授权者所授予的权力大小相当，有多大的权力就应该承担多大的责任；给予受权者的利益必须与其所承担的责任大小相当，有多大的责任就应该承诺给予多大的利益。缺乏利益驱动是受权者不愿过多承担责任的主要原因。

3. 保持命令的统一性

从理论上来说，一个下级同时接受两名和两名以上上级的授权并承担相应的责任是可能的，但在实际工作中却存在着较大的困难。因此，通常要求一个下级只接受一个上级的授权，并仅对一个上级负责。因此,要努力做到全局性的问题集中统一,由高层直接决策,不授权于下级;各部门之间分工明确,不交叉授权;不越级授权。

4. 正确选择受权者

由于授权者对分派的职责负有最终的责任,因此慎重选择受权者是十分重要的。在选择受权者时,应遵循"因事择人、视能授权"和"职以能授、爵以功授"的原则。即根据所要分派的任务,来选择具备完成任务所需条件的受权者,以避免出现不胜任或不愿受权等情况。应根据所选受权者的实际能力,授予相应的权力和对等的责任。为了正确选择受权者,在授权前,除对受权者进行严格考察外,还可以以"助理""代理"等名义先行试用,合格的再正式授权。

5. 有效监控

授权是为了更有效地实现组织目标,所以,在授权之后,领导者必须保持必要的监督控制手段,使所授权力不失控,确保组织目标的实现。为此,授权者要建立反馈渠道,及时检查受权者的工作进展情况以及权力的使用情况。对于不适合此项工作的,要及时收回权力,更换受权人;对于滥用权力的,要及时予以制止;对于需要帮助的,要及时予以指点,从而保证既定目标的实现。

四、有效授权

如何进行
有效授权

在组织管理中,有效授权是激活组织效能的核心。有效授权是管理者将职权与责任合理分配给下属的管理行为。它以信任为基础,通过明确目标、匹配能力、界定权责,让下属在授权范围内自主决策与行动,既释放管理者精力,又激发团队创造力,实现组织效能提升。其核心是在"放权"与"管控"间平衡,避免"一放就乱"或"事必躬亲",是组织从个体驱动转向体系化运作的关键。那么,如何进行有效授权呢?

(一)明确授权范围

依据工作性质与管理需求,筛选适宜授权事项。可将非核心且他人具备同等执行能力的工作、干扰核心任务推进的事务、因专业局限难以独立完成的工作,以及耗时耗力且缺乏战略价值的任务进行授权,使管理者聚焦核心职责。如将部门月度考勤统计、常规报表汇总等非核心且重复性的流程化工作授权给行政专员,因其经培训后能达到同等执行标准;当管理者筹备战略会议时,可将场地预订、资料印刷等干扰核心任务的后勤工作交给助理,避免琐事分散精力,如此既能释放管理精力,又能确保核心工作的战略投入。

(二)遴选授权对象

甄选能力适配、价值观契合的下属作为授权对象。在任务沟通阶段,通过观察其提问与反馈,评估理解能力与执行潜力,确保授权对象具备胜任力。如企业策划新品发布会时,若需协调媒体资源与场地布置,可优先选择曾主导过类似活动、具备跨部门沟通经验的市场主管,其过往在活动流程设计中展现的细节把控能力与应变经验,能确保筹备工作按节点推进;若授权内容为技术方案优化,可将任务交给研发团队中专业评级较高且对系统架构有深度理解的工程师,其在历史项目中解决过同类技术难点,且沟通时能精准捕捉需求核心,通过此类针对性筛选,能显著提升授权后的执行效能。

(三)构建信任基础

秉持信任原则赋予下属自主决策权,允许其采用多元方法达成目标,同时明确质量标准与成果要求。通过信任激发下属主动性,促进团队协作。如营销总监授权团队策划季度推广方案时,可明确目标为"提升年轻客群转化率",但不限制创意方向与执行路径,允许策划专员自主组建文案、设计小组,甚至尝试短视频挑战赛等新兴形式,过程中仅在关键节点(如方案初稿、预算审批)提供建议,而非干预具体创意环节;技术主管授权开发新功能模块时,可向工程师说明"兼容现有系统并提升响应速度"的核心要求,允许其自主选择开发框架与技术路径,即便首次测试出现兼容性问题,也优先引导团队分析解决方案而非追责,这种"目标约束下的过程放手"能切实传递信任,激发团队创造力。

(四)清晰界定权责

精准传达任务目标、执行标准与权限边界,避免过度简化或模糊表述。明确完成期限,建立阶段性进度追踪机制,尤其针对能力尚待验证的执行者,强化过程管控。如运营经理授权下属优化线上商城用户留存率时,可明确"三个月内将日均留存率从25%提升至30%"的量化目标,同时规定每周需提交用户行为数据分析报告、可自主测试3种以内的运营策略(如会员权益优化、推送机制调整),但涉及预算超5 000元的活动需提前报备;行政总监授权专员组织年度团建时,需划定"人均成本不超过800元""行程需包含团队协作项目"的原则,允许其自主筛选目的地与活动形式,但规定需要在方案中列明3套备选预案并提交财务审核,通过此类清晰界定,既能避免执行偏差,又能保障授权效能。

(五)完善激励与问责

建立正向激励机制,通过口头表扬、书面致谢、绩效表彰等方式,认可下属工作成果,增强其归属感与工作动力。同时明确授权过程中"权责对等"原则,权力可授出,责任需管理者承担,确保授权体系稳定运行。如市场部经理授权团队执行新品推广活动后,若策划专员通过差异化短视频营销超额完成20%的曝光目标,可在部门周会上公开表彰其创意亮点,并将案例纳入内部培训素材;而当授权事项出现执行偏差时,如客服主管授权下属处理重大客诉却因沟通不当引发二次投诉,管理者需先承担管理责任,再与执行者共同分析流程漏洞,制定话术优化培训计划,而非单纯追责;若财务专员在授权的预算审核中因疏忽导致超支,除要求其提交改进报告外,需在后续授权中增设交叉复核环节,通过正向激励强化主动担当,以系统性问责替代单纯惩罚,形成"授权-担责-成长"的良性循环。

五、授权的趋势

伴随着时代的变迁,管理者在职位和定位上发生了很大的变化,职能的转变也使管理者的角色转变成教练领导,而管理者的授权也随之变化。

授权的
趋势

(一)组织结构的优化引起授权的变化

新世纪的管理需要授权,之所以需要授权,原因在于组织结构的变化。

1. 组织结构优化

现代企业的组织结构在不断优化,过去金字塔式的组织结构开始一步步变成圆形的、网络状的结构。过去的组织结构都是按照供应、生产、销售、人事后勤、技术研发、财务管理这些传统的职能部门设置的,部门分得越多,分得越细,工作效率越低。企业设置更多的部门本来是为了提高生产率,可结果往往是事与愿违。因为每个部门经理都过于看重自己部门的本位利益、注重自己的权力范围、注重自己的局部利益,却忘记了企业有一个整体的、全局的利益和全局的目标。过去是按照单线思维来安排组织架构,先安排业务流程,然后按照业务流程搭架子;现在的组织架构,逐渐趋向于网络状的,一种更加柔性、更加能适应外部环境变化的组织架构,那么授权的范围、职责等会随着组织结构的优化而变化。

2. 组织处于动态、变革的环境中

岗位是固定的,岗位的职责也是固定的。所以,过去谈工作分析、岗位描述,都是在静态思维下进行分析和思考。但随着市场的变化越来越快,企业要在动态思维下进行思考才能跟得上时代。组织处于动态、变革的环境中,组织架构将变成网络状的,岗位会变成角色,责任会慢慢地转化为承担义务所拥有的一个权力,那么授权也将在变革的环境中改变。

3. 管理幅度由垂直型向扁平型发展

动态思维下,组织架构及岗位的变化,决定了管理幅度也将由垂直型向扁平化方向发展。过去是垂直型组织结构,一切都服从上级,权力都是上级的,一切行动听指挥;现在扁平型的组织结构,各层级的人将得到更多的权力,管理幅度在不断扩大,权力层次在不断减少,但每一层次的权力却在逐渐增加,这就要求领导者对于权力的控制和领导的能力进一步提高,授权也会增多。

(二)管理角色的变迁引起授权的变化

在组织演进历程中,管理角色的迭代深刻重塑着授权模式的变革轨迹。从传统科层制下"金字塔顶端决策者"角色,到扁平化组织中"资源整合协调者"定位的转变,授权从单向指令传递演变为双向赋能过程。工业时代管理者以"控制者"身份将标准化任务机械拆分授权,强调流程服从;知识经济时代则以"催化者"角色授权团队自主决策,如谷歌允许工程师将20%工作时间用于自主创新项目,通过赋权激活知识创造。数字化转型中,管理者向"生态构建者"角色跃迁,授权边界突破组织壁垒,如海尔"人单合一"模式中,员工被授权组建小微团队直接对接市场需求,管理角色从"权力中心"转向"赋能节点",推动授权从"任务分配"升级为"生态化权责重构",这种变迁本质上是组织从"效率优先"到"创造力激活"的管理逻辑迭代。

(三)员工的变化引起授权的变化

现在的企业员工与十年前的企业员工相比有太多的不同。现在的企业员工更有个性,更有表现的欲望,不愿意循规蹈矩,不愿意认同那些老套的传统价值观,他们希望得到更多的尊重、沟通、分权,所以他们不喜欢过去那种一切行动听指挥的方式,而是喜欢上级能用商量的口吻,能尊重他们的意见。因此现在的领导风格、管理的方式等也要因时而变,要学会授权。现代管理是一种柔性的、非理性的、权变的管理模式。板着脸教训人的方式已经行不通了。过去以工作为中心、以产品为中心的管理模式,开始一步步转变为以人为中心的模式。

 案例分析

掌握20%的策略,授权80%的细节

陈之遴是惠普软件事业处资深协理,已在IBM软件业务部门工作了12年。只是,当超级业务员变成初阶业务主管,角色易位,一连串问题也跟着来。

当年,陈之遴的上司有个习惯:周六晚餐后开始发邮件提出要求,周一就要收到进度报告。陈之遴只好花整个周日逐一打电话询问下属。然而,部门里明明有10个主管,老板却只盯陈之遴和另一个主管,因为他们分别负责3/5与2/5的业绩,其他人都只是支持性质。

"向来都是老板跟我要业绩,现在怎么变成我去求下属帮忙?"因为贡献60%的业务,而变成被"盯"着的主管,陈之遴向同期的新手主管吐苦水,得到了一个解答:挤牙膏理论。"怎么挤牙膏最省力?"陈之遴自问自答,"当然是从前面啊!"他解释:主管要做长期计划,但也要交短期成果。想迅速又省力地得到结果,主管可以挑1~2名理念契合的同事一起做一件事,剩下的人看到就会想:"原本只有主管这样做,现在有三个人都这样做!"很快就会有越来越多的人加入进来。

于是陈之遴先花了三四个月观察,找到那一两个关键员工。他们通常能力资深、工作绩效

好,也乐意分享工作技巧,帮助其他同事,甚至能担任安抚同事情绪的导师,陈之递称他们为"小leader"。惠普的软件事业处包含业务、营销和研发。研发和营销团队都有自己的小 leader,业务部门的小 leader 则由陈之递自己兼任。他只要把 80% 的时间都放在这两个小 leader 身上,就能掌握整个团队。

陈之递认为,把细节交给小 leader 负责,主管不但多了做计划的时间,还可以培养接班人,一举两得。"我又不是小学老师,不需要每天问学生功课写完了没? 写得好不好? 细节让下面的leader 来看就好!"他笑着说。

实 训

一、实训目的

1. 通过管理游戏,充分理解实施领导职能的手段,培养自身观察能力、语言表达能力,与人沟通的能力,加深对指挥能力的领悟。

2. 通过阅读名人或企业家传记,培养阅读能力,提高思维力、分析力,以及概括、归纳、总结的能力。

3. 通过编写情景剧本和演绎,充分理解授权的基本过程、授权的原则,提高知识的运用能力,问题的处理能力。

二、实训内容、组织方式及步骤

实训内容 I :领导的含义

实训形式:管理游戏。

实训步骤:

第一步,实训前准备。课前选择一位同学扮演"外星人",通过培训明确游戏的过程和要领。准备游戏材料:一双短袜,一双球鞋,其中一只网球鞋没系上鞋带。

第二步,向每位同学分发以下材料(或放映幻灯片),然后按自己的想法指导"外星人"穿鞋袜。

穿网球鞋的外星人

这是一个到达地球的外星人,这个外星人双脚穿鞋和袜子,然而出于好奇,这个外星人脱下了一只鞋和袜子,现在他不知道怎么穿回去了。

作为一个热心的地球人你来教他串好鞋带,然后将袜子和串上鞋带的鞋穿回脚上。你的任务是进行清晰的指导(抵达地球之前,外星人接受过汉语速成班,但是根本不会说)。外星人没有能力模仿你,所以你穿自己的鞋和袜子,对他没有任何的帮助。外星人的另一个特点是一次只能听一个人说话,请和其他参与者相互配合,轮流进行指导。

对了,再提醒一点:不要触碰这个外星人,如果你碰了他,没有人会确定将会发生什么,上次碰了这个外星人的人当时就被蒸发掉了。

第三步,游戏的基本过程:

1. 实训指导老师自己或请一位同学扮演"外星人",走进教室,一只脚穿着袜子和系了鞋带的鞋,另一只脚则光着,然后坐下,将短袜、鞋带和网球鞋放在桌面上,等大家给以指导。

2. "外星人"的任务是帮助参与者认识到,他们做出的指令必须意思清晰。不要说话,完全按照他们的指令去做。如果一个参与者说"将短袜放在脚上","外星人"就捡起短袜放在脚上。如果参与者说"捡起鞋带",就从中间捡起鞋带,而不是从两头。如果参与者说,"将鞋带串进鞋上

7

的孔",就将鞋带的头部穿进任何一个空,而不一定是第一个,或者是将鞋带整个塞进孔里。

3. 如果几个参与者同时对"外星人"进行指导,或某个参与者变得过于情绪化,失落或骂人,"外星人"可以停下来,装傻。如果参与者有对"外星人"说了或做了"外星人"愿意继续游戏的事,"外星人"可以继续配合他们进行游戏。

4. 限时 10 分钟,停止活动,提出问题。如果时间允许,继续这个游戏,参与者再进行第二轮指导。

第四步,游戏结束后,根据以下问题,自由发言,发表自己的看法。

1. 你从指导"外星人"中学会了什么?

2. 在这个游戏中,你会看到"外星人"有时听从指导,有时又不听从指导。那么你该怎样让"外星人"理解你的指令并加以实施呢?

3. 你怎样才能更好地指导"外星人"穿鞋呢?

第五步,在讨论的基础上,每个同学上交游戏感想一份。

实训要求:实训指导老师与同学共同完成一项管理游戏"穿网球鞋的外星人",目的是教会参与者清楚明了地发出指挥的命令。参与者在游戏中口头教一位"外星人"穿短袜和网球鞋,不允许进行示范。游戏过程中要保持良好的课堂秩序。

实训内容Ⅱ:领导行为和领导风格

实训形式:网上冲浪——"寻找名人的足迹"。

实训步骤:

第一步,提前两周布置阅读任务,利用课余时间去图书馆借阅名人传记或利用网络阅读电子图书。

第二步,做好读书笔记,拟好发言提纲。

第三步,利用一节课的时间组织讨论会,交流心得。

实训要求:在两周时间内,阅读一本伟人或企业家传记,总结他们的领导风格与特点,进行交流。发言要求语言流畅,表达清晰,条理清楚。

实训内容Ⅲ:授权的原则

实训形式:情景模拟。

实训步骤:

第一步,提前一周布置任务,围绕授权的相关知识及授权过程中容易出现的问题,在课余搜集相关资料并根据下列案例编写案例后续的剧本,进行排练。

如何进行有效授权

刘民和王东分别是一个公司中两个不同部门的经理,在某一天同车上班的路上,他们彼此讨论着自己的管理工作。在交谈中王东发现,刘民特别为两个助手伤脑筋。他抱怨说:"这两个人在刚进公司时,我一直耐心地告诉他们,在刚开始工作时,凡是涉及报销和订货的事都要事先与我商量一下,并叮嘱他们,在未了解情况之前,不要对下属人员指手画脚。但是,到现在都快一年了,他们还是什么事都来问我。例如,王大同上星期又拿一笔不到 1000 元的报账单来问我,这完全是他可以自行处理的嘛!两周前,我交给孙文国一项较大的任务,叫他召集一些下属人员一起搞,而他却一个人闷头搞,根本不叫下属人员来帮忙。他们老是这样大小事情都来找我,真没办法。"

几乎与此同时,刘民的两位助手也在谈论着自己的工作。王大同说:"上周,我找刘民,要他签发一张报账单。他说不用找他,我自己有权决定。但在一个月前,我因找不到他曾自己签发过一张报账单,结果被财务部退了回来,原因是我的签字没有被授权认可。为此,我上个月曾专门写了一个关于授权我签字的报告,但他一直没有批下来,我敢说我给他的报告他恐怕还锁在抽屉里没看呢!"孙文国接着说:"你说他的工作毫无章法,我也有同感。两周前,他交给我一项任务,并要我立即做好。为此,我想得到一些人的帮助,去找了一些人,但他们却不肯帮忙。他们说除非得到刘民的同意,否则他们不会来帮我。今天是完成任务的最后日期,我却还没有完成。他又要抓我的辫子,把责任推给我了。我认为,刘民是存心这样的,他怕我们搞得太好抢他的位子。"

第二步,由"演员"按照剧本进行表演。

第三步,以5~6人的小组为单位对如何处理授权过程中的矛盾和问题进行讨论分析,各人充分发表个人观点,进行讨论和分析,并记录。

第四步,各小组选出一名代表发言,对小组讨论分析结果进行总结。

第五步,以小组为单位对各种观点进行分析、归纳和要点提炼,各组完成案例后续处理方式的分析报告。

实训要求:参加表演的同学,事先根据给定的管理情景编写剧本,积极排练。讨论过程积极参与,认真思考,并记录观点。发言要求语言流畅,表达清晰,条理清楚。分析报告要求文字简洁,条理清晰。

三、实训时间及成绩评定

(一) 实训时间

实训内容Ⅰ:游戏过程时间控制在10分钟内,各小组讨论时间10分钟,代表发言时间每组3分钟,实训指导老师点评时间5分钟。

实训内容Ⅱ:课外阅读,课堂交流讨论时间20分钟,代表发言时间每组3分钟,实训指导老师点评时间5分钟。

实训内容Ⅲ:情景模拟每组时间5~10分钟,各小组讨论时间10分钟,代表发言时间每组3分钟,实训指导老师点评时间5分钟。

(二) 实训成绩评定

1. 实训成绩按优秀、良好、中等、及格、不及格5个等级评定。

2. 实训成绩评定要点:

(1) 是否能够正确理解领导的实质和手段,了解正确使用权力的过程。

(2) 是否具有解决管理中实际问题和矛盾的基本能力。

(3) 是否在管理游戏中表现积极主动。

(4) 是否掌握不同领导理论和方式的特点,理解领导方式与特定环境的关系。

(5) 是否按要求认真阅读了传记或类似著作,有读书笔记。

(6) 是否理解授权的基本原则和过程。

(7) 是否能够对授权过程中的矛盾和问题进行正确的分析。

(8) 是否主动积极参与情景剧的编写和表演。

小 结

1. 领导是指在一定条件下,指引和影响个人或组织实现某种目标的行动过程。

2. 领导者按制度权力的集中与分散程度划分可分为集权式领导者和民主式领导者;按领导工作的侧重点不同划分可分为事务型领导者、变革型领导者、战略型领导者、领袖魅力型领导者。

3. 领导实质上是一种对他人的影响力,这种影响力称为领导力量或领导者影响力。领导工作有效性的核心内容是领导者影响力的大小及其有效程度。

4. 领导者的权力可分为正式权力(影响力)和非正式权力(影响力)两大类。领导者的正式权力,又称职权。领导者可以行使的职权有合法权力、强制权力、奖励权力。领导者的非正式权力,也称个人权力或威信,这种权力是由领导者个人的因素,如能力、知识、品德、作风、资历、情感等个人素质或个人魅力所决定的。领导者的非正式权力有专家权力、威望权力、亲和权力。

5. 领导与管理既有联系又有区别。领导是从管理中分化出来的,在现实生活中,两者具有较强的复合性、相容性和交叉性。但领导与管理又有许多区别,如领导侧重于战略,管理侧重于战术;领导具有超前性,管理具有当前性;领导是对人的行为施加影响,管理则是对事情加以控制;领导关注人的尊严、人的价值、人的潜能、人的激励和发展,管理注重做事,把事情做得既有效果又有效率;领导重在推动变革,管理重在维持秩序等。

6. 领导者与管理者有很大差别。一般而言,管理者是由组织任命的,存在于正式组织之中,拥有合法的正式权力,而领导者可以是任命的,也可以是从一个群体中自发产生的。

7. 领导特质理论也称素质理论、品质理论或性格理论,该理论着重研究领导者的品质和特性。领导行为理论集中研究领导的工作作风和行为对领导有效性的影响,主要研究成果有:勒温的领导风格类型理论、领导行为四分图理论、管理方格理论等。领导权变理论认为领导是领导者、被领导者及其环境因素相互作用的动态过程,最具代表性的研究成果有:情境领导理论、路径-目标理论、菲德勒权变理论等。

8. 授权是指由管理者将自己所拥有的一部分权力授予下级,赋予下级一定的权力和责任,使下属在一定的监督之下,拥有相当的自主权,以期更有效地完成任务,并更好地激励下级积极性的一种管理方式。

9. 授权的基本过程:任务的分派,权力的授予,责任的明确,监控权的确认。

10. 在授权中,应遵循依目标需要授权,职、权、责、利相当,保持命令的统一性,正确选择受权者,有效监控等原则。

习 题

一、单项选择题

1. 管理者是依赖(　　　)来迫使下属服从自己的命令,下属出于恐惧的心理而服从领导。

A. 合法权力　　　　　B. 强制权力　　　　　C. 威望权力　　　　　D. 奖赏权力

2. 以下对于领导与管理的区别表述不正确的是(　　　)。

A. 领导侧重于战术,管理侧重于战略　　　　B. 领导具有超前性,管理具有当前性

C. 领导重在推动变革,管理重在维持秩序　　D. 领导重在决策,管理重在执行

3. 着重研究领导的工作作风和行为对领导有效性的影响的理论是(　　　)。

A. 领导特质理论　　B. 领导行为理论　　C. 领导权变理论　　D. 路径-目标理论

4. 菲德勒认为(　　　)的好坏对领导目标有重大影响。

A. 技术　　　　　　B. 环境　　　　　　C. 协作　　　　　　D. 下属成熟度

二、多项选择题

1. 领导者按领导工作的侧重点不同划分的类型有(　　　　　)。

A. 集权式领导者　　　　　　　　　　　B. 事务型领导者

C. 战略型领导者　　　　　　　　　　　D. 领袖魅力型领导者

E. 民主式领导者　　　　　　　　　　　F. 变革型领导者

2. 领导者可以行使的职权有(　　　　　)。

A. 合法权力　　　　B. 强制权力　　　　C. 威望权力　　　　D. 奖励权力

E. 亲和权力　　　　F. 专家权力

3. 勒温的领导风格类型理论研究的领导风格有(　　　　　)。

A. 专制型领导　　　B. 民主型领导　　　C. 事务型领导　　　D. 放任型领导

E. 变革型领导　　　F. 指导型领导

4. 授权应遵循的原则有(　　　　　)。

A. 依目标需要授权原则　　　　　　　　B. 职、权、责、利相当原则

C. 有效监控等原则　　　　　　　　　　D. 保持命令的统一性原则

E. 正确选择受权者原则　　　　　　　　F. 逐级授权原则

三、判断题

1. 领导实质上是一种对他人的影响力,即管理者对下属及组织的行为与心理的影响力。

(　　　)

2. 管理是做正确的事,领导是正确地做事。　　　　　　　　　　　　　　(　　　)

3. 管理者也是领导者,领导者也是管理者。　　　　　　　　　　　　　　(　　　)

4. 中间式领导者对生产和对人都很关心,对工作和对人都很投入,是一种最理想的状态。

(　　　)

5. 授权就是分权,授权时不仅要将权力授予,还要将责任授予受权者。　　(　　　)

四、思考题

1. 请结合实际,谈谈管理者和领导者有何不同。

2. 请结合实际,谈谈情境领导理论中对不同成熟度的下属如何进行领导。

3. 结合实际,谈谈授权有哪些好处。

7

第八章　沟通过程与方式

第一节　沟通的过程与条件

一、沟通的含义

8

沟通的含义及作用

　　"沟通"一词的古语来源可以追溯到《左传·哀公九年》中的记载:"秋,吴城邗,沟通江、淮。"原本指挖沟使两水相通,后来逐渐泛指使两方相连通。在现代,沟通被定义为两个人或者两个主体之间对某种信息的传递、接收和理解的过程。沟通的定义中有三个方面的含义:

　　(1)沟通是双方或者多方的行为,必须有信息的发送者和接收者。其中,双方既可以是个人,也可以是群体或组织。

　　(2)沟通是一个信息被传递和理解的过程。如果信息没有传递给对方,则意味着沟通没有发生,信息在被传递之后还需要被理解。一般来说,信息经过传递之后,接收者所理解的信息与发送者发出的信息完全一致时,才是一个有效的沟通过程。

　　值得注意的是,良好的沟通常常被错误地理解为沟通双方达成协议,而不是准确理解信息的意义。换句话说,很多人认为良好的沟通是使别人接受我们的观点,这是把有效的沟通与意见一致混为一谈了。有效的沟通是沟通双方都能充分理解对方的观点和见解,并非一定要达成一致的协议或意见。

　　(3)沟通要有信息内容,信息内容不是像有形物品一样由发送者直接传递给接收者,而是通过一些符号来实现传递,如语言、肢体动作和表情等,这些符号经过传递,往往都附加了传送者和接收者一定的态度、思想和情感。

二、沟通的过程

沟通的过程是指沟通主体对沟通客体进行有目的、有计划、有组织的思想、观念、信息交流，使沟通成为双向互动的过程。沟通是一个复杂的过程，有着复杂的机理反应。在组织管理过程中的沟通，其目的是沟通主体将沟通的内容（信息与情感）借助一定的渠道或媒介传递给沟通客体；沟通对象接收信息后，作出反应，再将相应的沟通内容运用一定媒介反馈沟通主体；通过这样一个或多个循环，完成沟通的目的。沟通过程，如图 8-1 所示。

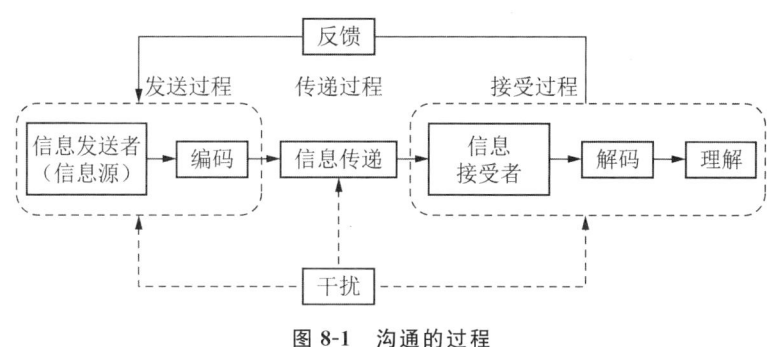

图 8-1　沟通的过程

沟通过程包括五个要素，即沟通主体、沟通客体、沟通介体、沟通环境和沟通渠道。

（一）沟通主体

沟通主体是指有目的地对沟通客体施加影响的个人、组织或团体。沟通主体可以选择和决定沟通客体、沟通介体、沟通环境和沟通渠道，在沟通过程中处于主导地位。沟通主体是信息的发送者，也是信息源，其发出的信息通过编码形式发送。编码是发送者将其信息与意义符号化，变成一定的文字符号形式或其他形式的符号，是将信息转化的过程。

（二）沟通客体

沟通客体是指沟通对象，包括个体沟通对象和组织或团体沟通对象。其中，组织或团体沟通对象又分为正式群体和非正式群体。沟通对象是沟通过程的落脚点，因而在沟通过程中具有积极的能动作用。沟通客体是信息的接收者，通过解码与编码相对应，即接收者在接收到信息后，将符号化的信息还原为信息内容与含义，并在大脑中对信息内容和含义进行理解。有效的沟通应该是传递者的信息经过编码和解码后，传递的信息和接收的信息是完全吻合的。

（三）沟通介体

沟通介体是指沟通主体用以影响、作用于沟通客体的中介，包括沟通内容和沟通方法。它将沟通的主体与客体联系起来，从而保证沟通过程的正常开展。

（四）沟通环境

沟通环境既包括与个体有着间接联系的社会整体环境（政治制度、经济制度、道德风尚、群体结构等），又包括与个体有着直接联系的区域环境（学习、工作、企业、家庭等），以及对个体直接施加影响的社会情境和小型的人际群落。

（五）沟通渠道

沟通渠道是指沟通介体从沟通主体传达至沟通客体的途径，即将编码后的信息通过一定的渠道或途径传递出去，渠道或路径是发送者选择的、用以传递信息的媒介物。如口头交流时所采用的口头语言表达形式就是其沟通渠道；当人们在发电子邮件进行沟通交流时，电子邮件传送系统即是其沟通渠道;有时人们不用语言表达,而通过身体或表情予以传递信息。沟通渠道不仅能使正确的思想观念尽可能全、准、快地传达至沟通客体,而且能广泛、及时、准确地收集客体的思想动态及其反馈的信息,因而沟通渠道是实施沟通过程、提高沟通效果的重要环节。实际中的沟通渠道有很多,如谈心、座谈、拜访等。

由于信息传递的过程中会受到环境的干扰,使信息失真,因此,有效的沟通过程必须包括信息的成功传递和反馈两个环节,没有反馈的沟通很容易出现沟通失败。反馈是指接收者把收到并理解了的信息反馈给发送者,以便发送者对接收者是否正确了解了信息进行核实。

三、沟通的基本条件

要达到沟通的目的,通过沟通取得他人的理解和支持,必须满足以下三个基本条件。

(一) 有信息发送者和信息接收者

信息发送者作为信息的编辑及发送主体,是必不可少的;信息接收者作为信息的理解及接受客体,往往与发送者相互对应。信息接收者不仅能解码发送者所发送的信息,也能再次反馈给发送者新的信息,实现沟通的循环。

(二) 有信息内容

沟通过程中一个必不可少的环节就是传递信息,而信息也必然要有内容才得以存在。信息内容是包容万象的,可以是语言、肢体动作,也可以是图片等静态物体所附属的内容。

(三) 有传递信息的渠道和方法

只有信息发送者、接收者和信息内容,还不能进行沟通,因为信息需要通过一定的渠道和方法得以传递。沟通的渠道和方法多种多样,如口头表达、书写文字、动作展示等。在实际生活中,不同的信息内容或不同主客体的沟通需要不同的传递渠道。例如,公司的战略决策就不宜通过口头形式而应采用书面正式文件作为沟通渠道。在实际沟通过程中,往往存在多种沟通渠道或方法共同使用的情况。例如,沟通双方在进行口头沟通时往往还会运用表情、肢体动作等方式,以达到更好的沟通效果。

除了上述三个基本条件外,要实现有效沟通,实现通过沟通取得他人的理解和支持,则还要满足以下条件:一是发送者发出的信息应该完整、准确,从而降低信息的失真性;二是接收者能接收到完整信息并能够正确理解发送者的信息;三是接收者愿意以恰当的形式按传递过来的信息采取行动,从而真正实现沟通目的。

四、沟通的作用

沟通不仅与人们的日常生活密切相关,在管理的各个方面也得到了广泛的运用。良好的管理沟通与管理者的工作密切相关,并随着管理层次的递增,管理者用于沟通上的时间也就越多。一项研究表明,一个基层管理人员工作时间的 20%～50% 用于言语沟通;而中高层管理人员工作时间的 66%～87% 用于面对面和电话形式的沟通。沟通也体现在不同的管理职能方面,如计划的制定与安排,部门之间的协调,人与人之间的交往,领导者与下属的联络,控制中的纠偏矫正工作,企业间的交流等。

沟通的作用体现在以下几个方面:

(一) 提高组织目标的执行效率

组织中的个体、群体为了实现一定的目标,在完成各种具体工作的时候都需要相互交流,协调统一。信息沟通使组织成员团结起来,把抽象的组织目标转化为组织中每个成员的具体行动。没有沟通,一个群体的活动就无法进行,特别是管理者通过与下属的沟通使员工们了解和明确自己的工作任务,以保证目标的实现。

(二) 提高管理决策的有效性

对信息的收集、处理、传递和使用是科学决策的前提。在决策过程中利用信息传递的规律,选择一定的信息传播方式,可以避免因延误决策时间而导致的失败。管理人员通过一定的方式推行决策方案,赢得上级的支持和下级的合作,没有有效的沟通是很难达到目的的。

(三) 提高团队分工合作的协调性,有利于团队凝聚力的塑造

由于现代组织是建立在职能分工的基础上,不同职能部门之间"隔行如隔山",不易相互了解和协作配合。通过有效的沟通,可以使组织内部分工合作更为协调一致,保证整个组织体系的统一指挥、统一行动,实现高效率的管理。同时沟通也能减少组织及人际之间的障碍,提高团队的凝聚力。

(四) 提高下属工作的积极性

沟通是管理人员激励下属,影响和改变人的态度和行为,实现领导职能的基本途径。沟通不仅能增进员工彼此间的了解,促进彼此之间的合作,改善人与人之间的关系,也能最大限度地调动员工积极性。管理者与员工的定期沟通能提高员工的满意度,从而提高工作效果,降低人员的缺勤率和流动率。

(五) 优化组织外部环境

组织外部环境处于不断变化之中,组织为了生存就必须适应这种变化。组织要和顾客、政府、公众、原材料供应商、竞争者等发生各种各样的关系,必须按照顾客的要求调整产品结构,遵守政府的法令法规,承担自己应尽的责任,获得适用、低价的原材料,并且在激烈的竞争中取得一席之地,这就迫使组织不得不和外部环境进行有效的沟通。不同规模和不同类型的组织沟通联络的着重点也有所不同。例如,一个规模很小的企业,沟通的重点应是对外的,小企业的主管们需要从外部获得信息,以便决定自己的产品和服务。

 案例分析

小 刘 的 困 惑

小刘刚办完一个业务回到公司,就被主管马林叫到了他的办公室。

"小刘哇,今天业务办得顺利吗?"

"非常顺利,马主管,"小刘兴奋地说,"我花了很多时间向客户解释我们公司产品的性能,让他们了解到我们的产品是最适合他们使用的,并且在别家再也拿不到这么合理的价钱了,因此很顺利就把公司的机器推销出去了一百台。"

"不错,"马林赞许地说,"但是,你完全了解客户的情况了吗,会不会出现反复的情况呢?你知道我们部的业绩和推销出去的产品数量是密切相关的,如果他们再把货退回来,对于我们的士气打击会很大,你对那家公司的情况真的完全调查清楚了吗?"

"调查清楚了呀,"小刘兴奋的表情消失了,取而代之的是失望的表情,"我是先在网上了解到他们需要供货的消息,又向朋友了解了他们公司的情况,然后才打电话到他们公司去联系的,而且我是通过你批准才出去的呀!"

"别激动嘛,小刘,"马林讪讪地说,"我只是出于对你的关心才多问几句的。"

"关心?"小刘不满道,"你是对我不放心吧!"小刘负气地离开了马林的办公室。

在接下来的一周里,马林不再搭理小刘,开会也不点名让他发言,平常也不和他打招呼。小刘找他汇报工作,他也只是简单地应付一下,让小刘感到了马林对他的冷落。

一周后的一天,小刘感到很苦恼,找到了老王,想沟通一下。在一个快餐店里,小刘请客,开始请教老王。

"最近我感到很苦闷,我知道我得罪马林了。"小刘说。

"哦,怎么会呢?你们相处没有多长时间。"老王笑眯眯地看着小刘。

小刘挠挠头说:"可能是我上次说他对我不放心,惹他生气了,他现在都不理我了。"

"上次的事,我也听说了,你们当时好像闹得很僵。我觉得没有必要,工作就是工作嘛,哪来那么多想法,更不能有情绪呀。"老王还是微笑着。

小刘委屈地说:"我最后带着情绪,这是我不对,但他问得那么细,就是不相信我,还说万一这个单子反复,会影响士气,当时我就生气了。"

"那么你说如果这个单子反复了,会不会影响士气?马林说的有没有错呢?"老王说。

"如果反复了就一定会影响士气,其实他说的都没错,但我感觉他不相信我。"小刘说。老王笑着抬起头说:"他为什么要相信你?你凭什么被别人相信?他相信你,谁相信他?等你坐到了他那个位置就知道了,我们部门出了问题就是他出了问题,老板不会骂你,只会骂他,他的压力比我们都大。你看我们已经下班了,在这里吃饭,他还在加班,又没有加班费,工资比我们高不了多少,也不容易,你有没有站在他的角度想想?"

小刘在低着头沉思,老王接着说:"人都是首先相信自己,其次才能相信别人,你也一样,首先相信你自己,相信凭你的能力,那个客户一定没问题。但你的上司相信自己也没有错,所以他对你的工作问得仔细一点,这些都是正常的。他相信自己没有问题,你作为下属,盲目地相信自己就有问题了,毕竟他是主管,需要为公司负责呀,出了问题你的责任大,还是他的责任大?这个问题你想过没有?"

小刘点点头:"你说的有道理,他是主管,要为部门负责。"

老王说:"所以对我们员工来说,关键是要争取到他的信任,怎么争取是个问题。你看我现在要到客户那里,打个招呼就可以了,签回来单只要说一下也可以了,他都不管我,为什么呢?我刚来时也和你一样,每次他都问得很仔细,但我每次都能让他满意,以后他就不问了,只看结果。所以我认为要争取到信任,还是要从自己做起。"

小刘豁然开朗地说:"那我应该怎么做?我现在一点头绪都没有。"

老王吃了一口饭,慢慢咀嚼完说:"我当年为这个问题付出了很大的代价,碰了很多壁,换了几家公司,才发现'天下乌鸦一般黑',上司都是这样的,也有一些体会。以后你要请我吃大餐,不是今天的快餐就可以打发的,至于在哪里吃就看你的诚意了,哈哈。"

小刘不好意思地说:"今天是简单了点,下个月发工资,我请个大的。"

老王说:"我的经验很简单,就是一句话,从自己做起,提升自我价值。你要让你的上司满意,你给他的要超过他的期望,刚开始他一定是不信任的,但你的成果每次都超过他的期望,他怎么还会不信任呢?其实他没有太多的时间关注细节,到那个时候他就只问结果,而不问过程了。如果还问过程,只能说明他有点变态,哈哈,马林不是这样的。"

思考:小刘和马林的沟通存在哪些问题?从小刘和老王的沟通中你得到什么启示?

第二节　沟通的类型与方式

一、沟通的类型

石油大王洛克菲勒说:"假如人际沟通能力也是同糖或咖啡一样的商品的话,我愿意付出比太阳底下任何东西都珍贵的价格购买这种能力。"对于联系日益紧密的现代人来说,有效的沟通对于一个人的学习、生活、工作有着越来越重要的影响。而沟通按照不同的分类标准,有不同的类型。

(一)按组织系统划分,可分为正式沟通和非正式沟通

1. 正式沟通

正式沟通是指组织中依据规章制度明文规定的原则、方式和渠道进行的信息传递和交流。正式沟通是事先计划和安排好的,例如组织间的公函来往,组织内部的文件传达、指示发布、会议汇报、书面报告、一对一的正式会见等。只有正式沟通畅通无阻,组织的生产经营活动及管理活动才会井然有序,反之,整个组织将陷入混乱甚至瘫痪状态。因此,正式沟通渠道必须灵敏而高效。

组织中有五种典型的正式沟通网络:链式、Y 式、轮式、环式、全通道式,如图 8-2 所示。

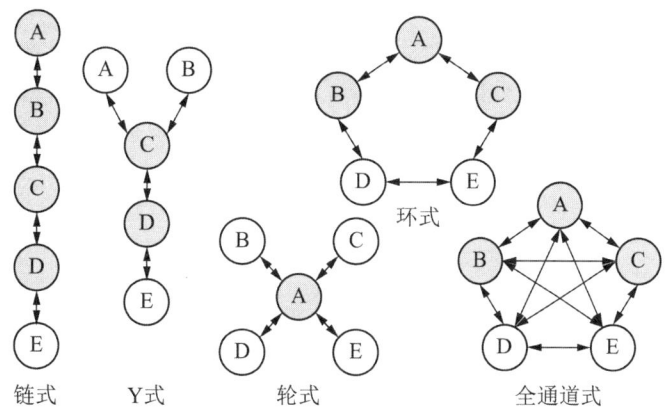

图 8-2　五种典型的正式沟通网络

(1) 链式。链式沟通网络是一个平行网络,其中居于两端的人只能与内侧的一个成员联系,居中的人则可分别与两人沟通信息。在一个组织系统中,它相当于一个纵向沟通网络,信息可按层级自上而下或自下而上进行传递。由于信息经层层传递、筛选,容易失真,平均满意度有较大差异,可用来表示组织中主管人员和下级部属之间存在若干中间管理者,属于控制型结构。在管理中,如果某一组织系统过于庞大,需要实行分权授权管理,那么,链式沟通网络是一种行之有效的方法。

(2) Y 式。Y 式沟通网络是一个纵向沟通网络,只有一个成员位于沟通中心,成为沟通的媒介,是网络中拥有信息且具有权威和满足感的人。在组织中,相当于从参谋机构到组织领导再到下级之间的纵向关系。这种沟通网络集中化程度高,领导人的预测程度较高,解决问题速度快,除中心人员外,组织成员的平均满意程度较低。由于增加了中间环节,易导致信息失真,影响组织成员的士气,降低组织工作效率。此网络适用于主管人员工作任务十分繁重,需要有人挑选信息,提供决策依据,节省时间,而又要对组织实行有效控制的情况。

(3)轮式。轮式沟通网络属于控制型网络,其中只有一个成员是各种信息的汇集点和传递中心。在组织中,相当于一个主管领导直接管理几个部门的权威控制系统。这种沟通网络集中化程度高,解决问题速度快;主管人员的预测程度高,但沟通渠道少,组织成员满意程度低,士气容易低落。轮式沟通网络是加强组织控制、争时间、抢速度的一个有效方法。如果组织接受紧急攻关任务,要求进行严密控制,则可采取这种沟通网络。

(4)环式。环式沟通网络可以看成是链式沟通网络的一个封闭式控制结构,表示组织中每个人都可以同时与两侧的人沟通信息,彼此间地位平等。这种沟通网络组织的集中化程度和领导人的预测程度都较低;组织中成员具有比较一致的满意度,组织士气高昂;沟通的畅通渠道比较少,信息传递速度和准确度难以保证。如果在组织中需要创造出一种高昂的士气来实现组织目标,环式沟通是一种很有效的方式。

(5)全通道式。全通道式沟通网络是一个开放式的网络系统,其中每个成员之间都有一定的联系,彼此了解。这种沟通网络中组织的集中化程度及主管人员的预测程度均较低;由于沟通渠道多,组织成员的平均满意程度高且差异小,所以士气高昂,合作气氛浓厚;对于解决复杂问题,增强组织合作精神,提高组织成员士气均有很大作用。但是,由于这种网络沟通渠道太多,易造成混乱,会因费时影响工作效率。

2. 非正式沟通

非正式沟通是指在正式沟通以外信息的自由传递与交流。非正式沟通是非正式组织的副产品,它一方面满足了员工的需求,另一方面也补充了正式沟通的不足,是正式沟通的有机补充。非正式沟通不受组织监督,是由组织成员自行选择沟通途径进行的,比较灵活方便,如员工中的人情交流、生日聚会、工会组织的文娱活动、走访、议论某人某事、传播小道消息等。非正式沟通中往往能表露出人们的真实想法和动机,还能提供组织未能预料的或难以获得的信息。当正式沟通渠道不畅通时,非正式沟通就会起到十分关键的作用。

组织中的非正式沟通也有四种典型的信息沟通网络,如图 8-3 所示。

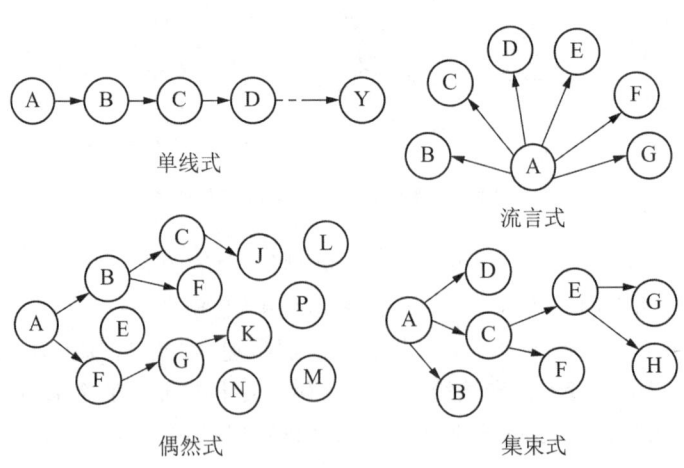

图 8-3　四种典型的非正式沟通网络

(1)单线式。单线式非正式沟通网络是一个人传递给另一个人,通过一长串的人际关系来传递信息,而这一长串的人之间并不一定存在着正规的组织关系。

(2)流言式。流言式非正式沟通网络是指信息发送者主动寻找机会,通过闲聊等方式向其他人散布信息。

（3）偶然式。偶然式非正式沟通网络中每一个人都是随机地传递给其他人信息,在这种方式下,信息是通过一种随机的方式传播的。

（4）集束式。集束式非正式沟通网络是指信息发送者有选择地寻找一批对象传播信息,这些对象大多是一些与其亲近的人,而这些对象在获得信息后又传递给自己的亲近者。现实生活中的朋友圈或微信群中发送信息通常就是这种方式。

正式沟通与非正式沟通相比较,各有其优点和缺点,如表 8-1 所示。

表 8-1　　　　　　　　　　　　　　正式沟通与非正式沟通的比较

沟通类型	优　点	缺　点
正式沟通	正规、沟通效果好,比较严肃,约束力强 易于保密,可以使信息沟通保持权威性(参与沟通的人员普遍具有较强的责任心和义务感,从而易保持沟通信息的准确性及保密性) 适用于重要的信息和文件的传达、组织的决策等	形式较刻板,缺乏灵活性 依靠组织系统层层传递,沟通速度慢 如果组织管理层次多,沟通渠道长,容易造成信息失真
非正式沟通	更加灵活(适应事态的变化,省略许多烦琐的程序;常常能提供大量的通过正式沟通渠道难以获得的信息,真实反映员工的思想、态度和动机) 更加及时(沟通形式灵活,直接明了,速度快,范围广,容易及时了解到正式沟通难以提供的"内幕新闻") 能够建立团体中良好的人际关系	容易失真(沟通过程难以控制,传递的信息不确切,易于失真、被曲解) 易于破坏组织团结(可能导致小集团、小圈子,影响人心稳定和团体的凝聚力)

管理者对于正式沟通与非正式沟通应予以充分和全面的认识,如果能够对企业内部非正式的沟通渠道加以合理利用和引导,防止起消极作用的"小道消息",就可以帮助企业管理者获得许多无法从正式沟通渠道取得的信息,在达成理解的同时解决潜在的问题,从而最大限度地提升企业内部凝聚力,发挥整体效应。

（二）按照信息传递的方向划分,可分为下行沟通、上行沟通、平行沟通和斜向沟通

1. 下行沟通

下行沟通是指自上而下的信息沟通。如上级把企业战略目标、管理制度、政策、工作命令、有关决定、工作程序及要求等传递给下级。下行沟通顺畅可以帮助下级明确工作任务、目标及要求,增强其责任感和归属感,协调企业各层次的活动,增强上下级之间的联系等。但在逐层向下传达信息时应注意防止信息误解、歪曲和失真,须保持信息的准确性和完整性。

2. 上行沟通

上行沟通是指自下而上点面结合的信息沟通。如下级向上级反映意见、汇报工作情况、提出意见和要求等。上行沟通是管理者了解下属和一般员工意见及想法的重要途径。上行沟通畅通无阻,能让各层次管理人员及时了解工作进展的真实情况,了解员工的真实需要和要求,察觉员工的不满和怨言,了解工作中存在的问题,从而有针对性地做出相应的对策。上行沟通中应防止信息层层"过滤",尽量保证信息的真实性和准确性。

3. 平行沟通

平行沟通是指组织内部平行机构之间或同一层级人员之间的信息交流。如组织内部各职能部门之间、车间之间、班组之间、员工之间的信息交流。平行沟通是加强各部门之间的联系、了解、协作与团结,减少各部门之间的矛盾和冲突,改善人际关系和群际关系的重要手段。

8

4. 斜向沟通

斜向沟通是指处于不同层次的、没有隶属关系的成员之间的信息沟通。这种沟通方式有利于加速信息的流动,促进理解,利于协调各方,促进团队目标的实现。

组织管理中上述四种沟通类型缺一不可。纵向的上行、下行沟通应尽量缩短沟通渠道,以保证信息传递的快速与准确;横向的平行沟通应尽量做到广泛和及时,以保证协调一致和人际和谐。同时,为加速信息流动可灵活运用斜向沟通。

(三) 按照是否进行反馈,可分为单向沟通和双向沟通

1. 单向沟通

单向沟通是指在沟通过程中,信息发送者与接收者之间的地位不变,一方主动发送信息,另一方主动接受信息,如广播电视信息、报告、演讲、发布指示、下命令等。这种沟通方式速度快,发送者不受接收者的挑战,能保持、维护尊严。因此,当遇到工作性质简单又急需完成或遇到紧急情况不需要或根本不允许商讨时,采用单向沟通方式效果较好。但由于接收者对信息内容的理解没有机会表达,单向沟通有时准确性较差。另外,单向沟通缺乏民主性,容易使接受方产生抵触情绪,心理效果较差。

2. 双向沟通

双向沟通是指在沟通过程中,发送者和接收者的地位不断变化,信息在双方间反复流动,直到双方对信息有了共同理解为止,如讨论、谈话、协商、谈判等。其优点是沟通信息的准确性高,接收者有反馈意见的机会,双方可以反复交流磋商,增进彼此的了解,加深感情,建立良好的人际关系。缺点是沟通过程中接收者要反馈意见,有时使沟通受到干扰,影响信息的传递速度。此外,由于要时常面对接收者的提问,发送者会感受到心理压力。

 **小测试**

沟通能力测试

想知道自己的沟通能力如何吗?下列题目请选择最符合自己的选项。

1. 在说明自己的重要观点时,别人却不想听你说,你会(　　)。

A. 马上气愤地走开

B. 不说完,并且很生气

C. 等等看还有没有说的机会

D. 仔细分析对方不听的原因,找机会换一个方式去说

2. 去参加完老同学的婚礼,你很高兴,而你的朋友对婚礼的情况很感兴趣,这时你会(　　)。

A. 详细述说从你进门到离开时所看到和感觉到的相关细节

B. 说些自己认为重要的

C. 朋友问什么就答什么

D. 感觉很累了,没什么好说的

3. 你正在主持一个重要会议,而你的一个下属却在玩他的手机并有声音干扰到会议现场,这时你会(　　)。

A. 幽默地劝告下属不要玩手机　　　　B. 严厉地叫下属不要玩手机

C. 装着没看见,任其发展　　　　D. 给那位下属难堪,让其下不了台

4. 你正在跟老板汇报工作,你的助理急匆匆跑过来说有你一个重要客户的长途电话,这时

你会（　　）。

    A. 说你在开会,稍后再回电话过去　　　　B. 向老板请示后,去接电话

    C. 说你不在,叫助理问对方有什么事　　　　D. 不向老板请示,直接跑去接电话

5. 去与一个重要的客人见面,你会（　　）。

    A. 和平时一样随便穿着　　　　B. 只要穿得不要太糟就可以了

    C. 换一件自己认为很合适的衣服　　　　D. 精心打扮一下

6. 你的一位下属已经连续两天下午请了事假,第三天上午快下班的时候,他又拿着请假条过来说下午要请事假,这时你会（　　）。

    A. 详细询问对方因何要请假,视原因而定

    B. 告诉他今天下午有一个重要的会议,不能请假

    C. 你很生气,什么都没说就批准了他的请假

    D. 你很生气,不理会他,不批假

7. 你刚应聘到一家公司就任部门经理,上班不久,你了解到本来公司中就有几个同事想就任这个职位,老板不同意才招聘了你。对这几位同事你会（　　）。

    A. 主动认识他们,了解他们的长处,争取成为朋友

    B. 不理会这个问题,努力做好自己的工作

    C. 暗中打听他们,了解他们是否具有与你进行竞争的实力

    D. 暗中打听他们,并找机会为难他们

8. 与不同身份的人讲话,你会（　　）。

    A. 对身份低的人,你总是漫不经心地说　　　　B. 对身份高的人说话,你总是有点紧张

    C. 在不同的场合,你会用不同的态度讲话　　　　D. 不管是什么场合,你都是一样的态度讲话

9. 在听别人讲话时,你总是会（　　）。

    A. 对别人的讲话表示兴趣,记住所讲的要点

    B. 请对方说出问题的重点

    C. 在对方总是讲些没必要的话时,立即打断他

    D. 在对方不知所云时,感到很烦躁,就想去做别的事

10. 在与人沟通前,你认为比较重要的是,应该了解对方的（　　）。

    A. 经济状况、社会地位　　　　B. 个人修养、能力水平

    C. 个人习惯、家庭背景　　　　D. 价值观念、心理特征

评分方法:1、5、8、10号题,选A得1分、B得2分、C得3分、D得4分;其余题号,选A得4分、B得3分、C得2分、D得1分;将10道测试题的得分加起来,就是你的总分。

测试结果分析:

(1) 总分为10～20分。因为你经常不能很好地表达自己的思想和情感,所以你也经常不被别人所了解;许多事情本来是可以很好解决的,正是你采取了不适合的方式,所以有时会把事情弄得越来越糟;但是,只要你学会控制好自己的情绪、改掉一些不良的习惯,你随时可能获得他人理解和支持。

(2) 总分为21～30分。你懂得一定的社交礼仪,尊重他人;你能通过控制自己的情绪来表达自己,并能实现一定的沟通效果;但是,你缺乏高超的沟通技巧和积极的主动性,许多事件只要你继续努力一点,就可大功告成。

(3) 总分为31～40分。你很稳重,是控制自己情绪的高手,所以,他人一般不会轻易知道你的底细;你能不动声色地表达自己,有很高的沟通技巧和人际交往能力;只要你能明确意识到自

己性格的不足,并努力优化,定能取得更好的成绩。

二、沟通的方式

沟通方式

"工欲善其事,必先利其器",沟通的"器"就是沟通方式。沟通方式有两个维度:一个是方式,一个是方法。"方式"是途径,"方法"是实现的手段。"方式"更偏战略,"方法"更偏战术。

(一) 不同的沟通通道形成的沟通方式

1. 口头沟通

口头沟通是指借助于口头语言实现的信息交流。它是日常生活中最常采用的沟通方式,主要包括口头汇报、座谈、讨论、会谈、发言、演讲、辩论、电话联系等。口头沟通有亲切感,可以用表情、语调增加沟通的效果,可以马上获得对方的反应,具有双向沟通的好处。

2. 书面沟通

书面沟通是指以文字为媒体的信息传递,形式主要包括文件、报告、信件、书面合同、备忘录、期刊、布告栏及其他任何传递书面文字或符号的手段等。书面沟通是一种比较经济的沟通方式,沟通的时间一般不长,沟通成本也比较低。这种沟通方式一般不受场地的限制,在解决较简单的问题或发布信息时采用,因此被广泛采用。在计算机信息系统普及应用的今天,纸质沟通的方式使用越来越少。

3. 非语言沟通

非语言沟通是指使用除语言符号以外的各种符号系统,包括形体语言、副语言(不以人工创造的语言为符号,如面部表情、视觉接触、体态、手势、谈话时双方的距离、服饰等)、空间利用以及沟通环境等进行沟通。非言语符号作为语言沟通的辅助工具,又作为"伴随语言",使语言表达得更准确、有力、生动、具体。非语言沟通绝大多数是习惯性的和无意识的,在很大程度上是无结构的,具有情境性、可信性和个性化,最常见的是体态语言和语调。

4. 电子媒介沟通

电子媒介沟通是指以计算机技术与电子通信技术组合而产生的以信息交流技术为基础的沟通。它是随着电子信息技术的兴起而新发展起来的一种沟通形式,包括传真、闭路电视、计算机网络、电子邮件等。

上述四种沟通方式的优缺点比较,如表 8-2 所示。

表 8-2　　　　　　　　　　四种沟通方式比较

沟通方式	举例	优点	缺点
口头沟通	交谈、讲座、讨论会	快速传递、快速反馈、信息量很大	传递中经过的层级越多,信息失真越严重,核实越困难
书面沟通	报告、备忘录、信件、文件、内部期刊、布告	持久、有形、可以核实	效率低、缺乏反馈
非语言沟通	声/光信号、体态、语调	内容明确、含义丰富、灵活	传递距离有限、界限模糊
电子媒介沟通	电话、传真、电视、计算机网络、电子邮件、移动通信	快速传递、信息容量大、多人同时传递、廉价	信息交流对技术、网络依赖较强

(二) 常见的正式沟通方式

1. 制度或惯例沟通

制度是组织成员共同遵守的规章或准则,是人们有目的构建的存在物,带有价值判断,从而规范、影响组织内人们的行为。组织制定制度是为了减少信息在传递过程中的损耗和重复沟通,是降低人与人之间连接成本的一种方式。如请示工作提方案、配合工作明责任、接受工作问标准等。

2. 文件或书面报告

组织中处理问题需要更加严谨，信息更容易保存和检索时，多采用文件或文档进行沟通。书面报告是指员工通过文字向上级报告工作进展、反映问题的文件或文档，主要有周报、月报、季报、年报等。当员工与上级不在同一地点办公或经常在外地工作时，可通过电子邮件进行传送。书面报告可提高员工逻辑思维和书面表达能力，使其学会理性、系统地考虑问题。

3. 会议沟通

会议沟通是一种成本较高的沟通方式，沟通的时间一般比较长，常用于解决重大的、复杂的问题。如项目建设思路的讨论、项目计划的讨论、项目考核制度发布前的讨论、项目总结活动等。一般会议沟通都有一定的流程，需要围绕会议主题做会议前的准备、会议中的记录和会议后的总结。

4. 当面沟通

当面沟通是一种自然、亲近的沟通方式，这种沟通方式往往能加深彼此之间的友谊、加速问题的解决。由于是面对面沟通，可以立即得到对方的反应，也比较容易鼓舞或说服对方，达成沟通目的。

5. 电话沟通

电话沟通是个体沟通的一种方式，也是一种比较经济的沟通方式。在日常的沟通活动中，借助最多的工具就是电话，电话使人们的联系更为方便快捷，特别是彼此之间的距离较远、很难或无法当面沟通时，但电话沟通也有其自身的缺陷，如信息量大时易遗漏。

6. 邮件沟通

随着现代企业工作量和工作强度的增加，电子邮件成为企业日常管理和商务交流的重要工具，它不仅用来交流日常工作，也担负着传递公司产品、服务信息、获取外部信息和展示公司形象等功能。电子邮件作为工作的一种业务沟通方式，提供了较多便利，如能够长期保存的特点，其沟通效力要比即时通讯强。但值得注意的是，使用电子邮件沟通的同时也有一定的泄密风险。

7. 微信或QQ沟通

随着互联网的发展，微信或QQ在现实生活和工作中的作用也越来越大，它们都是直接性的信息沟通工具，既可实现电话沟通、视频沟通、邮件沟通等多种沟通功能，又具有一定的信息保存等优点。但这类工具使用时也存在比较明显的缺陷，如干扰注意力的信息多。

上述这些常见的正式沟通方式各有其优缺点和适用情况，如表8-3所示。

表8-3 常见的正式沟通方式比较

沟通方式	时效性	建议沟通内容	优　点	缺　点
制度或惯例沟通	永久性	常规的、惯例的事情	降低沟通成本	缺乏应变性
文件或书面报告	永久性	沟通意图明确，跨部门沟通，经验总结，内容特别多的事情	便于查阅、检索，长久保存	存储成本高，文档多了不好找
会议沟通	根据会议时间长短	多部门协商的问题	不用各个部门通知，意见处理速度快	召开会议成本高，方法不当会降低效率

8

续　表

沟通方式	时效性	建议沟通内容	优　点	缺　点
当面沟通	即时性	解决复杂问题,可以感情交流	真实,拉近彼此关系与距离,便于说明复杂问题,沟通效率高	成本高、无记录,僵局没有回旋余地,多人沟通时效率可能较低
电话沟通	即时性	解决紧急但不太重要的事情	即时,有效,效率高	复杂问题说不清、没记录,不利于传达微妙的情感
邮件沟通	一天或多天	比较正式、重要不紧急的事情	便于查询、记录、保存,成本低	反馈可能迟缓,不适合处理争议
微信或QQ沟通	即时性或根据交流时间长短	图片的、不紧急的、半私人的事情,解决争议不大的问题	沟通方便,截图、发送文件方便,可多人对话,成本低	易被忽略,复杂问题很难描述清楚,容易误解,不利于解决争议,过于随意,不适合说重要且紧急的事情,无意义信息多,耗时多

 拓展阅读

企业内部沟通与外部沟通的改进

1. 企业内部团队沟通的改进

某公司的 IT 部门一直面临着信息传递不畅的问题,导致项目延期和资源浪费。为了解决这个问题,IT 部门决定采取一些措施改进内部团队的沟通。

首先,他们实施了定期的团队会议,这样可以确保团队成员之间有一个共享更新信息的平台。会议中,每个团队成员都有机会分享自己的进展、遇到的问题和需要的支持。这有效地促进了团队成员之间的合作和相互帮助,加快了项目的进度。

其次,IT 部门还建立了一个内部沟通平台,用于团队成员之间的在线交流和信息共享。这个平台不仅方便了团队成员之间的沟通,还提供了一个可追踪和记录沟通内容的方式。这可以防止信息遗漏和误解,并且为后续的问题解决提供了参考。

通过以上措施,IT 部门的内部沟通效率得到了显著的提高。沟通不畅的问题得到了解决,团队成员协作更加紧密,项目执行效率也得到了提高。

2. 企业与外部利益相关者的有效沟通

某公司市场部门面临着与客户进行有效沟通的挑战。市场部门一直使用传统媒介与外部利益相关者进行沟通,但并没有得到预期的成效。于是,他们决定尝试一些新的沟通方式,来改善渠道传达信息。

首先,他们开始关注社交媒体平台,如微博和微信公众号等。通过这些平台,市场部门能够更好地了解和参与客户的需求和讨论。他们还与一些有影响力的博主和 KOL(关键意见领袖)合作,通过这些合作开展推广活动,以提高品牌知名度和客户关系。

其次,市场部门还增加了面对面沟通的机会。他们利用各种展览会、研讨会和活动与客户进行互动,以进一步了解客户需求和反馈。通过与客户直接对话,市场部门能够更准确地把握客户的关注点,并及时回应他们的需求。

通过以上的改进,市场部门与客户之间的沟通效果得到了明显的提升。客户对公司品牌的认知和信任度也得到了提高,市场部门的销售业绩也随之增长。

第三节　沟通障碍的排除

一、沟通障碍分析

沟通障碍
产生

在人们沟通信息的过程中,常常会受到各种因素的影响和干扰,使沟通受到阻碍。沟通障碍主要来自以下几个方面:

(一) 发送者的障碍

在沟通过程中,信息发送者的情绪、倾向、个人感受、表达能力、判断力等都会影响信息的完整传递。发送者的沟通障碍主要表现在:

(1) 表达能力不佳。发送信息方如果口齿不清,词不达意或者字体模糊,就难以把信息完整地、准确地表达出来;如果使用方言、土语,会使接收者无法理解。在不同国籍、不同民族人员之间的交流中这种沟通障碍更加明显。

(2) 传送信息不全。发送者有时人为缩简信息,使信息变得模糊不全。

(3) 传递信息不及时或不适时。信息传递过早或过晚,都会影响沟通效果。

(4) 知识经验的局限。信息发送者和接收者如果在知识和经验方面水平悬殊,发送者认为沟通的内容很简单,不考虑对方,仅按照自己的知识和经验范围进行编码,而接收者却难以理解,从而影响沟通效果。

(5) 过滤信息。过滤是指故意操纵信息,使信息显得对接收者更有利。如某管理人员向上级传递的信息都是对方想听到的东西,这位管理人员就是在过滤信息。过滤的程度与组织结构层级和组织文化有关。组织纵向管理层级越多,过滤的机会也就越多。组织文化则通过奖励系统鼓励或抑制这类过滤行为。如果奖励只注重形式和外表,管理人员便会有意识地按照上级的习惯、品位调整和改变信息的内容,现实生活中"报喜不报忧"就是典型的信息过滤行为。

(二) 接收者的障碍

从信息接收者的角度看,影响信息沟通的因素主要有以下几个方面。

(1) 信息译码不准确。接收者如果对发送者的编码不熟悉,就有可能误解信息,甚至得到相反的理解。

(2) 对信息的筛选。受主观性的影响,接收者在接收信息时,会根据自己的知识经验去理解,按照自己的需要对信息进行选择,从而可能会使许多信息内容丢失,造成信息的不完整甚至失真。

(3) 对信息的承受力。每个人在单位时间接受和处理信息的能力不同,对于承受能力较低的人来讲,如果信息过量,难以全部接受,就会造成信息的丢失而产生误解。

(4) 心理上的障碍。接收者对发送者不信任,敌视或冷淡、厌烦,或者心理紧张、恐惧,都会歪曲或拒绝接受信息。

(5) 过早地评价。在尚未完整地接受一项信息之前就对信息作出评价,将有碍于对信息正确地接受。价值判断就是对一项信息所给予的总价值的估计,它是以信息的来源、可靠性或预期的意义为基础,因此,过于匆忙地作出评价,就会使接收者只能听到他所希望听到的那部分内容。

(6) 情绪。在接收信息时,接收者的感觉会影响他对信息的理解。不同的情绪感受会使个体对同一信息的解释截然不同。狂喜或悲伤等极端情绪体验都可能阻碍信息沟通,因为这种情况下人们会出现意识狭隘的现象而不能进行客观的、理性的思维活动,取而代之出现情绪性的判

8

断。因此,应尽量避免在情绪很激动的时候进行沟通。

沟通障碍
分析

(三) 沟通通道的障碍

沟通通道的问题也会影响到沟通的效果。沟通通道障碍主要有以下几个方面。

(1) 选择沟通媒介不当。比如对于重要事情而言,口头传递效果较差,因为接收者会认为"口说无凭""随便说说"而不加以重视。

(2) 几种媒介相互冲突。当信息用几种形式传送时,如果相互之间不协调,会使接收者难以理解传递的信息内容。如领导表扬下属时面部表情很严肃甚至皱着眉头,就会让下属感到迷茫。

(3) 沟通渠道过长。组织机构庞大,内部层级多,从最高层传递信息到最底层,从最底层汇总情况到最高层,中间环节太多,容易使信息损失较大。

(4) 外部干扰。信息沟通过程中经常会受到自然界各种物理噪声、机器故障的影响或被另外的事物干扰,也会因双方距离太远而沟通不便,影响沟通效果。

(四) 企业组织中的沟通障碍

在企业日常的管理中,存在组织沟通中发生的障碍,且有其特殊性。

(1) 等级观念的影响。由于在组织中建有等级分明的权力保障系统,不同地位的人拥有不同的权力,这就使组织中的人们在信息传递过程中,经常首先关注的是信息的来源,即"是谁讲的",其次才是信息的内容。同样的信息,由不同地位的人来发布,效果会大不一样,这就容易造成信息传递的失真。

(2) 小集团的影响。为了达到分工协作的目的,组织在形成过程中建立了各种各样的部门或机构,从而把组织分成若干群体。由于每一类群体都有其共同的利益,因此在组织信息传递过程中,为了维护自身的利益,他们可能会扭曲信息、掩盖信息甚至伪造信息,使信息变得混乱而不真实。

(3) 利益的影响。由于信息的特殊作用,人们在传递信息时常会考虑所传递的信息是否会对自己的利益产生影响。当人们觉得此信息对自己的利益会产生不利影响时,就会自觉或不自觉地从心理上到行动上对此信息的传递采取对抗或抵制的态度,从而妨碍组织正常沟通。

(4) 信息的超负荷。现代组织中的信息传递呈现两大特征:一是速度快,二是流量大。在快节奏的工作环境中,信息传递的任何延误都会造成较大损失;而信息大量的增加,会使接收者面临抉择困难,无所适从的困境。信息超负荷不仅造成了"文山会海"现象,而且导致人们对传递的信息产生麻木感。

 案例分析

小 张 的 经 历

小张研究生一年级课程结束,为丰富自身的社会实践经验和阅历,经由校园招聘,被录入当地的文化广播和新闻出版局进行为期两个月的学习实践。

局里领导根据小张的专业性质和学历水平,安排他到政策法规和行政审批科学习实践,协助曹科长宣传政策法规、净化群众文化环境并负责网络与文化经营许可证的审批与换发。

经过一段时间的学习和融合,小张渐渐地熟悉了网络与文化经营许可证审批与换放的整个流程,曹科长也放心地把这部分工作交给小张去做。为了响应市里将全市所有网吧纳入连锁经营的政策要求,全区126家网吧加入了连锁公司以便统一管理,为此要对126家网吧的许可证重新进行换发。

一日,曹科长把小张叫过来说:"小张啊,有一个网吧的许可证在省厅那里打印出来了,你下午去把它领回来,我已经和省厅的小魏在 QQ 上联系过了,跟她说好了,你下午去了给她打个电话,找到她把证领回来就行了。"小张连连点头,收拾完东西就赶去了省厅。

等到了省厅,小张见到了小魏,待表明身份说明来意,小魏说:"曹姐跟我说过了,不过刚才我们王主任说过了,你需要给曹姐打个电话,让曹姐给市局的陈主任打个电话,让陈主任再给我们王主任打个电话,我们王主任说可以打证了,我才能把证给你打印出来。"小张照小魏说的给曹科长打了个电话说明了情况,曹科长就说:"我明白了,我给陈主任打电话。"过了一个小时,小魏说:"我们王主任在开会,等他过来了再说吧。"小张又耐心等了一个多小时,王主任来到了办公室,对小张说:"你先回去吧,明天让陈主任过来一趟。"小张无奈地回去了。

第二天,曹科长对小张说:"我和市局陈主任已经联系过了,你今天去市局找陈主任,然后你们两个一起去省厅一趟把证取回来。"小张点了下头又收拾东西去了市局。到了市局小张见了陈主任,陈主任对小张说:"你昨天去省厅取证怎么不先给我通个气啊?"小张说:"我们曹科长跟省厅那边联系好了,那个证的工商核名马上就到期了,所以让我抓紧去省厅取。"陈主任说:"不管怎样,你们也要先给市局这边打个招呼,现在我们都不好跟省厅交代。"小张诺诺地点头,然后两人一起去了省厅。

到了省厅,见了王主任,互相寒暄几句后,陈主任为昨天的事情表达了歉意,小张在一旁也很尴尬,无所适从。王主任倒也热情,笑了一下,坐到了电脑前亲自把那个证给打了出来交给陈主任。陈主任转身把证交到小张的手里说:"我把证给你了,你回去交给曹科长,以后让她提前联系好,不要再出现这种情况了,我先回市局了。"

有效沟通

陈主任走后,王主任叫住小张说:"小张啊!你看看,本来是很简单的一件事情让你们弄得这么复杂,你说你们曹科长也是,你们区里的怎么能直接来省厅拿证,就算你们跟小魏联系好了,她也没权给你们这个证啊,这个事情本来是该市局的人来做的,市局把证领走了你们再去那里领,不能跨过市局直接来拿,我想这个道理你们曹科长应该懂吧?你以后要到单位工作,这些道理你慢慢就懂了,你看你们离这里这么远,事先不联系好,一天天的跑也是白跑,所以以后一定要注意,不要再出现这种情况了。"小张想说些什么,但想了一下还是没说,跟王主任点了点头就回去了。

8

在回来的路上,小张想了半天,有些事情他想不通,为什么要这么复杂呢?为什么不直接给他,是什么原因造成了这种结局呢?慢慢地他想通了,可能是沟通上出了问题,也许本来就该这样吧!

思考:请分析上述案例存在哪些沟通障碍?根据所学理论,应该如何排除这些障碍?

二、沟通障碍的消除

(一) 改善信息发出者沟通效果的方法

1. 勇于开口,寻求自我突破

很多时候,需要我们主动开展人际沟通,主动构建沟通条件,自我突破,才能建设新的人际关系网。

2. 改进沟通态度

信息沟通不仅仅是信息符号的传递,它包含着更多的情感因素。所以在沟通过程中,沟通双方采取的态度对于沟通的效果有很大的影响。只有双方坦诚相待时,才能消除彼此间的隔阂,从而求得对方的合作。另外,在信息沟通过程中还要以积极的、开放的心态对待沟通,要愿意并且

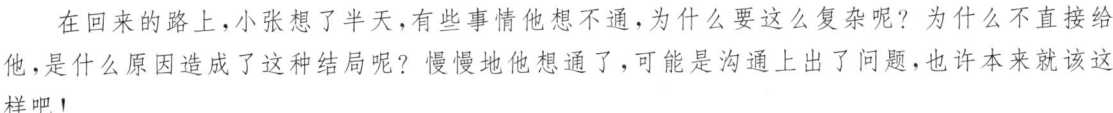

沟通障碍
消除(上)

有勇气用恰当的方式展示自己的真实想法。在沟通过程中顾虑重重,会导致很多误解。

3. 选择合适的时机

由于所处的环境、气氛会影响沟通的效果,所以信息交流要选择合适的时机。对于重要的信息,在办公室等正规的地方进行交谈,有助于双方集中注意力,从而提高沟通效率;对于思想或感情方面的沟通,则适宜于比较随便、独处的场合下进行,从而创造更好的沟通氛围。

4. 提高表达能力

语言是信息的载体,是提高沟通效率要解决的首要问题。掌握语言表达艺术的前提是通过学习和训练,使自己运用语言的能力达到熟练自如、得心应手的水平。一般规律是沟通中要与沟通对象、沟通环境、沟通内容结合起来考虑怎么使用语言。也就是说,无论是口头交谈还是采用书面交流的形式,都要力求准确地表达自己的意思。同时,还要双方相互了解对方的接受能力,根据对方的具体情况来确定自己表达的方式和用语等;选择正确的词汇、语调、标点符号;注意逻辑性和条理性,对重要的地方要加上强调性的说明;借助于体态语言来表达完整的思想和感情的沟通,加深双方的理解。

5. 注重双向沟通

由于信息接收者容易从自己的角度来理解信息而导致误解,因此信息发送者要注重反馈,提倡双向沟通,要善于体察别人,鼓励他人不清楚就问,注意倾听反馈意见,及时纠正偏差。

6. 积极进行劝说

在沟通过程中,不仅要晓之以理、动之以情,必要时还要诱之以利。由于每个人都有自己的情感,为了使对方接收信息,并按照发送者的意图行动,信息发送者常常要进行有必要的积极劝说,从而达到沟通目的。

(二) 改善信息接收者沟通效果的方法

以前人们往往只注重说写能力的培养,忽视了听的能力的训练和培养。事实上,没有"听"就很难接收到有用的信息。而"倾听"则区别于一般的"听","倾听"是一种通过积极地听来完整地获取信息的方法,主要包括了注意听、听清、理解、记忆和反馈五层内容。

1. 注意听

要听得投入,全神贯注地听,不仅要用耳朵去听,还要用整个身体去"听"对方说话。比如,要保持与说话者的目光接触,身体微微前倾,以信任、接纳、尊重的目光让说话者把要说的意思表达清楚。同时,注意控制自己的情绪,克服心理定势,保持耐心,尽可能站在说话者的角度去听,认真地顺着说话者的思路去听。另外,自己不要多说,尽量避免中途打断别人的谈话。

2. 听清内容

要完整地接受信息,听清全部内容,不要听到一半就心不在焉,更不能匆忙下结论。同时要营造一种轻松、安静的气氛,排除谈话时的各种噪声干扰,使得听者能努力抓住其中的关键点。

3. 理解含义

理解信息并能"听"出对方的感情色彩,这样才能完全领会说话者的真正含义。同时要准确地综合和评价所接收的信息,对一些关键点要时时加以回顾,通过重复要点或提一些问题来强化和证实你所理解的信息;对一些疑问和不清楚的问题,也要在适当的时候向对方提问,以保证信息的准确理解。另外,为了能听懂,还能借助一些辅助材料,如报告、提纲、小册子或讲义等来帮助理解。

4. 记忆要点

想在理解对方的基础上记住所传递的信息,可以通过将对方的话用自己的语言来重新表达,或者通过记住所说的典型事例,以及对信息加以分类和整理的方法,增进有效记忆。另外,如有必要在听的时候做些笔记,以便于事后回忆和查阅。

5.反馈

给予说话者适当的反馈,可以使谈话更加深入和顺利。在听的时候,用点头、微笑、手势等体态语言对说话者作出积极反应,让对方感觉到你愿意听他说话,或者通过提一些说话者感兴趣的话题,也可以加深双方的感情,使谈话更加深入。

倾听是一种美德,也是一种能力。倾听的要点,如表8-4所示。

表8-4 倾听要点

要	不要
表现出兴趣	争辩
全神贯注	打断
该沉默时必须沉默	从事与谈话无关的活动
选择安静的地方	过快或提前作出判断
留出适当的时间用于辩论	草率地给出结论
注意非语言暗示	让别人的情绪直接影响你
当你没听清楚时,要以疑问的方式重复	过于直接
当你发现遗漏时,直接了当地问	含糊其辞

(三) 采用恰当的沟通方式

沟通障碍
消除(下)

选择恰当的沟通方式对加强组织沟通的有效性也十分重要,因为组织沟通的内容千差万别,针对不同的沟通需要,应该采取不同的沟通方式。

从沟通的速度方面考虑,利用口头和非正式的沟通方式比书面和正式的沟通速度快。

从反馈性来看,面对面交谈,可以立即获得反应,而书面沟通,有时得不到反馈。

从可控性来看,在公开场合宣布某一消息,对沟通范围及接受对象毫无控制;反之,选择少数可以信赖的人,利用口头传达某种信息则更加可控。

从接收效果来看,同样的信息,可能由于沟通渠道的不同,被接受的效果也不同。正式书面通知,可能使接收者十分重视,反之,在社交场合提出的意见,一般不会加以重视。

因此,要根据沟通渠道的不同性质采用不同的沟通方式,这样沟通效果才会更好。

(四) 改进组织沟通的方法

在组织的管理中采用一些积极有效的管理技术和方法会加强组织沟通的有效性。

1.采取信息沟通检查制

将信息沟通看成实现组织目标的一种方式,而不是为了沟通而沟通,因而可以把组织内外的信息沟通看成一个与组织目标相关的一组沟通因素,利用信息沟通检查制,检查并分析所设计的许多关键性管理活动中的沟通。它既可以用于出现问题时,也可用于事前防范。

2.设立建议箱和查询制度

通过设立建议箱来征求员工意见,以此改善自下而上的沟通。查询制度则是组织设立的另外一种答复员工所提出的关于组织方面问题的一种方法。这些问题和答复可以在组织内部刊物上登出,从而使组织与员工之间存在广泛而有效的交流,促进组织的有效沟通。

3.进行员工调查和反馈

对组织中员工的态度和意见进行调查,是组织中一种有用的自下而上的沟通手段。这种形式的调查能使员工感到他们可以自由表达自己的真实观点。而当调查结果再反馈到员工那里时,则变成了自上而下的沟通。调查反馈使员工感到他们的意见已被管理者所听到和考虑,加强了组织与员工的有效沟通。

 拓展阅读

研发部的梁经理

研发部的梁经理才进公司不到一年,工作表现就颇受人们赞赏,不管是专业能力还是管理绩效,都获得大家肯定。在他的缜密规划之下,研发部一些拖延已久的项目都已在积极推行中。

分管领导李副总发现,梁经理到研发部以来几乎每天加班。他经常看到梁经理电子邮件的发送时间都是前一天晚上10时许,接着又看到当天早上7点多发送的另一封邮件。这个部门下班时总是梁经理最晚离开,上班时第一个到。但是,即使在工作量很大的时候,其他同仁似乎都准时走,很少跟着他留下来,平常也难得见到梁经理和他的部属或是同级主管进行沟通。

李副总好奇梁经理如何与其他同事、部属沟通工作,开始观察他的沟通方式。原来梁经理都是以电子邮件交代下属工作。他的下属除非必要,也都是以电子邮件回复工作进度及提出问题,很少找他当面报告或讨论。对其他同事也是如此,电子邮件似乎被梁经理当作和同仁们合作的最佳沟通工具。

但是,最近大家似乎开始对梁经理这样的沟通方式表示不满。李副总发觉,梁经理的部属对部门逐渐没有了向心力,除了不配合加班,还只执行交办的工作,不太主动提出企划或问题。而其他各部门主管也不会像梁经理刚到研发部时,主动到他房间聊聊,大家见了面都是客气地点个头。开会时的讨论也都是公事公办的味道居多。

这天,李副总刚好经过梁经理房间门口,听到他打电话,讨论内容似乎和陈经理的业务范围有关。他到陈经理那里,刚好陈经理也在打电话。李副总听谈话内容,确定是两位经理在谈话。之后,他找了陈经理,问他怎么回事,明明两个主管的办公房间就在隔壁,为什么不直接走过去说说就好了,竟然用电话谈。陈经理笑答,这个电话是梁经理打过来的,梁经理似乎比较希望用电话讨论工作,而不是当面沟通。陈经理曾经试着要在梁经理房间面谈,但梁经理不是用最短的时间结束谈话,就是眼睛还一直盯着计算机屏幕,让他不得不赶紧离开。陈经理说,几次以后,他宁愿用电话的方式沟通,也免得让别人觉得自己过于热情。

了解这些情形后,李副总找了梁经理进行沟通。梁经理觉得,效率应该是最需要追求的目标,所以他希望用最节省时间的方式达到工作要求。李副总以过来人的经验告诉梁经理,工作效率固然重要,但良好的沟通绝对会让工作的开展顺畅许多。

实 训

一、实训目的

1. 通过管理游戏实训,充分理解沟通的过程以及如何实现有效的沟通,学会倾听、提高观察能力。

2. 通过对案例资料的学习,锻炼思维能力;通过讨论,掌握沟通的方式,提高与人沟通的能力、信息的收集和整理能力。

3. 通过案例讨论,结合日常生活沟通实例,分析沟通障碍的产生原因,并通过讨论,提高发现问题、分析问题、解决问题的能力。

二、实训内容、组织方式及步骤

实训内容Ⅰ:沟通的过程

实训形式:管理游戏。

实训步骤:

第一步,实训前准备。准备 A4 纸,一人一张发放给学员。

第二步,游戏要求。请按实训指导老师的口令完成任务。

实训指导老师口令:"请按我的口令做,不要交头接耳,也不要看其他人是如何做的,有疑问时先不要询问,按照自己的理解做。"

"请将手中的 A4 纸对折。"

"请再对折。"

"请进行第三次对折。"

"将对折三次的纸平放在桌面上,在右下角撕掉一个大约 1 厘米的正方形。"

第三步,结果展示。请大家将纸张展开,相互观察进行比较。

第四步,分析原因。针对"为什么大家的纸张会撕出不同的形状?"进行问题分析。

第五步,讨论:"可以采用哪些方法,让所有人的结果一致?"

第六步,总结。请各组选派一名代表进行发言。实训指导老师进行总结。

实训要求:要求学员能按实训指导老师的要求进行活动,独立思考,并积极地参与讨论,善于对讨论内容进行记录、归纳和总结。

实训内容Ⅱ:沟通方式的比较

实训形式:案例资料收集与讨论。

实训步骤:

第一步,实训前准备。查阅相关书籍,初步了解本次实训的基本理论知识。

第二步,网络收集口头、书面、非语言、电子媒介等沟通方式的案例资料。

第三步,以 5～6 人的小组为单位,针对下列问题进行讨论,各人充分发表观点,并做好记录。

1. 口头沟通的优点和缺点有哪些? 请举例说明。

2. 书面沟通的优点和缺点有哪些? 请举例说明。

3. 非语言沟通的优点和缺点有哪些? 请举例说明。

4. 电子媒介沟通的优点和缺点有哪些? 请举例说明。

第四步,各小组选出一名代表发言,对小组分析讨论的结果进行总结。

第五步,以小组为单位对各种观点进行分析、归纳和要点提炼,完成分析报告。

实训要求:查阅相关资料,进行讨论分析。各小组成员都应学会讨论分析并记录,并积极发表各自观点。发言要求语言流畅,条理清晰。认真完成分析报告,要求报告文字简练,条理清晰。

实训内容Ⅲ:沟通障碍

实训形式:案例分析。

实训步骤:

第一步,实训前准备。以 5～6 人的小组为单位,阅读案例资料。

沟通障碍笑话三则

一位老大爷,咳嗽得很厉害,让大夫给看看。大夫说:"回去少抽点烟吧。"回去一个多月后,老大爷又来找大夫了,咳嗽得更厉害了。大夫就问:"让你少抽点烟,你抽了多少啊?"老大爷说:"一天不到半盒啊。"大夫又问:"那你以前抽多少啊?"老大爷说:"以前我不会抽啊……"

一位大妈上了空调车投了一块钱。司机说:"空调车两块!"大妈答:"是凉快。"司机又说:"投两块!"大妈笑说:"不光头凉快,浑身都凉快。"说完往后头走。司机说:"我告诉你钱投两块。"大妈说:"我觉得后头人少更凉快。"司机无语,一车人笑倒了。

一个人走进药店,问老板:"老板,有没有治打嗝的药?"老板说:"有。"于是拿出两种药让这个人挑,他正挑着,老板大吼一声,吓得顾客一哆嗦,药都掉地上。顾客怒道:"你有病啊!"老板笑着说:"怎么样? 让我这么一吓是不是好了。"顾客更生气了:"你吓死我得了,打嗝的是我媳妇! 不是我。"

第二步,讨论以下问题,充分发表个人观点,进行讨论和分析,并记录。

1. 上述三则笑话中反映出他们存在哪些沟通问题?

2. 这些沟通障碍如何排除?

3. 举例说明日常生活中所遇到的沟通障碍。

第三步,各小组选出一名代表发言,对小组分析讨论的结果进行总结。实训指导老师根据代表发言的结果再进行总结。

实训要求:认真阅读案例资料,积极进行讨论,发表各自观点。各小组成员都应努力掌握分析要点,发言要求语言流畅,简练,条理清晰。

三、实训时间及成绩评定

(一) 实训时间

实训内容Ⅰ:游戏活动时间 5 分钟,讨论时间 10 分钟,发言时间 10 分钟,实训指导老师总结时间 5 分钟。

实训内容Ⅱ:利用课余时间收集案例资料,各小组讨论时间 20 分钟,发言时间 10 分钟,实训指导老师总结时间 5 分钟。

实训内容Ⅲ:阅读案例资料时间 2 分钟,各小组讨论时间 20 分钟,发言时间 10 分钟,实训指导老师总结时间 8 分钟。

(二) 实训成绩评定

1. 实训成绩按优秀、良好、中等、及格、不及格 5 个等级评定。

2. 实训成绩评定要点

(1) 是否能够正确理解沟通的过程,能否总结出沟通的基本条件,能否用沟通的相关知识进行分析,归纳出有效沟通的条件。

(2) 是否能积极参与游戏,认真地倾听,按游戏要求认真完成游戏。

(3) 是否能够积极主动参与小组讨论,并认真进行要点记录。正确分析口头、书面、非语言、电子媒介四种沟通方式的优缺点,分析不同沟通方式的运用过程。

(4) 是否能够分析出沟通障碍产生的原因及提出排除障碍的方式方法。

小　结

1. 沟通是指两个人或者两个主体之间对某种信息的传递、接收和理解的过程。沟通过程包括五个要素,即沟通主体、沟通客体、沟通介体、沟通环境和沟通渠道。

2. 沟通必须具备一定的条件才可以正常运行。要达到沟通的目的,通过沟通取得他人的理解和支持,必须满足以下三个基本条件:有信息发送者和信息接收者、有信息内容、有传递信息的渠道和方法。

3. 沟通有助于提高组织目标的执行效率;有助于提高管理决策的有效性;有助于提高团队分工合作的协调性,有利于团队的凝聚力塑造;有助于提高下属工作的积极性;有助于优化组织外部环境。

4. 沟通按组织系统划分为正式沟通和非正式沟通。正式沟通是指组织中依据规章制度明文规定的原则、方式和渠道进行的信息传递和交流。组织中的正式沟通有五种典型的信息沟通网络:链式、Y式、轮式、环式、全通道式。非正式沟通是指在正式沟通以外信息的自由传递与交流。组织中的非正式沟通也有四种典型的信息沟通网络:单线式、流言式、偶然式、集束式。

5. 沟通按照信息传递的方向可划分为下行沟通、上行沟通、平行沟通和斜向沟通。下行沟通是指自上而下的信息沟通。上行沟通是指自下而上点面结合的信息沟通。平行沟通是指组织内部平行机构之间或同一层级人员之间的信息交流。斜向沟通是指处于不同层次、没有直接隶属关系的成员之间的信息沟通。

6. 沟通按照是否进行反馈可分为单向沟通和双向沟通。单向沟通是指在沟通过程中,信息发送者与接收者之间的地位不变,一方主动发送信息,另一方主动接受信息。双向沟通是指在沟通过程中,发送者和接收者的地位不断变化,信息在双方间反复流动,直到双方对信息有了共同的理解为止。

7. 沟通方式按不同的沟通通道分为口头沟通、书面沟通、非语言沟通和电子媒介沟通。这四种沟通方式各有其优缺点。

8. 常见的正式沟通方式有:制度或惯例沟通、文件或书面报告、会议沟通、当面沟通、电话沟通、邮件沟通、微信或 QQ 沟通。

9. 沟通障碍主要来自发送者的障碍、接收者的障碍、沟通通道的障碍、企业组织中的沟通障碍,各种障碍都有相应的改善方法。

习　题

一、单项选择题

1. (　　)信息沟通网络是一个开放式的网络系统,其中每个成员之间都有一定的联系,彼此了解。

A. 链式　　　　　　　B. 环式　　　　　　　C. 轮式　　　　　　　D. 全通道式

2. (　　)信息沟通网络是信息发送者有选择地寻找一批对象传播信息,这些对象大多是一些与其亲近的人,而这些对象在获得信息后又传递给自己的亲近者。

A. 单线式　　　　　　B. 偶然式　　　　　　C. 集束式　　　　　　D. 流言式

3. 以下对正式沟通的优点描述正确的是(　　)。

A. 建立团体中良好的人际关系

B. 沟通形式灵活,直接明了,速度快,范围广

C. 易于保密,可以使信息沟通保持权威性

D. 适应事态的变化,省略许多烦琐的程序,真实反映员工的思想、态度和动机

4. 副语言属于(　　)沟通方式。

A. 非语言沟通　　　　B. 书面沟通　　　　　C. 口头沟通　　　　　D. 电子媒介沟通

二、多项选择题

1. 沟通过程包括的要素有(　　)。

A. 沟通主体　　　　　B. 沟通客体　　　　　C. 沟通介体　　　　　D. 沟通环境

E. 沟通渠道　　　　　　　F. 沟通方法

2. 沟通必须具备的条件有（　　　　　）。

A. 有信息发送者　　　　　　　　　B. 有信息接收者

C. 有信息内容　　　　　　　　　　D. 有传递信息的渠道

E. 有信息存储的方法　　　　　　　F. 有传递信息的方法

3. 属于组织中的正式沟通信息网络的有（　　　　　）。

A. 链式　　　　　B. 单线式　　　　　C. 偶然式　　　　　D. 轮式

E. 集束式　　　　　F. 环式

4. 属于按不同的沟通通道划分的沟通方式有（　　　　　）。

A. 会议沟通　　　　　B. 非语言沟通　　　　C. 口头沟通　　　　D. 邮件沟通

E. 书面沟通　　　　　F. 电子媒介沟通

三、判断题

1. 沟通是指两个人或者两个主体之间对某种信息的传递、接收和理解的过程。　　（　　）

2. 只要有信息的发送者和接收者，有信息的内容就能够实现有效的沟通。　　（　　）

3. 从沟通的速度方面考虑，利用口头和非正式的沟通方式比书面的和正式的沟通速度快。

（　　）

4. 邮件沟通方式适合处理争议。　　　　　　　　　　　　　　　　　　　　　（　　）

5. 如果组织机构比较庞大，内部层次比较多，信息传递中间环节太多，容易使信息损失较大，这属于沟通通道的障碍。　　　　　　　　　　　　　　　　　　　　　　　　（　　）

四、思考题

1. 结合实际谈谈沟通的重要性。

2. 简述单向沟通与双向沟通的特点。

3. 结合实际谈谈如何改善信息接收者沟通效果的方法。

8

第九章 激励理论与方法

📖 **知识目标**：理解激励的含义、过程和要素；理解和掌握各种激励理论的内容与观点；了解激励的原则，掌握不同的激励方法及运用。

📖 **能力目标**：提高运用激励理论分析问题、解决问题的能力；培养案例分析能力、语言表达能力、小组沟通和合作能力。

📖 **素养目标**：对激励的重要性形成正确认识，培育管理思维和素养，培养激励意识，养成终身学习的习惯。

第一节　激励概述

一、激励的含义

激励是指通过影响人们内在需求或动机，对行为进行强化、引导和维持的活动或过程。《韦氏新世界大学词典》中的"激励"是指"向别人提供积极性或以积极性影响别人"，其中"积极性"的意思是"促使一个人做事或以某种方式行事的内心的动力、冲劲或意愿"。所以，激励涉及如何激发一个人行动的内在驱动因素——即潜能。因此，激励即是激发人的内在动机或潜能。

激励的含义与过程

从管理活动的角度讲，激励的目的是使人产生工作动力，也就是人们常说的调动积极性，它也是一种组织满足员工的需要、引导和强化其行为的过程。

理解激励的含义应该注意几点：①激励有鲜明的目的性；②激励通过对人的需要或动机施加影响，从而强化、引导或改变人们的行为；③激励是一个持续反复的过程；④激励受环境的影响。

二、激励的过程

心理学指出，人的行为都是有一定目的的。当人的需要未被满足时，就会产生紧张感，使人的身体或心理失去平衡而感到不舒服，进而激发个体的动机，这种动机将导致个体产生寻求特定目标的行为。如饥饿时，人的大脑会支配人去寻找食物；口渴时，人的大脑会支配人去寻找水源。这种大脑指挥人去行动的心理过程就是动机。当需要与欲望得到满足、目标达到之后，原有的需求和动机也就消失了。

因此，激励的过程就是在外界刺激变量（各种管理手段与环境因素）作用下，使内在的变量

(需求、动机)产生持续不断的兴奋,从而引起主体(被管理者)积极的行为反应(为动机所驱使的、实现目标的努力),使主体(被管理者)从未能得到满足的需要开始,到需要得到满足(或未得到满足而产生新的需要)为止。激励的过程,如图 9-1 所示。

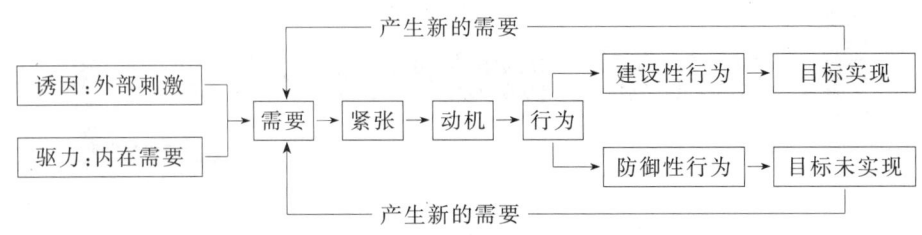

图 9-1   激励的过程

激励不仅是一种行为,也是需要获得满足的过程。在各种管理手段与环境因素的刺激(诱因)下,被管理者产生某种未被满足的需要(驱力),从而造成心理与生理的紧张,寻找能满足需要的目标,并产生实现这种目标的动机;由动机驱使,被管理者会产生努力实现目标的行为;目标实现,需要得到满足,紧张心理消除,激励过程完成。当这一种需求得到满足之后,人们会随之产生新的需要,作为未被满足的需要,又开始了新的激励过程。

三、激励的要素

在激励的过程中,有外部刺激、需要、动机和行为四个基本要素,它们相互作用,构成对员工的激励。

(一) 外部刺激

外部刺激(诱因)是激励的条件,是指在激励的过程中,人们所处的外部环境中诸多影响需要的条件与因素,主要指各种管理手段及相应形成的管理环境。

诱因理论由美国新行为主义心理学家赫尔提出。他指出,诱因是能满足个体需要的刺激物,激发或诱使个体向目标前进。诱因理论强调了外部刺激对引起动机的重要作用,认为诱因能够唤起行为并指导行为;强调了动机的外部原因,与驱力理论强调动机的内部原因显然是有差异的,该理论强调外部环境的作用。人们希望得到的、有吸引力的刺激都可以被称为诱因,这些诱因有积极、消极之分。赫尔认为,P(行为潜能)$= D$(驱力)$\times H$(习惯强度)$\times K$(诱因)。诱因与驱力分不开,它由外在目标所激发,只有当其成为个体内在的需要时,才能推动个体的行为。

(二) 需要

需要是人的行为的动力和源泉,是人脑对生理和社会需求的反映。心理学家也把促成人们各种行为动机的欲望称为需要。恩格斯说:“需要是积极性的源泉。”需要是激励的起点与基础。

1. 需要的特点

(1) 任何需要都有明确的对象。需要表现为追求某种事物的意念,或者表现为避开某种事物、停止某项活动的意念,这些意念的产生都是根据个人需要及其变化决定的,都具有明确的对象。

(2) 一般的需要有周期性。比较复杂的需要虽然没有周期性,但在条件适合时,也可能多次重复出现。

(3) 需要随社会历史的进步而不断发展。人的需要是不断发展的,即人的需要不是一次满足就永远满足的,是随着时间、环境的不断变化反复出现的。需要的发展一般由低级到高级、简单到复杂、物质到精神、单一到多样。

2. 人的需要特征

(1)对象性。人的需要是有目的、有对象的,而且随着满足需要的对象的扩大而发展。人的需要的对象既包括物质的东西,如衣、食、住、行,也包括精神的东西,如信仰、文化、友谊、审美等。各种需要彼此之间的区别就在于需要对象的不同。

(2)阶段性。人的需要是随着年龄、时期的不同而发展变化的,也就是说,个体在发展的不同时期,需要的主要特征也不同。例如,婴幼儿时期主要是生理需要,即需要吃、喝、睡;少年时期开始发展到对知识、安全的需要;青年时期又发展到对恋爱、婚姻的需要;成年时期,又发展到对名誉、地位、尊重的需要等。

(3)社会制约性。人除了有先天的自然性需要(生理需要),在社会实践中,在接受人类文化教育过程中,还会发展出许多社会性需要。这些社会性需要受时代、历史的影响,也受阶级性的影响。在经济落后、生活水平低下的时期,人们需要的是温饱;在经济发展、生活水平提高的时期,人们需要的不仅是丰裕的物质生活,同时也开始需要丰富的精神生活。

(4)独特性。人与人之间的需要既有共同性,又有独特性。由于生理因素、遗传因素、环境因素、条件因素的不同,每个人的需要都有自己的独特性。年龄不同的人、身体条件不同的人、社会地位不同的人、经济条件不同的人,都会在物质和精神方面有不同的需要。

3. 需要的种类

需要的种类是多种多样的,从不同的角度划分会有不同的分类。

(1)自然性需要和社会性需要。从需要的发展过程来看,可以分为自然性需要和社会性需要。自然性需要也称生物学需要,包括饮食、运动、休息、睡眠、排泄、配偶等需要。这些需要主要由机体内部某些生理不平衡状态所引起,对有机体维持生命、延续后代有重要意义。社会性需要是人类特有的需要,是个体在成长过程中通过各种经验积累所获得的一种需要,是后天习得的、与人类的社会生活相联系的需要。社会性需要受个体所处的文化背景、社会风俗以及经验的影响,表现出不同的社会特征、民族特征和个性特征。

(2)物质需要和精神需要。物质需要是人们生存的基础,是指个体对衣、食、住、行的需要。个体的这种需要指向社会的物质产品,并且以占有这些物品的方式来获得满足。如对工作和劳动条件的需要,对日常生活必需品的需要,对住房和交通条件的需要等。精神需要主要指个体对一定的文化、艺术、科学知识、道德观念、政治信仰、宗教信仰、社会交往等活动的需要。

物质需要与精神需要之间有着密切的关系,不可孤立地划分。人们在追求物质需要的同时也表现出某种精神需要,如向往整洁、静雅的住房,时尚的衣着,音质优美的音响系统等。精神需要的满足也离不开一定的物质产品,如满足阅读的需要不能没有报纸、杂志、书籍以及图书馆等物质条件;满足艺术欣赏的需要,不能没有乐器、表演者的服饰及表演场地等。

(三)动机

人的需要是人们积极性的源泉和实质,而动机则是需要的表现形式。动机是推动人进行某种行为的驱动力,是构成激励的核心要素。人的行为是受动机驱使的,有什么样的动机,就可能会产生什么样的行为。激励的关键在于使被激励者产生所希望的动机,驱动其产生有助于组织目标实现的行为。

1. 动机的含义

动机是指为实现一定的目标激励人们行动的内在原因。人从事任何活动都有一定的原因,这个原因就是人的行为动机。动机可以是有意识的,也可以是无意识的,它能产生一股动力,引起人们的行动,维持这种行动朝向一定目标,并且能强化人的行动,因此也被称为驱动力。工作动机是指人们从事工作的原因或力量,具体可能是挣钱、学技术、发挥才干、造福人类,等等。

动机是在需要的刺激下,直接推动个体开展活动的内在动力。动机是个体的内在心理过程,行为是这种内在心理过程的结果。引起动机的两个条件:内在条件和外在条件。内在条件即需要的驱动,动机是在需要的基础上产生的,离开需要的动机是不存在的。并且只有对满足需要的愿望很强烈、满足需要的对象存在时,才能引起动机。外在条件是指能够引起个体动机并满足个体需要的外在刺激,也称为诱因。例如,对于饥饿的人来说,食物是诱因;对于大学毕业生来说,好的工作单位和岗位是诱因。诱因可能是物质的,也可能是精神的。在个体内在强烈的需要以及外在诱因的共同作用下,就能引起个体强烈的动机,并且决定其行为。

动机和需要是有区别的。需要是人们对某种目标的渴求或欲望,主要和人们的主观愿望相联系。动机在需要的基础上产生,主要和人的行动相联系。也就是说,需要并不能直接产生行动,而必须先产生动机才能引起人的行动,动机是需要与行动之间必经的一个中间环节。动机虽然是在需要的基础上产生的,但并非所有的需要都能成为动机。因为,需要必须达到一定强度并有相应的诱因条件才能成为动机。

2. 动机的种类

(1) 生理性动机和社会性动机。生理性动机是指人作为生物性个体,由于生理的需要而产生的动机。例如,人为了维持生命就需要食物填饱肚子,这种生理需要会使人产生寻找食物的动机。社会性动机是指人在一定的社会、文化背景中成长和生活,通过各种各样的经验,懂得各种各样的需要,于是就产生了各种各样的动机,如交往性动机、威信性动机、地位性动机等。例如,随着商品经济的发展,人们在经商过程中需要各种各样的商品信息和市场信息,于是产生了与人交往的动机,通过与他人交往可以及时了解行情,避免由于判断失误而带来经济损失。

人的生理性和社会性的动机对个体的活动有以下功能。

① 引发和始动性功能。没有动机,就不可能有行动,动机是人的行动动力。

② 方向和目标性功能。个体所产生的动机都是有一定方向和目的的,其行动总是按照方向和目标去实现。

③ 强化和激励性功能。个体的动机对其行动还起着维持、强化和激励的作用,以使其最终达到目标。动机产生目标,目标总是促使、激励人们不断进取,获得成功。一般来说,动机越明显、越强烈,这种强化和激励性功能也就越强大。

(2) 优势动机和辅助动机。人的行动往往是由各种不同的动机共同引起的,其中起最大作用的动机称为优势动机,其余的称为辅助动机。优势动机与辅助动机之间可以相互转化,在外界环境刺激、自身条件和认识、行动的结果反馈等因素的影响下,辅助动机可以上升为优势动机,而原优势动机因为作用的不断弱化会逐渐成为辅助动机。

(3) 高尚动机和低级动机。从社会意义来讲,人的动机有高尚和低级之分。一般来说,能为他人着想,为更多人谋福利,并以此实现自我的动机是高尚动机。把受益范围缩小到个人或少数人,并以牺牲其他人的利益来达到目标的动机则是低级动机。

3. 动机的作用

动机是激励人们行动的内在需要和动力,它对人的行为作用主要表现在三个方面。

(1) 选择目标。动机能使人的行动朝着特定的方向进行,有选择地决定目标,使行为指向一定方向。

（2）引发行为。动机能引发人们行动的行为。一个人一旦产生某种动机,就会努力去实现由动机指引的目标。然而在实现目标的活动中,常常因主客观条件限制而受到阻碍,主观条件即内在原因,如自己的生理条件、能力不适应等;客观条件即外在原因,如环境因素、经济因素、人际关系因素不利等,使个体心中产生挫败感和冲突。在这种情况下,则要考虑自己的动机和目标是否切实可行。

（3）强化行为。一定动机指引下的行为结果,反过来会对动机产生巨大影响。如果行为结果好,这个动机会使行为重复出现,个体会进一步保持、巩固并加强这种行为,即产生正强化作用。而如果动机引导的行为效果不好,则会削弱行为,使行为减少以至于不再出现,即产生负强化作用。个体在日常生活中,经常会同时产生两个或两个以上的动机。假如这些并存的动机无法同时获得满足,而且互相对立或排斥,其中某一个动机获得满足,其他动机将受到阻碍,这种情况被称为动机冲突。动机冲突会使个体形成进退两难、犹豫不决的心理状态,产生挫败感,使人痛苦。

（四）行为

行为是指一切有目的的活动,它是由一系列简单动作构成的,在日常生活中所表现出来的一切动作的统称。行为是激励的目的,也是激励能否取得成效及成效大小的衡量标准。实施激励就是为了通过恰当的措施和手段,使被管理者采取有利于组织目标实现的行为。

影响人类行为的因素多种多样,有外在因素,也有内在因素。外在因素的影响主要是指客观存在的社会环境和自然环境的影响,内在因素的影响主要是指人的各种心理因素和生理因素的影响,如人们的认识、情感、兴趣、愿望、需要、动机、理想、信念和价值观等。而对人类行为具有直接支配意义的,则是人的需要和动机。

人的行为不仅与个体的身心状态有关,而且与个体所处的周围环境也有着密切的联系。德国心理学家勒温认为,人的行为取决于内在需要和周围环境的相互作用,内在因素是根本,外在因素是条件,二者相互作用的结果产生了行为。他提出了著名的行为公式:$B=F(P \cdot E)$。公式中,B代表行为,P代表个人的需要(内在心理因素),E代表环境(外在因素的影响)。

根据激励的四个要素,不难发现激励问题的实质所强调的是:激励是一个满足员工需要的过程;激励是激发员工动机、调动员工积极性的过程;激励是引导员工的行为指向组织目标,并且和组织目标保持一致的过程;激励是减少员工挫折行为、增加建设性行为的过程。

 拓展阅读

9

激励相容原理

"激励相容原理"是美籍俄罗斯裔经济学家列昂尼德·赫维兹所提出,并且凭借这一理论成为2007年诺贝尔经济学奖得主之一。

赫维兹创立的机制设计理论中,激励相容是指:在市场经济中,每个理性经济人都会有自利的一面,其个人行为会按自利的规则行为行动;如果能有一种制度安排,使行为人追求个人利益的行为正好与企业实现集体价值最大化的目标相吻合,这一制度安排就是"激励相容"。现代经济学理论与实践表明,贯彻"激励相容"原则,能够有效地解决个人利益与集体利益之间的矛盾冲突,使行为人的行为方式、结果符合集体价值最大化的目标,让每个员工在为企业"多做贡献中成就自己的事业",即个人价值与集体价值的两个目标函数实现一致化。

以国内某知名公司的加班制度设计为例,通过机制设计可以让员工得到自身利益的同时创造集体利益。该公司下午6:00下班,员工加班50分钟可以获得丰盛的免费加班晚餐,品种丰富且口感佳;等吃完晚饭 7:30,员工会想起公司还有另外一条制度,即晚上 8:30 公司有免费班车,那就再加班一个小时;如果事情还没忙完或者天气不好,员工又想起一条公司制度,即晚上 9:30 以后打车报销,那就再加班一个小时吧。制度的设计使很多员工愿意从晚上 6:00 下班变成加班到晚上 9:30 下班。员工得到了加班晚餐、免费大巴班车或免费打车这些个人利益,付出了 2.5～3.5 小时的加班时间作为交换。

如果没有良好的"激励相容"机制,委托人与代理人的目标函数不一致,加上存在不确定性和信息不对称,代理人的行为有可能偏离委托人的目标函数,而委托人又难以观察到这种偏离,无法进行有效监管和约束,从而出现代理人损害委托人利益的现象,造成逆向选择和道德风险,这就是著名的"代理人问题"。

第二节 激励理论

激励理论是现代管理学的重要内容,从激励的起点和过程的不同角度可以分为内容型激励理论和过程型激励理论。

一、内容型激励理论

内容型激励理论重点研究激发动机的诱因,并根据这些因素设计与实施相应的措施和手段,从而达到激励的目的。内容型激励理论主要包括:马斯洛的"需要层次理论"、奥尔德弗的 ERG 理论、麦克利兰的"成就需要理论"、赫茨伯格的"双因素理论"等。

(一)马斯洛的需要层次理论

马斯洛的
需要层次
理论

马斯洛的需要层次理论是人本主义科学的理论之一,由美国心理学家马斯洛于 1943 年在其著作《人的动机理论》中提出。书中将人类需要从低到高按层次分为五种,分别是:生理需要、安全需要、情感与归属需要、尊重需要和自我实现需要,在自我实现需要之后,还有自我超越需要,但通常不作为该理论的必要层次,而是与自我实现需要合并。

马斯洛需要层次理论,如图 9-2 所示。

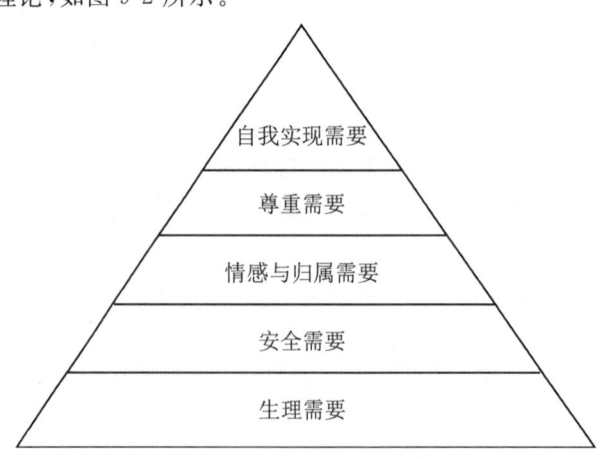

图 9-2 马斯洛的需要层次理论

1. 马斯洛的需要层次理论

(1)生理需要。生理需要是指维持人类自身的基本需要,如对衣、食、住、行等基本需要。马斯洛认为,在这些需要没有得到满足以维持生命之前,其他需要都不能起到激励人的作用。

(2)安全需要。安全需要是指人们希望保障自身安全,避免各种危险和威胁的需求,包括人身安全、健康保障、资源及财产的所有权、工作职位保障和家庭安全等。生理需要与安全需要都属于物质需要。

(3)情感与归属需要。情感与归属需要又称为社交需要,是指人们希望与别人交往,避免孤独,与同事和睦相处、关系融洽的欲望。

(4)尊重需要。尊重需要是指人们需要树立良好的自我形象,获得他人的关注、认可及尊重。当第三层次需要满足后,人们开始追求受到尊重,包括自尊与受人尊重两个方面。

(5)自我实现需要。自我实现需要是最高层次的需要,是指使人能最大限度发挥潜能,实现自我理想和抱负的欲望。马斯洛认为这一层次的需要是永无止境的,一种自我实现需要满足后,会产生更高的自我实现需要。后三个层次的需要都属于精神需要。

2.马斯洛的需要层次理论的主要观点

(1)人的需要是分层次的,呈刚性阶梯式逐步上升。人的最基本需要是生理需要。只有在低层次的需要满足以后,才会进一步追求较高层次的需要,而且低层次需要满足的程度越高,对高层次需要的追求就越强烈。各需要层次具有不可逆性,即一个人在某一层次需要尚未得到满足时,可能会停留在这一需要层次上,直到获得满足为止。

(2)需要的存在是促使人产生某种行为的基础。当一个人无所求时,也就没有什么动力与活力;反之若一个人有所需要,就必然存在着可以被激励的因素。五种需要可以分为两级,其中生理需要,安全需要以及情感与归属需要都属于低级需要,这些需要通过外部条件就可以满足;而尊重需要和自我实现需要属于高级需要,须通过内部因素才能满足,而且一个人对尊重和自我实现的需要是永无止境的。正因为人的需要不同,所以要调动人的积极性,就必须针对不同的人或人的不同阶段,采用相应的激励手段。

(3)当某种需要得到满足以后,这种需要也就失去了对行为的唤起作用。人人都有需要,当某一层次的需要获得满足后,另一层次的需要才会出现。在多种需要未获得满足前,首先满足迫切需要;该需要获得满足后,后面的需要才能显示出激励作用。当某一层次的需要得到满足以后,下一层次尚未满足的需要就会成为人们行动的动机。高层次的需要不仅内容上比低层次的需要广泛,实现的难度也大。据马斯洛估计,80%的生理需要和70%的安全需要一般都会得到满足,但只有50%的社交需要、40%的尊重需要和10%的自我实现需要能得到满足。

根据马斯洛的需要层次理论提出的激励措施,如表9-1所示。

表 9-1 根据马斯洛的需要层次理论提出的激励措施

需要层次	追求的目标	管理策略
生理需要	工资/健康的工作环境/福利	待遇、奖金/医疗保健制度/工作时间/住房等福利设施
安全需要	职业保障/意外事故的避免	雇用保证/劳保制度/退休金制度
情感与归属需要	友谊(良好的人际关系)/团体的接纳/组织的认同	团体活动计划/互助金制度/群众组织/教育培训制度
尊重需要	地位、名次、荣誉/权利、责任/与他人收入比较	人事考核制度/晋升制度/表彰制度/选拔进修制度/参与制度/奖励制度
自我实现需要	能发挥个体特长的环境/具有挑战性的工作	决策参与制度/提案制度/革新小组

9

(二) 奥尔德弗的 ERG 理论

奥尔德弗的 ERG 需要理论

美国耶鲁大学组织行为学教授奥尔德弗在马斯洛的需要层次理论的基础上,结合管理实际经验开展研究,于 1969 年在《人类需要新理论的经验测试》一文中提出了一种新的人本主义需要理论。奥尔德弗认为,在管理实践中,员工存在三种核心的需要:生存(existence)的需要、相互关系(relatedness)的需要和成长发展(growth)的需要,因而这一理论被称为"ERG"理论。该理论某种程度上是对马斯洛的需要层次理论的一种延伸和扩展。

马斯洛的需要层次理论与奥尔德弗的 ERG 理论的对比,如图 9-3 所示。

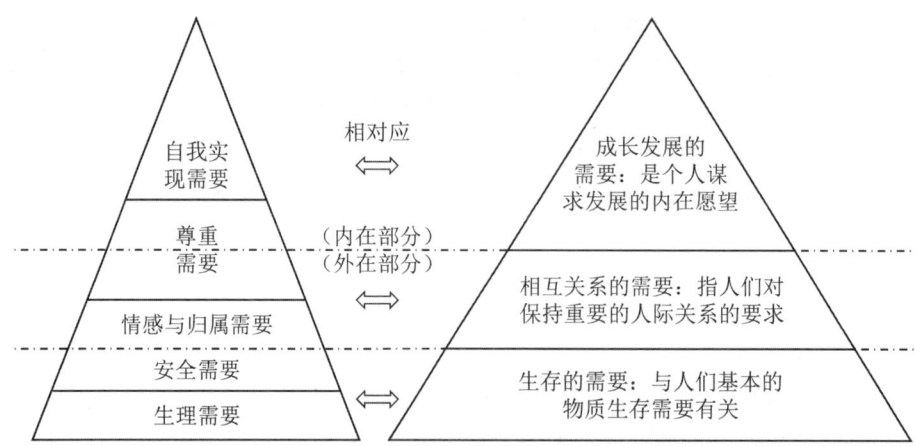

图 9-3 马斯洛的需要层次理论与奥尔德弗的 ERG 理论对比

1. 奥尔德弗的 ERG 需要理论

(1) 生存的需要。生存需要即人们的物质生存需要,相当于马斯洛的生理需要和安全需要,属于低层次需要。

(2) 相互关系的需要。相互关系的需要即维持人与人之间友善关系的愿望,相当于马斯洛的情感与归属的需要和尊重需要的外在部分。

(3) 成长发展的需要。成长发展的需要即人们希望得到发展的内心愿望,相当于马斯洛尊重需要的内在部分和自我实现需要。

2. 奥尔德弗的 ERG 理论的主要观点

(1) ERG 理论并不强调需要层次的顺序。奥尔德弗认为,同一时间可能有不止一种需要对人的行为起作用;某种需要在一定时间内对行为起作用,而当这种需要得到满足后,人可能去追求更高层次的需要,也可能没有这种上升趋势。如果较高层次需要的满足受到抑制,那么人们对较低层次需要的渴望会变得更加强烈。

(2) ERG 理论并不认为各类需要层次是刚性结构。比如说,即使一个人的生存和相互关系需要尚未得到完全满足,他仍然可以为了成长发展的需要而工作,而且这三种需要可以同时起作用。

(3) ERG 理论提出了"受挫—回归"的思想。ERG 理论认为,当一个人在某一更高等级的需要层次受挫时,那么作为替代,其某一较低层次的需要可能会有所增加。例如,如果一个人的社会交往需要得不到满足,可能会增强其对得到更多金钱或更好的工作条件的愿望。

(4) ERG 理论认为较低层次的需要满足之后,会引发对更高层次需要的愿望。ERG 理论认为多种需要可以同时作为激励因素而起作用,并且当满足较高层次需要的企图受挫时,会导致人们向较低层次的需要回归。如图 9-4 所示。

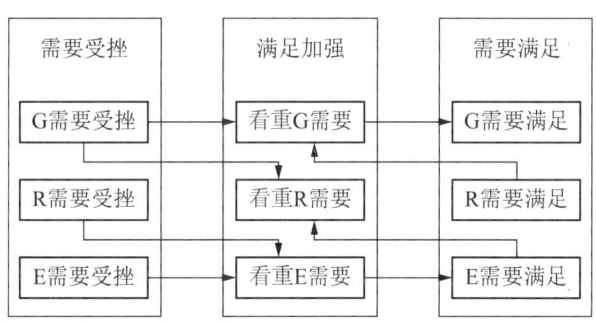

图 9-4 奥尔德弗的 ERG 需要理论的"受挫—回归"思想

（三）麦克利兰的成就需要理论

麦克利兰的成就需要理论

成就需要理论是美国哈佛大学教授、管理学家戴维·麦克利兰于 20 世纪 50 年代提出的。他认为，人有三种基本的需要：成就需要、权力需要和亲和需要。这些需要并不是先天的本能需要，而是通过后天的学习获得的。

1. 成就需要

成就需要是人们争取成功，希望做得最好的需要。麦克利兰认为，具有强烈的成就需要的人渴望将事情做得更加完美，提高工作效率，获得更大的成功。他们追求的是在争取成功的过程中克服困难、解决难题、努力奋斗的乐趣，以及成功之后的个人成就感，而并不看重成功所带来的物质奖励。个体的成就需要与其所处的经济、文化、社会、政府的发展程度有关，社会风气也制约着人们的成就需要。

2. 权力需要

权力需要即影响或控制他人且不受他人控制的愿望和驱动力。具有较高权力需要的人喜欢承担责任，并努力影响他人，喜欢置身于具有竞争性的工作环境中和工作岗位上。与有效的绩效相比，他们更关心自己的威望和影响力。不同的人对权力的渴望程度也有所不同。权力需要是管理成功的基本要素之一。

3. 亲和需要

亲和需要是建立友好亲密的人际关系的需要，是寻求被他人喜爱和接纳的一种愿望。亲和需要较高的人更倾向于与他人进行交往，至少是为他人着想，这种交往会令其产生愉快感。高亲和需要者渴望亲和的人际关系，喜欢合作而不是竞争的工作环境，希望增进彼此之间的沟通与理解，对环境中的人际关系更为敏感。亲和需要是保持社会交往和人际关系和谐的重要条件。

麦克利兰认为，不同的人对成就、权利和亲和的需要程度不同，层次排列也不同。个体行为主要取决于那些被环境激活起来的需要。经过大量广泛的研究，他得出一系列的结论：第一，他认为具有强烈成就需要的人，是那些倾向于成为企业家的人，他们往往力求把事情做得更好，他们喜欢设立具有适度挑战性的目标；第二，高成就需要的人并不一定是一个优秀的管理者，尤其是对规模较大的组织而言；第三，亲和需要和权力需要与管理者的成功密切相关，具有强烈权力需要的人，经常有较多的机会晋升到组织的高级管理层；第四，可以通过培训激发员工的成就需要。

（四）赫茨伯格的双因素理论

20 世纪 50 年代末期，美国的行为科学家、心理学家赫茨伯格和他的助手们在美国匹兹堡地

区对 9 个企业的 203 名工程师、会计师进行了 1 844 人次的调查访问。访问主要围绕两个问题:①在工作中,哪些事项是让他们感到满意的,并估计这种积极情绪会持续多长时间;②有哪些事项是让他们感到不满意的,并估计这种消极情绪会持续多长时间。赫茨伯格对这些问题的回答进行了研究,归纳出哪些事情使人们在工作中感到快乐和满足,哪些事情造成不愉快和不满足。结果他发现,使员工感到满意的,都是属于工作本身或工作内容方面的;使员工感到不满的,都是属于工作环境或工作关系方面的。赫茨伯格把前者称为激励因素,后者称为保健因素,即构成双因素激励理论,又称激励因素—保健因素理论,如图 9-5 所示。

激励因素(内在因素)	保健因素(外在因素)
涉及对工作的积极情绪,也与工作本身的内容有关,包括: 　　工作富有成就感、工作本身带有挑战性、工作成绩得到社会认可、职务上的责任感、职业上能得到发展和成长	涉及对工作的消极情绪,也与工作的氛围和环境有关,包括: 　　公司的政策、管理制度、监督、工作条件、薪金、地位、安全、人事关系

若能满足,可以极大地激发员工的热情,调动员工的积极性,提高工作效率;若解决不好,虽无关大局,但也会引起员工的不满,严重影响工作的效率。	若能改善,虽不能使员工变得非常满意或调动工作积极性,却能消除员工的不满;若不能得到满足,往往会使员工产生不满情绪,消极怠工,甚至引起罢工等对抗行为

图 9-5　赫茨伯格的双因素理论

1. 影响人的积极性的因素有两类:激励因素与保健因素

保健因素一般而言是和工作环境和条件相关的因素,包括:管理政策与制度、监督系统、工作条件、人际关系、薪金、福利待遇、人事关系、工作安全等。但当人们得到这些方面的满足,只能消除不满,却不会调动人们的工作积极性,即起不到明显的激励作用,因此这类因素被称为保健因素。激励因素,属于和工作本身相关的因素,包括:工作成就感、工作挑战性、工作中得到的认可与赞美、工作的发展前途、个人成才与晋升机会等。如果此类因素处理得当,就会使人们产生满意的情绪,激发工作积极性;处理不当,不会引起不满,只是没有满意而已,因此,这类因素称为激励因素。一个人过去的成就、被人认可以及担负过的责任都与双因素中对工作的积极情绪有关。激励因素与个人对他们的工作积极情绪有关,但有时也涉及消极情绪;而保健因素却几乎与积极情绪无关,只会令人精神沮丧,甚至产生脱离组织、缺勤等消极情绪。

2. 激励因素以人对工作本身的要求为核心

如果工作本身富有吸引力,那么员工在工作时就能得到激励;如果奖励是在完成工作之后,或离开工作场所之后才有价值或意义,则对员工工作只能提供极少的满足。例如,一个学生之所以潜心学习,是因为他对所学的知识感兴趣;而如果只是为了取得一定的学分,他就不再努力钻研。也就是说,当工作本身具有激励因素时,人们对外部因素引起的不满足会具有较大的忍受力;而当他们经常处于没有"保健"因素的状态时,则常常会对周围事物感到极大的不满意。

3. 只有激励因素的满足才能激发人的积极性

并不是所有需要的满足都能激发人的积极性,只有激励因素的满足才能激发人的积极性。

保健因素的满足只能防止人们产生不满意的情绪,而难以起到激励作用。因此,激励的需要是以满足需要为前提,但并不是满足需要就一定能产生激励作用。

赫茨伯格的理论认为,满意和不满意并非共存于单一的连续体中,而是截然分开的,这种双重的连续体意味着一个人可以同时感到满意和不满意,还暗示着工作条件和薪金等保健因素并不能影响人们对工作的满意程度,而只能影响对工作的不满意程度。赫茨伯格双因素理论的核心在于"只有激励因素才能够给人们带来满意感,而保健因素只能消除人们的不满,但不会带来满意感"这一论断,因此如何认定与分析激励因素和保健因素并"因材施政"才是关键。

双因素理论就如何针对员工需要来激励员工进行了更深入的分析,提出要调动和保持高昂的积极性,必须首先具备必要的保健因素,防止员工不满情绪的产生;但仅仅这些是不够的,更重要的是努力创造条件,使员工激励因素方面得到满足。需要注意的是,保健因素和激励因素对于不同的人也会各不相同,对一个人来说是激励因素,但是对另一个人很可能属于保健因素。

二、过程型激励理论

过程型激励理论着重研究人从产生动机到采取行动的心理过程,它的主要任务是找出对行为起决定作用的某些关键因素,弄清它们之间的相互关系,以预测和控制人的行为,主要包括亚当斯的公平理论、弗鲁姆的期望理论和斯金纳的强化理论等。

(一)亚当斯的公平理论

亚当斯的
公平理论

公平理论又称社会比较理论,由美国心理学家亚当斯于 1965 年提出,侧重于研究工资报酬分配的合理性、公平性及其对员工生产积极性的影响,即人们除了关注自己报酬的绝对值外,还关注其相对报酬的多少。该理论研究人的动机和知觉关系,认为员工的激励程度来源于对自己和参照对象的报酬和投入的比例的主观比较感觉。公平理论认为,人们的工作投入或付出包括自己的受教育程度、工作经验、技术水平能力高低、工龄长短、工作态度、用于工作的时间、精力和其他消耗等;人们所获得的工作报酬包括物质上的金钱、工资、奖金、福利和精神上的受重视程度、晋升、荣誉、地位、表彰奖励等。而人的积极性取决于其所感受的分配上的公正程度(即公平感),而这种公平感取决于一种历史比较或社会比较,如图 9-6 所示。

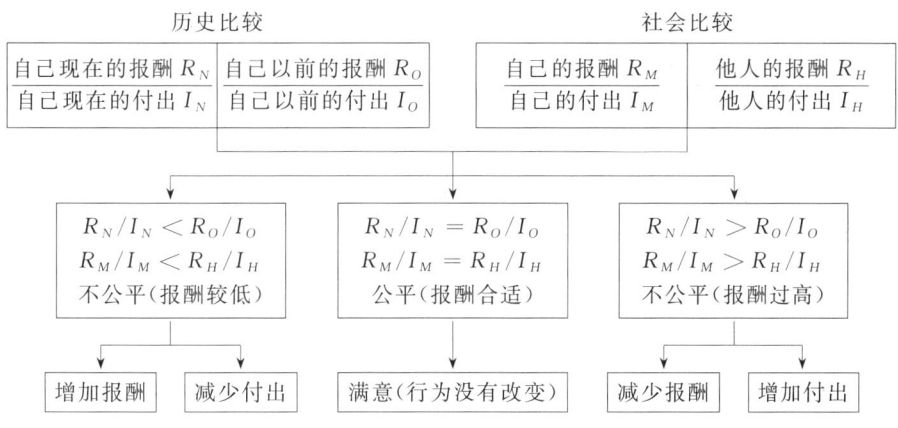

图 9-6 公平理论的历史比较和社会比较

在社会生活中,每个人都会自觉或不自觉地进行自己的投入与所得报酬的历史比较和社会比较。当人对自己的报酬做历史比较或社会比较,认为自己的收支比率过低时,就会产生报酬不足的不公平感,比率差距越大,这种感觉越强烈。这时员工就会产生挫败感、义愤感、仇恨心理,甚至产生破坏心理。少数时候，员工也会因自己的收支比率过高而产生不安的感觉或感激心理。当人感到不公平时，可能会千方百计地进行自我安慰，如通过自我解释，从主观上造成一种公平的假象，以减少心理失衡或选择另一种比较基准重新进行比较，以便获得主观上的公平感；还可能采取行动，改变对方或自己的收支比率，如要求把别人的报酬降下来、增加别人的劳动投入，或要求给自己增加报酬、减少劳动投入等；还可能采取发牢骚、讲怪话、消极怠工、制造矛盾或离职他就等行为。

公平感直接影响人的工作动机和行为。因此，从某种意义上讲，动机的激发过程实际上是人与人进行比较，作出公平与否的判断，并据以指导行为的过程。

（二）弗鲁姆的期望理论

弗鲁姆的
期望理论

美国心理学家、行为科学家弗鲁姆于 1964 年在其著作《工作与激励》中提出了期望理论，又称"效价-手段-期望理论"。这一理论通过人们努力的行为与预期奖酬之间的因果关系来研究激励的过程。

1. 弗鲁姆的期望理论

期望理论认为，人是理性的人，人们对某项工作积极性的高低，取决于他对这种工作能满足其某种需要的程度及实现可能性大小的评价。例如，一名员工认为某项工作的目标实现将会给他带来很大的收益，如巨额奖金、荣誉称号、获得提升等；而且只要通过努力，达到目标的可能性也很大时，他就会以极高的积极性努力完成这一工作。反之，若对达到目标不感兴趣，或者虽感兴趣，但根本没有达到目标的可能性，那他就不会有努力做好工作的积极性。因此，弗鲁姆提出了期望理论最为核心的激励力量公式：

$$激励力量(M) = 效价(V) \times 期望值(E)$$

公式中，激励力量（motivation）是指某一活动对于调动某人的积极性，激发出人的内部潜力（动机）的强度，也就是激励作用的大小，取决于效价和期望值；效价（valence）指目标对于满足个人需要的价值大小，即某一个人对某种结果偏爱的强度；期望值（expectancy）指人们根据过去经验判断自己达到某种目标或满足需要的可能性是大还是小，即能够达到目标的主观概率。例如一个人认为他的某一目标是完全可能实现的，那么期望值为1，如果认为此目标根本不可能实现，则期望值为0。由激励力量公式可见，激励作用的大小与效价、期望值成正比，即效价、期望值越高，激励作用越大；反之，则越小。

经发展后，期望理论公式增加了"工具性"因素，即：

$$激励力量(M) = 效价(V) \times 期望值(E) \times 工具性$$

其中：工具性是指能帮助个人实现的非个人因素，如环境、快捷方式、任务工具等。例如，战争环境下，效价和期望值再高，也无法正常提高人的动机性和激励力量；企业良好的办公环境、设备、文化制度等都是吸引人才的重要因素，也有助于提高人的动机和激励力量。

2. 期望模式

怎样使激励力量达到最优值，弗鲁姆提出了人的期望模式：

$$个人努力 \longrightarrow 个人成绩(绩效) \longrightarrow 组织奖励(报酬) \longrightarrow 个人需要$$

在这个期望模式中的四个因素需要兼顾以下几个方面的关系：

（1）个人努力和个人成绩（绩效）的关系。这两者的关系取决于个体对目标的期望值，期望值又取决于目标是否适合个人的认识、态度、信仰等个性倾向，以及个人的社会地位、别人对他的期望等社会因素,即由目标本身和个人的主客观条件决定。

(2) 个人成绩(绩效)与组织奖励(报酬)的关系。人们总是期望在达到预期成绩后,能够得到适当的合理奖励,如奖金、晋升、提级、表扬等。组织的目标如果没有相应有效的物质和精神奖励来强化,时间一长,积极性就会消失。

(3) 组织奖励(报酬)和个人需要的关系。奖励应适合各种人的不同需要,要考虑效价。要采取多种形式的奖励,满足各种需要,最大限度地挖掘人的潜力,最有效地提高工作效率。

(4) 需要的满足与新的行为动力之间的关系。当一个人的需求得到满足之后,就会产生新的需要和追求新的期望目标,需要得到满足的心理会促使他产生新的行为动力,并对实现新的期望目标产生更高的热情。

 案例分析

某公司的激励措施产生的效果

某公司为了激励推销员更好地完成营销指标,营销主管发布了这样一项奖励措施:年终销售业绩排在前两位的同仁将享受一次由公司出资的夏威夷旅游。这项措施在 A、B、C 三人身上产生了不同的反应。

A 先生从来没有去过夏威夷,听到这项措施以后非常高兴,心想,一定得努力工作。A 先生的效价如果用满分为 1 来计算,凭 A 先生的能力,在 3 个人当中成功的可能性是 50%,那么 A 先生的积极性是 1 乘 0.5 等于 0.5。

B 先生去过夏威夷,遗憾的是他的夫人没去过。他的夫人不知道从什么渠道得知营销主管发布的这项政策,开始给 B 先生鼓劲:"老公,你好好努力,也把我带去玩玩。"夫人的命令作用很大,因此 B 先生去的效价虽然不是 1,但也很高,为 0.9,凭 B 先生的能力,在三个人中成功的可能性是 70%,那么 B 先生的积极性是 0.9 乘 0.7 等于 0.63。

C 小姐是三位中最出色的一个推销员,她也去过夏威夷。这一年的冬天她与她的未婚夫要结婚,并打算到北欧度蜜月,而去夏威夷对她已经失去了价值,因此对 C 小姐而言,奖励夏威夷旅游的效价是 0,凭 C 小姐的能力,在三个人当中成功的可能性是 100%,那么 C 小姐的积极性是 0 乘 1 等于 0。

同一项政策在不同的员工身上产生的作用是不同的,为了达到最佳的激励效果,营销主管应在权力允许的范围内因人而异地制定一些奖励措施,以调动全体员工的积极性。

思考:请运用期望理论分析公司的奖励措施对 A 先生、B 先生、C 小姐的激励效果。

(三) 斯金纳的强化理论

强化理论是由美国心理学家、行为科学家斯金纳、保罗·赫塞和肯尼斯·布兰查德等人提出,又称为行为修正理论或行为矫正理论。

斯金纳认为人们做出某种行为,或不做出某种行为,只取决于一个影响因素,那就是行为的后果。他提出了"操作条件反射"理论,认为人或动物为了达到某种目的,会采取一定的行为作用于环境,当这种行为的后果对其有利时,这种行为就会在以后重复出现;行为的后果对其不利时,这种行为在以后就会减弱或消失。因此,人们可以用多种强化方式来影响行为的后果,从而修正其行为。强化理论给出了以下几种行为改造策略。

1. 正强化

正强化(positive reinforcement),又称积极强化,指奖励那些符合组织目标的行为,以使这些

强化理论
(上)

强化理论
(下)

行为或反应强度、概率或速度得到进一步加强,从而有利于组织目标的实现。在正强化中,行为的结果是积极的,所以该行为会频繁发生,条件是所给予的奖励必须是员工所喜欢的。

2. 负强化

负强化(negative reinforcement),又称消极强化,指为了避免人们不希望的行为出现,把不愉快的刺激撤销或者减少而增加行为的频率。例如,下级努力按时完成任务,就可以避免上级的批评,于是人们就一直努力按时完成任务;上课迟到的学生都受到了老师的批评,不想受到批评的学生就努力做到不迟到。负强化强调的是一种事前的规避。负强化可增加某种预期行为发生的概率,而使一些不良行为结束或者消退。

3. 惩罚

惩罚(punishment)是指当人的不良行为或一些不符合组织目标的行为出现时,给予批评或处分,以减少这种行为的重复出现或不再出现。惩罚的目的是力图使所不希望的行为逐渐削弱,甚至完全消失。但惩罚一方面可能会引起怨恨和敌意,另一方面随着时间的推移,惩罚的效果会减弱。惩罚又分为正惩罚和负惩罚。正惩罚是施加一个坏刺激,即当不良行为出现时直接给予处罚,使对方感到不快,而使不良行为减少;负惩罚是去掉一个好刺激,当不良行为出现时,不再给予原有的奖励,而使不良行为减少。

惩罚与负强化用俗语"杀鸡儆猴"可以形象地说明两者的联系与区别:对出现了违规行为的"鸡"加以惩罚,意欲违规的"猴"会从中深刻地意识到组织规定的存在,从而加强对自己行为的约束,这种约束即为负强化。有时不给予奖励或少给奖励也是一种负强化。

4. 消退

消退(extinction),又称忽视或衰减,就是对已出现的不符合要求的行为进行"冷处理",既不奖励也不惩罚,以达到"无为而治"的效果。这是一种消除不合理行为的策略,因为倘若一种行为得不到强化,那么这种行为的重复率就会下降。例如,一个人总是抱怨分配给他的工作,但没有人理睬他,也不给他换工作,也许过一段时间他就不再抱怨了,这就是忽视或消退。

强化理论有助于对人们行为的理解和引导。因为,一种行为必然会有后果,而这些后果在一定程度上会决定这种行为是否重复发生。管理人员的职责就在于通过正负强化手段去控制和影响员工的自愿行为。为此,管理人员为了使某种行为重复出现,就应采取正强化的办法反复加以控制;如果要消除某些不利行为,就采取负强化的办法使之削弱。这种控制和改造员工的行为并不是对员工进行操纵,相反,它使员工有一个最好的机会在各种明确规定的备选方案中进行选择。

 案例分析

强化理论在海尔公司的运用

6S是海尔本部实行多年"日事日毕,日清日高"管理办法的主要内容。每天工作表现不佳的员工要站在6S大脚印上反省自己的不足,海尔称这种做法叫"负激励"。海尔对干部每月进行考评,考评档次分表扬与批评。表扬得1分,批评减1分,年底二者相抵,达到负3分的就要淘汰。同时,通过制度使干部在多个岗位轮换,全面增长其才能,根据轮岗表现决定升迁。海尔认为负强化可以使负面行为不再出现,使人头脑清醒,认识自己的错误或不足,从而修正自己的行为,使错误的倾向朝正确的方向转移。

第三节 激励的方法

一、激励的方法

激励的方法是多种多样的,常用的激励方法可分为物质激励和非物质激励两大类。

(一)物质激励

物质激励是指通过满足个体的物质需求出发,对物质利益关系进行调节,从而激发人的积极动机并引导其行为方向的趋向。物质激励多以薪酬调整(加薪、减薪)、奖金发放、罚款惩戒等形式出现,在当前的社会经济条件下,物质激励是激励体系不可或缺的重要手段,它对强化按劳取酬的分配原则和调动员工的劳动热情有很大的作用。

激励的
方法

人们在企业中工作,最终目的就是赚取金钱以满足自身的"衣、食、住、行"的需要,这属于马斯洛需要层次中的生理需要和安全需要层次,因此,就需要层次来看,物质激励满足的是人们的低层次需要。

(二)非物质激励

非物质激励是指企业采取货币以外的方式激励员工。如荣誉激励,关怀激励,榜样激励等。

1. 非物质激励的优势

与物质激励相比,非物质激励的优势体现在以下几个方面:

(1)满足员工深层次的需要。根据马斯洛需要层次理论、ERG 理论,在基本的生理安全上的需要得到满足之后,员工更关注尊重的需要、自我实现的需要、成就的需要。企业文化的凝聚力、荣誉的激励将使员工产生更大的内在的驱动力。

(2)辐射的员工多。非物质激励更多的表现为公开的、透明的。在企业中的所有员工都可以感受到关怀与信任的力量。

(3)节约经营成本。非物质激励不需要有太多的经济投入,却能使员工的积极性提高,对于竞争日益激烈的企业生存环境来讲,节约了经营成本,企业的利润空间也加大了。

(4)塑造积极向上的文化氛围。标杆的作用、榜样的力量对人的影响是无穷的,在这种环境下,所有的员工将积极投入工作中,由此形成良性循环。

2. 非物质激励的方式

非物质激励的方式多种多样,根据奥尔德弗的研究,人的需要主要包括生存、关系和成长三个层次。因此,将非物质激励方式划分为与此相对应的三个方面,对于更好地认识和运用非物质激励的方式是有益的。

(1)与员工生存需要满足相对应的非物质激励方式。员工的生存需要是员工追求基本生活稳定和保障的需要,这是人的需要的基础,为此可以采取安全、公正和企业发展目标激励的方式,以有效满足员工的生存需要。

① 安全激励。安全是人生存的基本条件要求,一旦缺乏安全感,人就会处于焦虑、紧张状态,过分缺乏安全感将会导致人产生一系列生理反应,并难以有效地投入工作,因此,安全激励对员工而言是最基础的需要形式。企业员工对安全需要的重视程度排在第一位,其安全需要包括工作安全、职业保障等。实施安全激励就必须注意给员工职业上、工作上的安全感,诸如采取有效的制度措施保证员工工作环境的安全及生理上和精神上的安全,给予努力工作的员工以职业保障,这些都会促进员工更好地工作。

9

② 公正激励。根据亚当斯的公平理论,人都有公平需要,公平感对员工的激励十分重要。尽管亚当斯的研究主要是集中在物质激励方面,但是我们仍然可以发现,当员工感觉到自己在企业中的各种非物质方面受到不公正待遇,比如自己明显比别人优秀却得不到与别人同等的赞赏,这时员工会感到自己生存环境恶劣,从而重新评估自己的生存条件,并产生一系列的消极应对方式。实施公正激励的关键是尽可能地保证程序公平、机会公平,并通过制度来保证组织公平环境的产生,从而给员工心理上的公平感。

③ 企业发展目标激励。企业的发展目标对于员工在企业的生存有着直接的影响。当一个组织缺乏明确的发展目标时,员工在企业的生存压力就会明显增加,他们会不断地思考"企业的明天在哪里?""我的明天在哪里?""万一企业垮了我怎么办?"等一系列与自身生存有关的问题。对此,企业要科学制定组织的发展战略及各阶段的目标,并注意把组织的目标与员工个人目标相结合,并做好员工的职业生涯规划,使员工切实感到企业是有发展前途的,自己的未来是有保障并且乐观的,从而增强员工与企业的融合,促进他们更好地为企业努力工作。

(2) 与员工相互关系需要满足相对应的非物质激励方式。相互关系需要主要是通过人与人之间的相互交流沟通以满足自身对交往、尊重等方面的需要。与此相应,可以实施以下四种主要的非物质激励方式。

① 沟通激励。沟通是一种有效的非物质激励方式。员工在工作中有沟通的动机,这些动机包括渴望与上司或者同事沟通以获得愉悦,避免当前不愉快的场面,接受友爱,获得放松,取得更高的绩效水平以及获得归属感。通过沟通,不仅可以很好地满足人被尊重的需求和社交需求,也可使人产生强烈的被重视的心理感受,对调动人的积极性有直接的促进作用。沟通还可以使成员间相互理解,改善人际关系,创造良好工作环境。因而,企业要注意营造充分沟通、信息知识共享的文化环境,让员工与企业能够有效沟通,把各种可能产生的心理思想障碍在沟通中妥善解决,通过沟通有效消除员工与员工之间的冲突,促进企业形成和谐的人际关系。

② 尊重激励。心理学研究表明,每个人都有尊重的需要,包括自尊的需要和受人尊重的需要两方面。在对惠普公司20位高级管理人员的调查中,有18位管理人员都主动提到,他们公司的成功在于"惠普之道"。惠普公司创始人比尔·林利特说:"惠普之道就是那种关怀和尊重每一个人和承认他们个人成就的传统。因此,个人的尊重和价值是惠普之道的一个极其重要的因素。"在企业管理过程中,要树立以人为本的管理思想,尊重员工的人格、思想、感情、行为等,使员工的尊重需要得到满足,使其在工作中有更多的自豪感、自信心和责任心,从而极大地激发员工工作积极性、主动性和创造性。

③ 信任激励。信任是管理和激励员工、建立高绩效组织的基本要素。信任对绩效提高有直接作用,管理者对员工的信任可极大地鼓舞员工的工作热情。为此,管理者要多与员工交流,充分肯定员工的能力和水平,要大胆授权,给予其发挥能力的空间,努力做到"用人不疑,疑人不用"。

④ 认可激励。受人重视、得到赏识、引起注意的愿望是一个人最强大、最原始的动力之一。哈佛大学教授康特说,薪资报酬是一种权利,只有肯定才是一个礼物。荣誉可以促使员工产生更大、更稳定的责任感,进而产生内部压力,主动提出高目标,出现向上行为。可见,认可激励是一种非常有效的非物质激励方式。企业管理者应该对员工的工作成绩及时给予肯定和赞美,如口头表扬、授予奖章、内部刊物表扬等,激励他们更好地完成工作。

(3) 与员工成长发展需要满足相对应的非物质激励方式。成长发展需要主要是一种希望自己能够在事业上得到发展的愿望。可以通过以下四种非物质激励方式满足员工的成长发展需要。

① 事业激励。事业激励的基础是员工的事业发展需要。有研究表明,事业型员工希望自己一生能够在事业上有所成就而不愿意一生碌碌无为,为了他们事业的发展往往愿意忍受物质生活条件的不满足。根据调查发现,90%左右的员工都希望在工作中能够有所成就,发挥自己的特长,而且多数民营企业员工认为,如果在企业中不能发挥自己的特长,事业上不能有所成就,自己的价值就不能得到有效的体现。对此,在激励中要注意激发员工的事业动机,为他们事业的发展搭建成功的平台,使他们能够更好地致力于事业的成功,从而为企业发展作出更大的贡献。

② 晋升激励。晋升是指员工在职位或者职称等方面的升级,在一定程度上也是满足员工事业发展的途径。晋升往往意味着对一个人成绩的充分肯定,并由此带来权利需要的满足和自尊需要等方面的满足,因而晋升激励对员工而言意义十分重大。职务晋升是员工个人职业生涯发展的重要途径,员工获得了晋升机会,会认为这是企业对其工作能力与工作业绩的肯定与赏识,是自身价值的提升,是个人职业生涯成功的标志,从而可以充分调动员工积极性。企业应建立有效的职务晋升和职称晋升机制,让每个员工到一定年龄、资历都有晋升的机会和可能,从而以此为动机促使他们更加积极努力地工作。

③ 培训激励。培训激励是指给员工提供培训及学习机会的激励方法。调查发现,培训是企业员工高层次需要的重要内容,能够满足员工不断提升知识经验水平的需求。通过培训可以激发员工的成就需要,给予员工培训激励能够很好地调动他们学习的积极性和主动性,并全面提升自身素质,因而培训激励受到人力资源管理者的高度关注。可口可乐致力于人才培养,其人事部一名高层管理曾说:"可口可乐是一家培养人才的公司,生产碳酸饮料不过是我们的副业。"企业要建立有效的培训制度,加强员工培训需要的调查研究,采取科学有效的方法进行培训,并切实增强培训效果,由此全面调动员工工作的积极性。

④ 参与激励。参与激励是指在不同程度上让员工参与企业的决策及各项管理工作,以此调动员工积极性的方法。当企业要作出决策或者制定计划时,广泛征求员工的意见和建议,不仅能够激发员工的潜力,还能使员工产生强烈的责任感,真正感觉到自己与企业的命运是息息相关的,从而自觉热情地为企业工作。在实施参与激励时,要注意调动员工参与管理的情绪,让他们在参与过程中尽情地发表自己的意见和建议,不管他们的意见正确与否都要切实地保护他们的参与积极性。

在上述三种层次的需要中,生存型激励是基础,关系型激励是保障,成长型激励是关键,而且这三种激励方式是相互依存的关系,缺一不可。需要说明的是,由于人的需要具有复杂性,因而非物质激励的具体方式会有不同的内容,并非仅仅只有上述提到的这些非物质激励方式。

单纯的物质激励存在着明显的局限性。一方面,它难以满足激励对象精神上的需要,比如晋升需要、情感需要、自尊需要等都难以通过物质激励得到应有的满足,我们很难想象一个需要得到上级情感关心的员工,上级仅仅给予其物质上的奖励就能使其感到心满意足而达到理想的激励效果。另一方面,由于物质激励作为一种实体性的资源始终存在着局限性,如果单一使用物质激励,不仅会增加企业的激励成本,而且通过物质的刺激会提高人的需求和对更多物质需求的欲望,而最终导致物质激励的失败。根据调查研究发现,物质激励效果不佳的原因是员工产生了抗激励性和激励依赖性。抗激励性指同一种激励措施长期作用于员工而呈作用递减趋势;激励依赖性是由于受到某种短期或临时的激励措施的刺激作用后形成了对这种激励措施长期的不可排除的依赖性。也就是说,员工的物质收入到一定程度后,物质奖酬只有经常地大幅度提高才足以产生激励效应。

9

二、激励的原则

（一）与目标相结合的原则

激励的目的是达到激励员工以更大的动力来创造好的业绩。所以，在激励机制中，设置目标是一个关键环节。目标设置必须同时体现组织目标和员工需要的要求。

（二）物质激励和精神激励相结合的原则

物质激励是基础，精神激励是根本。员工都有自尊心和荣誉感，都需要精神鼓励与物质激励。在两者结合的基础上，逐步过渡到以精神激励为主，例如股权激励。如能很好地把握物质激励与精神激励的主动性，则能更好地激发员工的工作热情，创造更大的业绩。

（三）引导性原则

激励措施只有转化为被激励者的自觉意愿，才能取得激励效果。因此，引导性原则是激励过程的内在要求。

（四）合理性原则

激励的合理性原则有两层含义：一是激励的措施要适度，组织要根据所实现目标本身的价值大小确定适当的激励量；二是奖惩要公平，员工所要追求的是公平，要用公平、公正的态度来对待组织里的每一个人。让员工感受到公平、公正有时候比给他提供物质激励更加重要。

（五）明确性原则

激励的明确性原则包括三层含义：一是明确，激励的目的是需要做什么和必须怎么做，要明确表述；二是公开，特别是分配奖金等员工关注的问题需要公开透明；三是直观，实施物质奖励和精神奖励都需要直观地表达它们的指标，直观性与激励影响的心理效应成正比。

（六）时效性原则

要把握激励的时机，"雪中送炭"和"雨后送伞"的效果是不一样的。激励越及时，越有利于将人们的激情推向高潮，使其创造力连续有效地发挥出来。

（七）正、负激励相结合的原则

所谓正激励就是对员工符合组织目标期望的行为进行奖励。所谓负激励就是对员工违背组织目标的行为进行惩罚。正负激励都是必要而有效的，不仅作用于当事人，而且会间接地影响周围其他人。

（八）按需激励的原则

激励的起点是满足员工的需要，但员工的需要因人而异、因时而异，并且只有满足最迫切需要（主导需要）的措施，其效价才高，其激励强度才大。因此，领导者必须深入地进行调查研究，不断了解员工需要层次和需要结构的变化趋势，有针对性地采取激励措施，才能收到实效。

三、激励方法的应用

激励是一种力量，给人以行动的动力，使人的行为指向特定的方向。激励是一个体系或者系统，它贯穿于整个管理过程中。管理者应该遵循人的行为规律，根据激励的相关原理，动态地、系统地、因人而异地选取并运用多种方法和手段，最大限度地激发员工热情和工作积极性，促进组织目标的实现。

（一）目标激励

运用目标激励要注意三点。

激励方法
的应用

（1）目标设置必须符合激励对象的需要。即要把激励对象的工作成就同其正当的获得期望挂钩，使激励对象表现出积极的目的性行为。

（2）提出的目标一定要明确。比如，"本月销售收入要比上月增长10％"这样的目标就比"本月销售收入要比上月有所增长"这样的目标更有激励作用。

（3）设置的目标既要切实可行，又要具有挑战性。目标难度太大，会让人可望而不可即；目标过低，则影响人们的期望值，难以催人奋进。无论目标客观上是否可以达到，只要员工主观上认为目标不可达到，他们的努力程度就会降低。目标设定应当像树上的苹果那样，站在地面上摘不到，但只要跳起来就能摘到，而且管理者应将长远目标分解为阶段目标。

 拓展阅读

字节跳动的目标激励

字节跳动成立于2012年3月，公司使命为"激发创造，丰富生活"。目前公司业务覆盖150个国家和地区，拥有15万名员工。字节跳动在全球推出了多款有影响力的产品，包括今日头条、抖音、西瓜视频、飞书、Lark、PICO、剪映及海外版TikTok等。字节跳动作为一家以技术创新驱动的互联网企业，其激励机制以高效、灵活著称。公司不仅提供具有竞争力的薪酬福利，还通过多种手段激发员工的积极性和创造力。具体而言，字节跳动实施了OKR（目标与关键结果）管理体系，鼓励员工设定具有挑战性的目标，并通过团队合作实现这些目标。OKR管理体系使员工能够清晰地了解自己的工作目标和关键结果，从而更有针对性地开展工作。这种以目标为导向的激励机制有助于激发员工的积极性和创造力。此外，公司还注重员工的个人成长和发展，提供丰富的培训资源和晋升机会，帮助员工实现职业规划。

（二）信任激励

信任激励是指领导者要充分相信下属，放手让其在职权范围内独立地处理问题，使其有职有权，能够创造性地做好工作。古人说"疑则勿任，任则勿疑"。现代领导活动中的用人不疑，更是重要的用人原则。运用信任激励要注意三点。

（1）用人不疑的对象必须是德才兼备、在工作上能放心放手的人才。对那种投机钻营的"奸臣"和平庸无能的"草包"，决不可轻信重用，否则贻误大业。

（2）切忌轻信闲言碎语。在现实社会中，有爱才荐才之士，也有妒才诬才之徒。领导者一定要头脑清醒，是非分明，以免影响人才智慧和创造性的发挥。

（3）授以职权之后，必须放手让其自主工作，不要横加干涉。只有给予被任用者真正的信赖和授权，才能使其产生最佳心理，激励他们充分发挥主观能动性。

（三）情感激励

情感激励是指加强与员工的感情沟通，通过改善工作环境，减轻工作强度，关注员工的疾苦，关心员工所思所想所求，使员工感受到温暖，始终保持良好的情绪，激发员工工作热情和对群体的依恋。它倡导的是以情感人，通情达理，用情感的感召力去营造一个良好的人际关系，从而激发广大员工的工作积极性和创造性，使他们以饱满的热情、进取的精神和态度发奋工作。在运用情感激励时，具体的做法有：

团队情感
激励

1. 管理者行为的"垂范激励"

"政治路线确定之后，干部就是决定因素"，这句话已被无数实践所证明。美国社会学家彼得·布劳在《社会生活中的交换与权力》一书中提到：领导的有效性和稳定性取决于下级的社会赞同。受到下级承认和赞同的领导人,在对下级施加影响时,要比那些未受到承认或赞同的领导人更为有效。"干部是人民群众的公仆",企业经营者作为单位的掌舵人和领头雁应该以身作则,率先垂范,处处做群众的楷模。要求员工做到的自己要先做到,禁止别人违犯的自己绝不违犯,自觉把自己置于员工群体的监督之中。身传胜过言教,"榜样的力量是无穷的""正身直行,众邪自息"。具有亲切美好领导形象的人无疑将赢得员工的爱戴和拥护,号召力、凝聚力也就自然而然地会产生。

2. 日常交往中的"融通激励"

经营管理者与自己部下的接触是正常的、大量的,这些接触正是于无形中实施"情感激励"的最佳时机。首先,管理者应该调整好自己的心态。领导与被领导只是行政职务和岗位上的分工,上下级在政治上是平等的,没有高低贵贱之分。所以,领导在下属面前不应有丝毫的优越感和特殊感。考虑到下级可能会产生的心理障碍(譬如在上司面前的自卑等),领导者在交往中更应该主动、虚心,神情语言要平易、谦和,从这个基础出发,和部下的沟通就会变得朴素自然不着痕迹。

人与人的交往,一是要谋求情感方面的交流,二是要实现信息方面的沟通。人都是有情感需求的,而下级又特别希望从领导那里得到尊重和关爱,在这种需求得到满足之后,必定会以更大的努力投入工作。上级和下级之间信息的交流,可以增强彼此的信赖感和了解程度,只有上级体察到了下级的所干所想、才华能力,才能在运筹帷幄时知人善任,人尽其用;只有下级理解了上级的心理活动,吃透了意图,干起工作来才能得心应手,事半功倍。

3. 布置工作时的"发问激励"

布置工作是落实本部门或上级决策的关键。对此,管理者应有充分的思想准备,讲话要明白、果断,语气要充满自信,让下属受到鼓舞和感染。同时又不能只顾自己发号施令,应随时注意与部下感情上的融通,适时提出问题并给下属思考回答的余地。现代管理理论指出,以发问方式布置工作是对部属的尊重和爱护。在自尊心和荣誉感的驱动下,员工的潜能将得到更大发挥。生硬的命令则不同,它容易抑制下级执行任务的热情,甚至打击他们主动创造的积极性。例如同样一项工作,假如领导这样布置:"你必须完成!"下属就不好意思提出其他建设性意见、疑问以及顾虑,在某些场合下,还有可能造成强人所难的误会,勉勉强强地接受下来,执行过程中也许会以一些难以考证的原因来拖延。如果换一种口吻安排:"你看承担这项工作有哪些困难需要帮你解决?"下属便乐意接受,自然也会认真执行工作任务。因为前者仅仅把人当作完成任务的对象,后者则充满了情感的体贴及人格的尊重。

4. 交代任务时的"授权激励"

在企业的生产经营活动中,管理者要把大量行政事务和技术业务工作向下属交办,这就存在知人善任的问题。领导要参考下属的个性、能力、特长、人际关系等具体情况,分别交办不同的任务。一旦确定下来,在交代任务时就不要有任何犹豫,应表现出充分信任和关切,以免伤害下属的自尊。交代任务就意味着要下属要承担一定的责任,因此,应同时授予他相应的权力,并为他能正确行使职权提供必要的帮助。权力是完成任务的条件,而责任又是赋予相应权力的依据,委任授权,下属既具备了完成任务的基本前提,又从委任者那里感受到信任和关切,势必会尽职尽责地把事情办好。如果管理者放手不放心,委任不授权,则下属在完成任务的过程中就会处于两难状态:或是事无巨细样样请示,以至于贻误战机;或是因权责不到位产生逆反心理,消极怠工。

5. 决策过程中的"参与激励"

参与意识是实现自我价值需求的表现。员工大多希望企业领导能给他们提供一个舞台,让他们调用自己的全部能力在这个舞台上导演出精彩的话剧来,达成实现自我价值的理想,这是企业员工精神方面的一种高层次追求,应该得到爱护和尊重。所以,管理者在决策过程中,要有高度的民主作风,即便自己已经胸有成竹,也应该以虚怀若谷的态度,进一步征询更多人的看法和意见。那种认为决定目标、方针、方向仅仅是领导层的事,没有必要让更多人知道的想法,实际上陷入了认知的误区。无论管理者个人如何聪慧,和群体智慧相比总是十分有限的,只有让员工明白组织的目标,并为他们献计献策提供机会,才能满足员工实现自我价值的理想,激发他们的创造性思维,从而迸发许许多多不寻常的创意和有价值的想法,而集思广益的结果,将使决策更科学、更完善、更可行,最终更有益于组织目标的实现。

6. 发生矛盾时的"宽容激励"

上级与下级之间发生矛盾和冲突是在所难免的。遇到这种情况,管理者应以豁达的态度泰然处之,不能耿耿于怀,更不能蓄意报复。即使下级的态度比较恶劣,也要本着"企业大事讲原则,个人小事不计较"的精神去消除和淡化,必要时管理者可事后主动找对方谈心交换意见,以期圆满解决。这样处理不仅不会有损管理者的形象,还会因此提高威信,促进上下级之间的理解与沟通。

 拓展阅读

绝 缨 会

春秋时楚庄王一次大宴群臣,一直喝到日落西山,又点起灯烛继续喝。忽然,刮起一阵大风,把宫中灯烛全部吹灭。这时,一个喝得半醉的将军忽然拉住了一位妃子的衣服。妃子大惊,摸着那位将军的头盔,折断了他头盔上的帽缨,大喊:"大王,有人想趁黑侮辱我,我已经折断了他的帽缨,拿在手上,请一会儿点灯后看谁的头上没有帽缨,问他的罪!"楚庄王马上说:"且慢!我今天请大家喝酒,有的人喝醉了,酒后失礼不能责怪。我不能为了显示你的贞节而伤害我的大臣。"楚庄王又说:"今天痛饮,不拔掉盔缨不算尽欢,大家都把盔缨拔掉!"参加宴会的有一百多人有盔缨,全部拔掉了,然后才重新点灯,君臣直喝得尽欢而散。三年后,楚晋大战。有一位将军总是奋不顾身冲在前面。击溃晋军之后,庄王把那位将军召到面前,对他说:"我平日并没有特殊优待你,你为什么能如此舍生忘死地战斗呢?"那位将军回答:"三年前宴会上被妃子折帽缨的就是我。蒙大王不杀之恩,我决心肝脑涂地,以报大王之恩。"

实 训

一、实训目的

1. 通过案例分析,在理论学习的基础上,提高资料分析能力、理论应用能力、小组沟通及分工协作能力;并通过小组汇报,学会汇报与倾听。

2. 通过案例分析,提高运用理论分析实际问题的能力;并通过小组合作,加强组内分工和协作能力。

3. 通过自我测评和小组讨论,提高自我剖析能力,提高语言表达能力、思维能力和发现问题、分析问题、解决问题的能力。

二、实训内容、组织方式及步骤

实训内容Ⅰ:激励的要素

实训形式:案例分析。

实训步骤:

第一步,实训前准备。课前查阅相关书籍,初步了解本次实训的基础理论知识。

第二步,以 5~6 人的小组为单位对以下案例资料进行阅读。

李强的忧虑

李强已经在智宏软件开发公司工作了 6 年。工作期间,他工作勤恳负责,技术能力强,多次受到公司的表扬,领导很赏识他,并赋予他更多的工作和责任,几年中他从普通的程序员晋升到了资深的系统分析员。虽然他的工资不是很高,住房也不宽敞,但他对自己所在的公司还是比较满意的,并经常被工作中的创造性要求所激励。公司经理经常在外来的客人面前赞扬他:"李强是我们公司的技术骨干,是一个具有创新能力的人才……"

去年 7 月份,公司有申报职称指标,李强属于有条件申报之列,但名额却给了一个学历比他低、工作业绩平平的老同志。他想问一下领导,谁知领导却先来找他:"李强,你年轻,机会有的是。"

最近李强在和同事们的聊天中了解到他所在的部门新聘用了一位刚从大学毕业的程序分析员,工资仅比他少 50 元。尽管李强平时是个不太计较的人,但对此还是感到迷惑不解,甚至很生气,他觉得这里面可能有什么问题。

在这之后的一天下午,李强找到了人力资源部宫主任,问他此事是不是真的? 宫主任说:"李强,我们现在非常需要增加一名程序分析员,而程序分析员在人才市场上很紧俏,为了使公司能吸引合格人才,我们不得不提供较高的起薪。为了公司的整体利益,请你理解。"李强问能否相应提高他的工资。宫主任回答:"你的工作表现很好,领导很赏识你,我相信到时会给你提薪的。"李强向宫主任说了声"知道了!"便离开了他的办公室,开始为自己在公司的前途感到忧虑。

第三步,根据以下问题,充分发表个人观点,进行讨论和分析,并记录。

1. 结合案例资料,谈谈李强进入公司努力工作的激励过程。

2. 请讨论分析智宏软件开发公司员工的工作动机有哪些。

3. 案例公司实施了哪些员工激励措施,却忽略了什么因素,导致李强的忧虑?

4. 如果你是公司高管,你会提出哪些新措施,新措施将从哪些方面刺激员工的需要和动机?

第四步,各小组选出一名代表发言,对小组讨论分析的结果进行总结。

第五步,对各种观点进行分析、归纳和要点提炼,完成案例分析报告。

实训要求:各小组成员都应学会讨论分析记录,并积极进行案例讨论,发表个人观点,认真完成实训内容。发言要求语言流畅,条理清晰。案例分析报告要求文字简练,条理清晰。

实训内容Ⅱ:激励理论

实训形式:案例分析。

实训步骤:

第一步,实训前准备。课前查阅相关书籍,初步了解本次实训的基础理论知识。

第二步,以 5~6 人的小组为单位对以下案例资料进行阅读。

如何留住他?

赵女士是东南大学会计学学士,在接受了许多公司的面试后,她选择了某著名会计公司的一个职位,并被派到南京办事处。赵女士对所得到的一切都很满意:7 000 元的月薪、名声显赫的大公司、具有挑战性的工作。

一年后,工作仍然像她希望的那样具有挑战性,上级对她的工作也很满意,公司也给她每月加薪 500 元。但是赵女士最近的工作积极性却急速下降,原因是办事处刚刚聘用了一个南京审计学院的毕业生,此人缺乏工作经验,但工资却是每月 7 800 元,比赵女士现在还多 300 元,除了愤怒,用其他任何语言都无法描述她现在的心情,她甚至不想干了,告诉公

9

司要离职。

第三步,根据以下问题,充分发表个人观点,小组进行讨论和分析,并记录。

1. 请问赵女士为什么会不满? 请运用激励理论进行分析。

2. 如果你是公司的人力资源部主管,你将如何挽留赵女士? 请设计一个激励方案。

第四步,各小组选出一名代表发言,对小组讨论分析的结果进行总结。

第五步,对各种观点进行分析、归纳和要点提炼,完成案例分析报告。

第六步,以小组为单位提交一份针对该公司的激励方案。

实训要求: 各小组成员都应学会讨论、分析和记录,并积极进行案例讨论,发表个人观点,认真完成实训内容。发言要求语言流畅,条理清晰。案例分析报告要求文字简练,条理清晰。

实训内容Ⅲ:激励方式

实训形式: 测试分析。

实训步骤:

第一步,实训前的准备。课前查阅相关书籍,初步了解本次实训的基础理论知识。

第二步,分发测试题卡,在安静的状态下根据自己的情况做选择题,进行个人激励方式选择能力测试。

测试题卡:

激励方式选择能力是指管理者在不同情境下选择合适的激励方式与综合运用这些方式的能力。请通过以下问题对自己的该项能力进行测评。

1. 在激励下属时,你选择激励方式的依据是(　　　)。

A. 根据下属的特点选择　　B. 根据公司制度选择　　C. 依据自己的偏好选择

2. 你认为各种激励方式,(　　　)。

A. 都是有效的,要综合利用　　B. 不同的方式效果不同　　C. 要有选择地用

3. 激励下属前,你(　　　)。

A. 每次都要思考　　　　B. 只在特殊情况下思考　　C. 不思考,严格执行公司制度

4. 为了使激励方式更有针对性,你会(　　　)去掌握下属的个性、特点与偏好。

A. 多种方式并用　　　　B. 通过沟通　　　　C. 根据自己的观察

5. 你通常采用(　　　)的激励方式激励下属。

A. 五种以上　　　　B. 三至五种　　　　C. 三种以下

6. 你采用(　　　)预期的效果的激励方式。

A. 通常都能达到　　　　B. 大部分能达到　　　　C. 部分能够达到

7. 你对下属进行(　　　)的激励。

A. 物质激励和精神激励并重　B. 以精神激励为主　　C. 以物质激励为主

8. 你认为物质激励(　　　)。

A. 需要和精神激励相结合　　B. 是必须的　　　　C. 是最好的激励方式

9. 你(　　　)对下属进行赞美和表扬。

A. 随时随地　　　　B. 当下属有良好表现时　　C. 当下属有突出成绩时

10. 作为管理者,你认为惩罚(　　　)。

A. 有时候也是一种激励　　B. 有时候会打击员工　　C. 是管理者的一种态度

评分标准:选 A 得 3 分,选 B 得 2 分,选 C 得 1 分。

评分结果说明:

24 分以上,说明你的激励方式选择能力很强,请继续保持和提升。

9

15～24 分,说明你的激励方式选择能力一般,请努力提升。

15 分以下,说明你的激励方式选择能力很差,急需提升。

第三步,根据测评结果,分析自己的激励方式选择能力,找出不足之处。

第四步,以小组为单位,相互比较,相互交流,充分发表个人观点,进行讨论和分析,小组成员对激励方式的选择有哪些是值得借鉴的,进行讨论并记录。

第五步,各小组选出一名代表发言,对小组讨论分析的结果进行总结。

第六步,以小组为单位对各种观点进行分析、归纳和要点提炼,完成小组测评分析报告。

实训要求:认真进行自我测评,自我剖析,各小组成员都应学会讨论、分析和记录,并积极进行讨论,发表个人观点,认真完成实训内容。发言要求语言流畅,条理清晰。小组分析报告要求文字简练,条理清晰。

三、实训时间及成绩评定

(一) 实训时间

实训内容Ⅰ:案例讨论时间 20 分钟为宜,各小组代表发言时间控制在 3 分钟左右。

实训内容Ⅱ:案例讨论时间 20 分钟为宜,各小组代表发言时间控制在 3 分钟左右。

实训内容Ⅲ:自我测评时间 5 分钟;自我剖析时间 5 分钟;小组讨论分析时间 20 分钟;各小组代表发言时间 3 分钟。

(二) 实训成绩评定

1. 实训成绩按优秀、良好、中等、及格、不及格 5 个等级评定。

2. 实训成绩评定要点。

(1) 是否能够正确理解激励的含义、过程及要素。

(2) 是否能够正确理解激励理论,并运用这些理论进行案例分析。

(3) 是否能够充分理解激励的各种方式及其应用。

(4) 是否积极参与小组讨论,踊跃发表自己的观点,并进行讨论内容的总结与概括。

小 结

1. 激励是指影响人们内在需求或动机,加强、引导和维持行为的活动或过程。激励的过程就是在外界刺激变量(各种管理手段与环境因素)作用下,使内在的变量(需求、动机)产生持续不断的兴奋,从而引起主体(被管理者)积极的行为反应(为动机所驱使的、实现目标的努力),使主体(被管理者)从未能得到满足的需要开始,到需要得到满足(或未得到满足而产生新的需要)为止。

2. 在激励过程中,有外部刺激、需要、动机和行为四个基本要素,它们相互作用,构成了对员工的激励。

3. 内容型激励理论重点研究激发动机的诱因,并根据这些因素设计与实施相应的措施和手段,从而达到激励的目的。内容型激励理论主要包括:马斯洛的"需要层次理论"、奥尔德弗的 ERG 理论、麦克利兰的"成就需要理论"、赫茨伯格的"双因素理论"等。

4. 马斯洛的"需要层次理论"认为人的需要可以分为五个层次,即生理需要、安全需要、情感与归属需要(社交需要)、尊重需要和自我实现需要。奥尔德弗的 ERG 理论认为人有生存的需要、相互关系的需要和成长发展的需要。麦克利兰的"成就需要理论"认为人有三种基本的需要:

成就需要、权力需要和亲和需要。赫茨伯格的"双因素理论"认为影响人的积极性的因素分为激励因素与保健因素。

5. 过程型激励理论着重研究人从动机产生到采取行动的心理过程,它的主要任务是找出对行为起决定作用的某些关键因素,弄清它们之间的相互关系,以预测和控制人的行为,主要包括亚当斯的公平理论、弗鲁姆的期望理论和斯金纳的强化理论等。

6. 亚当斯的公平理论认为公平感是一种主观感受,是人们对自己报酬相对量的横向比较和纵向比较,人们除了关注自己报酬的绝对值外,还关注其报酬的相对值。弗鲁姆的期望理论认为人们对某项工作积极性的高低,取决于该工作能满足人们某种需要的程度及实现可能性大小的评价。斯金纳的强化理论认为,人具有学习能力,通过改变其所处的环境,可保持和加强积极行为,减少或消除消极行为,把消极行为转化为积极行为,并据此提出了四种行为改造策略:正强化、负强化、惩罚和消退。

7. 激励的方法是多种多样的,常用的激励方法可分为物质激励和非物质激励两大类。

8. 激励的原则有:与目标相结合的原则、物质和精神激励相结合的原则、引导性原则、合理性原则、明确性原则、时效性原则、正负激励相结合的原则和按需激励的原则。

习　题

一、单项选择题

1. (　　)是激励的起点与基础。

A. 动机　　　　　　B. 需要　　　　　　C. 外部刺激　　　　D. 行为

2. (　　)是构成激励的核心要素。

A. 动机　　　　　　B. 需要　　　　　　C. 外部刺激　　　　D. 行为

3. (　　)提出"需要层次"理论。

A. 奥尔德弗　　　　B. 麦克利兰　　　　C. 马斯洛　　　　　D. 弗鲁姆

4. 当人们认为自己的报酬与劳动之比,与他人的报酬与劳动之比是相等的,这时就会有较大的激励作用,这是(　　)理论。

A. 双因素理论　　　B. 效用理论　　　　C. 公平理论　　　　D. 强化理论

二、多项选择题

1. 属于赫茨伯格"双因素理论"中的保健因素的有(　　　　)。

A. 人事关系　　　　　　　　　　B. 工作本身的挑战性

C. 公司的政策　　　　　　　　　D. 个人的成长与发展

E. 工资　　　　　　　　　　　　F. 晋升

2. 期望理论中激励水平取决于(　　　)要素的乘积。

A. 效价　　　　　　B. 奖励数量　　　　C. 期望值　　　　　D. 奖励的频率

E. 愿望　　　　　　F. 概率

3. 美国心理学家麦克利兰提出激励的成就需要理论,认为人的需要包括(　　　)。

A. 权力需要　　　　B. 生理需要　　　　C. 成就需要　　　　D. 亲和需要

E. 社交需要　　　　F. 自我实现需要

4. 下列说法正确的是(　　　)。

A. 马斯洛认为人的需要有生理需要、安全需要、情感与归属需要、尊重需要和自我实现需要。

B. 弗鲁姆的期望理论认为：激励力量＝效价×期望值

C. 麦克利兰认为人有三种需要：亲和需要、权力需要和成就需要

D. 亚当斯认为管理者必须对员工贡献给予恰当的承认，否则员工就会产生不公平

E. 根据强化理论，在管理过程中不管何种人都应以正强化来进行激励

F. 赫茨伯格的"双因素理论"认为工作的挑战性是激励因素

三、判断题

1. 需要是人对某种目标的渴求或欲望，主要和人的主观愿望相联系。动机在需要的基础上产生，主要和人的行动相联系。（　　）

2. 赫茨伯格认为，保健因素能真正调动职工的积极性。（　　）

3. 内容型激励理论重点研究激发动机的诱因，并根据这些因素设计与实施相应的措施和手段，从而达到激励的目的。（　　）

4. 表彰和奖励能起到激励的作用，批评和惩罚不能起到激励的作用。（　　）

5. 强化理论中负强化就是惩罚。（　　）

四、思考题

1. 双因素理论的基本内容是什么？在管理实践中如何运用这种理论？

2. 期望理论对管理者有何启示？

3. 公平理论告诉我们，公平对待员工是一种重要的激励手段，可是尽管管理者总是努力地公平对待每一位员工，仍然有不少的员工觉得不公平，为什么？

9

第十章 控制及其方法

📖 **知识目标:**理解控制的含义、原则和过程,了解控制的类型,熟悉控制的方式方法。

📖 **能力目标:**提高预测分析能力,拥有自我剖析能力,提高自我控制能力,提高对管理控制问题的分析能力。

📖 **素养目标:**认识控制的重要性,形成相应的控制意识和管理控制素养,并能将所学应用于自身学习和生活,提升自我管理水平。

第一节 控制与控制过程

一、控制的含义

控制是指核对或检查实际工作状况,并与预定的计划相比较,发现偏差时予以纠正,以保证计划的实现。组织内任何形式的控制,都有一定的前提条件,这些前提条件是否充分,对于控制工作能否顺利开展有很大的影响。控制的前提条件主要包括以下几个方面。

控制的含义及过程

(一) 有一个科学的、切实可行的计划

控制的目的是保证组织目标与计划的顺利实现。控制目标体系是以预先制定的目标和计划为依据的,控制工作的好坏与计划工作紧密相连。组织在行动之前制定出一个科学的、符合实际的行动计划,是控制工作取得成效的前提。相反,如果一个组织没有一个好的计划,或者有一个可能导致组织走向失败的计划,那么控制工作做得越好就越会加速组织走向失败。而且,控制工作本身也需要有一个科学的、切实可行的计划来明确控制的目标、对象、主体、方式、方法,没有一个科学的控制计划,控制就难免顾此失彼。因此有效控制是以科学的计划为前提的,控制和计划是一个问题的两个方面,控制的任务是使计划得以实现。

(二) 有专司控制职能的组织机构或岗位

控制工作是要根据各种信息,纠正计划执行中出现的偏差,以确保目标的实现。要做到这一点,就要有专司监督职责的机构或岗位,建立、健全与控制工作有关的规章制度,明确由何部门、何人来负责何种控制工作。

一个组织如果没有专门的控制机构,而由各部门自行监督、自行控制,那么就会出现管理部门和执行部门出于对自身利益的考虑而故意掩盖、制造假象,或出现阳奉阴违的情况,也可能会存在管理部门由于忙于贯彻指令,而无暇顾及调查研究及分析评价而难以反映真实状态的情况。

因此,监督机构与相应的规章制度越健全,控制工作也就越能取得预期的效果。

(三) 有畅通的信息反馈渠道

控制工作中的一个重要步骤就是要将决策指令和计划执行情况及时反馈给管理者,以便管理者对已达到的目标水平与预期目标进行比较分析。这种信息反馈的速度和准确性直接影响决策机构作出的决策指令的正确性和准确性。因此,为了获得准确的信息反馈,防止监督机构与被监督机构串通一气、谎报信息,管理者在制定好了计划,明确了各部门、各岗位在控制中的职责以后,还必须设计和维护畅通的信息反馈渠道。

设计信息反馈渠道要注意:设立多个信息反馈渠道,确定与信息反馈工作有关的人员在信息传递中的任务与责任;事先规定好信息的传递程序、收集方法和时间要求等事项;做好领导工作,调动各方面人员主动提供信息的积极性。只有建立畅通的信息反馈渠道并加强领导,控制工作才能卓有成效地进行下去。

二、控制的基本原则

无论采用何种控制方式,为了保证对组织活动进行有效的控制,控制工作都必须遵循以下基本原则。

(一) 重点原则

控制不仅要注意偏差,而且要注意出现偏差的项目。我们不可能控制工作中所有的项目,而只能针对关键的项目,且仅当这些项目的偏差超过了一定限度,足以影响目标的实现时才予以控制纠正。事实证明,要想完全控制工作或项目的全过程几乎是不可能的,因此,应抓住项目过程中关键和重点进行局部的和重点的控制,这就是重点原则。

由于组织和部门职能的多样化、被控制对象的多样化以及政策和计划的多变,几乎不存在有关选择关键和重点的普遍原则。但一般情况,在任何组织中,目标、薄弱环节和例外是管理者控制的重点。

(二) 及时性原则

高效率的控制系统要求能迅速发现问题并及时采取纠偏措施。这一方面要求及时准确地提供控制所需的信息,避免时过境迁,使控制失去应有的效果;另一方面要事先估计可能发生的变化,使采取的措施与已变化了的情况相适应,即纠偏措施的安排应有一定的预见性。

控制是通过纠偏来保证目标的实现,因此控制信息要力求准确,要客观、准确地进行控制标准的制定、实际业绩的评估、存在差异的分析和控制措施的采取。控制信息不准确不仅会影响工作进展,走弯路,而且会挫伤员工的积极性和工作热情。

要使控制准确客观,一是要建立客观的衡量方法,对绩效用定量的方法记录并评价,把定性的内容具体化、客观化;二是管理人员要从组织的角度来观察问题,避免形而上学,避免个人的偏见和成见,特别是在绩效的衡量阶段,要以事实为依据;三是要明确这些信息不是虚假的,要确保信息的可靠性。

实际情况千差万别,控制不仅要准确,而且要及时,一旦丧失时机,即使提供再准确的信息也是徒劳。当然及时不等于快速,及时是指当决策者需要时,控制系统能适时地提供必要的信息。组织环境越复杂、动荡,决策就越需要及时控制信息。同时,要尽可能地采用前馈控制方式或预防性控制措施,一旦发生偏差,就对以后的情况进行预测,使控制措施能够针对未来,较好地避免时滞问题。

（三）灵活性原则

尽管人们努力探索未来、预测未来，但未来的不可预测性始终是客观存在的。虽然人们努力追求预测的准确性、对实际业绩评价的准确性、差异分析的准确性，但不准确性总会存在。如果控制不具有弹性，则在执行时难免被动。因此，为了提高控制系统的有效性，就要使控制系统具有一定的灵活性。

控制的灵活性原则要求管理者制定多种应对变化的方案和留有一定的后备力量，并采取多种灵活的控制方式和方法来达到控制的目的。控制应保证在发生某些未能预测到的事件，如环境突变、计划疏忽、计划失败等情况下，控制仍然有效，因此要有弹性和替代方案。控制应当从实现目标出发，采用各种控制方式达到控制目的，不能过分依赖正规的控制方式，如预算、监督、检查、报告等，它们虽然都是比较有效的控制工具，但也都存在一定的不完善之处，数据、报告、预算有时会同实际情况有很大的差别，过分依赖它们有时会导致指挥失误、控制失灵，因此要采用一些能随机应变的控制方式和方法，如现场探察等。

（四）经济性原则

控制是一项需要投入大量的人力、物力和财力的活动，其耗费之大的原因之一是因为许多应予以控制的问题没有加以控制。是否进行控制，控制到什么程度，都涉及费用问题，因此必须把控制所需的费用与控制所产生的效果进行经济上的比较，只有当有利可图时才进行控制。

控制的经济性原则，一是要求实行有选择的控制，全面周详的控制不仅是不必要的也是不可能的，要正确而精心地选择控制点，太多会不经济，太少会失去控制；二是要求努力降低控制的各种耗费而提高控制效果，费用的降低使人们有可能在更大范围内实行控制。花费少而效率高的控制系统才是有效的控制系统。

控制所耗费的成本必须值得，虽然这种要求看起来很简单，实际上却很复杂，因为管理者很难知道一个特定的控制系统价值多少，或者它的成本是多少。所谓经济是相对的，因为效益会随着业务的重要性、工作的规模、因无控制而造成的耗费、控制系统可能作出的贡献等因素而改变。在实际工作中，控制的经济性考虑在很大程度上取决于管理者是否将控制应用于他们所认为的重要工作上。

三、控 制 的 过 程

（一）确定控制标准

控制主要是对组织活动加以监督和约束，以实现所期望的目标，为此必须首先确定控制标准，作为共同遵守的衡量尺度和比较的基础。因此，制定控制标准是实施控制的必要条件。

控制的目的是保证计划的顺利进行和目标的实现，因此控制标准的制定必须以计划和目标为依据。但组织活动的计划内容和活动状况是细微和复杂的，控制工作既不可能也无必要对整个计划和活动的细枝末节都来确定标准、加以控制，而应找出关键点。只要抓住这些关键点，就可以控制组织整体状况。

在控制过程中，对关键点必须制定相应的控制标准。控制标准可分为定量标准和定性标准。定量标准便于度量和比较，是控制标准的主要表现形式。定量标准主要分为实物标准、价值标准、时间标准。实物标准如产量等，价值标准如成本、利润、销售收入等，时间标准如工时定额、工期等。除了定量标准外，还有定性标准，主要是有关服务质量、组织形象等方面的，这些方面一般难以量化。尽管如此，为了使定性标准便于掌握，有时也应尽可能地采用一些可度量的方法。如美国著名的麦当劳公司在经营上奉行"质量、服务、清洁、价值"的宗旨，为体现其宗旨，公司制定

10

的工作标准是:95%以上的顾客进餐馆后,三分钟内服务员必须迎上前去接待顾客;事先准备好的汉堡包必须在五分钟内热好供应顾客;服务员必须在就餐顾客离开后五分钟内把餐桌打扫干净等。

任何一项具体工作的衡量标准都应该有利于组织目标的实现,而对每一项具体工作都应有明确的时间、内容、要求等方面的规定。不管对某些控制对象制定控制标准有多困难,组织都应尽可能地建立有效的控制标准,能够量化的尽可能量化,不能量化的尽可能细化。

(二) 衡量实际业绩

标准的制定是为了衡量实际业绩,即把实际工作情况与控制标准进行比较,找出实际业绩与控制标准之间的差异,并据此对实际工作作出评估。

实际业绩的确定直接关系到控制措施的采取,因此要十分重视。要进行系统检查,通过调查、汇报、统计、分析等比较全面确切地了解实际的工作进展情况;要力求真实,防止文过饰非、空洞无物;要将检查作为一项经常性的工作,定期而持续地进行;要建立一定的检查制度、汇报制度,及时掌握信息;要抓住重点,对关键之处进行重点检查,以使控制更有针对性。

为了防止被控制者歪曲或隐瞒实际情况,管理者可建立专门的部门,如统计部门、审计部门、政策研究部门等来从事这项工作。不要把实际绩效简单地理解为某项工作或某个项目的最后结果,有时它可能是中间过程或状态,有时它可能是由中间过程或状态推测出来的结果。控制的目的不是为了衡量绩效,而是为了达到预定的绩效,所以在控制过程中也要预测可能出现的偏差,以控制未来的绩效。

(三) 进行差异分析

通过实际业绩同控制标准之间的比较,可确定这两者之间有无差异。若无差异,工作按原计划继续进行;若有差异,则首先要了解偏差是否在标准允许的范围之内。若偏差在允许的范围之内,则工作继续进行,但也要分析偏差产生的原因,以便改进工作,并把问题消灭在萌芽状态;若偏差在允许的范围之外,则应及时地深入分析产生偏差的原因。

差异分析首先要确定偏差的性质和类型。偏差的产生,可能是在执行任务过程中由于工作失误而造成的,也可能是由于原有计划不周所导致的,必须对这两类不同性质的偏差作出准确的判断,以便采取相应的纠偏措施。

偏差可分为正偏差和负偏差。正偏差是指实际业绩超过了计划要求,而负偏差是指实际业绩未达到计划要求。负偏差固然引人注目,需要分析,正偏差也要进行原因分析。如果是由于环境变化导致的有益的正偏差,则要修改原有计划以适应变化的环境。如在检查当月的销售情况时,出现实际销售量超过预期计划的正偏差,管理人员要分析导致实际销售量超过预期计划的原因,以便采取正确的措施。

在作差异分析时,必须持冷静客观的态度,以免影响分析的准确性。应抓住重点和关键,从主观和客观两方面作实事求是的分析。

(四) 采取纠偏措施

进行差异分析的目的是采取正确的纠偏措施,以保证计划的顺利进行和组织目标的实现。在深入分析产生差异的原因的基础上,管理者要根据不同的偏差采取不同的措施。纠偏措施可从以下几方面进行。

1. 改进工作方法

一项工作,达不到原定的控制标准,工作方法不当是主要原因之一。特别是在企业中,其生产计划的目的是生产出高质量的符合社会需要的产品,因此其计划和控制都是以生产为中心的,而生产技术则是生产过程中的重要一环,在很多情况下偏差来自技术上的原因,为此要采取技术措施,及时处理生产中由于技术问题而引起的各种偏差。

2．改进组织和领导工作

控制职能与组织、领导职能是相互影响的。组织方面的问题主要有两种:一是计划制定好之后,组织实施工作没有做好;二是控制工作本身的组织体系不完善,不能对已产生的偏差加以及时跟踪与分析。这两种情况下,都应改进组织工作。偏差也可能是由于执行人员能力不足或积极性不高而导致的,那么就需要通过改进领导方式和提高领导艺术来矫正偏差。

3．调整或修正原有计划或标准

偏差较大有可能是由于原计划安排不当而导致的;也可能是由于内外环境变化,使原计划与现实状况之间产生了较大的偏差。不论是哪一种情况,都要对原计划加以适当的调整。需要注意的是,调整计划不是任意地变动计划,这种调整不能偏离组织的总发展目标,调整计划归根结底还是为了实现组织目标。在一般情况下,不能以计划迁就控制,任意地根据控制的需要来修改计划。只有当事实表明计划标准过低或过高,或环境发生了重大变化使原有的计划前提不复存在时,对计划或标准进行修改才是合适的。

 拓展阅读

麦当劳的控制系统

2017年1月9日,麦当劳和中信股份、中信资本以及凯雷投资集团达成战略合作,成立一家新公司,以最高20.8亿美元的总价,以"现金＋新发股票"的形式,买下麦当劳中国内地及香港业务的80％股权,并更名为"金拱门"。麦当劳占股20％,凯雷投资集团占股28％,而余下的52％都归属于中信系(中信股份与中信资本),麦当劳中国从2023年起全面采用特许经营模式,中信成了新公司的最大股东——成了麦当劳中国市场2400家门店事实上的老板。虽然如此,但在门店内部管控上仍然沿用以往的方式。

麦当劳中国的金拱门允诺:每个餐厅的菜单基本相同,而且"质量超群,服务优良,清洁卫生,货真价实"。它的产品、加工和烹制程序乃至厨房布置都是标准化,严格控制的。

麦当劳中国的各分店采用特许经营模式,由加盟商(当地人)拥有并经营管理。在快餐行业中,产品质量与服务水平是经营成败的核心要素,因此麦当劳中国在通过特许连锁战略拓展市场的同时,高度重视对连锁店的管理控制。若管控失效,如顾客购买到口味偏差的汉堡或遭遇不友好服务,后果不仅是单店失去客源及周边市场,更会波及品牌整体声誉,对其他分店经营造成负面影响。为此,麦当劳中国构建了一套全面且周密的控制体系。

麦当劳中国通过授予特许权来开辟连锁分店。这使购买特许经营权的人在成为分店经理人员的同时也成为该分店的所有者,从而在直接分享利润的激励机制中把分店经营得更出色。特许经营使麦当劳中国在独特的激励机制中形成了对其扩展业务的强有力的控制。麦当劳中国在出售其特许经营权时非常慎重,总是通过各方面调查了解后,再挑选那些具备卓越经营管理才能的人作为店主,而且事后若发现其能力不符合要求则撤回这一授权。

麦当劳中国还通过详细的程序、规则和条例规定,使分布在各地的所有麦当劳门店的经营者和员工们都遵循一种标准化、规范化的作业。麦当劳中国对制作汉堡包、炸土豆条招待顾客和清理餐桌等工作都事先进行翔实的动作研究,确定各项工作开展的最好方式,然后再编成书面的规定,用以指导各分店管理人员和一般员工的行为。

为了确保所有特许经营分店都能按统一的要求开展活动,麦当劳中国总部的管理人员还经

10

常走访、巡视各地的经营店,进行直接的监督和控制。除了直接控制外,麦当劳中国还定期对各分店的经营业绩进行考评。为此,各分店要及时提供有关营业额和经营成本、利润等方面的信息,这样总部管理人员就能把握各分店经营的动态和出现的问题,以便商讨和采取改进的对策。

麦当劳中国还有一个控制手段,就是在所有经营分店中塑造公司独特的组织文化,这就是大家熟知的"质量超群,服务优良,清洁卫生,货真价实"口号所体现的文化价值观。麦当劳中国的共享价值观建设不仅在各地的分店、在上上下下的员工中进行,还将公司的一个主要利益团体——顾客也包括进这支建设队伍中。麦当劳中国的顾客虽然被要求自我服务,但公司特别重视满足顾客的要求,如为他们的孩子们开设游戏场所、提供快乐餐和组织生日聚会等,以形成家庭式的氛围,这样既吸引了孩子们,也增强了成年人对公司品牌的忠诚度。

第二节　控制的类型与方法

一、控制的类型

控制的
类型

在构建组织控制系统过程中,由于控制的性质、内容、范围不同,控制可分成许多不同的类型。了解控制的各种类型,根据实际情况选择合适的控制类型,对于进行有效的控制是十分重要的。

(一) 按照控制点和信息的来源不同,可分为事前控制、事中控制、事后控制

1. 事前控制

事前控制又称为事先控制或前馈控制,是指一个组织在一项活动正式开始之前,通过观察情况、收集整理信息、掌握规律、预测趋势,正确预计未来可能出现的问题,提前采取措施,将可能发生的偏差消除在萌芽状态中,为避免在未来不同发展阶段可能出现的问题而事先采取的措施。事前控制的着眼点是通过预测对被控制对象的投入或过程进行控制,以保证获得所期望的产出,可较好地解决时滞所带来的问题,其重点是防止组织行为偏离目标、防止所使用的资源在质和量上产生偏差。可以说,计划是典型的事前控制,市场调查、可行性分析、质量控制培训、预测、预算、实时的计算机系统都属于事前控制。事前控制是管理层最渴望采取的控制类型,因为它能避免可能出现的问题,而不必当问题出现时再补救。

2. 事中控制

事中控制又称为过程控制、现场控制、实时控制,是指在某项活动或工作进行过程中的控制,如管理者在现场对正在进行的活动给予指导与监督,以保证活动按规定的政策、程序和方法进行。事中控制是一种面对面的领导,目的是及时处理例外情况、纠正工作中发生的偏差。由于事中控制一般在现场进行,管理者的工作作风和领导方式对控制效果有很大的影响。生产过程中的进度控制就属于此类控制。

3. 事后控制

事后控制又称反馈控制,是指在某一行动和任务完成之后,将实际结果进行比较,从而对下一步行动产生影响所起到的控制作用。事后控制其实是用过去的情况来指导现在和将来,是历史最悠久的控制类型,传统的控制方法几乎都属于此种类型。例如传统的质量控制局限于成品的检查,把次品和废品都挑出来,以保证出厂的产品都符合质量标准。

(二) 根据控制的性质,可以分为预防性控制和纠正性控制

1. 预防性控制

采取预防性控制是为了避免产生错误和尽量减少今后的纠正活动,防止资金、时间和其他资

源的浪费。规章制度、工作程序、上岗培训等都起着预防性控制的作用。在设计预防性控制措施时,人们所遵循的原则都是为了更有效地达成组织目标,但要使这些预防性的规章制度能真正被遵从,还要有良好的监控机制加以保证。使用这种控制类型要求对整个活动的关键点有比较深刻的理解,能事先预见到问题并提出相应的对策措施。

2. 纠正性控制

纠正性控制又称更正性控制,是指为了发现工作中存在的问题以便进行更正而进行的控制。更正性控制的目的是发现行为的偏差并使行为或实施进程回到预先确定的或管理者所希望的水平,它的产生往往是由于管理者没有预见问题,或者管理者认为某些事情出现错误之后来进行控制强化。

（三）根据控制所采用的方式,可以分为集中控制、分散控制和分层控制

1. 集中控制

集中控制是指在组织中建立一个控制中心,由它来对所有的信息进行集中统一的加工、处理,并由这一控制中心发出指令,操纵所有的管理活动。如果组织的规模和信息量不大,且控制中心对信息的取得、存储、加工效率及可靠性都很高时,采用集中控制的方式有利于实现整体的优化控制。当组织十分庞大,规模和信息量极大时,就难以在一个控制中心进行信息存储和处理,这种情况下,集中控制会拉长信息传递时间,造成反馈时滞,使组织反应迟钝、决策延误时机,并且一旦中央控制发生故障或失误,整个组织就会陷于瘫痪。

2. 分散控制

分散控制是指系统中的控制部分表现为若干个分散的、具有相对独立性的子控制机构,这些机构在各自的范围内各司其职,各行其是,互不干涉,各自完成自己的目标。当然这些目标是整个系统目标中的分目标。分散控制对信息存储和处理能力的要求相对较低,易于实现,由于反馈环节少,因此反应快、时滞短、控制效率高、反应能力强;由于采用分散决策方式,即使个别控制环节出现了失误或故障,也不会引起整个系统的瘫痪。但分散控制可能会带来一个严重后果,即难以取得各分散系统的相互协调,难以保证各分散系统的目标与总体目标的一致性,从而会危及整体的优化,严重的甚至会导致失控。

3. 分层控制

分层控制是指一种集中控制和分散控制结合起来的控制方式。它有两个特点:一是各子系统都具有各自独立的控制能力和控制条件,从而有可能对子系统的管理实施独立的处理;二是整个管理系统分为若干层次,上一层次的控制结构对下一层次各子系统的活动进行指导性、导向性的间接控制。在分层控制中要特别注意防止缺乏间接控制、自觉不自觉地滥用直接控制,并多层次地向下重叠实施直接控制等弊端。

二、控制的方法

管理实践中运用着多种控制方法,管理人员除了利用现场巡视、监督或分析下属遵循组织路线传送的工作报告等手段进行控制外,还经常借助预算控制（经营预算、投资预算、财务预算）、非控制预算（比率分析、盈亏分析）和时间控制等方法进行控制。

（一）预算控制

预算,是指用数字,特别是用财务数字的形式来描述企业未来的活动计划,它预估企业在未来时期的经营收入和现金流量,同时也为各部门或各项活动规定了在资金、劳动、材料、能源等方面的支出额度。预算控制就是根据预算规定的收入与支出标准,来检查和监督各个部门的生产

控制的
方法

10

经营活动,以保证各种活动或各个部门在完成既定目标、实现利润的过程中对经营资源的利用,并使费用支出受到严格有效的约束。

在管理控制中使用最广泛的一种控制方法就是预算控制。预算控制清楚地表明了计划与控制的紧密关系。预算是计划的数量表现。预算的编制既是计划过程的开始,又是计划过程的终点,是一种转化为控制标准的计划。

预算编制就是以数字编制未来某个时期的计划。因此,预算就是以财务术语(如在收支预算和资本预算中),或者以非财务术语(如在直接工时、物资、实际销售量或生产量的预算中)来表述预期结果。

预算在形式上是一整套预计的财务报表和其他附表。按照不同的内容,可以将预算分为经营预算、投资预算和财务预算三大类。

1. 经营预算

经营预算是指企业日常发生的各项基本活动的预算。它主要包括销售预算、生产预算、直接材料采购预算、直接人工预算、制造费用预算、单位生产成本预算、推销及管理费用预算等,其中最基本和最关键的是销售预算,它是销售预测正式的、详细的说明。由于销售预测是计划的基础,加之企业主要是靠销售产品和劳务所提供的收入来维持经营费用的支出和获利,因而销售预算也就成为预算控制的基础。生产预算是根据销售预算中的预计销售量、产品品种、数量分别编制的。在生产预算编制好后,还应根据分季度的预计销售量,经过对生产能力的平衡,排出分季度的生产进度日程表,或称为生产计划大纲,在生产预算和生产进度日程表的基础上,编制直接材料采购预算、直接人工预算和制造费用预算,这三项预算构成对企业生产成本的统计。而推销及管理费用预算则包括制造业务范围以外预计发生的各种费用明细项目,例如销售费用、广告费、运输费等。对于实行标准成本控制的企业,还需要编制单位生产成本预算。

2. 投资预算

投资预算是指对企业固定资产的购置、扩建、改造、更新等,在可行性研究的基础上编制的预算。它具体反映在何时进行投资、投资多少、资金从何处取得、何时可获得收益、每年的现金净流量有多少,需要多长时间回收全部投资等。由于投资的资金来源往往是任何企业的限定因素之一,面对厂房和设备等固定资产的投资又往往需要很长时间才能回收,因此,投资预算应当力求和企业战略以及长期计划紧密联系在一起。

3. 财务预算

财务预算是指企业在计划期内反映有关预计现金收支、经营成果和财务状况的预算。它主要包括"现金预算""预计收益表"和"预计资产负债表"。必须指出的是,前述的各种经营预算和投资预算中的资料,都可以折算成金额反映在财务预算内。这样,财务预算就成为各项经营业务和投资的整体计划,故也称"总预算"。

(二) 非预算控制

除了预算控制方法以外,管理控制工作中还采用了许多不同种类的控制手段和方法。有些方法属于传统的控制方法,例如实地观察、资料统计、报告、会计核查与审计、企业诊断等;有些方法适用于局部控制,例如损益控制法;还有些方法,例如计划评审法,则代表了新一代的计划和控制方法,也说明了科学技术的进步、社会活动规模的扩大必然伴随着管理理论的发展和管理技术的进步。随着组织规模的扩大、分权管理的发展,对管理工作的综合控制显得日益重要,而进行经济分析则是比较常用的、科学的非预算控制方法。

1. 比率分析

对于组织经营活动中的各种不同度量之间的比率分析,是一项非常必需的控制技术或方法。

比率分析是指将企业资产负债和收益表上的相关项目进行对比,形成一个比率,从中分析和评价企业的经营成果和财务状况。

仅从有关组织经营管理工作成效的绝对数量的度量中是很难得到正确结论的。例如,仅从一个企业年创利润 1 000 万元这个数字上很难得出什么明确的概念,因为不知道这个企业的销售额是多少,不知道它的资金总数是多少,不知道它所处的行业的平均利润水平是多少,也不知道企业上年和历年实现利润是多少等。所以,在作出有关一个组织经营活动是否有显著成效的结论之前,必须首先明确比较的标准。

企业经营活动分析中常用的比率可以分为两大类,即财务比率和经营比率。

(1) 财务比率。财务比率主要用于说明企业的财务状况,综合地反映企业的生产经营情况。通过财务状况的分析可以迅速地、全面地了解一个企业资金来源和资金运转的情况,了解企业资金利用的效果以及企业的支付能力和清偿债务的能力。常用的财务分析比率有以下几类。

① 资本金利润率。对于一个企业来说,分析其资本金利用效果的出发点和归宿,是用资本金利润率这一重要指标。它是财务绩效的最佳衡量尺度,是一种高度综合的计量比率。

$$资本金利润率 = \frac{利润总额}{资本金总额} \times 100\%$$

式中,利润总额指的是税前利润,资本金总额指的是企业在工商管理部门登记的注册资金。资本金利润率说明的是一定时期企业投入资本的获利水平,它是直接衡量企业经营成果的尺度,具有重要的现实经济意义。企业人、财、物、供、产、销等各方面工作的好与坏,都会影响这项指标。企业的固定资产利用率高,流动资产周转速度快,用同样的资本可完成更多的财务成果。资本金利润率应高于银行存款利率或债券利率,企业才能继续正常经营下去。

② 收入利税率。包括销售利润率和营业收入利税率。

销售利润率又称销售收入利润率,是反映实现的利润在产品销售收入(或营业收入)中所占的比重。比重越大,表明企业获利能力越高,企业的经营效益越好。

$$销售利润率 = \frac{利润总额}{产品销售收入(或营业收入)} \times 100\%$$

营业收入利税率是衡量企业营业净收入获取盈利的指标。

$$营业收入利税率 = \frac{(利润总额 + 销售税金)}{营业收入总额} \times 100\%$$

③ 成本费用利润率。成本费用利润率指利润总额与营业成本(产品销售成本)之间的比率。它是衡量企业营业成本、各项费用获利水平的指标,表明企业成本降低方面取得的经济效益如何。

$$成本费用利润率 = \frac{利润总额}{产品销售成本} \times 100\%$$

销售利润率、成本费用利润率均是收益性指标,受企业机械化、自动化程度的影响,但不受生产规模大小的影响,因而可以比较本企业不同时期的经济效益。

资本金利润率、收入利税率、成本费用利润率都属于评价企业盈利能力的比率指标,分析这些指标的目的在于考察企业一定时期实现企业总目标的收益及获利能力。

④ 资产负债率。资产负债率是指企业负债总额与企业全部资产的比率,即在企业全部资产中负债总额占多大比重,用以衡量企业利用债权人提供资金进行经营活动的能力,也就是反映债

10

权人借出资金的安全程度。因此它是企业长期偿债能力的晴雨表,负债比例越低,表明企业的偿债能力越强,债权人得到的保障程度越高。

$$资产负债率 = \frac{负债总额}{全部资产总额} \times 100\%$$

⑤ 流动比率。流动比率是指流动资产与流动负债的比率,它用以衡量企业流动资产在短期债务到期以前可以变为现金用于偿还流动负债的能力。

$$流动比率 = \frac{流动资产合计数}{流动负债合计数} \times 100\%$$

企业流动资产大于流动负债,表明企业偿还短期债务的能力强。因此,一般来说,比率越高,说明企业资产的变现能力越强,短期偿债能力也越强;反之则弱。一般认为流动比率应在 2:1 以上,对大多数企业来说是比较适合的。流动比率 2:1,表示流动资产是流动负债的两倍,即使流动资产有一半在短期内不能变现,也能保证全部的流动负债得到偿还。但各行业生产经营方式不同、生产周期不同,对资产流动性的要求并不一致。因此,要根据具体情况的不同确定标准比率,作为考核的尺度。

⑥ 速动比率。速动比率是指企业速动资产与流动负债的比率。所谓速动资产是指流动资产减去存货等非速动资产后的差额。

$$速动比率 = \frac{速动资产}{流动负债} \times 100\%$$

速动比率是衡量企业短期偿债能力的指标,反映企业流动资产中可以立即用于偿付流动负债的能力。速动资产具体来讲包括流动资产中的现金、银行存款、应收票据、短期投资、应收账款、有价证券等能变现的资产。速动比率的目的是要测试假设存货没有价值,在出现危机的情况下,偿还流动负债的能力有多大,可以有效测量企业在困境时的偿付能力。一般认为这个比率低于 0.6,就说明企业部分经营可能很糟糕;而低于 0.4,就说明企业已经接近破产的边缘。从经营的动态性角度来看,速动比率应为多少合适,最好还应同时分析一下企业在未来时期的经营情况。

资产负债率、流动比率、速动比率是用于评价企业偿债能力的指标。企业在经营中需要从银行或其他途径获得贷款或投资。作为贷款者或投资者必然有两方面的考虑,他们既乐于投资一家经营成功的企业,但又需谨慎地判断该企业有无发生清算破产的可能性以及无法回收资金的风险。

⑦ 应收账款周转率。应收账款周转率是指企业赊销收入净额与平均应收账款余额的比率。它是衡量企业收回应收账款效率的指标,反映企业应收账款的流动程度。

$$应收账款周转率 = \frac{赊销收入净额}{平均应收账款余额} \times 100\%$$

式中,赊销收入净额 = 销售收入 - 现销收入 - (销售退回 + 销售折让 + 销售折扣)。

$$平均应收账款余额 = \frac{期初应收账款 + 期末应收入账款}{2}$$

应收账款周转率反映的是企业一定时期内销售债权(即应收账款的累计发生数)与期末应收账款平均余额之比,表明销售债权的回收速度。回收速度越快,说明资产的利用率越高。

⑧ 存货周转率。存货周转率指销货成本与平均存货之间的比率。它是衡量企业销售能力和管理存货效率的指标。

$$存货周转率 = \frac{销货成本}{平均存货} \times 100\%$$

式中，平均存货 $= \dfrac{期初存货 + 期末存货}{2}$。

存货周转率反映企业存货在一定时期内使用和利用的程度，即企业利用存货的效率。在一定时期内存货周转率越高，即周转次数越多，周转一次所需的时间越少，表明资产的利用效率越高。

应收账款周转率、存货周转率是用于分析企业营运能力的指标。

（2）经营比率。经营比率主要用于说明企业经营活动状况。常用的经营比率有以下几种。

① 市场占有率。又称市场份额，是指企业的主要产品在该种产品的市场销售总额中所占的比重。对于企业而言，这是一个最重要的经营比率，只有取得了稳定的市场占有率，企业才能在激烈的市场竞争中取胜，才能获得可观的利润。而市场占有率的下降，是一个企业开始衰败的显著特征。

② 相对市场占有率。当缺乏整体市场规模的统计数据时，可以采用相对市场占有率作为衡量的指标。常用的相对市场占有率指标有两种：一种是公司的销售量与该公司所在市场中前三名竞争对手销量总和的百分比；另一种是与市场占有率最大的公司销售量的百分比。

③ 投入—产出比率。投入—产出比率是对投入利用效能的直接测量标准。其中一些比率采用的是实物计量单位。如投入方面有工资及奖金、工时、生产能力、主要原材料、能源等；产出方面有产品产量、销售量、销售收入、工业总产值等。几乎每项投入都能够同产出的任何一项对应成一对比率，以衡量企业某一方面的经营成果和经营效率。例如，工业总产值与工时总数（或工作日总数）之比为时（或日）劳动生产率；能源消耗量与工业总产值之比为产值能耗率等。

2. 盈亏分析

盈亏分析，是指根据销售量、成本和利润三者之间的相互依赖关系，对企业的盈亏平衡点和盈利情况的变化进行分析的一种方法，又称量本利分析。它是一种很有用的控制方法和计划方法，该方法在第四章中已阐述。

上述预算控制和非预算控制大多属于资金（财务）控制。

（三）其他常见的控制方式

常见的控制方式按控制对象的不同，除了资金（财务）控制以外，还可分为时间控制、数量和质量控制、安全控制、行为控制和信息控制。

1. 时间控制

时间是一种重要的资源，从某种意义上来说，时间是比人、财、物等更加重要的资源。任何组织的活动都是在一定时间内进行的，对时间进行控制的目的是使组织在实现目标过程中的各项工作可以作出合理的安排，以求按期实现组织目标。时间控制的关键是确定各项活动的进行是否符合时间表的预期时间安排。在时间控制中，甘特图和网络图是常用的工具，它们都有助于物资、设备、人力在指定的时间到达预定的地点，使其紧密地配合并完成任务。

2. 数量和质量控制

数量和质量控制的关键是事先确定其标准，标准是衡量实际业绩的尺度。数量控制标准的

10

制定可通过动作研究和时间研究、过去的经验、同行业的资料比较等来确定;质量控制标准则可从工作需要和顾客价值出发来确定。数量和质量是一个问题的两个方面,对数量的控制应基于质量的基础上。没有质量就没有数量,没有质量也没有效益,因此,数量与质量相比较,质量更为重要。常用的质量和数量控制方法是统计分析法,即运用各种数量分析方法,对有关的历史数据进行统计分析,了解相关因素的发展情况,进行趋势预测,根据分析结果,采取相应措施,纠正或预防偏差。

3. 安全控制

安全控制包括人身、财产、资料等安全方面的内容,由于这些都直接关系到生命和财产的保障、组织的前途,因此,安全控制也是组织控制的一个重要方面。人身安全控制的核心是控制各种工伤事故和职业病的发生,如管理者要努力营造安全的工作环境,建立定期体检制度,设置安全控制保护系统,加强安全教育,对已发生的事故做好调查记录、分析原因、防止再犯。财产安全控制是组织对各种财产开展的物质保证,如物资的妥善保管,建立保管制度、警卫制度、检查制度等。资料安全控制是组织对各种文件、资料、档案、数据库等的存放建立相应的制度,力求妥善保管。

4. 行为控制

控制工作从根本上来说是对人的控制,因为任何组织活动的开展都有赖于员工的努力,所有的控制也都要靠人来实行和推行。因此,选择员工和使员工的行为更有效地趋向于组织目标,涉及对员工行为的控制问题。而人的行为是由人的价值观、性格、经验、社会背景等多种因素综合作用的结果,这些因素本身又很难用精确的方法加以描述,所以对员工行为的控制是控制工作中最为复杂和困难的部分。一般在员工行为控制中经常采用的控制方法是理念的引导、规章制度的约束和各种工作表现的鉴定。

5. 信息控制

任何组织的活动在现实中一般表现为三种运动方式:物流、资金流和信息流。通过掌握和控制信息,可以掌握和控制物流和资金流的状况,分析物流和资金流的运动规律,从而实现对物流和资金流的控制。同时,信息也是决策的基础。传统的控制方法中,是通过专门的数据分析人员对大量数据的人工处理来获得有用的信息;而现代信息技术的发展,使得数据收集、处理、分析、存储、查询等变得格外便利,因此,基于计算机信息系统的信息控制越来越成为现代组织的重要控制方法之一。

 拓展阅读

华为公司的成本控制

一、研发成本控制

一个产品的生命周期包括成长期、成熟期、衰退期三个阶段,而研发成本主要是在产品的成长期,所以研发成本控制主要应该集中在产品成长期。

华为是全球化的电信解决方案供应商,其主要竞争对手是全球先进的电信运营商,而这些电信运营商主要集中在西方发达国家。华为作为中国本土企业,有着天时地利人和,中国拥有丰富的人力资源(每年毕业 300 多万位的工科大学生),在中国一个研发工程师的工资是西方发达国家的 1/4～1/3,而法定工作时间是西方工程师的 1.5 倍,并且中国人勤奋,经常加班加点,因此研发成本是发达国家公司的 1/10。低成本的研发使华为公司的产品有了低成本竞争优势,大大增强了华为公司的生命力。

华为公司与国内众多著名高校开展合作研究,如清华大学、中国科技大学等,这些学府不仅为华为公司提供了高端技术人才,还为华为公司提供了众多的先进技术,不仅减少了华为公司的研发成本,还大大减少了华为产品的产出时间,大大加快了公司的技术更新换代。与此同时,华为公司还与国际高新技术巨头展开合作,如英特尔、微软等,通过国际科技巨头,华为可以成熟运用世界顶尖科技,同时也有利于华为走向世界;另外,华为公司还在斯德哥尔摩、硅谷、我国的北京、南京、杭州、成都、西安、武汉等高校密集城市设立研究机构,通过利用当地城市的优势资源,减少公司的研发成本。

华为公司通过从 IBM 公司学习模拟,建立了适合自己公司需要的 IPD 管理技术,并运用 CMM 技术,有效地控制了华为在研发生产过程中的资源积累,对各部门的人力资源、市场资源、财物资源、信息资源、技术资源、管理资源、(可控市场资源)内部环境资源等实现了有效的配置,做到了物尽其用,各取所需,使公司的软件研发由过去的技术驱动型转向了市场驱动型,从而降低了企业的市场风险,降低了企业软件开发成本。

二、采购成本控制

华为采购部门建立了物料采购专家团,各物料采购专家团负责采购某一类或某一族的物料以满足业务部和地区市场的需要,华为公司按物料族进行采购运作的目的就是在全球范围内利用华为的采购杠杆,进行资源物资的优化组合和采购。

华为公司进行严格的供应商认证机制,建立了与供应商长期合作的供求网络,通过现代化的电子通信技术和现代化的物流反映机制,大大减少了采购物料的库存成本;通过合理的认证机制,大大挖掘了华为公司的潜在供应商,同时也给世界上其他供应商合理、平等的机会,让各个供应商能够充分展示自己的能力,提供更优质的物料和更实惠的价格,从而有利于降低自己的物料采购成本。

华为通过统一的物料族策略,集中控制供应商管理和合同管理,通过建立电子信息化的采购平台,集中信息化管理,提高了物料采购的效率和公司的科学性运作,降低了企业的物料采购成本。

三、制造成本控制

从产品要素上分类,制造成本包括直接原料、直接人工和制造费用;从性态上分,制造成本可分为变动成本和固定成本。变动成本是指企业的生产过程中,在相关范围内成本总额会随着业务量的变动而呈线性变动的成本。固定成本是指成本总额在一定期间内,不受业务量的增减变动影响而能保持不变的成本。固定成本通常分为约束性固定成本和酌量性固定成本。约束性固定成本是指为生产和社会责任义务而不得不出的成本,如固定资产折旧、税金和必要的管理人员工资;而酌量性固定成本是企业可以根据自身管理和生产生活需要酌量支出的成本,如广告费、职工培训费等。在固定成本中,特别是酌量性固定成本,是制造成本控制的重点。华为公司近些年的裁员和全员重新上岗改革举措,就是为了在一定程度上控制酌量性固定成本。

华为公司通过从德国 FHG 公司引进先进的生产线管理体系,聘请 FHG 公司帮助进行生产工艺体系的设计,包括立体仓库、自动仓库和整个生产线的布局,减少了物料移动,缩短了生产周期,提高了生产效率和生产质量,降低了企业的生产成本。

四、资金运营成本控制

华为公司充裕的资金储备和良好的经营活动现金流成为公司规避流动性风险和偿债风险的重要保障。公司资金管理部门负责财务风险管理,经董事会财经委员会的批准,制定了一系列符合华为业务战略的财务风险管理政策与流程,以管理流动性风险、汇率风险、利率风险和信用风险等。

10

华为公司建立了基于 ERP 系统的预算管理体系,公司根据生产、销售、供应、劳资、投资、资产经营等部门以及财务部门提供编制经营预算、投资预算、筹资预算等的现金收支资料加以平衡汇总,监控现金支出,加强现金的有效回收,降低支付风险,协调现金流动性与收益性的矛盾。

华为公司加强应收账款总额的控制,设定应收账款总额极值和周转时间红线,建立企业的财务信用制度,大量采用汇票和网上电子支付方式降低资金流失风险,减少资金的运营成本。公司实行 100％全员持股方式,最大程度上稳定了公司的股份结构,通过以权代债的融资途径,减少企业对长期债务的借入,大大降低了企业的资金运营成本。

五、无形成本控制

华为的企业基本法是我国企业的第一部企业内部法,同时也标志着华为从内部管理迈向了更为科学、高效、人性的管理方式。华为企业的基本法涉及企业生产过程中的每个参与者和管理者,基本法主要包括核心价值观、追求、员工、技术、精神、利益、技术、社会责任、人力资本、核心技术等。华为公司通过建立健全完善的企业基本法,通过企业文化的传播与宣传,极大地鼓舞了员工的使命感和潜能,增强了员工的工作效率,也大大降低了企业因管理疏忽而带来的企业无形成本。

华为公司是董事会领导下的总经理负责制组织架构,公司将组织架构分为决策层和执行层,决策层是董事会领导下的总经理负责制,而各部门及其他架构都属于执行层。华为公司通过各部门设立适合自己的组织架构,形成自律化的企业行政组织,不仅提高了公司自身运转效率,也降低了运营成本。

华为公司通过建立奖惩分明的制度和具有号召力的企业文化,时时刻刻让员工体会到他们与企业是一家人;通过 100％股权归于员工的做法,更加促进了员工的归属感和责任心。当一个企业的员工都有较高的主人翁意识,就会提高自我的主观能动性和自我意识,从而节省企业的无形成本。

实　训

一、实训目的

1. 通过管理游戏,理解控制的意义,掌握控制的方法。

2. 通过案例分析,掌握控制的方法,能结合实际情况分析传统的控制方法与现代新型控制方法的区别,并应用到企业的管理实践中。

二、实训内容、组织方式及步骤

实训内容Ⅰ:控制的过程

实训形式:管理游戏。

实训步骤:

第一步,实训前准备。若干条 15 米的编织绳,每人一个眼罩。

第二步,活动前先发给每人一个眼罩,请所有同学戴上后,由实训指导老师将绳索整捆任意放置于活动场所的任一位置后,开始说明规则:

1. 设法找到绳索,并将之拉拽成一个正三角形,三角形顶端需朝向实训指导老师指定的方向;

2. 活动过程中,手不可以离开绳索,确定完成时,请全体蹲下(或将绳索平放在地上),活动期间不能讲话。

第三步,分组,每三人一组,在规定的时间内完成任务,最先完成任务的为胜利队。

第四步,检查任务的完成情况,并进行点评。

第五步,重新以四人为一小组,其中一人不需要蒙眼睛,作为指挥和控制者,指导控制队员完成任务,在整个过程中指挥者不允许触碰绳索,只允许发出命令。

第六步,再次检查任务的完成情况,进行点评。

第七步,根据下列问题进行分组讨论,完成讨论分析记录。

1. 第一次"盲人三角形"的任务是如何完成的? 为什么能够完成(不能完成)?

2. 在共同活动中,你是如何确定自己方向的? 三角形的方向如何确定和控制?

3. 在实际工作中,你是如何协调个人目标与团队目标的一致性的? 如何厘清与定位个人目标和团队目标?

4. 当三角形被放下时,是否每个人都明确地知道自己与团队成员的位置和方向,或者你是存有疑问,还是没有意见,或者以大家的看法为主? 在你的工作团队中,是否也有类似的情形?

5. 当队员们都蒙着眼睛参与活动时,没有一个可以看得见的人,当你们的活动缺乏控制时,你感觉如何? 当有一个可以信任的领导出现进行活动控制时,你的感觉如何?

实训要求:按照实训指导老师所讲述的游戏规则进行活动,听从指挥。各小组成员都应学会讨论分析记录,并积极进行讨论,发表个人观点,认真完成实训内容。实训报告要求语言流畅,文字简练,条理清晰。

实训内容Ⅱ:控制的方法

实训形式:案例分析。

实训步骤:

第一步,实训前准备。课前查阅相关书籍,初步了解本次实训的理论基础知识。

第二步,以5~6人的小组为单位对以下案例资料进行阅读。

偏 离 轨 道

2006年3月22日午夜刚过,BC渡轮(british columbia ferries)系统的北方女皇号渡轮在鲁珀特王子港南部的吉尔岛附近触礁。大家立刻明白渡船遇到麻烦了,15分钟内,所有乘客和船员都弃船并登上救生艇。在离第一次触礁1个小时多一点后,当地居民和海岸巡逻队把乘客从救生艇上营救出来,这时,渡轮沉没了。一开始,所有的媒体报道都在庆祝全部99名乘客和船员都安全离开了渡轮。全体船员受到广泛赞扬,认为他们的定期练习和培训卓有成效。

两天后,报告有乘客失踪。虽然国际海运规则要求渡轮必须记录所有乘客的识别信息(姓名、性别,是成人、儿童还是婴儿),但加拿大政府没有要求BC渡轮船队按照国际标准做,渡轮的工作人员在装载完成后没有收集乘客姓名,甚至连人数都没有清点。乘客数是根据售出的船票数来粗略确定的。所以BC渡轮一开始报告说所有乘客和船员都获救,是基于他们认为每个人都撤离了的单纯信念。于是有人提出了质疑,要求解释问题出在哪里。

加拿大运输部(一家政府机构)的地区沟通总监报告,北方女皇号在不到3周前刚通过了年度安全检查,包括在30分钟内撤离乘客的救生艇演习。他说:"他们在演习中做得非常好,当事故真的发生时,他们显然做得很好。"

在事故发生后对BC渡轮进行了内部调查,结论是"人为因素是事故发生的主要原因"。在调查中,负责导航的船员说他们对新安装的转向装置不熟悉。另外,他们关掉了显示航向的监视器,因为他们打不开夜间模式。报告提到,驾驶员以"一种与指令不同的方式"来使用设备,不过报告并未把它作为导致轮船触礁的原因。报告还得出结论,船员保持了一种"漫不经心的值班行为""丧失了对环境的警觉""没有察觉渡船即将发生的危险"。那晚的无线电呼叫记录提到,听到驾驶台上在演奏音乐。

就撤离而言,虽然船员因为迅速行动而受到赞扬,但有几件事为撤离增加了不必要的麻烦。没有开船舱的万能钥匙,因此不得不用若干钥匙来试。在搜索过的船舱门上,应该用粉笔画一个×,但没人做记号。还有,在 55 间船舱中,只有 53 间被确认搜查过。

第三步,根据以下问题,充分发表个人观点,进行讨论和分析并记录。

1. 假设你是 BC 渡轮的董事长,在读了调查报告后,你会如何看待公司的控制工作?

2. 为改善 BC 渡轮的服务,防止类似的事故再次发生,应该采取哪些控制手段或措施? 请详细说明。

第四步,各小组选出一名代表发言,对小组讨论分析结果进行总结。

第五步,对小组成员的各种观点进行分析、归纳和要点提炼,完成案例分析报告。

实训要求:各小组成员都应积极进行讨论,发表个人观点,认真完成实训内容。发言要求语言流畅、表达清晰。案例分析报告要求文字简练,条理清晰。

三、实训时间及成绩评定

(一)实训时间

实训内容Ⅰ:游戏规则说明时间和组织时间控制在 10 分钟以内,游戏活动时间 20 分钟,游戏分析时间和讨论时间控制在 20 分钟以内,老师点评时间 5 分钟。

实训内容Ⅱ:讨论时间以 20 分钟为宜,小组发言时间控制在 20 分钟以内。

(二)实训成绩评定

1. 实训成绩按优秀、良好、中等、及格、不及格 5 个等级评定。

2. 实训成绩评定要点。

(1) 是否充分理解控制的含义、原则、过程。

(2) 是否积极主动与小组成员交流,能否简练、清楚地整理讨论和交流记录。

(3) 是否积极地参与游戏活动,并积极地进行游戏的分析和讨论,是否掌握了控制的过程。

(4) 是否掌握控制的各种类型及控制的方式方法。

(5) 是否能够通过案例讨论理解控制在管理中的运用。

小　结

1. 控制是指核对或检查实际工作状况,并与预定的计划相比较,发现偏差时予以纠正,以保证计划的实现。组织内任何形式的控制,都有一定的前提条件:要有一个科学的、切实可行的计划;有专司控制职能的组织机构或岗位;有畅通的信息反馈渠道。总的来说,要有计划、有组织、有领导。

2. 控制工作要遵循重点原则、及时性原则、灵活性原则、经济性原则。

3. 控制是一个过程,可以划分为确定控制标准、衡量实际业绩、进行差异分析、采取纠偏措施四个阶段。

4. 在组织控制系统的构建过程中,由于控制的性质、内容、范围不同,控制可分成许多不同的类型。按照控制点和信息的来源的不同,可分为事前控制、事中控制、事后控制;根据控制的性质,可以分为预防性控制和纠正性控制;按照控制时所采用的方式,可以分为集中控制、分层控制和分散控制。

5. 管理实践中运用多种控制方法,管理人员除了利用现场巡视、监督或分析下属遵循组织路线传送的工作报告等手段进行控制外,还经常借助预算控制(经营预算、投资预算、财务预算)、非控制预算(比率分析、盈亏分析)和时间控制等方法进行控制。

6. 预算,就是用数字,特别是用财务数字的形式来描述企业未来的活动计划,它预估了企业在未来时期的经营收入和现金流量,同时也为各部门或各项活动规定了在资金、劳动、材料、能源等方面的支出额度。按照不同的内容,可以将预算分为经营预算、投资预算和财务预算三大类。

7. 企业经营活动分析中常用的比率可以分为两大类,即财务比率和经营比率。财务比率主要用于说明企业的财务状况,包括资本金利润率、收入利税率、成本费用利润率、资产负债率、流动比率、速动比率、应收账款周转率、存货周转率,用以评价企业盈利能力、偿债能力、营运能力的指标;经营比率主要用于说明企业经营活动状况,包括市场占有率、相对市场占有率、投入—产出比率。

8. 常见的控制方式按控制对象的不同,可分为资金(财务)控制、时间控制、数量和质量控制、安全控制、人员行为控制和信息控制。

习 题

一、单项选择题

1. 下列不属于控制的前提条件是(　　　)。

A. 有计划　　　　　　B. 有组织　　　　　　C. 有领导　　　　　　D. 有团队

2. 某一机械厂得知钢材最近要涨价,因而该厂提前三个月购买了钢材以降低进货成本,这属于(　　　)控制类型。

A. 事前控制　　　　　B. 同期控制　　　　　C. 反馈控制　　　　　D. 现场控制

3. 在管理控制中,使用最为广泛的一种控制方法是(　　　)。

A. 预算控制　　　　　B. 人员控制　　　　　C. 资金控制　　　　　D. 时间控制

4. 控制工作的第一个步骤是(　　　)。

A. 分析问题　　　　　B. 确定标准　　　　　C. 纠正偏差　　　　　D. 总结经验

二、多项选择题

1. 偏差可以分为(　　　　　)。

A. 正偏差　　　　　　B. 负偏差　　　　　　C. 延长偏差　　　　　D. 过重偏差

E. 缩短偏差　　　　　F. 过轻偏差

2. 纠正偏差的具体措施有(　　　　　)。

A. 改进工作方法　　　　　　　　　　B. 改进组织和领导工作

C. 调整或修正原有计划或标准　　　　D. 制定标准

E. 改进控制手段　　　　　　　　　　F. 调整控制标准

3. 按照控制点或信息的来源不同,可以将控制分为(　　　　　　)。

A. 事前控制　　　　　B. 事中控制　　　　　C. 事后控制　　　　　D. 预防性控制

E. 缩短偏差　　　　　F. 过轻偏差

4. 企业经营活动分析中,下列(　　　　　)属于财务比率。

A. 资本金利润率　　　　　B. 成本费用利润率　　　　　C. 投入—产出比率

D. 应收账款周转率　　　　E. 市场占有率　　　　　　　F. 资产负债率

10

三、判断题

1. 控制所提出的经济性原则是相对的。 （   ）
2. 进行差异分析的目的是发现问题。 （   ）
3. 只要控制工作做得好，完全可以防止管理失误。 （   ）
4. 入学前的体检属于事前控制。 （   ）
5. 控制工作力度越大、越严格，越能保证计划的实施。 （   ）

四、思考题

1. 请结合自身的学习、生活，谈谈对控制的理解。
2. 在现实生活中，有哪些可以适用的控制方法？

10

第十一章　管理创新

第一节　管理创新概述

一、创新及管理创新的含义

创新是指以独特的方式综合各种思想或在各种思想之间建立起独特联系的一种能力,能激发创造力,可以不断地开发出做事的新方式以及解决问题的新办法。

管理创新是指组织形成创造性思想并将其转换为有用的产品、服务或作业方法的过程。当管理者说要将组织变革成更富有创造性的时候,他们通常指的就是要激发创新。富有创造力的组织能够不断地将创造性思想转变为某种有用的结果。组织的管理创新就是把新的管理要素(如新的管理方法、新的管理手段、新的管理模式等)或要素组合引入组织管理系统以更有效地实现组织目标的创新活动。

二、管理创新的特点

(一)系统性

管理创新的系统性源于企业的系统性,是指在寻找企业管理创新的着力点以及评价管理创新的成果时要依据企业的系统性来进行。众所周知,企业是一个复杂系统,系统内的各要素相互联系、相互作用。当系统内某个或某些要素处于不良状态时,必定有其他要素受到影响,同时,企业系统从整体上看也会处于不良状态。而且企业系统是由人来运行的,也是为人服务的,当企业系统处于不良状态时,必定有相关的人感到不满。反过来,如果没有相关的人感到不满,企业系统就处于良性状态。企业的系统性为管理创新寻找着力点提供了可能,同时也为管理创新成果的评价提供了标准。

(二) 全员性

企业管理创新的程度有大有小,创新程度不高的管理创新只是对现有管理工作一定程度上的改进,或者是对成熟管理技术的引进,其复杂程度不高。因此,可以认为企业所有员工都能成为管理创新的主体,依靠员工来解决问题已被认为是改变现代管理现状的创新之一。从根本上看,企业管理创新涉及企业中的每一个人,每一个人对管理系统是如何影响他本人以及从他的角度来看应该如何改进都是最有发言权的。因此,企业中每一个人都能够且应该成为管理创新的主体。

(三) 层次性

管理创新的层次性是指在企业不同的管理层次上,创新的内容与形式是不同的。一般来说,战略管理层着眼于企业管理系统总体创新方案的设计;业务管理层主要进行子系统的创新方案设计;而基层管理者与员工的重点在实践管理中创新。虽然企业上下各级创新的侧重点不同,但都是一种企业管理创新活动,都是为寻找一种更好的资源组合机制而展开的智力活动。

(四) 不平衡性

管理创新的不平衡性既体现在时间上,又体现在空间上。管理创新不平衡性的产生受经济、社会、科学技术等因素的影响。例如,日本自二战后经济高速发展,企业大规模地成长起来,其中很大程度上是得益于在此期间出现的大量管理创新,如全面质量管理、终身雇佣制、年功序列制等。然而近年来,日本企业在管理创新方面的发展却不如以前了,这说明管理创新在时间上的不平衡性。另外,管理创新在空间上的产生也是不平衡的,如在某些管理领域或某些产业,管理创新的产生更频繁一些,而在另一些领域又会少一些。

(五) 变革性

管理创新的变革性是指管理创新一般会涉及企业内部权益关系的调整,因此,许多管理创新,尤其是程度大的管理创新实质上就是一场深刻的组织变革。从管理史上较为著名的管理创新来看,它们都具有变革性。比如,泰勒的科学管理是一场心理革命,是以科学取代经验的一次变革,强调劳资合作,强调用科学的方法研究工作,将以往的如何分蛋糕的问题转化成如何把蛋糕做大的问题,从而使劳资双方能够共同获益;梅奥人际关系理论的应用也需要企业管理者改变管理方式,尊重员工。由于企业本身就是一个利益聚合体,因此,不触及现有权益关系、皆大欢喜的管理创新是不存在的。

(六) 效益性

管理创新本身就是要创造更有效的资源整合模式和方法,提高组织效率,它带有很强的效益性。因而,管理创新往往能带来生产力的巨大提高,为企业带来竞争优势,甚至是企业制胜的法宝,谁掌握了新的更有效的管理方法,谁就能使自己立于不败之地,也正因为如此,企业才日益重视管理创新。若一项管理创新不能带来效益的增加,则不能算是一项真正的管理创新,只能是失败的管理创新。

三、管理创新的过程

管理创新的过程包含四个阶段。

(一) 对现状的不满

在几乎所有的案例中,管理创新的动机都源于对组织现状的不满,或是组织遇到危机,或是商业环境变化以及新竞争者出现而形成战略型的威胁,或是某些人对操作性问题产生抱怨。例如,利顿(Litton)互联产品公司是一家为计算机组装主板系统的工厂,位于苏格兰的格兰罗塞斯。1991 年,乔治·布莱克受命负责这家工厂的战略转型。他说:"我们曾是一家前途黯淡的公司,与竞争对手相比,我们的组装工作毫无特色。唯一的解决办法就是采取新的工作方式,为客户提供新的服务。这是一种刻意的颠覆,也许有些冒险,但我们别无选择。"很快,布莱克推行了新的业务单元架构方案,每个业务单元中的员工都致力于满足某一个客户的所有需要,他们学习制造、销售、服务等一系列技能。于是,这次创新使公司的客户反响获得了极大的改善,员工流动率也大大降低了。当然,不论出于哪一种原因,管理创新都在挑战组织的某种形式,它更容易产生于紧要关头。

(二)从其他来源寻找灵感

管理创新者的灵感可来自组织内部,但更多可能来自其他社会体系的成功经验,也可能来自那些未经证实却非常有吸引力的新观念。

有些灵感源自管理思想家和管理宗师。1987 年,默里·华莱士出任了惠灵顿保险公司的 CEO。在惠灵顿危机四伏的关键时候,华莱士读到了汤姆·彼得斯的新作《混沌中的繁荣》(*Thriving on Chaos*)。他将书中的高度分权原则转化为一个可操作的模式,这就是人们熟知的"惠灵顿革命"。华莱士的新模式令公司的利润率大幅增长。

有些灵感来自无关的组织和社会体系。20 世纪 90 年代初,总部位于丹麦哥本哈根的助听器公司奥迪康推行了一种激进的组织模型:没有正式的层级和汇报关系;资源分配围绕项目小组展开;组织是完全开放的。几年后,奥迪康取得了巨大的利润增长。而这个灵感却来源于公司 CEO 拉斯·科林德曾经参与过的美国童子军运动。科林德说:"童子军有一种很强的志愿性。当他们集合起来,就能有效合作而不存在任何等级关系。这里也没有钩心斗角、尔虞我诈,大家目标一致。这段经历让我重视为员工设定一个明确的'意义',这种意义远远超越了养家糊口。同时,建立一个鼓励志愿行为和自我激励的体系。"

有些灵感来自背景非凡的管理创新者,他们通常拥有丰富的工作经验。美国亚德诺(ADI)公司的经理阿特·施奈德曼在斯隆管理学院攻读 MBA 课程时,深受杰伊·福里斯特系统动态观念的影响。加入亚德诺前,他在贝恩咨询公司做了六年的战略咨询顾问,负责贝恩在日本的质量管理项目。施奈德曼深刻地了解日本企业,并用系统的视角看待组织的各项职能。因此当亚德诺的 CEO 史塔达请他为公司开发一种生产质量改进流程的时候,他很快就设计出了一整套的矩阵,涵盖了各种财务和非财务指标。平衡计分卡的原型就是出自他的手笔。

上述三个例子说明了一个简单的道理:管理创新的灵感很难从一个公司的内部产生。很多公司盲目对标或观察竞争者的行为,导致整个行业的竞争高度趋同。只有通过从其他来源获得灵感,公司的管理创新者们才能够开创出真正全新的东西。

(三)创新

管理创新人员将各种不满的要素、灵感以及解决方案组合在一起,组合方式通常并非一蹴而就,而是重复、渐进的,但多数管理创新者都能找到一个清楚的推动事件。

(四)争取内部和外部的认可

管理创新有风险巨大、回报不确定的问题。很多人无法理解创新的潜在收益,或者担心创新失败会对公司产生负面影响,因而会竭力抵制创新。而且,在实施之前,我们很难准确判断创新的收益是否高于成本。因此对于管理创新人员来说,一个关键阶段就是争取他人对新创意的

11

认可。

　　在管理创新的最初阶段,获得组织内部的接受比获得外部人士的支持更为关键。这个过程需要明确的拥护者。如果有一个威望高的高管参与管理创新的发起,就会大有裨益。另外,只有尽快取得成果才能证明创新的有效性,然而,许多管理创新往往在数年后才有结果。因此,创建一个支持同盟并将创新推广到组织中非常重要。管理创新还需要获得"外部认可",以说明这项创新获得了独立观察者的印证。在尚且无法通过数据证明管理创新的有效性时,高层管理人员通常会寻求外部认可来促使内部变革。外部认可包括四种来源:

　　第一,商学院的学者。他们密切关注各类管理创新,并整理总结企业碰到的实践问题,应用于研究或教学。

　　第二,咨询公司。它们通常对这些创新进行总结和存档,以便用于其他的情况和组织。

　　第三,媒体机构。它们热衷于向更多的人宣传创新的成功故事。

　　第四,行业协会。

　　外部认可具有双重性,一方面增加了其他公司复制创新成果的可能性,另一方面也增加了公司坚持创新的可能性。

四、管理创新的基本条件

　　为使管理创新能有效地进行,还必须创造以下的基本条件。

(一) 创新主体应具有良好的心智模式

　　创新主体(企业家,管理者和企业员工)具有良好的心智模式是实现管理创新的关键。心智模式是指由于过去的经历、习惯、知识素养、价值观等形成的基本固定的思维认识方式和行为习惯。创新主体具有的心智模式:一是远见卓识,二是具有较好的文化素质和价值观。

(二) 创新主体应具有较强的能力结构

　　管理创新主体必须具备一定能力结构才可能完成管理创新,创新主体应具有核心能力、必要能力和增效能力。核心能力突出地表现为创新能力;必要能力包括将创新转化为实际操作方案的能力,从事日常管理工作的各项能力;增效能力则是控制协调加快进展的各项能力。

(三) 企业应具备较好的基础管理条件

　　现代企业中的基础管理是指一般的最基本的管理工作,如基础数据、技术档案、统计记录、信息收集归档、工作规则、岗位职责标准等。管理创新往往是在基础管理较好的基础上才有可能产生,因为基础管理好可提供许多必要的准确的信息、资料、规则,这本身有助于管理创新的顺利进行。

(四) 企业应营造一个良好的管理创新氛围

　　创新主体能有创新意识,能有效发挥其创新能力,与拥有一个良好的创新氛围有关。在良好的工作氛围下,人们思想活跃,新点子产生得多而快,而不好的氛围则可能导致人们思想僵化,思路堵塞,头脑空白。

(五) 管理创新应结合本企业的特点

　　现代企业之所以要进行管理创新,是为了更有效地整合资源以完成本企业的目标和任务。因此,这样的创新就不可能脱离本企业和本国的特点。中国企业应充分发挥以"情、理、法"为一体的中国式管理制度的优势和特长。

11

 **拓展阅读**

腾讯科技的定时任务管理创新引领智能时代

2025年1月,腾讯科技(深圳)有限公司成功获得一项名为"一种定时任务管理方法、装置及存储介质"的专利(授权公告号 CN112799796B),这一创新在智能运营和自动化领域可能带来重要影响。这项专利的申请时间为2019年11月,反映出腾讯在AI技术及服务管理方面的深厚积累和前瞻性布局。

定时任务管理是指在规定的时间间隔内,自动执行特定任务的系统管理机制。随着智能设备和云计算的广泛应用,定时任务的管理变得愈发重要。传统的任务管理往往效率不高,不能及时响应复杂业务的需求,而腾讯此次的专利技术,旨在通过先进的算法和管理方式,提升任务处理的灵活性与精确度。

在实际应用中,尤其是在大型企业级客户的服务场景里,定时任务的及时执行对业务秩序的维护至关重要。例如,在金融服务领域,风控系统常常需要定时评估客户信用,腾讯的专利技术能够确保这一流程高效且安全地进行。相比于当前市场上已有的管理系统,这一技术将可能通过更加智能的调度算法,减少人为干预,提高了系统的自动化程度。

引入AI技术后,任务管理的智能化水平显著提高。这项专利所涵盖的方法能够通过数据分析反馈,动态调整任务执行的时间和频率,进而优化资源配置。腾讯在这一技术的实现上,依托于其强大的数据处理能力与云计算平台,为用户提供更为流畅的操作体验。这一点,特别适用于需要实时监控和快速响应的互联网和电商行业。

从广泛的社会应用来看,定时任务管理的提升不仅可以减少人力成本,还能让企业经营的各个环节更加高效、透明。企业将能更好地专注于核心业务发展,而将繁重的管理任务交给智能系统处理。同时,该技术的进一步发展和普及,或许会催生出更多以自动化为驱动的新商业模式。

以腾讯为例,作为一家成立于2000年的领先技术公司,近年来,其在软件服务和信息技术方面的探索不断深化。根据天眼查的数据,腾讯科技(深圳)有限公司目前拥有超过5000条的知识产权信息,展现出其在技术创新和研发方面的持续投入。对于未来,随着更多此类专利和技术的落地,腾讯有望在智能管理领域继续领跑,推动整个行业的进步。

总体来看,腾讯科技此次获得的定时任务管理专利,不仅仅是对技术本身的认可,更是对智能化、自动化管理趋势的积极响应。随着这一技术的实际应用推广,企业将迎来新的智能化升级机遇,构建更加高效和稳定的运营生态。在数字经济快速发展的今天,加强相关技术的研发和应用,必将成为企业在竞争中脱颖而出的重要因素。

第二节　管理创新的方法与原则

一、管理创新的方法

管理创新的方法是指产生管理创新或创意的途径和机制。诸如艾科卡、松下幸之助等人在进行管理创新时都遵循了一定的管理创新方法,并考虑了进行管理创新的约束条件及其内在规律,从而成功地取得了不少的管理创新成果。如果一味行动,而不把握行动的规律,其结果不是遭受失败就是事倍功半。管理创新的方法主要有:

（一）加强修炼系统思维方式和方法

管理创新是要突破固有的思维定式，改变不正确的根深蒂固的心智模式和思维方式，才能看到别人看不到的地方，产生创新或新创意。而要改变不正确的心智模式必须要进行"修炼"，学会运用系统思维的方法思考和处理问题，学会看清事物表象背后的结构性冲突，找到真正的原因和矛盾，才有利于创新。

（二）学会突破常识，采用反向思维法

反向思维是指思考问题的逻辑方式与一般人的想法相反或不同，常常打破常识，从一种新的视角看问题，从而产生意外的发现，甚至在此基础上产生管理创新或新创意。具有反向思维的人往往具有敏锐的观察力和喜欢思考的特点，这样的人在深入思考的过程中把问题想得更透，喜欢从多种角度找到问题的解决办法，因而思维很活跃，一般人认为正常的事情，他们往往能看到不平常之处。如同样是一个苹果从树上掉下来，一般人会习以为常，思维也会就此打住，不会进一步去思考。可是，具有反向思维习惯的牛顿却能见常人之所不见，进一步思考，后来因此而发现了万有引力。

 拓展阅读

反向思维四则

1. 规模化生产并不一定是对的

普遍的观点认为，规模化生产可以降低单位产品的成本，达到规模经济效益。这种观点适用于工业化大生产时代，在日趋强调个性化的后工业时代和知识经济时代并不一定可行。因为人们的需求有了更进一步的发展，追求个性化消费已成为一种趋势，这时要求企业进行小批量生产和差异性生产。另外，实行规模化生产，是强调数量，若产品不适销对路或卖不出去，生产越多就意味着浪费，反而达不到企业的预期目标。

2. 不要勉强挽留想要离去的员工

当某一员工想离开企业时，传统的做法是给员工做思想工作，希望他留下来，甚至不让员工离去。这样做轻则导致更多的内耗、制造矛盾、分散企业凝聚力，重则贬低领导者，甚至吃里扒外。所以要走而不走或要走而不让走都是不正确的做法，而应让要走的人尽快走，以免影响企业的发展，虽然人力资源是最宝贵的资源，但若不为企业所用，只能成为祸害。

3. 薄利多销是头脑简单的做法

生产高附加值的产品才能更好地满足顾客并能获得可观的利润。一般人总是认为薄利多销是一种成功的销售策略，实际上并非如此，因为成熟的顾客在购物时更在乎满意度，在乎得到的享受和满足感。高附加值的产品能为顾客提供更好的服务和满足，如高文化附加值的产品能使顾客在心理上享受到更多的满足，高服务附加值的产品能使顾客用得放心，节约了许多隐性成本。

4. 竞争的实质是要求合作

一般人认为竞争就是你死我活的对抗和对立关系，但从"竞争"一词的英文单词来看，竞争一词还有"伙伴"的意思，即还有合作的意思，从当前发达国家的巨型企业从对抗走向合作的趋势来看，人们更注重"伙伴"这种意思的把握，并对竞争和竞争对手进行了重新定位。我国企业要充分意识到竞争转向合作的趋势，真正理解"竞争"一词的含义和其发展趋势。

（三）管理创新的知识综合法

知识综合法是指通过把各相关学科的知识交叉地运用、加以综合而得到的创新意向，并由此产生管理创新。目前，多学科的综合运用，互相渗透的趋势已越来越强，通过这种方式的管理创新也越来越多，因为根据系统思维的观点，各个学科的知识之间本来就有相通之处，多学科的交叉运用，可以碰撞出智慧的火花。人类在发展过程中，由于工业时代分工过细的原因，把每一门学科分割得过细，太专业化，反而不利于科学的发展、进步和创新。现在，人们逐渐地意识到了这一点，学科间的融合、交叉运用也日益频繁，如心理学在企业管理人际关系学方面的引入，导致了行为科学管理的革命；现代数学、运筹学和统计学在管理学中的应用，产生了现代管理方法；人文科学中的社会学、伦理学等的最新成果被引入企业管理后，导致了现代管理模式的变革。

芮明杰教授认为，管理创新通过两种方式产生，一是用新的科学技术和知识来分析、研究现实中的管理问题，即从一种新的视角来研究现实问题，从而能得到不同以往的新看法和启示，进而产生创新的灵感。例如，信息技术的革命和计算机网络的发展，使企业的信息系统产生巨大的变化，企业的管理幅度由此不受限制，从而大大冲击企业的组织结构，新的组织结构和管理方式将诞生。二是沿用以往的科学知识、方法和手段，并将这些科学知识、方法和手段综合起来并系统地看待管理问题，从而得到不同的思路、看法和启示。例如，现代柔性管理模式即是属于这种方式下产生的管理创新。

（四）改进、突破管理创新法

改进原则是指在现有的管理基础上，进行有创意的提高与改进。通过这种方式，更容易产生管理创新，也是现实中用得最多的一种方式。可以是在自己特有的管理基础上，也可以是在别人先进管理思想的基础上进行延伸、提高，或通过否定他们而建立新的管理方法。例如，推销这种营销方式，最开始采用单家单户的人员推销方式，但费时费力且效果不佳。于是便让推销员进入超市、商场，穿上营业员的工作服，进行现场推销。一方面，打消了消费者认为对方在搞推销的念头，另一方面，营业人员的意见对消费者有较大的影响，使这种推销方式极为成功，这也不失为一种营销方式上的创新。

（五）技术开发加快的管理创新法

技术开发管理是企业管理创新的捷径和源泉，也是企业获得核心竞争能力的有效途径。通过技术开发，获得新成果，往往会伴随企业管理上的创新或导致管理模式的变化。微软公司把"技术开发管理"的创新作为企业生存和发展的命脉，"不断淘汰自己的产品"是该公司的口号，也是该公司成功的秘诀之一。正因为一直十分重视技术开发，才使微软无论是在产品上还是在企业管理模式上该公司都不断有创新和进步，始终处于 IT 行业的领导者地位。现在，通过加快技术开发，促进管理创新已成为企业家们的共识，美国柯达公司也提出了"站在传统与未来之间"的开发技术方案。正是技术开发管理和企业管理的不断创新使这些美国企业闻名于世界。

二、管理创新的原则

虽然创新需要自由的工作环境，需要灵感，但创新并非毫无规律可循，管理者进行管理创新需要遵循一定的原则：还原原则、木桶原则、交叉综合原则、兼容性原则、不怕犯错误原则。这些原则能够帮助管理者更好地识别哪些是真正的创新、哪些是创新的障碍，从而使创新富有实际价值和效率。

（一）还原原则

管理创新的还原原则是指打破现有事物的局限性,寻求其形成现有事物的基本创新原点,改用新的思路、新的方式实现管理创新。任何创新过程都有创新原点和起点。创新的原点是唯一的,而创新的起点则可以很多。

如在管理上,实现目标的手段是多种多样的。在当时的条件下,可能选择了一种最合适的解决方法,但是随着环境的变化,原来的方法并不一定是最好的,这就需要回到最初的目标上来重新制定一种更为合适的新方法。

还原原则要求创新主体在管理创新过程中不要就事论事,不要总是就现有事物本身去研讨其管理创新的问题,而应进一步地寻求源头,寻找其创新的原始出发点。只有抓住这一始发点,所产生的创意才不容易受现有事物的结构、功能等方面的影响,在管理创新上才能有所突破。

（二）木桶原则

木桶原则是指由几块长短不一的木板所围成的一个水桶,水桶的最大盛水量是由最短的一块木板所决定的。木桶原则所要说明的是,在组成事物的诸多因素中最为薄弱的因素就是制约事物的发展的瓶颈。在管理创新中,如果能抓住这个影响事物发展的关键的环节,就会达到"加长一块木板而导致整个水桶的总盛水量很快增加"的目的。

木桶原则在企业管理创新中有很大用处。企业组织有不同的层次、不同的职能部门、不同的经营领域,而企业整体管理水平的高低受限于那最薄弱的层次和部门。因此,只有在最薄弱环节上取得突破性的创新,才能最终提高企业的整体管理水平。

另外,如果企业各个层次、各个部门的工作质量都符合企业整体的要求,那么加大木桶总盛水量的方法,也应该是先行拉长一块木板,然后再一块一块地补齐其他木板的高度。这种方式可以使木桶的总盛水量平稳增加。

（三）交叉综合原则

交叉综合原则是指管理创新活动的展开或创新意向的获得可以通过各种学科知识的交叉综合得到。目前,科学发展的趋势是综合和边缘交叉,许多科学家把目光放在这两个方面,以求创新。管理作为一门学科,它的创新过程也呈现出这一态势。如计算机学科与管理学科的交叉综合就形成了一系列具有革命性的管理方法和手段:管理信息系统(MIS)、决策支持系统(DIS)、企业资源计划(ERP)等。

从管理创新的历史过程来看,有两种创新方式是值得重视的。一是利用新的科学技术、新的学科知识来研究、分析现实管理问题。由于是用新的学科知识和技术来看待现实管理问题,即从一种新的角度来研究问题,所以就可能得到不同于以往的看法和启示。如把数理统计方法运用到质量控制中,使质量控制从事后检验走向预防控制。二是沿用以往的学科知识、方法与手段,但不是分别单一地去看一个现实的管理问题,而是将这些学科知识、方法、手段综合起来,系统地来看待管理问题,这样也能产生不同于以往的思路和看法。

（四）兼容性原则

管理创新要坚持"古为今用,洋为中用,取长补短,殊途同归"的原则。既要学习外国的先进经验,也要学习中国古代的管理思想,并结合中国企业的实际情况,创新出独具特色的管理理论与方法。管理理论与方法的发展不同于自然学科,自然学科理论的发展与创新,是一种否定之否定的关系,新理论的创新意味着对旧理论的否定;而管理理论的创新往往是一种兼容关系,是从不同角度对旧理论的完善和补充。如组织行为理论的出现,并不意味着泰勒制的结束,即使在美国,现在还有 70% 的企业运用泰勒的科学管理理论为其创造利润。

兼容性原则是指根据自身的实际情况,吸收别人先进的管理思想、管理方式、管理方法,进行综合、提炼、提高和创新。兼容性创新是在原有基础上的发展,因此要对原有的基础问题加以分析研究,把握深层原因,同时注意自己的特点与长处,进行深层思考,这样就可能发掘出许多新的创意,进行管理创新。

(五) 不怕犯错误原则

大多数人在工作中都会害怕犯错,部分人甚至为了避免犯错误,抱有"多做多错,少做少错,不做不错"这种错误观念,缺乏创新精神。另外,避免犯错误的另一种做法是不做标新立异的事情。但因为致力于创新,就有了可能犯错误的机会,所以没有新尝试,也就没有新作为。

企业需要有能够创新、敢于行动、不怕犯错、好学的员工。现在一些企业开始建立"组织的容错文化",容错不是包容和原谅,而是容许犯错,学会在犯错中学习和改进;部分企业甚至提出"管理者最大的错误在于不敢犯错误!"作为管理者,带着大家更多地从错误和失败中复盘学习,促进创新。如美国 3M 公司就提出了"允许犯错误,不允许不创新""允许犯错误,但不允许犯相同的错误"等企业理念,从而积极鼓励员工参与企业各类创新活动。

第三节　管理创新的内容与组织

一、管理创新的内容

管理创新的内容是多方面的,它不仅体现在更新岗位设计和工作流程上,更体现在经营观念、经营战略、组织结构、激励和约束制度、组织行为、管理规范、管理方法和管理技术乃至企业文化整合的系统调整上。

(一) 管理观念创新

管理观念创新即管理思想的创新,很多学者将之看作管理创新内容之首,认为管理观念创新是管理创新的灵魂和源泉。管理观念是企业从事经营管理活动的指导思想,体现为企业的思维方式,是企业进行管理创新的灵魂,企业要想在复杂多变的市场竞争中生存和发展,就必须首先在管理观念上不断创新。而要更新观念,管理者必须打破现有心智模式的束缚,有针对性地进行系统思维、逆向思维、开放式和发散式思维的训练,并通过综合现有的知识、管理技术等,改进和突破原有的管理理论和方法。

管理者只有勇于创新,敢于追求新事物,乐于解决新问题,才能使管理活动成为一种乐趣,其产生的社会经济效益也是难以用价值衡量的,而这一局面的创造,其最根本在于管理者和管理组织的观念创新。

(二) 战略管理创新

战略管理关乎企业的发展方向,树立战略思维是企业管理创新的核心。面对世界经济一体化进程的加快、信息技术的迅速发展和知识经济兴起所带来的外部环境深刻而巨大的变化,企业要想在激烈的市场竞争中立于不败之地,必须在战略创新方面下功夫。

企业战略创新首先是企业战略的制定和实施要着眼于全球竞争,目前以及未来的企业竞争态势是国内竞争国际化和国际竞争国内化,因此,任何企业的战略都必须放眼全球。其次,企业战略的制定和实施要在捕捉外部环境机遇的基础上更多地立足于企业核心竞争力的形成。核心竞争力也叫核心专长,就是拥有别人所没有的优势资源,未来企业的竞争都是围绕培育和形成核心竞争力来展开的。培育和形成核心竞争力必须适应企业外部的环境因素,如顾客价值、竞争者和替代品的变化。面对变化的顾客价值,重新选择与核心竞争力相匹配的经营环境和业务领域,不断建立新的核心竞争力,预测、跟踪并满足不断变化的顾客需求。面对经济全球化、贸易壁垒减少带来的企业竞争对手数量增加与规模扩大,企业必须及早确立核心竞争力的发展战略,以实现企业核心竞争力的持续发展。面对企业核心竞争力受到替代品的威胁,企业必须不断创新竞争方式和运作方式,在形成核心竞争力方面有突破性进展,使自己永远走在行业前列。

(三) 企业文化创新

企业作为一种以人与人的组合为基础的经营活动主体,其经营行为必然最终都要人格化,也就是说,企业是人格化的企业,企业的所有活动最终都要靠人来执行。正是因为如此,企业的制度创新,企业的经营战略创新,最终都必然会体现在人的价值理念中,也就是以企业文化的形式表现出来。

企业文化是企业成员共有的价值和信念体系。企业文化创新是指为了使企业的发展与环境相匹配,根据企业本身的性质和特点形成体现企业共同价值观的企业文化,并不断创新和发展的活动过程。企业文化创新的实质在于企业文化建设中突破与企业经营管理实际脱节的僵化的文化理念和观点的束缚,实现可以贯穿全部创新过程的新型经营管理方式的转变。面对日益深化、日益激烈的国内外市场竞争环境,越来越多的企业不仅从思想上认识到创新是企业文化建设的灵魂,是不断提高企业竞争力的关键,而且在行动上逐步深入地把创新贯彻到企业文化建设的各个层面,落实到企业经营管理的实践中。

企业文化创新要以对传统企业文化的批判为前提,对构成企业文化的诸要素包括经营理念、企业宗旨、管理制度、经营流程、仪式、语言等进行全方位系统性的重建或重新表述,使之与企业的生产力发展和外部环境变化相适应。纵观世界上成功企业的经营实践经验,人们往往可以看到,一个企业之所以能在激烈的市场竞争中脱颖而出,长盛不衰,归根结底是因为在其经营实践中应用和形成了优秀的、独具特色的企业文化。

(四) 组织结构创新

组织结构创新有两个方面:一是企业可以对其中一个或多个关键要素加以变革。例如,可将几个部门的职责组合在一起,或者精简某些纵向层次、拓宽管理幅度,使组织扁平化或机构精简化;可以制定更多的规章制度,提高组织的正规化程度;通过提高分权化程度,加快决策制定的过程等。二是企业可以对实际的组织结构设计做出重大的变革。组织结构创新意味着打破原有的组织结构,并根据外部环境和内部条件的变化对组织的目标加以变革,对组织内成员的责、权、利关系加以重新构建,使组织的功能得到完善和发展,其实质是资源的重新配置。

组织结构创新是企业组织自身发展需要产生的行为,是企业外界压力共同作用的要求,是企业生存发展的关键。组织结构创新所涉及的因素覆盖了企业管理的方方面面,如管理层次和幅度、集权分权程度、专业化程度、制度化程度、工作流程、决策机制、奖励机制、信息沟通系统、指挥系统等。因此,组织结构创新是中小企业发展的动力源泉,其在中小企业的发展过程中起着硬件支持性的作用。

学习型组织是以共同愿景为目标基础,以团队学习为特征,对顾客负责的扁平化的横向网络系统,是一种精简、扁平、网络化、有弹性、能够不断学习、不断自我创新的组织。学习型组织和传统型组织相比具有扁平化、柔性化、虚拟化的特征。因此,学习型组织是企业为适应知识经济时代和国际化竞争需要而进行的管理创新。

 **拓展阅读**

中南建筑设计院的组织结构创新

中南建筑设计院始建于 1952 年,是中国最早成立的六大区域综合性建筑设计院之一。2009 年的骨干员工持股改革,虽走出了国企混改新路,但也带来了后遗症。骨干员工所持股份属原集团旗下独立法人子公司,导致子公司之间法人、股东不同,内部交易成本高,出现"集而不团"的问题,各子公司之间业务合作少,资源难以共享。

2022 年 4 月 29 日,中南建筑设计院启动改革重组,由"子公司反向吸收母公司"模式,省成套招标公司、省城建设计院等 12 家子公司整合并入中南建筑设计院。同时,国有股东回购员工股份,计划通过上市前分红激励和上市后股权激励等方式,组织开展员工退股,让骨干员工统一持有母公司股份,形成利益共同体,实现了"子并母"式重组。

重组后,中南建筑设计院建立了总部"大循环"、事业部"小循环"的一体化平台组织,形成"总部党委'管总'+大区中心'主战'+事业部'主建';事业部党委'管总'+营销部门'主战'+生产、研发、职能部门'主建'"的模式。成立了东南西北中 5 个大区中心和建筑设计、EPC 等 7 个事业部,通过"突出事业部、弱化子公司"的架构调整,促进子公司之间项目团队合作,实现资源共享和业务协同。

改革重组后,中南建筑设计院干部职工干事创业劲头更足。此次组织结构创新,打破了原有子公司之间的壁垒,实现了从"物理整合"到"化学融合",提升了企业的凝聚力和竞争力,为其成为省属国企"化学融合"改革创新的先锋和全国工程建筑设计行业国企改革重组的典范奠定了基础。

(五)人力资源创新

随着市场经济、知识经济、信息知识的快速发展,管理工作正在实行以人为本的管理过程中,逐步走向对人的知识、智力、技能和实践创新的管理。因此,在"以人为本"的管理过程中,正逐步形成一种以人的知识、智力、技能和实践创新的能力为核心内容的"能本管理"。

所谓"能本管理",是指一种以人的能力为本的管理,是人本管理发展的新阶段。这里的"能力",其内在结构是由知识、智力、技能和实践创新能力构成的。知识是人的认知能力的体现,智力是知识转化为智慧的能力,技能是智慧在工作实践中的一种应用能力,实践创新能力是以知识、智力、技能为基础的改造世界的能力。这样,由知识到智力再到技能,最后到实践创新能力,实际上呈现出一种由低层次到高层次、由认识世界到改造世界的发展过程。"能本管理"源于"人本管理",又高于"人本管理","能本管理"是更高阶段、更高层次和更新意义上的"人本管理",是"人本管理"的新发展。

"能本管理"的理念是以人的能力为本,建立一种"各尽其能"的运作机制,其总的目标和要求是:通过采取各种行之有效的方法,最大限度地发挥每个人的能力,从而实现能力价值的最大化,并把能力这种最重要的人力资源作为组织发展的推动力量,通过优化配置,实现组织发展的目标以及组织创新,形成推动社会全面进步的巨大力量。

(六)制度创新

所有创新活动都有赖于制度创新的积淀和持续激励,通过制度创新得以固化,并以制度化的方式持续发挥着自己的作用。制度创新是创新的前提,具有完善的企业制度创新机制,才能保证技术创新和管理创新的有效进行。制度创新是指人们在现有的生产和生活环境条件下,通过创造新的、更为有效的激励人们行为的制度、规范体系来实现社会的持续发展和变革的创新。其核心是通过制度的革新,使支配人们行为和相互关系的规则变更、组织与其外部环境相互关系的变更,以激发人们的创造性和积极性,促使不断创造新的知识和社会资源的合理配置及社会财富源源不断地涌现,最终推动社会的进步。

良好的制度环境本身就是创新的产物,其中很重要的就是创新型的政府,只有创新型的政府,才会形成创新型的制度、创新型的文化。目前科技创新存在和面临的体制、机制、政策、法规等诸多问题的解决,很大程度上有赖于中央和地方政府能否以改革的精神拿出创新型的新思路,同时政府从经济活动的主角转为公共服务提供者,努力创造优质、高效、廉洁的政务环境,进一步完善自主创新的综合服务体系,充分发挥各方面的积极性,制定和完善促进自主创新的政策措施,切实执行好已出台的政策,激发各类企业特别是中小企业的创新活力。

二、管理创新的组织

系统的管理者不仅要根据管理创新的规律、特点和要求,对自己的工作进行创新,而且还要组织下属的创新。组织下属创新,不是去计划和安排某个成员在某个时间去从事某种创新活动,而是要为部属的创新提供条件、创造环境,有效地组织系统内部的创新。因此管理创新的组织需从以下几个方面着手。

(一) 正确理解和扮演"管理者"的角色

管理人员往往是保守的,他们往往以为组织聘用自己的目的是维持组织的运行,因此,自己的职责首先是保证预先制定的规则的执行和计划的实现。"系统的活动不偏离计划的要求"便是优秀管理的象征。因此,他们往往自觉或不自觉地扮演现有规章制度的守护神的角色。为了减少系统运行中的风险,他们往往对创新尝试中的失败吹毛求疵,随意惩罚在创新尝试中遭到失败的人,或轻易地奖励那些从不创新、从不冒险的人。显然这种对管理者角色的理解是狭隘的。管理人员必须自觉地带头创新,并努力为组织成员提供和创造一个有利于创新的环境,积极鼓励、支持、引导组织成员进行创新。

(二) 创造促进创新的组织氛围

促进创新的最好办法是宣传创新,激发创新,树立创新的新观念,使每一个人都奋发向上、努力进取、跃跃欲试、大胆尝试。要造成一种人人谈创新,时时想创新,无处不创新的组织氛围,使那些无创新欲望或有创新欲望却无创造行动、无所作为者感觉到在组织中无立身之处,使每个人都认识到组织聘用自己的目的,不是简单地用既定的方式重复操作,而是希望员工去探索新的方法,找出新的程序,只有不断地探索、去尝试才有继续留在组织中的资格。

(三) 制定有弹性的计划

创新意味着打破旧的规则,意味着时间和资源计划外的占用,因此,创新要求组织的计划必须具有弹性。创新需要思考,思考需要时间。若每个人的每个工作日都安排得非常紧凑,每个人在每时每刻都实行"满负荷工作制",则不可能发现许多创新的机遇,也不可能有条件产生创新的构想。同时创新需要尝试,而尝试需要物质条件和试验场所。若要求每个部门在任何时间都严格地制定和执行严密的计划,则永无尝试机会的新构想就只能留在人们的脑子里或图纸上,不可能给组织带来任何实际的效果。

(四) 正确地对待失败

创新的过程是一个充满着失败的过程。创新者应该认识到这一点,创新的组织者更应该认识到这一点。只有认识到失败是正常的,甚至是必需的,管理人员才能允许失败,支持失败,甚至鼓励失败。当然,支持尝试,允许失败,并不意味着鼓励组织成员马马虎虎地工作,而是希望创新者在失败中取得有用的教训,学到一点东西,变得更加明白,从而使下次失败到创新成功的路程缩短。

(五) 建立合理的奖酬制度

要激发每个人的创新热情,还必须建立合理的评价和奖惩制度。创新的原始动机也许是个人的成就感、自我实现的需要,但是如果创新的努力不能得到组织或社会的承认,不能得到公正的评价和合理的奖酬,则继续创新的动力会渐渐失去。

1. 注意物质奖励与精神奖励的结合

对创新者个人来说,物质奖励只在一种情况下才是有用的,即奖金的多少首先被视作是衡量个人的工作成果和努力程度的标准。奖励不一定是金钱上的,精神上的奖励也许比物质奖励更能满足驱动人们创新的心理需要。所以,从经济的角度来考虑,物质奖励的效益要低于精神奖励,并且金钱奖励的边际效用是递减的,为了激发或保持同等程度的创新积极性,组织不得不支付更多的奖金,因此,对于创新而言,物质奖励与精神奖励要相结合。

2. 奖励创新的过程

奖励不能视作"不犯错误的报酬",而应是对特殊贡献,甚至是对希望作出特殊贡献的努力的报酬;奖励的对象不仅包括成功以后的创新者,而且应当包括那些成功以前,甚至是没有获得成功的努力者。就组织的发展而言,也许重要的不是创新的结果,而是创新的过程。如果奖酬制度能促进每个成员都积极地去探索和创新,那么对组织发展有利的结果是必定会产生的。

3. 奖励制度既要有竞争也要有合作

奖励制度要既能促进内部的竞争,又能保证成员间的合作。内部的竞争和合作对创新都是重要的。竞争能激发每个人的创新欲望,从而有利于创新机会的发现、创新构想的产生;而过度的竞争则会导致内部的各自为政,互相封锁。协作能综合各种不同的知识和能力,可以使每个创新构想都更加完善,但没有竞争的合作难以区别个人贡献,也会削弱个人的创新欲望。要保证竞争与协作的结合,在奖励项目的设置上,可考虑多设集体奖,少设个人奖,多设单项奖,少设综合奖;在奖金的数额上,可考虑多设小奖,少设甚至不设大奖,以给每一个人有成功的希望。防止出现相互封锁和保密,破坏合作的现象。

 拓展阅读

五个管理创新案例

1. 华为的"心声社区"

华为是一家以技术创新为核心的高科技企业,其管理创新的成功案例之一就是"心声社区",这是一个内部社交媒体平台,员工可以在此发表观点、分享经验、提出建议,甚至可以直接向公司高层反映问题。这个平台打破了传统的沟通壁垒,使得信息流动更加畅通,有助于提高员工的工作积极性和满意度,同时也为公司提供了宝贵的意见和建议。

2. 海尔的"人单合一"模式

海尔提出的"人单合一"模式。"人单合一"中的"人"指员工,"单"指用户需求,该模式是指将员工与用户需求紧密结合,让员工在为用户创造价值的过程中实现自我价值。这一模式打破了传统的层级式管理结构,将企业的决策权、用人权和分配权下放到一线员工,让员工直接面对用户需求,创造用户价值,强调用户体验和创新,鼓励员工自主决策、主动承担责任。通过实施"人单合一",海尔大大提高了员工的工作效率和企业的创新能力,成为全球家电行业的领导者。

3. 阿里巴巴的"政委体系"

阿里巴巴集团在人力资源管理方面的创新成功案例是"政委体系"。阿里巴巴的政委负责员工的价值观培养、团队建设、企业文化传承等工作,类似于军队中的政治工作。通过"政委体系",阿里巴巴成功地塑造了一支有战斗力的团队,使得公司在面对激烈市场竞争时始终保持强大的凝聚力和战斗力。

4. 腾讯创新的激励机制管理制度

腾讯是中国领先的互联网公司,其成功的管理制度中的一个重要因素是创新的激励机制。腾讯鼓励员工参与项目的创新和研发,设立了丰富的奖励制度和福利政策。腾讯建立了一种基于绩效的激励机制,通过评定员工的工作成果来确定绩效薪酬和晋升机会。这种管理制度不仅激发了员工的工作动力,也增强了团队的凝聚力和创新能力,推动了腾讯在互联网行业的快速发展。

5. 小米公司的敏捷制造体系

小米公司作为国内知名科技企业,其成功的秘诀在于建立了一套敏捷的制造体系。在该体系下,生产部门采用模块化生产方式,将手机零部件按需生产,实现了库存的有效控制。此外,小米还注重与供应商建立紧密的合作关系,通过信息共享和协同计划,确保了供应链的稳定性和灵活性。这种模式的成功运用,不仅提高了生产效率,也降低了成本,为小米赢得了市场竞争力。

实　训

一、实训目的

1. 通过小测试,了解自己的创新能力,分析自己的创造力水平,提高自我剖析能力;通过讨论,提高与人沟通的能力。

2. 通过团队游戏活动,充分理解团队管理中创新活动的过程、创新的方法,提高创新意识、活动组织能力、团队创新能力。

二、实训内容、组织方式及步骤

实训内容Ⅰ:管理创新能力

实训形式:测试分析。

实训步骤:

第一步,实训前准备。课前查阅相关书籍,初步了解本次实训的基础理论知识。

第二步,分发测试题卡,在安静的状态下根据自己的情况进行选择,进行个人创新能力测试。

测试你的创新能力,选择最适合自己的答案。如果符合你的情况,则回答"是",不符合则回答"否",拿不准则回答"不确定"。

1. 你认为那些使用古怪和生僻词语的作家纯粹是为了炫耀。

2. 无论什么问题,要让你产生兴趣,总比让别人产生兴趣要困难得多。

3. 对那些经常做没把握事情的人,你不看好他们。

4. 你常常凭直觉来判断问题的正确与错误。

5. 你善于分析问题,但不擅长对分析结果进行综合、提炼。

6. 你审美能力较强。

7. 你的兴趣在于不断提出新的建议,而不在于说服别人去接受这些建议。

8. 你喜欢那些一门心思埋头苦干的人。

9. 你不喜欢提那些显得无知的问题。

10. 你做事总是有的放矢,不盲目行事。

各题评分标准,如表 11-1 所示。

表 11-1　　　　　　　　　　　个人创新能力测试评分标准

题号	是	不确定	否
1	−1	0	2
2	0	1	4
3	0	1	2
4	4	0	−2
5	−1	0	2
6	3	0	−1
7	2	1	0
8	0	1	2
9	0	1	3
10	0	1	2

评价得分:

得分 22 分以上,则说明被测试者有较高的创造思维能力,适合从事环境较为自由、没有太多约束,对创新性有较高要求的职位,如美编、装潢设计、工程设计、软件编程人员等。

得分 21~11 分,则说明被测试者善于在创造性与习惯做法之间找出均衡,具有一定的创新意识,适合从事管理工作、也适合从事其他许多与人打交道的工作,如市场营销。

得分 10 分以下,则说明被测试者缺乏创新思维能力。

第三步,实训指导老师将表 11-2 打印,按学员人数分发,并让学员从表格中描述的人物性格

表 11-2　　　　　　　　　　　人物性格描述

精神饱满的	有说服力的	实事求是的	束手无策的	有奉献精神的
有独创性的	性急的	高效的	乐意助人的	坚强的
老练的	有克制力的	热情的	时髦的	自信的
不屈不挠的	有远见的	机灵的	好奇的	有组织力的
铁石心肠的	思路清晰的	脾气温顺的	爱预言的	拘泥形式的
不拘礼节的	有理解力的	有朝气的	严于律己的	精干的
讲实惠的	感觉灵敏的	无畏的	严格的	一丝不苟的
谦逊的	复杂的	漫不经心的	柔顺的	创新的
泰然自若的	渴求知识的	实干的	好交际的	善良的
孤独的	不满足的	虚心的	观察敏锐的	易动感情的
谨慎的	足智多谋的	自高自大的	有主见的	风趣幽默的

11

的形容词中挑选出 10 个他认为最能说明自己性格的词。

第四步,根据测试结果,结合自己的个性特点、爱好、特长、兴趣,对个人创新能力进行剖析,并将测试结果与小组其他成员进行创造力水平对比,分析自己的不足之处。

第五步,根据讨论和对比,完成自我创新能力的分析报告。

实训要求:根据实训指导老师所发测试题卡,根据自己的情况做出判断。这些题没有正确答案,即它只重视过程而不是结果。每个人在做这些题目时,也是审视自己的过程。所以做题时不要思前想后,一切凭借直觉才是最保险的,得出的结果才是最准确的。各小组成员都应积极发表个人观点,认真完成自我创新能力分析报告。分析报告要求语言流畅,文字简练,条理清晰。

实训内容Ⅱ:管理创新的过程

实训形式:管理游戏。

实训步骤:

第一步,实训前准备。每个小组一套材料:A4 纸 50 张,胶带一卷,剪刀一个,彩笔一盒。

第二步,学员分成 5～6 人一组,每组一套材料,每组在 30 分钟之内将"长江大桥"建起来,要求外形美观,结构合理,创意第一。

第三步,要求每一个小组选出一位代表来解释大桥建造的过程,比如创意,实施办法等。

第四步,由大家选出最有创意的大桥,最具有美学色彩的大桥,最简单实用的大桥等,获胜组可以得到一份小礼物。

第五步,按照以下问题进行进一步的讨论,对小组成员的各种观点进行记录。

1. 你们组的创意是怎样产生的? 谈谈通过游戏,你对创新的认识。

2. 你们的合作过程如何? 你认为需要什么样的环境和条件对团队创新更为有利?

3. 在建桥的过程中,大家的协调性怎么样? 团队创新与个人创新相比各有什么样的优点和缺点?

4. 不同的人扮演什么角色,这一角色是否与他的平时形象相符?

5. 你认为在这个游戏过程中自己的创新能力如何? 该如何提高和改进?

6. 在任务完成时,你们对自己的成果满意吗? 在与其他小组进行对比后,又有哪些感想和收获?

第六步,各小组选出一名代表发言,对小组讨论分析结果进行总结。

第七步,以小组为单位对各种观点进行分析、归纳和要点提炼,完成实训报告。

实训要求:管理创新是一个团队成功的根本前提,所以作为团队的领导者一定要了解小组各成员的特点并善加利用,在游戏过程中要努力让小组成员都发挥主动性和创造性,提出创新意见,并加以总结和利用,完成游戏任务。各小组成员都应积极参与活动,积极进行讨论,发表个人观点。发言要求语言流畅,表达清晰,条理清楚。实训报告要求文字简练,条理清晰。

三、实训时间及成绩评定

(一)实训时间

实训内容Ⅰ:测试时间 3 分钟,自我性格描述选择时间 3 分钟,自我剖析时间 5 分钟,对比讨论时间 20 分钟。

实训内容Ⅱ:游戏活动准备时间 2 分钟,游戏活动时间 30 分钟,最佳创新等评选时间 5 分钟,小组讨论时间 20 分钟,发言时间每组 3 分钟,实训指导老师点评时间 5 分钟。

(二)实训成绩评定

1. 实训成绩按优秀、良好、中等、及格、不及格 5 个等级评定。

2. 实训成绩评定要点。

(1) 是否能够充分理解管理创新的含义、特点及内容。

(2) 是否能够认真进行自我创新能力剖析,按要求完成分析报告。

(3) 是否能积极参与到团队游戏中,主动参与创新,配合团队的创新活动。

(4) 是否能积极主动与小组成员讨论交流,能否简练、清楚地整理讨论和交流记录。

小　结

1. 管理创新来源于对创新的认识和应用,是指企业把新的管理要素或要素组合引入企业管理系统以更有效地实现组织目标的创新活动。

2. 管理创新具有系统性、全员性、层次性、不平衡性、变革性、效益性等特点。

3. 管理创新有四个阶段:对现状的不满,从其他来源寻找灵感,创新,争取内部和外部的认可。

4. 为使管理创新能有效地进行,必须拥有一些基本条件:创新主体应具有良好的心智模式,创新主体应具有较强的能力结构,企业应具备较好的基础管理条件,企业应营造一个良好的管理创新氛围,管理创新应结合本企业的特点。

5. 管理创新的方法主要有:加强系统思维方式和方法的修炼;学会突破常识,采用反向思维法;知识综合的管理创新法;改进、突破管理创新法;技术开发加快的管理创新法。

6. 管理创新需要坚持五个原则:还原原则、木桶原则、交叉综合原则、兼容性原则、不怕犯错误原则。

7. 管理创新的内容是多方面的,它不仅体现在更新岗位设计和工作流程上,更体现在经营观念、经营战略、组织结构、激励和约束制度、组织行为、管理规范、管理方法和管理技术乃至企业文化整合的系统调整上。归纳起来,主要包括管理观念创新、战略管理创新、企业文化创新、组织结构创新、人力资源创新、制度创新等。

8. 管理创新的组织需从正确理解和扮演"管理者"的角色、创造促进创新的组织氛围、制定有弹性的计划、正确地对待失败、建立合理的奖酬制度等几个方面着手。

习　题

一、单项选择题

1. "创新"的概念是由(　　)提出的。

A. 彼得·德鲁克　　　　B. 菲利普·科特勒　　　C. 约瑟夫·熊彼特　　　D. 亨利·明茨伯格

2. (　　)是管理创新的灵魂和源泉。

A. 观念创新　　　　　　B. 战略创新　　　　　　C. 环境创新　　　　　　D. 文化创新

3. 企业管理创新的核心是(　　)。

A. 树立逆向思维　　　　B. 树立战略思维　　　　C. 树立形象思维　　　　D. 树立逻辑思维

4. 要想达到"加长一块木板而导致整个水桶的总盛水量很快增加"的目的,管理创新必须遵循(　　)。

A. 还原原则　　　　　　B. 交叉综合原则　　　　C. 兼容性原则　　　　　D. 木桶原则

二、多项选择题

1. 管理创新具有(　　　　)特点。

11

A. 系统性　　　　　B. 全员性　　　　　C. 变革性　　　　　D. 层次性

E. 不平衡性　　　　F. 效益性

2. 属于管理创新内容的有(　　　　　)。

A. 管理观念创新　　B. 战略管理创新　　C. 组织结构创新　　D. 人力资源创新

E. 制度创新　　　　F. 企业文化创新

3. 管理创新的外部认可来源于(　　　　　)。

A. 商学院的学者　　B. 供应商　　　　　C. 媒体机构　　　　D. 行业协会

E. 咨询公司　　　　F. 消费者

4. 管理创新的组织需要从(　　　　　)方面着手。

A. 正确理解和扮演"管理者"的角色　　　　B. 创造促进创新的组织氛围

C. 制定有弹性的计划　　　　　　　　　　D. 正确地对待失败

E. 建立合理的奖酬制度　　　　　　　　　F. 进行创新成果的控制

三、判断题

1. 企业管理创新受管理者的影响因素最大,因此作为普通员工不需要参与其中。　　(　　)

2. "能本管理",是一种以人的能力为本的管理,是人本管理发展的新阶段。　　　　(　　)

3. 管理创新的灵感既可以来源于组织内部,也可以来源于组织外部。　　　　　　(　　)

4. 管理创新的动机源于组织结构的变化。　　　　　　　　　　　　　　　　　　(　　)

5. 管理创新主体必须具备一定能力才可能完成管理创新。　　　　　　　　　　　(　　)

四、思考题

1. 如何理解管理创新在企业发展中的作用?试结合具体案例说明。

2. 面临环境的变化,从管理创新思维的角度,企业应该如何应对?

第十二章 管理综合实训

📖 **知识目标**:理解管理的作用;理解管理者应有的基本素质;理解管理环境分析的重要性;掌握管理的四大职能:计划、组织、领导、控制,及其在现实管理中的运用。

📖 **能力目标**:提高归纳、整理、概括信息的能力,运用管理思维发现问题、分析问题、解决问题的能力;通过素质测评,提高自我认知和判断力,并能够自我剖析的能力;培养学以致用、知识的灵活运用能力;提高活动策划、组织能力,运用创新思维,团结合作完成任务的执行能力。

📖 **素养目标**:养成管理思维和素养,团队合作和竞争意识。

综合实训一 海尔的管理

一、实训目的

通过海尔经典管理案例的分析,进一步提高管理案例分析的能力,以及管理理论及知识的综合运用能力。

二、实训内容、组织方式及步骤

实训形式:案例分析。

实训步骤:

第一步,实训前准备。阅读以下案例,并查阅相关资料。

海尔的管理

总篇:海尔走进哈佛,中国管理走向世界

1998年3月25日,张瑞敏走上美国哈佛商学院讲台,向哈佛学生讲解了海尔的管理案例。海尔集团成为被正式写入哈佛案例的第一个中国企业,张瑞敏也成为登上哈佛讲台的第一位中国企业家,正是海尔独特的文化、独特的管理和独特的市场理念震动了世界一流的工商管理学府。

哈佛的案例教材是全美商学院通用的,世界范围内的商学院也有相当一批选用哈佛的案例教材。哈佛商学院相信会有更多的学生和经理们从海尔案例中受益。而对于有志成为国际大企业的海尔来说,走进哈佛,意味着走向世界的道路更加宽广。1999年,张瑞敏被美国《商业周刊》评为"亚洲50位风云人物"之一,评语是这样写的:拥有更多的像张瑞敏一样"惜时如金"的企业家,中国必将在不久的将来在世界经济中扮演更加重要的角色。张瑞敏的成功轨迹为全中国,甚至全球的经营者所羡慕。因此,仔细地审视分析这位神奇的企业领导人的经营策略和管理见解将大有裨益。

2000年5月19日,海尔因出色的经营业绩被美国科尔尼管理公司、《财富》杂志等评选为"全球最佳营运公司",海尔是亚太地区企业中该称号的唯一得主。工商界凡有大型评选,海尔总是名列其中。张瑞敏也和海尔品牌、海尔产品一道名扬天下,成为企业家群体中常被称道的人物。

海尔具有山东人"讲实在"的性格,它的影响已几乎遍及全国的每一个村寨,还有上万个金发碧眼的洋人参与经营,可似乎很少听说它发生过什么传奇或者是激动人心的故事。数以亿计的人群都在关心它、议论它——海尔究竟有什么魅力?

海尔姑娘王俊成19岁就受海尔文化的熏陶,在冰箱一厂流水线干了三年,后来不幸得了白血病。弥留之际,她的最后一个要求是:"我要最后看一眼我的岗位!"家长为满足这一要求,让送葬的队伍在冰箱一厂大门口停留了一刻钟。一个年轻的女孩,在生命的最后一刻还念念不忘地工作过的岗位。这是为什么?

这岗位极其普通,每天拧这颗螺栓,擦那块玻璃,扫这片地,装那只箱子……为什么每天这样重复干——日清日高,就能让品牌驰名国内,就能让产品进入美国、德国、法国、日本?美国麻省理工学院的E. N.洛伦兹教授研究混沌现象,探讨:"为什么北京的蝴蝶拍打翅膀会在纽约引发龙卷风?"是不是海尔这种最简单、最实在的管理方式也产生了"蝴蝶效应"?

其实,海尔的做法并没有那么神秘。海尔和张瑞敏的故事几乎每个中国人都耳熟能详,但他们却很少深思公司关键的经营理念,而这恰恰是海尔皇冠上的明珠。海尔的经营哲学值得每个人关注,海尔的成功有力地证实了其基本战略和经营原则的作用。海尔从小到大成功发展有八个方面的经验:

(1)"要么不干,要干就要争第一"——追求卓越的企业文化;

(2)"明天的目标比今天更高"——日清日高的素质管理;

(3)"人人是人才,赛马不相马"——重在行动的人才观念;

(4)"先谋势,后谋利"——高屋建瓴的品牌方针;

(5)"否定自我,创造市场"——以变制变的创新策略;

(6)"卖信誉而不是卖产品"——真诚到永远的服务;

(7)"内有文化,外有市场"——"吃休克鱼"的扩张方式;

(8)"国门之内无名牌"——先难后易的国际化战略。

我们不能断言海尔所遵循的某一个竞争、组织、管理或产品开发战略是其成功的唯一源泉,或在众多公司中是独一无二的,但以上八条战略与原则相互啮合在一起,却使海尔得以永远站在竞争与经营的最前沿。毫无疑问,企业人士可以从海尔身上学到很多很多。

我们不想就海尔论海尔,也许我们的野心过大,总是试图解答这样的问题:在历史的时空中,该如何给海尔定位?海尔的员工如果现在以回顾的口吻说他们过去曾干得如何如何,也许并不能引起我们很大的兴趣,我们更关注的是如果回到一年、几年或者许多年前的那个时期里,他们在说些什么,而那之后又发生了些什么。公司的演变过程不能通过短时间的发展状况加以概括,要用历史的眼光才能洞察这一过程的深度。

第一篇章:追求卓越的企业文化

创建一个"人本企业"的最困难之处在于创建一种企业文化,在这种文化氛围里,员工们有明确的工作责任、清晰的业绩评估制度以及最大限度的自由空间去施展自己的才能。所以,讲海尔,必须首先从企业文化讲起。

海尔成功兼并原青岛红星电器厂已被写进哈佛案例。案例中最让人惊异的是,兼并生效之后,海尔派去的第一批人不是出自财务部,而是出自企业文化中心。他们首先宣讲的是企业文化、管理模式,而不是投资额度、盈利指标。账面上一时的得失不在他们的视野之内,企业长远的价值才是他们的立足点。为什么要这样做?张瑞敏的理论是:"企业兼并的目的是以少量资金投入,迅速地扩大企业规模。兼并之后,企业扭亏为盈不是靠大量的资金注入,否则不如建立一家新的企业;主要还是利用自己的无形资产,即所谓品牌运营,并输入文化和管理。我们的做法是,在被兼并企业里把海尔的模式进行复制,可以形象地总结为吃'休克鱼'的方法。"什么叫吃"休克鱼"呢?张瑞敏说,从国际上看兼并分成三个阶段:当企业资本存量占主导地位、技术含量并不占先的时候,是大鱼吃小鱼,大企业兼并小企业;当技术地位已经超过资本的作用时,是快鱼吃慢鱼,像微软起家并不早,但它始终保持技术领先,所以能很快地超过一些老牌电脑公司;到20世纪90年代则是一种强强联合,所谓鲨鱼吃鲨鱼,美国波音兼并麦道就是这种情况。在中国,国外成功的例子只能作为参考,大鱼不可能吃小鱼,也不可能吃慢鱼,更不能吃掉鲨鱼。在现行经济体制下活鱼是不会让你吃的,吃死鱼你会闹肚子,因此只有吃"休克鱼"。所谓"休克鱼",是指硬件条件很好,但管理跟不上的企业。它由于经营不善,落到了市场的后面,兼并后一旦有一套行之有效的管理制度,把握住市场,很快就能重新站立起来。海尔擅长的恰恰就是管理和开拓市场,这就找到了结合点。用无形资产盘活有形资产从而积累企业竞争实力,是海尔的一大法宝。

在企业扩张中,海尔的兼并是很成功的,其中文化起了关键作用,不仅第一个派驻被兼并企业的机构是企业文化中心,以后检验这些企业是否"克隆"成了海尔,也得看文化,包括价值观、做人做事的方式是否跟原来的海尔一样。这种本来无形的东西,现在滚动出巨大的市场规模。所以张瑞敏常用老子在《道德经》中的一句话来感叹无形文化的神奇:"天下万物生于有,有生于无。"

天下有形的东西都来自无形的东西,张瑞敏常琢磨无形文化的奇妙之处。事实证明,买到技术、产品和服务易如反掌,而要复制一个企业的文化和经营方式则极为困难。这便是文化及组织能力日益成为企业成功的根本法宝的原因。从这个角度讲,建立一个非常好的、能够让员工普遍认同并促进企业成长的企业文化至关重要。张瑞敏这样定义企业文化:"企业发展的灵魂是企业文化,而企业文化最核心的内容应该是价值观。一般外来人员到海尔来看到的一般是文化外层,即海尔的物质文化(每年接待20万人参观学习)。海尔将企业文化分为三个层次,最表层的是物质文化,即表象的发展速度、海尔的产品、服务质量等;中间层是制度行为文化;最核心的是价值观,即精神文化。一般参观者到海尔感兴趣的是,能不能把规章制度传授给他们,其实最重要的是价值观,有什么样的价值观就有什么样的制度文化和规章制度,这又保证了物质文化不断增长。"

多年来,海尔一直致力于企业文化的建设。海尔从创业时的600多人发展到现在的8万多人,集团旗下拥有240多个独立核算的单位,并在全球30多个国家建立了本土化的设计中心、制造基地和贸易公司。就集团而言,管理部门不到30个,其中很重要的一个部门就是企业文化中心,这个部门在企业发展中的作用非常关键。

海尔各家工厂的墙壁上都张贴着"海尔精神"和"海尔作风"的标语。"海尔精神"是"敬业报国,追求卓越",讲求个人价值与集体利益、国家命运融为一体,不干则已,要干就干第一流。海尔作风是"迅速反应,马上行动",有点类似于总裁张瑞敏奉行的"慎言敏行",还有点类似于"服从命令听指挥"的部队作风。

表面看起来,这两句口号很平常,没有石破天惊的轰动效应,但海尔人默默坚持做了几年后却取得了惊天动地的效果。而把这两句口号带进海尔的每一家新加盟企业的正是海尔企业文化中心。每当海尔接收一家新公司,企业文化中心总是首先行动起来,它的拿手好戏就是培养人们学会纪律和质量管理,而培养对象在加入海尔之前,往往不知纪律和质量为何物。

企业用专人、专门部门管理企业文化是一项非常之举,其他企业是否需要效仿海尔,重新划分职能和部门来统领企业文化并不重要,重要的是如何让企业文化成为企业获取竞争优势的新资源。海尔的"首席文化官"其实就是张瑞敏。美国一家报社的记者采访张瑞敏时问:"你在这个企业中应当是什么角色?"张瑞敏回答:"第一应是设计师,在企业的发展过程中使组织结构适应企业的发展;第二应是牧师,不断地布道,使员工接受企业文化,把员工自身价值的体现和企业目标的实现结合起来。"

当许多的领导人把注意力集中在改变组织结构以改善业务成果时,张瑞敏高明地意识到,领导者职责的一个重要部分是对文化的阐释和发展。前者常常低估了文化在公司的业务表现上所起的作用,而张瑞敏则把文化看作是一个紧迫的业务问题。他的看法清晰而有力:塑造文化是最重要的高层领导责任,而不是委托给人力资源部门或其他一些部门的责任。

美国管理学大师彼得·德鲁克把一个企业组织比作一部美妙的乐曲。他说:"不过,它不是单个个人的音符罗列,而是由人们之间的和声关系所谱成。"海尔人之间的和声关系就是由海尔文化理念孕育的,它对生产经营、企业发展起了巨大的推动作用。可以说,海尔的发展是在企业文化灵魂统领下实现的。

企业文化是基于共同价值观之上,企业全体职工共同遵循的目标、行为规范及思维方式的总称。一些去过海尔的人都能感觉到,那里的员工对自己的文化有一种近似宗教的崇敬。海尔员工的意见一致超过绝大多数公司,不仅在文化观念上一致,而且对公司如何争取竞争优势的看法也一致。

海尔从管理者到员工都有这样一个共识:一个企业要永远向前发展,必须要有自己的企业文化、理念和行动纲领。如同张瑞敏所说:"所有成功的企业必须有非常强烈的企业文化,用这个企业文化把所有的人凝聚在一起。上百年的企业,不知道有多少东西都变化了,唯独它的企业精神百年不变,这非常能够说明问题。所以企业文化就是企业精神,企业精神就是企业灵魂,而这个灵魂如果是永远不衰、永远常青的,企业就永远存在。"

第二篇章:日清日高的素质管理——OEC管理模式

英特尔董事长安德鲁·葛鲁夫曾断言:"华人对财富几乎有一种与生俱来的创造力,但对组织的运作似乎缺乏足够的热情与关注。"而张瑞敏的行动则是对他最好的挑战。从一开始,张瑞敏的着眼点就不只是先进的技术,他想悟出一套适合中国企业的管理模式。

在海尔与三菱重工的一个合作项目中,日方带来一整套的日式管理。张瑞敏告诉日本人,他们的办法不行,日本人坚定地摇头。张瑞敏说:"你现在就到十字路口看看,红灯亮了,人们照样往前走,熟视无睹,视死如归,你这几条规定算什么?"日本人还是摇头。三个月之后,日本人来找张瑞敏,说他们的办法的确不行,请允许使用海尔的管理方法。

"如果训练一个日本人,让他每天擦六遍桌子,他一定会这样做;而一个中国人开始会擦六遍,慢慢觉得五遍、四遍也可以,最后索性不擦了!"张瑞敏的观察一针见血,他熟悉中国人的秉性,知道中国人做事的最大毛病是不认真、不到位,每天工作欠缺一点,天长日久就成为落后的顽症。他想,需要一个管理机制专攻这一毛病,这一机制同时还要承担另一个功能,就是领导在与不在,企业照样良性运转。因此,他发明一套管理方法叫作"OEC",其中"O"代表"overall",意为"全面的","E"代表"everyone, everything, everyday",意为"每个人、每件事、每一天","C"代表"control 和 clear",意为"控制和清理",其含义是全方位地对每个人每一天所做的每件事进行控制和清理,做到"日事日毕,日清日高",每天的工作每天完成,而且每天的工作质量都有一点(1%)的提高。这样,从车间工人到集团总部的每一位干部都知道自己每天应干些什么,甚至可以自己考核自己的工作,领取自己该得到的那份报酬。

具体地说,OEC管理模式意味着企业每天所有的事都有人管,所有的人均有管理和控制,并依据工作标准对各自管理和控制的事项,按规定的计划执行,每日把实施结果与计划指标相对照,进行总结,纠正偏差,达到对事物发展过程日日控制、事事控制的目的,确保事物向预定目标发展。这一管理方法可以概括为五句话:总账不漏项,事事有人管,人人都管事,管事凭效果,管人凭考核。

"总账不漏项"是海尔模式实施的基础,它是指把企业内所有的事物按事(软件)与物(硬件)分两类,建立总账,使企业在正常运行过程中所有的事与物都处在控制网络内,确保体系完整、无漏项。

"事事(物物)有人管,人人都管事(物)"是指将总账中的所有的事与物通过层层细化落实到各级人员,并制定各级岗位职责及每件事的工作标准。为达到事事控制的目的,每个人根据其职责,建立工作台账。明确每个人的管理范围、工作内容、每项工作的工作标准、工作频次、计划进度、完成期限、考核人、价值量等。为确保其完整性,每个人的台账由其上一级主管审核后方可生效。

"管事凭效果,管人凭考核"是指任何人在实施过程中必须依据工作台账的要求,开展本职范围内的工作,在相对的自由度下,每个人进行创造性的能力发挥,力求在规定期限内,用最短的时间完成符合标准甚至高于标准的各项工作。对管理人员是"月度账"加"日清表"控制,即每天一张表,明确一天的任务。下班时交上级领导考核,没有完成的要说明原因以及解决的办法;对生产工人是"3E"(everyone, everything, everyday)卡控制,此表由检查人员每两小时一填,每日终了将结果与标准一一对照落实,并予以记录。通过自我审核后,附各种材料或证明工作绩效的证据,报上一级领导审核,即复审。上一级领导按其工作进度、工作质量等与标准对比,进行A、B、C分类考评。复审不是重复检查,而是注重实际效果,通过对过程中某环节有规律性的抽查,来验证系统受控程度。

复审结束后,工人一天的工作成绩以及一天的报酬也就显示出来。在建立分配机制上,海尔模式是采取计点到位、一岗一责、一岗一薪的分配形式,工作岗位根据员工应具备的知识程度、技能要求、工作经验、工作负荷、脑力与体力的分配比例、知识更新快慢的速度等予以科学划分,最终还要依据工作效果考核来计算实得报酬。工人工资每天填在"3E"卡上,月末凭"3E"卡兑现工资。

OEC源头是"斜坡球体定律"。张瑞敏从"吾日三省吾身"的中国传统自律方法中,悟出企业在市场上所处的位置,就如同斜坡上的一个球体,它受到来自市场竞争和内部员工惰性而形成的压力,如果没有止动力,就会下滑。为了使海尔在斜坡(市场)上的位置保持不下滑,就需要强化内部基础管理这一止动力。

"斜坡球体定律"在海尔被奉若神明,大家称其为"海尔发展定律",它也道出了企业发展的一般规律。海尔的经济学家给"斜坡球体定律"列的公式是:$A=(F_动-F_阻)\div M$。

公式表明,企业发展的加速度与企业发展动力之和与阻力之和的差值成正比,与企业的规模成反比。其中:A代表企业发展的加速度;$F_动$代表企业发展的动力之和($F_{动1}+F_{动2}+F_{动3}$),海尔常谈到的动力有三个:一是基础管理的止退力;二是优质产品、优质服务、科技发展的提升力;三是创国际名牌、市场占有率扩大的推动力;$F_阻$代表影响企业发展的阻力之和($F_{阻1}+F_{阻2}$),海尔常谈到的阻力有两个:一是来自企业内部自身惰性的下滑力;二是来自企业外部竞争对手的压力;

M代表企业的质量,即规模。海尔认为,"日事日毕"解决基础管理的问题,使$F_{动1}>F_{阻1}$;"日清日高"解决速度的问题,使$(F_{动2}+F_{动3})>F_{阻2}$。

用"斜坡球体论"来比喻,OEC在管理上有三层含义:

(1)管理是企业成功的必要条件。没有管理,没有止挡,企业就会下滑,就不可能成功。

(2)抓管理要持之以恒。管理工作是一项非常艰苦而又细致的工作。管理水平易反复,也就是说,止挡时自己也会松动下滑,需要不断地加固。管理是一项笨功夫,没有一种一劳永逸的办法,只有深入细致地反复抓,抓反复,才能不滑坡,上档次。

(3)管理是动态的,永无止境的。管理无定式,需要根据企业目标的调整,根据内外部条件的变化进行动态优化,而不能形成教条。海尔的口号是"练为战,不为看",一切服从于效果。

第三篇章:重在行动的人才观念

盘活企业,首先盘活人。按海尔的说法,如果每个人的潜能发挥出来,每个人都是一个太平洋,都是一座喜马拉雅山,要多大有多大,要多深有多深,要多高有多高。张瑞敏看准了这一点:"企业首先要对得起人,人才能对得起企业。"

对人才的选拔使用,张瑞敏从一接手这家企业就提倡"赛马"而非"相马"。张瑞敏说:"我是老三届学生,深知单凭领导印象、感觉的好恶来提拔干部往往会弄错,而且容易挫伤大多数人的积极性。那时候我就看不惯一些单位的领导任人唯亲、拉帮结派,到自己当了企业领导,我就一定要创造一个完全公平竞争的空间,给海尔每一个愿意干事的人才以发挥才干的舞台。"这就是海尔跟其他企业不同的地方。

中国历来把世道清平、人才解放的希望寄托在清官、好皇帝上,"包公""伯乐"的故事千古流传就是这种传统心态的体现。张瑞敏这样解释:"伯乐相马"在封建社会可以,在市场经济条件下,"相马"作为一种人事制度,不规范,不可靠,这种把命运拴在别人身上的机制,出人才的效率是很低的。由少数人说了算的选人路子肯定不能够做到最大限度地选用优秀人才,也不可能做到公平。要做到用人的公平、公正、公开,"赛马"才是真正值得信赖的好制度,它能激发人的活力,让人才脱颖而出。是不是千里马,要在市场这个大竞技场、企业这个大赛马场上见分晓。跑在前面的人有危机感,才能保持自己的竞技状态;而跑在后面的又想超越前面的人,所以才会加倍努力。

在激烈的市场竞争中,具有深邃眼光的海尔早已清楚地看到,在人、财、物、时间、空间诸要素中,人才是企业发展的关键因素,人是企业的主体,是企业活力之源。海尔恪守以人为本的指导思想,提出"人人是人才"的用人观念,坚持用竞争上岗的办法选拔人才。在"赛马场上挑骏马",实行管理人员公开招聘。每个月由人力资源管理部门公布一次空岗情况和招聘条件,经过严格的实绩考核、笔试面试,使人尽其才,才尽其用。这样,一批好学上进、有实践经验的一线工人转入管理岗位;一批年轻的大学毕业生经过基层锻炼走上了领导岗位,干部新陈代谢的良性循环机制得以运行。海尔独特的用人观创造了一个有利于每个人最大限度地发挥自己特长的机制,使每个人在企业里都能找到适合于展现自己价值的位置。

一流企业都非常清楚自己需要什么素质的人才。如"联邦快递"认为人要有"两股勇气":"承担风险的勇气,具备坚定信念的勇气。""乐天派"是迪士尼聘人的首选;宝洁公司想雇用具有全球眼光的优秀年轻人,并帮助他们完成一生发展的设计规划。对已经录用的员工,花旗银行还不断地跟踪他们,派专人以各种方式了解全球一万名员工:他们的表现如何?还想怎样进一步发展?还需要提高哪些技能?公司还有哪些职位适合他们发展?

张瑞敏把海尔的所有员工都看作可以造就的人才,领导者的工作是设法把每一个人的潜能都发挥出来,使之对企业达到"投入地爱一次,忘了自己"的境地。为此,海尔制定了许多有关的制度,通过实行公开招聘上岗,发现人才和促进人才流动,让许多年轻有为的员工走上了领导岗位。这些制度使每个员工都能感受到自身价值的存在,积极自愿地、富有责任感地进行创造性的工作。

张瑞敏恪守人本主义的管理哲学。海尔现在已经是"世界级的供应商",如何与松下、三菱这样资金技术力量雄厚、内部管理严格的对手竞争?张瑞敏说:"靠人,靠人的优势。"正因如此,张瑞敏为海尔设计、缔造了这样一种文化:以人为本。一切以人为中心,把人当作主体,当作目的,在企业内部营造了一种尊重人、信任人、关心人、理解人的文化氛围,让每个员工都以百倍的热情投入充满理想色彩的伟大事业,使管理的艺术和心灵的需求更加和谐、完美地统一起来。

"人本企业"在各个层次都拥有强大的凝聚力。然而,提高员工凝聚力的第一步是给予员工当家做主的感觉,只有这样,员工才有自我表现的动力。为了给员工创造"自我设计""自我表现"的机制,张瑞敏设立了"海尔奖"和"海尔希望奖",重奖有发明创造的人才。

张瑞敏说,海尔集团中有研究生,也有文化程度较低的员工,但"人人是人才"。他提出"管理借力论",就是挖掘和调动每个员工的积极性、创造性,形成合力,通过管人达到管事的目的。他引用一句古语解释:"上下同欲者,胜。"他要求管理人员必须身先士卒,对员工则强调参与意识。在海尔,就要营造"人人是人才"的氛围,让海尔员工人人都有公平感,人人都有成就感,"你能翻多大的跟头,我就给你搭多大的舞台"。

张瑞敏闲聊"三国",说刘备胸怀大志,虽无甚奇能,但他求贤若渴、爱才如命,将诸葛亮、关羽、张飞、赵云、马超、黄忠等文臣武将团结在周围,终于在西蜀建朝立国;若海尔善于造就和使用人才,形成"人人是人才"的氛围,则将奠定海尔发展之基础。

张瑞敏说:"兵随将转,无不可用之才。作为一个领导,你可以不知道下属的短处,却不能不知道下属的长处,要能够容人之短,用其所长。"这种思想有助于员工建立自信心,鼓励他们自己磨炼自己。

第四篇章:品牌为旗

1985 年,海尔用铁锤砸烂了 76 台不合格冰箱,这不仅是公司创业的壮举,更是中国一代名牌的起点。此时,海尔就提出:创名牌,核心在于产品的高质量。海尔始终靠高质量推销产品,而不是以价格取胜。

从起步开始,海尔就实施了一种质量驱动战略。简而言之,它的目标是要成为一个高质量的组织,干出高质量的工作,生产高质量的产品。要实现"零缺陷",要使质量百分之百合格的想法有道理吗?多数人都会认为这是荒诞的,从统计学观点来说,"零缺陷"是没有道理的,在大公司里,根据大数定律,总会有残次品出现;另外,如果不为百分之百而奋斗,那就是容忍错误,错误也真的会发生。但在企业实际生产过程中,当每一个环节都不容忍错误的发生,最终产品的"零缺陷"是完全可以做到的。

对于质量与品牌之间的关系,海尔看得十分清楚。张瑞敏认为,在市场经济中,"高质量"的内涵不仅仅是符合工厂或国家规定的标准,而且是适应市场的需求,利用高科技来创造市场,引导消费,不断向顾客提供超出其期望的满意服务。他还认为,高质量的外延就是要发展规模经营,使产品在高质量的基础上,形成合理的竞争规模,把名牌这块蛋糕做大,赢得巨大的经济效益和社会效益,使企业一直保持上升势头。除了冰箱,海尔在空调、洗衣机及厨房用具上都是后起之秀,但都后来居上,在市场占有率上名列前茅,原因当然是靠内在质量开路,名牌战略发挥的后劲作用。

对品牌的保护是为了让品牌获得最好的生长机会,这是优秀企业品牌战略的一部分。像海尔的故事所显示的那样,品牌管理已成为一项技巧很高的特殊工作。曾经有很长一段时间,一个品牌就是一个品牌,品牌管理者的任务非常单纯。然而,今天的情况已经发生了彻底的变化,大众市场的细分创造出多元化的消费观,品牌的延伸也使其担当的角色复杂难辨,品牌管理者除了要知道品牌的特色,还得了解品牌在不同情境下扮演的不同角色,还要让消费者能清楚地分辨出不同品牌组合之间的关系。

与"细分市场"策略相对应,海尔的生产和销售也采用了"多品牌"战略,即用五彩缤纷的品牌群体烘托海尔总品牌的光彩,达到众星捧月的效果。这一招,现在一些世界名牌也在使用。如通用汽车公司的汽车品牌,比福特、克莱斯勒和丰田三家加起来还多,尽管每年会增加上千万美元的策划和广告投入,可产生的销售利润、市场信用和消费者信心等效益,远远超过了投入。采用多品牌策略的公司必须具有经过验证的基于品牌的企业文化和组织结构。与采用单一品牌结构的公司相比,以多品牌为导向的公司必须更多地依靠单个经营单位,拥有强大的市场营销能力和优异的生产管理水平;必须通过发展良好的以品牌为导向的控制系统为经营单位提供支持。

张瑞敏说:"消费者给予企业无任何企图的赞扬,'有口皆碑'就是美誉度,这种美誉度是无价的,是最可贵最可靠的市场资源。"市场经济条件下每个企业都想占有更大的市场,而要成为胜者,唯一需要的就是美誉度。但是,美誉度永远是相对的,它所需要的不仅是顾客今天的满意,更重要的是明天的满意。这就是顾客增加值,顾客增加值现已成为世界一流公司的竞赛名称。所以,要树立一个品牌的美誉度,绝不能把品牌仅仅等同于产品。过度注重和产品功能相关的品牌特色,对于品牌的发展会有非常不利的影响。标榜产品属性的品牌策略,既不能帮助品牌在市场上脱颖而出,又极其容易被竞争对手模仿,而且也不利于品牌的延伸,令品牌无法灵活适应市场的变化。因此,海尔的做法是把品牌的认同基础扩大到企业,即所谓"品牌就是企业"。这种品牌策略强调的是企业的属性,而不是产品或服务。"企业的属性"包括企业的创新能力、质量领先的声誉、研发机构与市场部门的密切协作情况,等等。这些属性是由企业的员工、文化、价值观以及企业内的各种计划共同创造出来的。

消费者对海尔人艰苦卓绝树立的海尔总品牌具有深刻的形象认识,对同品牌产品产生一致的认同,并以企业的形象影响力作为购买依据,从而给海尔带来了综合效益。如今,"海尔"已成为纯正的"中国造"精品的代名词,并以"产品零缺陷、使用零抱怨、服务零烦恼"的特色向全球展示自己的风采。世界著名管理咨询公司麦肯锡公司认为,建立一个强劲品牌要经历三个阶段:即"商品"变成"名字","名字"变成"品牌","品牌"变成"强劲品牌"。一件"商品"如果能被消费者所认知而达到一定知名度就可称为一个"名字",在此基础上加上强的业绩表现可以称为"品牌",而只有把品牌人格化、赋予其独特的个性,并使其无所不在,才能真正飞跃到"强劲品牌"。海尔正在向"强劲品牌"靠近。

第五篇章:面向市场的产品创新

"创新"是海尔的核心价值观,这一价值观是企业的灵魂,也是海尔进军国际市场的不竭动力。与之相比,不少中国企业至今仍然没有自己的灵魂。创新的第一要求就是和市场结合,这不仅意味着适应市场,更重要的是"创造市场",即不局限于在现有的市场中争份额,而是以自己的优势"重做一块蛋糕"。海尔把自己看作一个新产品引擎,目标是"在竞争使其产品过时之前就淘汰自己的产品"。

在科技产业的战场上,决胜点不在实验室(技术),而在大街上(顾客),向顾客开放是所有出色企业奉行的原则。如四川农民希望洗衣机能洗地瓜,这看似荒唐的要求却给了海尔市场开发的灵感。"大地瓜"洗衣机销量并不大,但它验证了海尔的创新理念,给消费者以信心。海尔连这样的市场需求都能满足,还有什么做不到的呢?

海尔在解释"用户满意"的理念过程中,得出匠心独运的"只有淡季的思想,没有淡季的产品"

的经营理念,基础就是海尔强有力的技术创新制度和相应的科研管理模式。摈弃主观上想当然的"淡季思想",却又不是盲目冒进,而是注重技术创新基础上的"产品"思想,这就是海尔的勇气。

都说上海市场难以打进,不仅因为上海市场本身已具备相对国内其他市场较规范的市场结构,而且因为上海产品向来在国内市场上具有较强的整体优势,再加上上海消费者近乎苛刻的对产品更新度的多元化需求,因此一般非上海产品都难以打进上海市场。然而,事实上上海市场恰恰比其他国内地区市场有更大的开放度,因为上海市场简直就是产品的检验所。海尔硬是凭着灵敏的市场触角,巧妙地在产品的细微之处大胆创新,最后把2公斤装的"小小神童"洗衣机嵌入了上海市场,而在1997年这种洗衣机打开上海市场时,却是一般业内人士认为和消费者普遍消费行为的淡季时期,洗衣机的载物洗涤容量一般为5公斤,而且呈增大趋势,但海尔推出"小小神童"时,却和这种洗衣机的消费潮流背道而驰。思维的逆转,加上强大的科研开发实力,让海尔打开了市场并站稳了脚跟。

海尔对技术创新的重视带有强烈的爱国主义思想。这种强大的民族观念推动海尔一步步走向高处。海尔认为,我国和国际经济活动大融合只是时间问题。结果是中国为创造公平竞争环境的一系列措施激发了国外跨国公司进军中国市场的欲望,他们带着高新技术和雄厚的资金纷纷到中国设厂和销售外国品牌的产品,逐步实现生产销售的中国当地化战略,直接冲击着中国的市场,威胁着中国的民族工业。对中国的民族工业来讲,已经进入了"与狼共舞"的严峻时代。市场的竞争内涵发生了根本性变化,以往中国的市场竞争主要是国内企业间的竞争,而今是中国民族工业企业同外国跨国公司之间的竞争。对家电业来讲,尤其如此,家电行业中新的竞争直接关系到民族家电工业企业的进一步发展壮大,甚至直接影响民族家电工业企业的存亡。曾几何时,我国一些家电企业纷纷同实力雄厚的跨国公司合资,以求利用跨国公司的高新技术和雄厚的资金重振雄风,但反过来,这往往是以牺牲我们民族工业企业的控股权和品牌为代价,导致家电行业的中国品牌越来越少,面临的形势越来越严峻。

在这种形势下,民族工业企业如何求得生存和进一步发展壮大,如何在激烈的市场竞争中高举民族工业的旗帜、振兴民族工业是每个企业要思考的问题。在这种分析后,海尔得出解决生存问题的办法,除加强对中国市场的研究外,很重要的一条是以市场为导向,强化企业科技开发,最终成为技术创新的主体,使企业具备发展的后劲和原动力,从而做到根据市场需求不断开发出适销对路的产品,引导消费,发展壮大自己,振兴民族工业。

正是出于这种考虑,海尔集团自创业以来,始终重视技术创新工作,把企业的科技工作列入企业的首要工作。通过这些年的发展,海尔已形成了技术创新体系,科研成果基本上与国际先进水平保持了同步,而且紧紧与市场相衔接,为海尔的持续高速发展提供了源源不断的动力。海尔独特的动态优化科研管理方法,就是海尔贴近市场的产物。

(1)项目是动态的。科研项目要围着市场转,要根据市场的变化不断进行调整。凡市场急需的,就不遗余力将项目积极推进;凡不适应市场需要的,不仅不开展,即使是已开展的,也要改进或停止。不以成果多少论英雄,而以市场效果论英雄。

(2)技术是动态的。根据国内外技术发展和市场变化,对项目所应用的技术进行动态调整,及时吸收最先进和最适应市场需要的技术,从而保证技术的领先和贴近市场。

(3)人员是动态的。在整个产品开发过程中根据项目的需要和技术的变化来调配人员,通过公开招聘、竞争上岗,促进人才向科研岗位流动,并将不适应研究工作的人调整下岗。

第六篇章:真诚到永远的星级服务

在中国,服务商机的到来时间并不很长。在计划经济时代,服务是恩典和奢侈品;而在市场经济条件下,服务已成为企业全部经营活动的出发点与归宿。

　　海尔是全国第一家提出"以服务赢得市场"的企业。张瑞敏把海尔的全部市场行为归纳为一句话,叫作"卖信誉而不是卖产品"。在海尔人眼里,产品合格不是标准,用户满意才是目的。没有十全十美的产品,但有百分之百的服务。

　　"零距离"是海尔大力宣扬的一个概念,对于什么是"零距离",张瑞敏说:"所谓零距离,其本质是心与心的零距离。只有企业同员工的心是零距离,员工才能同用户的心零距离,那就真正做到了卖一台产品赢得一颗用户的心。"零距离是一种全新的服务理念和市场营销观念,强调"直接面对用户,以用户为核心",一改以往"企业生产什么就卖什么"的做法,提倡"用户提出要求,我们按需提供"。这十分符合当今网络时代的精髓。

　　海尔的服务有个十分响亮的名字"海尔国际星级服务"。海尔的"星级服务"大体包括三方面内容。首先是售前服务:实实在在地介绍产品的特性和功能,通过不厌其烦的讲解和演示,为顾客答疑解惑。如海尔产品的质量好,究竟好在哪里? 功能全,究竟全在何处? 如何安全操作? 用户享有哪些权利? 通过答疑使顾客心中有数,以便在购买时进行比较与选择。其次是售中服务:在有条件的地方实行"无搬动服务",向购买海尔产品的用户提供送货上门、安装到位、现场调试、月内回访等服务。第三是售后服务:通过微机等先进手段与用户保持联系,出现问题及时解决,以百分之百的热情弥补工作中可能存在的万分之一的失误。

　　海尔的"星级服务"有一整套规范化的标准:①售前、售中提供详尽热情的咨询服务;②任何时候,均为顾客送货到家;③根据用户指定的时间、空间,给予最方便的安装;④上门调试,示范性指导使用,保证一试就会;⑤售后跟踪,上门服务,出现问题24小时之内答复,使用户绝无后顾之忧。

　　在实施"星级服务"中,海尔还推出了"一、二、三、四"模式。

　　一、即一个结果:服务圆满。

　　二、即二条理念:带走用户的烦恼,留下海尔的真诚。

　　三、即三个控制:服务投诉率小于十万分之一,服务遗漏率小于十万分之一,服务不满意率小于十万分之一。

　　四、即四个不漏:一个不漏地记录用户反映的问题;一个不漏地处理用户反映的问题;一个不漏地复查处理结果;一个不漏地将处理结果反映到设计、生产、经营部门。

　　"星级服务"的目标是:用户的要求有多少,海尔的服务内容就有多少;市场有多大,海尔的服务范围就有多大。

　　为了保证"星级服务"的连续性、有效性,使之在任何时候都能经得住严峻的考验,海尔集团建立了国内最大、最先进、最完整的服务体系。海尔服务中心拥有国内一流的计算机检测和信息通信系统,可以在30秒内迅速查询到售出的产品,并给予顾客最满意的答复。海尔服务中心是目前国内服务领域资金最雄厚、运输调配能力最强和反应能力最快的销售服务机构,也是国内服务领域规模最大的销售服务机构,在全国建立了几十个分中心,可以把海尔的服务以最快的速度、最高的效率迅速推进到全国的每一个角落。

　　海尔集团执行总裁杨绵绵告诉记者,"星级服务"的内涵是确切的,即通过真诚的服务,不断满足用户对产品服务方面的一个又一个新的期望,使消费者在得到物质享受的同时,还得到精神上的满足;其外延则是不确定的、动态的,即必须不断满足用户层出不穷的合理要求,并通过具体措施使服务制度化、规范化;即使出现极个别用户的不合理要求,我们宁愿发"委屈费",也决不允许与用户对着干。

　　后来,海尔在星级服务上又提出两点新要求:一是不断向用户提供意料之外的满足;二是让用户在使用海尔产品时毫无怨言。海尔明确宣布把"星级服务"作为自己新世纪宏伟工程的核心,并以此驱动市场份额的持续拓展和不断领先的产品创新,实现二次创业的总体战略目标,即造就一个现代化的大型跨国集团企业。

在张瑞敏看来,"消费—服务—生产"这一结构已成为当今世界先进经营秩序的基本框架。在这个结构框架中,服务起着沟通、疏导消费与生产的中介作用。服务的主体地位是根本不容忽视和无法动摇的。没有先进完美的服务体系和服务手段,就无法吸引消费者,就无法占领市场,也就无法扩大再生产,更谈不上企业的整体驱动与持续发展。

服务机制的完善与否直接代表着企业体制的先进程度,服务环节的完善与否直接反映着企业的经营水平和经营能力。可以说,服务是企业全部经营活动的出发点和归宿。服务决定消费,并由此决定生产,这是一个积极的双重因果循环关系。在以卖方市场为主的短缺经济环境里,生产者和卖方的优先地位被先天地确立了,对买方而言,没有选择的权力,服务更是恩典和奢侈品,即使到了经济生产和经营发生了巨大变化的 90 年代,在买方市场已经初步形成的情况下,大量的企业和人对服务的认识仍然停留在短缺经济、计划经济时代,服务仅被视作推销产品的手段,服务的主体地位始终未能在社会经济总秩序中得到质的提升。由中央新闻媒介以及众多的社会组织联合掀起的"质量万里行"活动,在 90 年代获得了浩大的声势和规模,它从另一个侧面反映了服务的衰竭和苍白无力。在此条件下,以海尔为先导的服务潮流以其强劲的态势,改变了经营的时代方向,并对中国经济运行模式的整体产生了深远的影响。

第七篇章:先难后易的国际化战略

海尔国际化市场战略的独到之处是"先难后易"。所谓"先难后易",就是先打开发达国家的市场,然后再进入发展中国家的市场。海尔这样推理:如果能在现已成熟的市场中竞争过那些知名的企业如 GE、松下、飞利浦,就一定能占领发展中国家市场。先强后弱,战胜了强者,弱者会随风而倒,就好比在国内市场上,海尔冰箱先占领了北京、上海,有了一定的名牌效应,再攻其他中小城市便所向披靡。

攻国际市场,也可以先攻欧洲、美国、日本等发达地区,一旦成功,其他地区自然会被辐射到,因为西方国家经销商的商战手法很凌厉,不用你操心,他们就会把商业网络做到不发达地区。

"先难后易"里面潜藏着一种逆向思维:向第三世界国家出口创汇相对容易,但对企业形象来说有什么好处呢? 海尔偏要把产品放到发达国家,放到家电业的老祖宗眼皮底下去。西方国家不认中国产品,无形中给海尔创造了一个机会:都说中国货不好,我偏要摆出高质量的产品来,而且标的价格不比洋货低,尽管西方人不买,但会引起注意:"中国货价格都很低,唯独海尔的产品这么高价,为什么?"一开始没人要,慢慢地总会有人接受的,到了那时,海尔产品货真价实的优势就体现出来了,使用者满意,口碑自然很快就会传出去。

"先难后易"的具体操作当然是积小胜为大胜,最终在国际上占有大的份额。海尔是这样勾画跨国运营方略的:通过开展星级服务成为中国家电第一品牌,再以市场份额的不断扩大和产品的不断创新为基点,创建"世界名牌",在 21 世纪把海尔建设成为国际化的跨国企业集团公司。"先难后易"即可转弱势为强势。从国际市场一体化的全局看,海尔尚处于"敌强我弱"之势,却可以转化出无数个局部的"我强敌弱"之势。海尔信奉"战略上以一当十,战术上以十当一",集中优势兵力打歼灭战,从而造出若干个局部的"小强势",进而转化为全局的"大强势"。具体做法上,海尔依靠"一路纵队而不是一路横队"进行市场开拓,和打仗一样,一路纵队牺牲比较小,一路横队牺牲就比较大。由于产品线很多,在一个外国市场上,海尔不可能采取在国内的做法,告诉消费者自己提供什么样的选择,而是看哪一种产品竞争力最强,先用它当尖兵进入市场,叩开市场大门之后,其他产品再跟进,这样算起来总的交易成本比较低。美国市场就是用冰箱先打进去的,现在很多美国人都知道海尔是做冰箱的,后来再跟进洗衣机,就不需要再大肆宣传了。但是

12

在欧盟市场上，海尔是由空调打先锋，因为欧洲人过去不太使用空调，它的空调市场刚刚发展起来，无论是日本品牌、韩国品牌，欧洲人同样感到陌生。海尔空调在法国和意大利先冲进去，现在冰箱、洗衣机跟着它往里冲。

为了实现"先难后易"的市场进入策略，海尔不惜把自己逼到危崖边上。海尔的冰箱技术是从德国引进的，海尔冰箱出口的第一个国家也选择了德国。发达国家中德国对待质量最认真，通过德国的质量认证也最难，了解到这一点，海尔就专攻德国认证，一攻就是一年半。其中有一项试验是将电冰箱的内体悬在室内中央，从四面八方用水喷，等浸透水之后再查看漏电与否。通过认证之后，海尔要进入德国市场，德国人还是认为，日本冰箱都没有能进入德国，对中国冰箱又如何信得过？海尔把冰箱运到德国，守着25名德国经销商，一再坚持他们把德国市场上所有品牌的冰箱和海尔冰箱都揭去商标，放在一起检验。检验结果，海尔冰箱获得的"＋"号最多，甚至比海尔的老师利勃海尔还多了几个"＋"号。最后德国人当场签订了2万台的合同，这是海尔第一批进入德国的冰箱，也是整个亚洲出口最多的一批冰箱。一位德国经销商就说："海尔进入德国恐怕是挡不住的，因为它的质量征服了我们；可我们的好奇心也使我们犯了错误，我们不相信一个中国造的商品敢标出与西方品牌毫不逊色的价格，一旦进入检测程序，我们就没有理由拒绝了，因为它确实不错。"

海尔洗衣机技术是从日本引进的，出口自然首选日本。日本是一个家电出口大国，对进口最为挑剔。1995年，日本想大批量进口洗衣机，许多著名洗衣机生产厂家都闻风而动。可精明、苛刻的日本人认准的是产品的质量，而不是品牌。他们做了一项严格的洗衣机性能试验，不贴商标，采用美国军用工业标准对来自各国不同品牌的洗衣机进行检测。在中国，洗衣机无故障运行达到5 000次已属不易，而这次检测需达到7 918次才可放行。国内一根水管只需500次试验，而日本的检测室需在0℃以下连续测试6 300次才可通过，比中国的检测次数高出10余倍。最后测试结果显示，海尔洗衣机各项性能指标均列第一，海尔由此成为首家出口日本也是出口数量最多的企业。

进入德国和日本市场就等于站在了家电市场的最前沿，这两个较真的国家认可了，其余国家就好办多了。目前海尔产品已出口到世界上102个国家和地区，其中60％以上在欧美地区销售，海尔成为中国家电进入国际市场最早、数量最多、品种最全的企业集团。

闯进了世界市场，也保住了国内市场。外国著名的跨国集团纷纷以合资、合作的方式进入我国家电市场，海尔集团也同它们合作，如与日本三菱重工合资生产空调器。但海尔凭借雄厚的企业实力和强烈的品牌意识，经过激烈争执和艰苦谈判，终于使产品国内销售全部采用"海尔"商标。海尔与三菱成立的合资公司，商标用"海尔"，控股也是海尔，这在三菱跨国经营史上是少见的宽容做法。海尔不畏艰险走向世界，最后博得了与跨国公司平起平坐的国际地位。

第二步，以5～6人的小组为单位根据案例资料，就下列问题充分发表个人观点，进行讨论和分析，并进行记录。

1. 请重述海尔的经营管理哲学。
2. 请简述海尔的企业文化建设，并结合案例谈谈企业文化的重要性。
3. 海尔日清日高的素质管理体现了管理学中的哪些内容？
4. 海尔的人才观体现了哪些激励理论？
5. 从海尔的品牌管理中体现了管理学中的哪些职能？
6. 对海尔的创新战略作何评价？
7. 海尔是如何实施其"真诚到永远"的服务的？
8. 谈谈对海尔的"斜坡球体论"的理解。

12

9. 海尔先难后易的国际化战略有哪些优点？

第三步,各小组选出一名代表发言,对小组讨论分析结果进行总结。

第四步,从整个管理的角度,结合案例及学员的发言,实训指导老师进行分析与总结,进而回顾管理学的相关内容。

第五步,以小组为单位对各种观点进行分析、归纳和要点提炼,完成案例分析报告。

实训要求:各小组成员能认真看完全文,积极进行讨论,发表各人观点,进行分析记录,认真完成实训内容。发言要求语言流畅,条理清晰。案例分析报告要求能够进行信息的整理归纳,文字简练,条理清晰。

三、实训时间及成绩评定

(一)实训时间

小组成员案例阅读、问题思考在课前完成;案例讨论时间为 40 分钟,每组发言时间为 5 分钟以内,老师总结时间为 10 分钟。

(二)实训成绩评定

1. 实训成绩按优秀、良好、中等、及格、不及格 5 个等级评定。

2. 实训成绩评定要点。

(1) 能否在规定时间内完成案例讨论前的准备工作。

(2) 能否充分理解案例内容,并简单整理自己的观点。

(3) 能否积极主动地参与案例讨论。

(4) 能否简练、清楚地整理讨论和交流记录。

(5) 能否结合案例及管理学知识进行分析,条理清晰、文字简练地完成分析报告。

综合实训二　管理潜能测评

一、实训目的

通过测试,能进一步了解自身的管理潜能。在进行每一个问题的选择时,也是对管理知识的回顾和实际运用。

二、实训内容、组织方式及步骤

实训形式:素质测评。

实训步骤:

第一步,实训前准备。按学员人数印发测评资料。

认识你的管理潜能

请对以下测试题进行选择,选择符合你真实情况的选项。"总是"记 A,"有时"记 B,"从不"记 C:

1. 我可将个人和公司目标清楚地写出来,并且每天使其不断结合。

2. 我将我的目标按重要程度排序,以便不断提醒自己应该前进的方向。

3. 从下属处我知道工作对他们的重要程度。

4. 对下属的工作指导,我有信心。

5. 我对于所作的决定有信心。

6. 我同下属的沟通通畅。

7. 我同上级的沟通通畅。

8. 我关注于提高下属的工作能力。

9. 在制定会影响甚至改变下属的有关决定时,我会听取他们的建议。

10. 对于工作的争执我不是走开不理。

11. 当我做决定时,我会考虑其影响。

12. 我通过说服而不是压服让下属接受我的想法。

13. 当执行新的决定时,我留心它所产生的效应。

14. 我会向同事解释决定产生的原因,而不仅仅是决定本身。

15. 对于新工作方式的实行,我有耐心听取下属的反馈。

16. 对于新工作,我有相应的应急措施,防止其一旦受阻不致影响全局。

17. 对于每天的工作我都有相应的计划。

18. 我会仔细地听从下属的想法。

19. 对于不同文化背景的人,我会有同一目标但不同方法的工作方式。

20. 对下属的沟通,我可以做到清楚且能很好地理解他们的想法。

21. 对于主持会议,我事先会将有关议程交给与会者,并且让他们知道会议的目的。

22. 无论是同个人还是同小组成员的正式沟通,我都会提前作准备。

23. 当下属的工作取得成绩时,我会及时表扬他们。

24. 我避免将表扬和批评混为一谈。

25. 工作中我对事不对人。

26. 对于批评只在私下进行。

27. 对于表扬只在私下进行。

28. 对下属批评前我能认真听取他们的观点。

29. 我经常将有关工作授权给下属。

30. 我会仔细认真地将有关工作分配给最适当的人选。

31. 当下属承担新工作时,我同其商量并制定出有关目标。

32. 我使用多种方法培训下属,以提高他们的有关技能。

33. 我鼓励下属从兴趣出发干工作。

34. 我愿意帮助下属,以使他们达到其工作目标。

35. 对于公司的要求和远景目标我充满信心。

评分标准:选 A 为 3 分,选 B 为 2 分,选 C 为 1 分。

评分说明:汇总你的总得分。如果得分>90 分,说明你已经具备一定的管理能力,或已经是一名中层管理者了。如果得分在 76~90 分,说明你的管理潜能高于平均水平,但还有提高的空间。如果得分在 60~75 分,说明你的管理潜能仅仅是合格而已,还需要加强学习和锻炼。如果得分<60 分,说明你缺乏管理潜能。

第二步,根据下列问题进行思考与分析,选取部分学员代表就自己的测评结果进行分享和交流。

1. 你的测评结果如何?

2. 请你对测评结果进行分析。

3. 根据测评,你将如何提高自身的管理素质?

第三步,引导总结。从管理者素质的角度正确认识管理潜能,并结合自身的优缺点进行分析、改进、完善。

第四步,测评者独立完成测评分析报告。

实训要求:能根据素质测评方法对自己进行较为科学的测评,并能结合管理学相关知识就如何提高自身管理素质提出有效对策。测评分析报告要求能够进行信息的整理归纳,文字简练,条理清晰。

三、实训时间及成绩评定

(一)实训时间

测评资料阅读及选择时间为 10 分钟,个人独立思考与分析时间 5 分钟,学生发言时间为 15 分钟,实训指导老师分析总结时间为 10 分钟。

(二)实训成绩评定

1. 实训成绩按优秀、良好、中等、及格、不及格 5 个等级评定。

2. 实训成绩评定要点。

(1)能否在规定时间内完成对自己的客观测评。

(2)能否结合管理的相关知识及测评结果进行自我剖析。

(3)能否积极主动地进行分享交流,表达自己的观点。

(4)能否结合测评及管理学知识进行分析,条理清晰、文字简练地完成测评分析报告。

综合实训三　管理游戏

一、实训目的

通过开展管理游戏,运用已学的管理理论与知识,参与管理实践,特别是体验管理职能的运用。

二、实训内容、组织方式及步骤

实训形式:管理游戏。

实训步骤:

第一步,游戏道具的准备:三个圆形或方形的高台(一大两小,高 30 厘米,大高台能够容纳 15 人,两个小高台能够容纳 5~6 人)放置成一条直线,高台之间的距离为 3.5 米;2 条长度为 3 米、比较结实的木板(相当于船只),放置在中间的小高台上;1 只小球放置在另一个小高台上,并在这个小高台的不远处放置一个小桶;在大高台上放置一堆乒乓球和一卷透明胶带。

第二步,进行游戏分组,5~6 人/组,分别将三组人带至高台上。要求中间高台上的小组成员都不能讲话,只能用肢体语言或手势眼神等进行交流。给放置小球的高台上的小组成员每人发一个眼罩,要求他们都戴上眼罩。

第三步,进行游戏规则介绍:三个高台分别为珍珠岛(大高台)、言语障碍人岛(中间的小高台)和视障人岛(戴眼罩的人所在的高台);大家分别在岛屿上生活,所有人都不能下高台,下高台则意味着掉入大海,每个岛屿上都拥有属于你们的财物,不能轻易给其他的岛屿。

第四步,分发游戏任务给各岛屿上的岛主(在分发前要求各小组选出岛主)。

珍珠岛的任务书

1. 制造产品:利用岛屿上的一堆乒乓球和透明胶带制作一个金字塔形状的产品,产品质量标准为从高处(至少高于岛屿上最高之人的身高)落下不散。
2. 数学题:若 1abcde 乘以 3 等于 abcde1,且 a、b、c、d、e 各代表一个数字,它们分别是多少?
3. 将所有人集中到珍珠岛上。
4. 任务时间 30 分钟。

规则:岛的周围是激流,任何物品和人落水将被冲到盲人岛。

言语障碍人岛的任务书

1. 将所有的人集中到珍珠岛。
2. 任务时间 30 分钟。

规则:

1. 只有言语障碍人岛的人可以协助视障人移动。
2. 只有言语障碍人岛的人可以移动木板。
3. 只有视障人岛上的人完成视障人岛上的第一个任务后,言语障碍人岛的人才能移动木板。
4. 言语障碍人岛上的人在该项目中自始至终不得开口说话,只能用肢体语言或手势眼神等进行交流。
5. 岛的周围是激流,任何物品和人落水将被冲到视障人岛。

视障人岛的任务书

1. 将岛屿上的小球投入附近的桶中。
2. 将所有人集中到珍珠岛上。
3. 任务时间 30 分钟,因为 30 分钟后视障人岛将会下沉。

规则:第一个任务完成后才能离开视障人岛。

第五步,游戏开始。各小组按照任务书中的规则,完成相应的任务。实训指导老师观察整个游戏活动过程中各小组的表现。

第六步,游戏总结。无论任务是否完成,时间到游戏就结束。请三个小组一起交流,若任务完成,请讨论一下完成任务过程中存在哪些问题,运用了哪些管理知识解决了这些问题。若任务未完成,请讨论一下在游戏过程中存在哪些问题,没有完成任务的原因是什么,各小组在努力完成任务过程中的做法是否正确,运用了哪些管理知识来解决问题? 对这个游戏有哪些感悟。

第七步,根据各组的游戏表现,实训指导老师运用管理学的相关理论进行分析。

第八步,以小组为单位对游戏过程加以总结,进行观点分析、归纳和要点提炼,完成实训报告。

实训要求:能根据游戏规则,积极参与游戏,服从实训指导老师管理,并能结合管理学相关理论指导管理实践,同时也能做好问题的分析。实训报告要求能够进行信息的整理归纳,文字简练,条理清晰。

三、实训时间及成绩评定

(一) 实训时间

游戏道具准备时间 5 分钟,游戏规则讲解时间 5 分钟,游戏时间 30 分钟,游戏结束各小组讨论交流时间 20 分钟,实训指导老师总结时间 10 分钟,各小组完成实训报告时间 10 分钟。

（二）实训成绩评定

1. 实训成绩按优秀、良好、中等、及格、不及格 5 个等级评定。

2. 实训成绩评定要点。

（1）能否按照游戏规则积极参加管理游戏。

（2）管理游戏中表现是否较为突出（提出有利于完成任务的建议或方案）。

（3）能否结合管理游戏及相关管理学知识进行分析。

（4）能否积极主动地进行分享交流，表达自己的观点。

（5）能否条理清晰、文字简练地完成实训报告。

综合实训四　模拟公司创建

一、实训目的

通过进行模拟公司创建的文案设计及展示，切实把握现代企业组织结构及基本管理模式，进而对管理理论与知识进行回顾和巩固。

二、实训内容及要求

实训形式：综合实训。

实训步骤：

第一步，理论知识回顾。实训指导老师用 5 分钟时间简要回顾组织结构设计的相关理论。

第二步，模拟公司策划。以 5～6 人为小组，进行模拟公司的创建设计。根据现代企业组织结构的相关知识，各小组先讨论确定模拟公司的经营方向，在此基础上完成公司宗旨、目标、部门设置等公司创建的基本内容，并绘制公司组织结构图，完成公司策划文案。

第三步，岗位设计。按照公司部门设置情况和小组成员的个性特点，将每个小组成员安排到模拟公司中恰当部门的具体岗位，并说明其为什么适合这个岗位。公司还有部分岗位空缺，根据岗位要求设计人员招聘启事，要求描述具体招聘条件。

第四步，模拟公司创建设计结果展示。根据前期的设计结果，各小组介绍模拟公司的相关情况及现有职位安排以及需招聘的岗位，类似召开企业招聘宣讲会。

第五步，人员招聘。开始模拟人员招聘，其他小组成员愿意应聘者参与相应招聘公司的模拟招聘。

第六步，模拟公司成立。经过人员招聘，所有部门人员安排到位，公司正式成立，为此小组成员需策划一个公司成立仪式。

第七步，公司年会。成立公司后，企业要按照目标管理的相关要求召开年初会议，会议中要结合之前策划的公司经营方向、市场定位及岗位安排进行任务布置等。

第八步，总结。根据上述环节，对小组此次活动进行总结，并以小组为单位完成实训报告及公司策划文案。

1. 请概述模拟公司的概况及组织结构。

2. 公司各职位的岗位职责有哪些？

3. 公司需要招聘哪些岗位？该岗位的技能要求有哪些？

4. 对公司招聘到的人员是否满意？

12

5. 怎样评价模拟公司的年初会议？（可结合目标管理）

6. 对模拟公司创建的整个过程有哪些心得体会？

备注：该实训要附上模拟公司的策划文案。

实训要求：能根据现代企业组织结构及人员配备开展文案策划及人员招聘，并模拟公司会议场景，环环相扣，思路清晰，能全面运用管理学相关知识开展实训，策划文案语言流畅、逻辑性强、内容科学。

三、实训时间及成绩评定

（一）实训时间

组织结构设计及文案的完成需在课外完成。每组实训时间安排：模拟公司展示时间为 8 分钟，人员招聘时间为 12 分钟，公司成立时间为 5 分钟，公司年会时间为 10 分钟。实训指导老师总结时间为 5 分钟。

（二）实训成绩评定

1. 实训成绩按优秀、良好、中等、及格、不及格 5 个等级评定。

2. 实训成绩评定要点。

（1）能否按照实训指导老师要求完成实训前的准备，特别是策划文案。

（2）能否顺利开展模拟公司的宣讲会及模拟人员招聘活动。

（3）能否结合管理学相关知识正常开展企业的年初会议。

（4）模拟公司创建文案的策划是否可行、是否规范，能否结合小组的实际情况进行分析。

主要参考文献

［1］尤玉钿.管理学基础与实务［M］.2 版.北京:高等教育出版社,2024.

［2］司俊霄,邓利虹,毛琳.管理学基础:理论·实训·案例［M］.北京:北京航空航天大学出版社,2024.

［3］单凤儒.管理学基础实训教程［M］.8 版.北京:高等教育出版社,2024.

［4］周三多,陈传明,刘子馨,贾良定.管理学——原理与方法［M］.8 版.上海:复旦大学出版社,2024.

［5］陈文汉.管理学基础［M］.4 版.北京:中国人民大学出版社,2024.

［6］汤飚,孙颖荪.管理学基础［M］.北京:高等教育出版社,2024.

［7］段丽娜,王向军.管理学原理［M］.上海:同济大学出版社,2024.

［8］罗宾斯.管理学［M］.15 版.刘刚等,译.北京:中国人民大学出版社,2023.

［9］王鑫,饶君华.管理学基础［M］.3 版.北京:高等教育出版社,2023.

［10］程继,吴兰,陈晓娟.管理学基础［M］.重庆:重庆大学出版社,2023.

［11］邓华,赵林艳.管理学基础［M］.成都:西南财经大学出版社,2023.

［12］冯占春,吕军.管理学基础［M］.3 版.北京:人民卫生出版社,2023.

［13］杨跃之.管理学原理［M］.南京:东南大学出版社,2023.

［14］白瑗峥.管理学原理(初级)［M］.北京:中国人民大学出版社,2023.

［15］吴崑.管理学基础［M］.北京:北京交通大学出版社,2022.

［16］于玲玲,段东山,刘秀.管理学［M］.北京:北京理工大学出版社,2022.

［17］陆婷,文雅,陈博.管理学基础［M］.北京:清华大学出版社,2022.

［18］芮明杰.管理学［M］.4 版.北京:高等教育出版社,2023.

［19］饶静,范晓.管理学基础［M］.北京:高等教育出版社,2020.

［20］蒋永忠,张颖.管理学基础［M］.6 版.大连:东北财经大学出版社,2023.

［21］邢以群.管理学［M］.5 版.杭州:浙江大学出版社,2019.

［22］焦叔斌,杨文士.管理学［M］.5 版.北京:中国人民大学出版社,2019.

［23］李海峰,张莹.管理学基础［M］.3 版.北京:人民邮电出版社,2019.

［24］李贺.管理学基础:理论·实务·案例·实训［M］.2 版.上海:上海财经大学出版社,2019.

［25］吴戈,关秋燕.管理学基础［M］.2 版.北京:中国人民大学出版社,2019.

［26］郝云宏,向荣.管理学［M］.2 版.北京:机械工业出版社,2025.

附　录　实训相关记录表

附录一　实训小组讨论分析记录表

小组名称			组长		
记录人			时间		
小组成员					
讨论记录	姓名	观点			成绩
	组员 1				
	组员 2				
	组员 3				
	组员 4				
	组员 5				
	组员 6				

附录二　实训小组实训报告发言提纲记录表

小组名称		组长	
提纲执笔人		成绩	
小组成员			
发言提纲			

附录三　企业参观/调研/访谈记录表

小组名称		组长	
记录人		成绩	
小组成员			
访谈对象		所在单位	
职位（职务）		联系方式	
参观/ 调研/ 访谈 记录			

教学资源服务指南

 高等教育出版社

感谢您使用本书。为方便教学，我社为教师提供资源下载、样书申请等服务，如贵校已选用本书，您只要关注微信公众号"高职财经教学研究"，或加入下列教师交流QQ群即可免费获得相关服务。

资源下载： 点击 **"教学服务"**—**"资源下载"**，注册登录后可搜索相应的资源并下载。
（建议用电脑浏览器操作）

样书申请： 点击 **"教学服务"**—**"样书申请"**，填写相关信息即可申请样书。

样章下载： 点击 **"教学服务"**—**"教材样章"**，即可下载在供教材的前言、目录和样章。

题库申请： 点击 **"题库申请"**，填写相关信息即可申请题库或下载试卷。

师资培训： 点击 **"师资培训"**，获取最新会议信息、直播回放和往期师资培训视频。

 联系方式

财经基础课QQ群：374014299

联系电话：（021）56961310   电子邮箱：3076198581@qq.com